海 派 再 起

——一个名流社区的文化自信

王千马 著

文汇出版社

这里的每一个人，都是历史的富矿

从上海复兴西路2号搬到天平街道，差不多有60多个年头了。走过那么多地方，这里让我停留的时间最长。我喜欢这里，因为有我的生活，有我的亲朋故旧，也有我的爱。

有着厚重历史底蕴的天平街道，散发着浓郁的人文气息。社区里的朋友经常会来看我，大家都像家人一样，没有隔阂。我也喜欢参加社区的公益活动，在离观众最近的舞台上表演，和居民们见见面，谈谈心，我觉得很踏实。

这里要感谢天平"名家坊"，街道从2007年开始做"名家坊"，至今有十年了。正是这种持之以恒，为天平凝聚了一支优秀的文艺宣传队伍。"名家坊"里，有不少我的老熟人，像周小燕、吴贻弓、孙渝烽、尚长荣，还有陆春龄。也有很多在文艺领域做出了各自贡献的后起之秀，像茅善玉、马晓晖、王佩瑜。他们有些和我一样一直生活在这个社区，有些则是通过别人的介绍，或者社区的邀请而加入的，但是，他们都和我一样，在这个名家坊里，找到了价值，也找到了快乐。我深刻地感受到，我们来自人民，也要记得回到人民中去，为人民服务。所以，感谢"名家坊"，让我们经常能接接地气，丰富社区的文化生活之余，也能从中汲取灵感。

这次街道又找到我，让我谈谈对天平的看法，对"名家坊"的一些希望以及自己的家风家训。听说街道还采访了"名家坊"的其他成员，所有的采访完成后,将形成一本书和一部纪录片。

　　我知道,"名家坊"的每个人都会有自己的故事和独特的见解,更重要的是,他们都有着丰富的人生阅历,是历史的富矿。在他们身上,肯定能挖掘出有趣的人物故事,时代变迁的印痕,以及对当下有所教育的品格和精神。

　　天平街道不仅通过"名家坊"聚集了这些名家,有发现的眼光。更可贵的是,在发现之后,还善于发挥这些资源,让这些正能量最终成为社区乃至整个上海的向心力以及文化力。我十分愿意参与、支持和宣传这样的举动,希望我们的一些经历或见解,能对这个社会有点启发,也不枉天平街道的苦心,以及作者的辛苦了。同时,也希望"名家坊"越来越好,既能吸引更多的文化名人加入,还能在国际上为上海树立一个全新的文化地标和品牌。

　　这样的"名家坊",肯定会继续迎来它的二十年、三十年……

秦怡

2017 年 10 月

前言　上海的文化自信，从何而来

一个人要想成功，一定需要有自信。

不自信的人，不是自卑，就是过分自大。

同理，一个国家或民族想要立足于世界之林，也需要民族自信。

而要想有民族自信，则必须有文化自信。

十八大以来，习总书记在多个场合谈到中国传统文化，表达了自己对传统文化、传统思想价值体系的认同与尊崇。

"在5 000多年文明发展中孕育的中华优秀传统文化，在党和人民伟大斗争中孕育的革命文化和社会主义先进文化，积淀着中华民族最深层的精神追求，代表着中华民族独特的精神标识。"

他指出我们要坚持道路自信、理论自信、制度自信，最根本的还有一个文化自信。同时，他还指出，文化自信，是更基础、更广泛、更深厚的自信。

在党的十九大上，习总书记再次强调，没有高度的文化自信，没有文化的繁荣兴盛，就没有中华民族伟大复兴。

一个没有文化自信的人，根底里是自认为没有什么文化，或者对自身的文化充满着怀疑，觉得月亮都是国外的圆。这种做派，都是对自我的彻底否定。

上海本来是一个很有自信的城市。

尽管它开埠晚，距自己真正成为一个有影响力的城市，只有短短的一百多年的时间。但是，它也并非文化的荒野，更重要的是，这种本土传统文化在急速的现代化转型当中，与外来文化相结合，并形成了一种更鲜明，也更有张力的现代文化——海派文化。这种文化在不同的领域里，都展现了自身在艺术上的魅力，同时，其背后也蕴含着包容、开放、理性，海纳百川，以及积极进取的城市性格和精神。

　　只是，让谁也没想到的是，"在1949年到1979年那段时期革命论述的范围下，近代的上海被看成罪恶的城市，之前的繁华缺乏道德上的合法性，由城市的骄傲变成上海的污点与政治包袱。"①

　　与此同时，"1949年以后，上海成为计划经济的大本营，人才流动处于半封闭状态，上海变成上海人的上海，文化上越来越一元化。"②

　　这也导致了原本多元的，与"十里洋场"相伴相生的海派文化，也在被审视和批判中，变得低调，甚至让人觉得，已销声匿迹。

　　今天在描述上海时，不免会陷入这样一种吊诡的境地。有人会坚持海派文化的独立地位，但心里却有些忐忑不安，也就是"有文化，无自信"；有人则会彻底忽视海派文化对上海的塑造，但津津乐道于上海近年来在外在形象上变得"高"与"大"，也就是"无文化，有自信"。这样两种心境，其实都是对上海的片面看法。

　　正如我们需要重新发现上海，重新评判上海作为租界地的"原罪"，而要从其被动开放中发现它对中国现代化转型的重要意义〔见王千马所著《重新发现上海1843—1949：一个名流社区里的"百年中国"》〕，我们也需要重新发现海派文化，重新认识上海急速发展背后的文化因素——尽管今天的上海在世界上的影响主要体现在经济和消费领域，但是，它从来就是知识精英

---

　　① 此语见于《联合早报》于2011年6月对旧金山专访加州大学伯克利分校东亚研究院院长叶文心教授的采访。叶文心英文专著《上海繁华》（上）从洋人、美女和商品三大角度看上海1843至1949年的繁华。

　　② 此语见于华东师范大学紫江学者许纪霖在对比北京和上海这双城之后，对上海的某些观感。在他看来，北京和上海，一个帝都，一个魔都，风格各不相同，但各有魅力，是"好一出中国的'双城记'"。

们的积聚地，是和纽约一样的世界主义的大都会。

此前是，此后依旧是。

这里便有这样一帮人。

他们年纪最大的或许相差一个甲子，如生于 20 世纪 10 年代的音乐教育家周小燕，生于 20 世纪 70 年代的京剧后起之秀王佩瑜。

或者老家天南、地北，如祖籍广东潮州的陈海燕，与祖籍河北邢台的尚长荣……

但他们都为上海所吸引，机缘巧合全都从五湖四海，为了同一个革命的目标走到了一起来。与此同时，上海也以自己海纳百川的姿态，接纳了他们。

很长时间内，他们受益于海派文化的滋润，在八面来风之中，感受它的自由、开放，和多元，同时，也持之以恒地守护着海派文化的那枚烛火，并在世事流转，时代变迁之后，于各自专攻的领域里，成为靓丽的风景，以及最为骄傲的存在。

正如秦怡、吴贻弓、孙渝烽之于影视；尚长荣、任桂珍、陈海燕、沈惠中、茅善玉、蔡金萍、徐维新、王佩瑜之于戏剧；陆春龄、周小燕、何占豪、曹燕珍、陆在易、马晓晖之于民族音乐；草婴、赵丽宏之于文学；周志高之于书法；秦畅之于广播；陆澄之于朗诵……

他们或许不是当下意义上的"名人"，多半不处在快消文化领域，也不经常出现在报纸杂志或者某些自媒体之上，无所不用其极来炒作自己，但是他们的作品，或者说塑造的形象，曾经影响过很多人，打动过很多人。桃李不言，下自成蹊。

更重要的是，他们身上都有一股精神，或者勉力奋进、向死而生，或者铁肩担道义、妙手著文章，或者深沉地爱着这个国家和民族……

无一不让人看到，中国优秀的传统文化在他们身上打磨的痕迹，并没有因时间流逝而失色，甚至内化成当下所需要的时代精神。

不得不说，这些骄傲的存在，让海派文化得以正名，即使曾失语，被遮蔽，也没有消失不见，而是草蛇灰线，伏脉千里，终究在天时地利人和之中，显现而出。

寻找这些存在，说难，也不难。

难的在于他们有的忙于公务，忙于演出，有的则上了年纪，或者像周小燕和草婴那样，已经驾鹤西去，但不难的在于，为了表达自己对这个世界的看法、社会的关怀，以及对海派文化传承的支持，他们及亲朋都不吝于牺牲自己的时间，多多发声。这给了我们寻访他们，并与他们对话的机会。

当然，不难还在于有这样一个莫大的方便，就是他们如今同在一个——"平台"。

这个"平台"便是天平社区于2007年搭建的"名家坊"。

这个位于上海徐汇区，面积仅有2.68平方公里的社区，却是名流汇聚之地。盛宣怀、陈毅、宋庆龄、蒋介石、宋子文、马歇尔……百位历史名人，都在这里居住。

不过，他们都已经成为历史，被掩映在成片的法国梧桐下，以及西式洋房之中。而"名家坊"却正在现实发生。

所谓的"名家坊"，即是通过资源整合，将社区乃至整个上海的文化人才资源，积极地引进社区，并转化为社区特色文化，以提升居民的快乐指数和幸福指数。

在"名家坊"中，除了上述所提人物，还有更多的优秀人才，如指挥家陈燮阳、导演刘同标、原上海京剧院院长孙重亮、京剧表演艺术家唐元才和李炳淑及陈少云、作曲家沈传薪、画家张雷平、滑稽演员郭明敏、沪剧演员孙徐春，还有上海芭蕾舞团团长辛丽丽……

他们大多生活在这个社区，或者工作在这个社区〔如担任上海沪剧院院长的茅善玉〕，当然也有像陆澄这样跟社区本无关系，却因为朋友介绍而加入其中的名家。他们喜欢这样的"名家坊"，是因为它为自己与百姓之间搭建起了沟通、互动的平台。

所以，自 2007 年成立之后，就有人源源不断地加入这个平台，即使有人离开这个社区而去它地居住，如吴贻弓、曹燕珍、沈惠中，但他们也没有切断与"名家坊"之间的关联，所谓身离而神不离。

可以说，像"名家坊"这样的做法，既让名家得以"接地气"，百姓得以"望星空"，同时改变了"社区文化建设往往搞不出什么名堂"这样刻板印象，大大增强了社区居民群众的认同感和归属感。这也是一种文化创新。

某种意义上，得益于天平社区十年如一日的坚持，让天平社区这么一块小小的天地，成了海派文化的"微缩景观"，让海派文化的香火得以延续，并在"为人民服务、为社会主义服务"的社会主义文化建设中再次兴盛发达。

这样的"名家坊"，需要为它点赞。

毋庸置疑，一个城市之所以崛起，从优秀走向卓越和伟大，都需要有文化自信下的文化自觉，或者，文化自觉下的文化自信。

对上海来说，我们需要尊重此前的文化创造，并在全球化竞合以及知识共享的时代，给予这种海纳百川以合法化的承认。当然，要撤除那些污水浊水，保留那些青山绿水。

更重要的是，在国际化的定位之下，持续推动自己的思想与知识生产，提升内在素质的同时，让自己不仅是文化交流的码头，更是一个文化原创的源头。

这样的上海，在世界上才有自己真正的话语权。

某种意义上，这也让走访"名家坊"具有现实的价值。作为海派文化的"微缩景观"，我们可以通过他们中间的每个个体，既能串联起海派文化在这些年来的生成和发展轨迹，也能在这些名家身上，探索上海在追求文化自信、城市自信时的底气之所在。

在这里需要感谢一些人，首先是这些名家及其亲朋或后人，他们以一种积极而又赞赏的态度，来配合这样的走访，让走访不至于劳而无功。

其次要感谢上海徐汇区政府及其所辖的天平社区，没有他们对文化的自觉，也就没有这样的一个好的平台。尤其是天平社区，以一社区之力，却做出了一个让上海乃至全国都叫好的文化品牌，这何尝不是一种气魄。

最后感谢文汇出版社。它们作为海派文化中的一分子，也在用自己的方式推动着这个城市的文化建设，让书香弥散在这个城市的天地之间。

正如腹有诗书气自华，有文化并对其自信的城市，自然会有颜值。

有价值。

有担当。

王千马

2017 年 7 月 31 日

目　录

第一部分

上海电影，等待『回归』

· 上海电影"潮起"：从"西洋影戏"到"影坛五虎将"

当秦怡在 1922 年出生之时，电影已渐见成为上海的风尚。

这一年的 3 月，由张石川、郑正秋联合周剑云、郑鹧鸪、任矜苹等人，于上海贵州路 7 号亭子间，原大同交易所旧址，创办了中国电影历史上最重要的制片公司之一——明星影业股份有限公司。

张石川任导演，郑正秋任编剧，郑鹧鸪负责训练演员，摄影师起初为英国人郭达亚，后来是张伟涛、汪煦昌等。

公司还附设明星影戏学校，后改为明星演员养成所，由郑正秋兼任校长。

尽管在这一年，明星影业试水拍摄滑稽短片，但营业不佳，日后则调整战略，决定以"补家庭教育暨学校教育之不及"为制片方针，宣称"明星点点，大放光芒，拨开云雾，启发群盲"的拍摄宗旨，转而投拍正剧长片《孤儿救祖记》，在艺术以及商业上都大获成功，不仅一举奠定了明星公司的基础，标志着国产影片至此逐渐走上正轨，也意味着上海在中国电影事业的版图中，开始牢固地占据起重要的位置。

此前，中国电影虽然由北京"拔得头筹"，率先推出了中国人自己拍摄的电影——由任庆泰执导，谭鑫培主演，于 1905 年摄制于北京丰泰照相馆，并在前门大观楼放映的《定军山》，但它的表现形式依旧很"原生态"，只是由著名的京剧老生表演艺术家谭鑫培在镜头前表演了自己最拿手的几个片断。

相比较北京的"吃螃蟹"，自1896年就开始放映"西洋影戏"的上海，也不遑多让。除了很早便拥有了正式的电影院①，让更多的上海人接触了电影这个来自西方的新鲜事物的同时，他们也积极利用中西文化交流的便利，以一种开放的精神和创新的智慧，在向西方学习之余，将其变成了中国人自己不断发展的事业。

　　尽管外有列强欺凌，内有军阀混战，但作为租界之地，上海也因此收纳了众多的资金和人才。与此同时，也因为众多人物到上海打拼，以及避难，让上海形成了广泛的电影受众市场。从精英到底层民众，他们都迫切需要电影文化的抚慰。毫无疑问，这也进一步推动了电影事业在上海的繁荣。

　　老底子是宁波人的张石川，就得益于少年时便随舅父到上海经商的经历。他曾供职于华洋公司、美化洋行，因为上夜校补习过英文，会说一口"洋泾浜英语"。这也让他有机会受到亚细亚影戏公司的赏识。

　　这家1909年由一位美籍俄裔电影商人创办的公司，曾因不谙中国国情，而连遭打击。比如说在辛亥革命前夕，却拍摄短片《西太后》，自然不讨观众喜欢。张石川在担任这家公司的顾问，以及导演之后，联手郑正秋等人，让亚细亚影戏公司有了一小段时间的繁荣，其中就推出了文明戏《难夫难妻》（又名《洞房花烛》）。

　　这是由中国人拍摄的第一部短故事片，尽管它的导演技术极其幼稚〔事实上那个时候还没有导演这个名目〕，影片演员因为都是来自新剧舞台，动作和表情完全夸张，但它让中国电影在"西洋影戏"一统中国影坛的情况下，发出了自

---

　　① 　1896年6月起，地处上海虹口区天潼路、浙江路〔后来改为天潼路814弄〕的私家花园——徐园开始放映"西洋影戏"。这让徐园成为中国第一次放映电影的地方。
　　不过，谁是中国第一家正式电影院，至今存疑，但大家基本上同意，由西班牙人雷玛斯于1908年所创办的虹口活动影戏院，为上海第一家正式电影院。这年的12月22日，雷玛斯在上海海宁路、乍浦路口租借一处溜冰场，用铁皮搭建一座可容纳250名观众的电影院——虹口活动影戏园，时称"铁房子"，首映《龙巢》。
　　当时，电影作为一门新的艺术，观众十分好奇；同时该院地处闹市中心，又非常重视对电影的宣传，当时的《申报》上几乎每天都有该电影院的广告。
　　1913年，虹口活动影戏园由日本人接办，改名为东京活动影戏院；1915年，改名为虹口活动影戏院；1919年，改名为虹口大戏院；1965年1月1日，改名为虹口文化馆剧场；1985年改建为虹口文化娱乐厅。

己的声音。因此,它也在中国电影史上占有重要地位,是中国现代进步电影的开山之作。

同时,它也和张石川随后拍摄的《活无常》《五福临门》《二百五白相城隍庙》《死人偷洋钱》一起,让张石川对电影表现手段的运用,起到了学步与试探的作用。明星影业也因此成了中国电影事业发展史上经营时间最长、具有广泛社会影响的民营影片公司。

随明星影业而起的,还有邵醉翁(仁杰)、邵村人(仁棣)、邵山客(仁牧)、邵逸夫(仁楞)兄弟于 1925 年 6 月创办于上海虹口横浜桥的天一影片公司——该公司曾在火烧片、武侠片于 20 世纪 20 年代末盛行之际,拍摄过《火烧百合台》《血滴子》等影片。1931 年,它又拍摄了《歌场春色》,这是中国最早的两部片上发音的有声片之一。

1932 年 10 月,严春堂(棠)在上海创办"艺华影片公司",次年 9 月,改组为艺华影业有限公司。其中,严春堂任经理,又请田汉主持影片创作并领导编剧委员会,阳翰笙、沈端先(夏衍)也参加剧本创作。某种意义上,该公司是左翼电影运动开辟的一个新阵地。

田汉出任编剧的还有新华影业公司,它是由上海滩的电影大王张善琨在 1934 年创办。起初在斜土路建成一个小摄影场,投拍了中国第一部历史题材影片《红羊豪侠传》。因为得益于进步力量从创作到人才等各方面的支持,该公司成为摄制国防影片的基地之一。

这四家影业公司横空出世,再加上 1930 年 8 月,由华北电影有限公司、民新影片公司以及大中华百合影片公司合并而成的联华影业公司,让中国影坛在 20 世纪二三十年代,冒出了"影坛五虎将"。从这几位虎将也可以看出,上海的电影力量在其中占据着主导性的地位。事实上,就连联华影业公司,也脱离不了上海的元素——民新尽管是在香港正式成立,但在 1926 年,便迁入上海;大中华百合影片公司更是由大中华影片公司和百合影片公司于 1925 年合并成立于上海。到了 1931 年秋,联华又接纳了但杜宇于 1920 年创办的上海影戏公司。这样一来,上海的烙印更为清晰。

不得不说，上海是当之无愧的中国电影的发祥地，和天堂，也是日后华语电影的根脉所系。它以丰厚博大的海派文化为底蕴，几乎集纳了中国早期电影的全部光荣。

这段光荣的"绽放"，也为秦怡所深刻感知。

· 从大后方起步的艺术人生：本来想参加革命，却成了话剧舞台上的"四大名旦"

那个时候，她正在孩提时代。

她记得自己的父亲很爱看电影，只要他去看电影，她也要跟着一起看。

对这些电影，她纯粹是出于孩子式的喜欢，也根本没想到，自己这一辈子会和电影有什么关联，即使日后进入中华职业学校，读的也是商科。

不过，这种热爱也让她自幼对文艺充满着兴趣，她在转入仿德女子中学之后，便因参演进步话剧《放下你的鞭子》，而被勒令退学。

此外，它也让她通过银幕"认识"了自己的偶像阮玲玉，以及日后的亲密伴侣，也是第二任老公金焰。在阮玲玉的几部代表作《野草闲花》《恋爱与义务》《一剪梅》中，男主角都是金焰。1934 年，金焰又出现在孙瑜执导的《大路》中。这部左翼国防电影的代表作，或者说是中国无声电影艺术的最成熟的作品之一，曾打动了不少热血青年，立志保家卫国，她也不例外。更让她怦然心动的是，里面的那位男主角，戏好人俊。日后，她还听说他是朝鲜爱国志士的后代，而且多才多艺，会烹饪、编织、缝纫以及开汽车。

只是，这种热爱的日子，并不能保持长久。1937 年 7 月 7 日，卢沟桥事变爆发。日本人的狼子野心，让他们将烽火燃遍全中国。随后，上海沦陷，成为"孤岛"。因为没有地方可以作为一个安全的摄制场所，各大公司的制片工作只好暂停。

与此同时，上海的电影人开始掀起了救亡图存运动。1937 年 7 月 30 日，电影人在明星影片公司召开大会，宣告成立中国电影工作人协会，并在该协会下成立中国电影界救亡协会(后改名为中国电影界救亡委员会)。8月4日,上海电影编剧导演人协会成立,号召电影工作者以实际行动为抗日战争服务。随后,更多的人或奔赴内地及其他地区继续电影事业,或投身于蓬勃发展的救亡话剧工作,组织救亡演剧队到前线去演出。

在上海的红十字会做过一段时间的战地护士之后,16岁的秦怡在1938年和同学离家出走,走上抗日道路。先是到武汉,不久武汉就要沦陷,因为没有路径去延安,只好又去重庆。年纪轻轻的她靠打工度日。

正好在这一年,前身为国民党"南昌行营政训处"下的汉口摄影场的中国电影制片厂成立,一部分爱国、进步人士在中国共产党的影响下,参加该厂,摄制了一批《保卫我们的土地》《热血忠魂》《八百壮士》等爱国进步电影。她记得里面的同志中就有郭沫若、阳翰笙、史东山,还有应云卫。

正是应云卫、史东山两位导演,在一次偶遇之后,将她推荐到了中国电影制片厂来演话剧。这不仅让她有了谋生的饭碗,更是让她走上了影视之路。

她的第一部电影便是这两人导演的《好丈夫》。当应云卫一定要她来出演的时候,她有些慌张,因为自己从来没有过这方面的经验。她问应云卫,我能演吗?我演的不晓得会是什么样。但他说,你不会演,我会导啊。这让她觉得有些不好意思。后来她才知道,应云卫看上自己,一方面是因为自己从小喜欢运动,那个时候年纪不大,但长得像是很大的样子,另一方面自己的样子也还可以。

只是,现实还是让两位导演吃了一些苦头,他们需要手把手地指导着她怎么去演,"当时不懂演戏,导演让我站在这,我就站在这,说让我赶紧跑,我就赶紧跑。"日后,秦怡回忆说。正是在这样的导演下,她被硬生生地推上了银幕。

直到今天,秦怡都认为自己的演艺事业,都是在实践中成长起来的。

只是在当时的背景中,这种实践难能可贵,却只能时断时续。因为自1938年2月18日起,日本对国民政府的战时首都重庆进行了长达5年半的战略轰炸,据不完全统计,这5年多时间内,日本对重庆轰炸了218次,出动了9 000多架次的飞机,投弹11 500枚以上。日本希望通过轰炸,震撼作为战时首都的重庆,打击中国政府抗战的意愿和意志。毋庸置疑,它对重庆的摧残,是非常严重的,在秦怡的印象里,那时候死的人,简直可怕得很。更可气的是,日本人还经常搞疲劳轰炸,一天炸你几十次,让你不能睡,不能吃,不能喝,早晨离开的时候还有房间,晚上回去的时候,已经是瓦砾一堆。

这也意味着,电影是很难演了,因为拍电影,总归是需要有电的。但经常是拍了一个镜头,因为空袭的缘故,电又没了。所以,为了赶进度,很多人都不回去睡觉,直接在片场铺了草,没电时就躺在上面休息,有电就起来拼命地赶。不过,这样子拍的戏,很难出什么好的作品,最后,秦怡还是觉得自己演话剧要好一点。

除了中间有一段时间,秦怡为了逃避因少不更事而走入围城的第一段婚姻,离开重庆前往西康,她就一直活跃在重庆的话剧舞台上。一开始,因为年纪小,她接戏不断,但以龙套为多,直到1941年,应云卫筹办中华剧艺社时,她加入其中,并成为该社唯一的专职演员,才有了质的突破,在一年不到的时间内,演了六部大戏。

话剧《大地回春》中的黄树蕙一角,让秦怡一炮而红,从重庆红遍全国。她所塑造的向往自由与独立、在深渊中苦苦挣扎的这一女性形象,深深打动了观众的心,当时此剧在重庆连演了二十二场,场场爆满。

日后,她又和同仁一道,坚持参加重庆的"雾季公演"。公演的时间一般选择在每年的10月,到次年的5月,这段时间恰逢重庆这座山城特有的雾季,它能帮助话剧演出有效地避开日本人大强度的轰炸。当然,危险依旧时刻存在,有时演到一半的时候,警报响了,如果敌机不是太多,就干脆躲到看客的椅子底下,等警报解除了,才从椅子底下钻出来。这时有人就问,还要继不继续演,演员们就说,演,喊得很响亮的样子。今天,秦怡回想起当时那战火中的舞台,反问说,生活在那样的环境里,到底能不能演好戏,她又自答道,能,反而更好。因为每个人的心里都恨死了日本鬼子,越恨就会演得越好。

她还记得当时郭沫若写了很多剧本,也有不少人参演了他写作的剧目。有时大家就开玩笑,问郭老郭老你喜欢谁啊,他要是看见她,就说,噢,秦怡,我喜欢秦怡。要是张瑞芳站在那里,他就说我喜欢张瑞芳。

总之,他喜欢用这种方式,来调动大家的积极性。

这种厚爱也不算违心。事实上,在当时的抗战大后方重庆影剧舞台上,秦怡、张瑞芳还有白杨、舒绣文一起被称为"四大名旦"。

多年后,当中国具有影响力的官方媒体中央电视台新闻频道在报道秦怡时,用了这样一个标题——从大后方起步的艺术人生。

秦怡也觉得这个说法恰如其分,她的艺术人生正是在重庆起步的。

如果没有在重庆的这段经历,秦怡很难想象自己接下来会成为什么样的一个人,会从事什么样一个职业,但她相信,自己一定不是媒体关注的焦点,也不会在日后成为《女篮五号》中的"林洁",《铁道游击队》中的"芳林嫂",《林则徐》中的"渔家姑娘",《青春之歌》中慷慨就义的"林红"……

某种意义上,是重庆塑造了秦怡的人生,并为在当时先是孤岛,后又在太平洋战争爆发之后彻底被日本占领的上海,在影视上保留了火种,培育了人才。

或许她还没想到的是,也因为这段经历,让她和吴贻弓、孙渝烽之间——

在空间上有了最早的"交集"。

· 一句话,让吴贻弓成了北影最年轻的右派

1938 年 12 月,吴贻弓出生在重庆。祖籍浙江杭州。

两年后,孙渝烽也在重庆出生。和吴贻弓一样,他也是杭州人。

他们出身的家庭也有些相似,父亲都在国民党系统任职。

孙渝烽的父亲是黄埔军校毕业,20 世纪 30 年代去往南京,在市委从事一些后勤管理方面的工作。吴贻弓的父亲更是国民党系统中不多见的特字号党员,在南京国民党中央党部工作,是财务委员。随着抗战的全面爆发,两人的父亲都跟随着蒋介石的脚步,去往了重庆。

这次撤往后方,也让孙渝烽的父亲收获了一份爱情。那时,他的母亲正唱着抗战歌曲,也到了重庆。两人结合之后,便有了孙渝烽。从他的名字也能想

见当年的情形，渝就是重庆的简称，而烽指的则是那个烽火年代。

相比较吴贻弓在重庆生活了数年，孙渝烽则在出生后不久，便因为父亲被调往西北军需局搞军需，相继在临潼、宝鸡、西安几个地方的军需被服厂做过领导，所以又得跟着离开重庆。这也让他们两人在幼年时并没有谋面的机会。

不过，他们对电影的爱，却近乎一致。

和秦怡一样，吴贻弓的父亲也喜欢电影，这让他从小都爱看电影。甚至，受父亲的影响，自己的几位堂兄也都爱上了电影。他记得自己看得最多的是美国电影。这多少因为美中之间的合作。事实上，自1914年第一次世界大战以来，美国便趁欧洲列强忙于应付战争，抢占并垄断了上海的电影市场。这也让电影院里更多地播放美国电影。在他的印象中，好莱坞当时最为著名的影片，他基本上都看过，有的是因为自己当时还不懂，结果都忘了，就像乔治·西德尼导演的《出水芙蓉》，等日后再看时，才恍然记得，自己看过这部片子。

孙渝烽则是因为妈妈。妈妈非常喜爱文艺。他记得自己小时候，和兄弟几个唱的那些革命歌曲，像《游击队之歌》《大刀向鬼子头上砍去》《黄河颂》，都是妈妈教的。此外，妈妈还特别喜欢京剧，后来，父亲因看不惯国民党的腐败，在新中国成立前夕，提出告老还乡，在杭州开起一家杂货铺，只想将孙渝烽兄弟几个培养成人，妈妈又因此喜欢上了南方的越剧。受妈妈的影响，他对文艺也感兴趣，当然也就喜欢看电影。

尽管爱国、反抗侵略，并在日后积极参加新政权的国民经济的恢复工作，但国民党出身，终究让父亲在50年代初镇压反革命时，成为了历史反革命。

孙渝烽初中一毕业，也就无可奈何地辍学了，开始了独立生活。因为家庭生活比较困难，他只能打打小工，比如修路等各种活儿，抽空他也会读个夜大学，所以，也就没有条件看什么电影了，只能将电影情结暗暗埋藏在心底。

此时的吴贻弓，却幸运的将自己的爱好，一直延续了下来。相比较孙渝烽的西北生活，他在抗战胜利之后便回到了南京，又在新中国成立前夕来了上海。这也让他更近距离地感受到了上海在抗战胜利后，于电影事业上重新焕发的辉煌。

尽管面对美国好莱坞影片的倾销，以及国民党的电影垄断和对电影加强检查政策，上海依旧推出了《八千里路云和月》《一江春水向东流》《万家灯火》《小城之春》以及《乌鸦与麻雀》等艺术佳作，这让海派电影的名头更为响亮。

　　不过，他也很快感受到了整个中国电影氛围的变化。随着新政权对电影行业进行社会主义改造，新中国的电影制片行业也从私营走向国有，从市场走向计划。"新政权对出版、报业、电影这些文化行业的改造目标很明确，就是把大众文化的消费形态和市场形态，转变成国家和执政党能够牢牢掌握的意识形态阵地。"①

　　让人有明显体会的事例便有，先是上海电影制片厂在上海电影过去的光荣传统上，于1949年11月16日正式成立。厂址梵黄渡路（今万航渡路）618号，后迁漕溪北路595号。于伶任厂长，钟敬之任副厂长，陈白尘任艺术委员会主任。

　　到1953年2月，上海各私营电影厂组建的上海联合电影制片厂并入上海电影制片厂，至此上海电影制片业完成了国有化的体制变革。

　　这一年9月4日，主要为上海电影创作生产服务的专业剧团——上海电影演员剧团成立，首任团长为张望。

　　除了体制上的改变，在影片本身的创作上，中国的电影人也开始全方位践行毛泽东在1942年发表的《在延安文艺座谈会上的讲话》中所提到的"文艺为工农兵服务"的方针。因此，新中国的银幕上出现了一堆"农民看插秧、战士看扛枪、工人看炼钢"的工农兵电影。上海也不例外。

　　吴贻弓还有一个很直接的印象，那就是自己以往喜欢看的好莱坞影片，也慢慢地从"社会主义影院"消失了。尤其朝鲜战争爆发，中美在朝鲜战场上针锋相对，更是加快了绝禁好莱坞影片的步伐。倒是苏联电影，却因为中苏的关系，成了市场的新宠。

---

　　① 此文源自澎湃新闻对华东师范大学思勉人文高等研究院张济顺教授的专访。此前，张济顺在新著《远去的都市——1950年代的上海》中考察了上海电影业的国有化改造与社会大众的反应，并认为1949年并不意味着上海都市现代性断裂，对摩登的记忆和对西方的想象在封闭年代的社会基层不时显现，"都市远去，摩登犹在"是20世纪50年代上海社会文化的主题。

整个 20 世纪 50 年代,除了国产的一些电影之外,就只能看一些苏联电影了。像《列宁在十月》《列宁在 1918》什么的,他都看过。

当然,也因为有些西方国家相继和中国建立外交关系,有文化交流协定,中国也相应地引进了一批资本主义国家的电影,于苏联电影之外,英、法、意、西德等西欧国家的影片也在中国有一席之地。意大利、法国还在上海举办过电影周。

这也让他在就读北京电影学院导演系时,提出了这样一个意见,电影学院既然作为电影的高等学府,那就不应该只学苏联,也应该学学美国,借鉴美国好莱坞电影的特长。当然,意大利的也学,日本的也学,墨西哥的也学。

结果,就因为这样一句话,他就是反苏、反党、反社会主义,在"反右"运动中,成了电影学院全校最低龄的右派。

今天再回想这一结果时,吴贻弓觉得这都像是一场宿命。说起来,自己完全可以不用读北京电影学院的,那样也就完全没有机会说出这样的话。因为在他高中毕业的 1956 年,自己手头上还有两个选择,一个是复旦大学中文系,一个是山东大学中文系,只要他愿意,可以任选其一。偏偏这一年,北京电影学院成立,开始了首届招生。这最终让他弃复旦和山大而去,投入了电影事业的怀抱。

父亲当时被气得要死。尽管喜欢看电影,但儿子真要去读电影学院,他却不干了。所以对自己的儿子狠狠地骂,好好的大学不念,去念这种歪门邪道的大学。

他却捧出了 200 多份珍藏着的电影说明书,对父亲说,爸爸,如果你一定要我改变志愿,那就划一根火柴,先把您领我们全家看过的影片从我们的记忆中统统烧掉吧。

父亲没法将这些印象烧掉,但电影学院给他的人生开了一个很大的"玩笑"。

好在一位老师一直对他不错,坚决要在他毕业之前,把他的右派帽子给摘掉,不要因此影响到他的工作。1960 年,吴贻弓也如愿摘掉了帽子,但是摘掉了帽子,还是有一个帽子,那就是摘帽右派。

直到 1978 年,北京电影学院才特地派人找到他,向他宣布改正,意思也就是,吴贻弓同志当年的意见是正确的。这一句话,却让他哭笑不得。一条正确的意见,却让他当了二十几年的右派。但是,相比起其他被发配到其他地方改造,甚至最后连命都送掉的右派来说,他还算是不错的。

更重要的是,吴贻弓从上海来,在分配工作时,还是回到了上海,成为上海电影制片厂中的一员。当年和他一起考进北京电影学院求读的其他上海同学,在毕业分配时,有留北影的,有进珠影的,也有去峨眉的,只有他哪里来哪里去——吴贻弓戏谑自己是"额角头高",上海话的意思是,运气好。

事实上,他的"额角头"在他全系同学中都算是高的。

当年北京电影学院导演系录取了 23 个人,到毕业的时候,只有 16 人能够顺利毕业,再到最后真正能拍上电影的,只有 4 人。吴贻弓是其中一个。

孙渝烽这时也峰回路转。1958 年,国家要发展社会教育,开始搞扫盲运动,让他有机会到小学做了民办老师。在这过程当中,他也接触了一些志同道合的老师,又开始喜欢上了一些文艺上的事情,这其中还是看电影。

两年后,创办没多时的上海电影专科学校到杭州招生。到最后一天,朋友们都怂恿着孙渝烽说,要不你也去试试看,考一考,反正也无所谓的。他听了也心动了,赶到学校设在南山路浙江美术学院〔1993 年更名为中国美术学院〕的考点。先是朗诵了一首《向秀丽》,然后又表演了一些小品。接着便是等通知,两个月后,说是被录取了。于是,也算是无心插柳,他从一个电影的爱好者,开始变成了从业者。

1963 年,孙渝烽从学校导演系毕业,进入了上海电影演员剧团。

该剧团曾因故于 1958 年撤销,到 1961 年才正式恢复。团长白杨,直属上海市电影局领导,演员编制分属海燕、天马两厂,团址永福路 52 号。

这也让孙渝烽因此和吴贻弓结识。因为和江南厂一样,海燕、天马两厂同是上海电影制片厂分建的故事片厂。其中,秦怡的"伯乐"应云卫为江南厂的厂长,陈鲤庭是天马厂的厂长。海燕厂厂长则是沈浮。

山不转水转，在多年之后，两人不仅成了上海电影制片厂的同事，而且还聚于海派电影这杆大旗下。

谁也不能忘记秦怡，她正是这杆大旗上一颗很闪亮的星星。

· 谁要拥有两张永嘉路 383 号的电影票，那可是值得炫耀好一阵子的事

秦怡是在抗战胜利之后便回到上海的。

回上海也不像旧日明星那样的风光。大家都以为她一定会有皮大衣什么的，但她说自己一样也没有，穿着像个麻袋布似的旗袍就回到家。

然而，在重庆那苦难的日子里没被抹杀，却被锤炼出来的艺术才华，让秦怡在电影事业上迎来了厚积薄发。

1946 年，她经过朋友的引见，和电影再续前缘，也因此结识了自己的第二任丈夫——金焰。所谓好事接二连三，正是在这一年，她和赵丹共同主演了影片《遥远的爱》，从此在电影上也一"爱"成名。

次年冬，她与大她 12 岁的金焰走进婚姻殿堂。证婚人为郭沫若。1949 年，国泰影业公司推出夫妻两人合作新悲剧爱情故事电影《失去的爱情》。

也正是在这一年，她还成了上海电影制片厂的筹备小组成员，亲自迎接了它的出生。并在该厂成立后拍摄的第一部电影——张客导演的《农家乐》中，出演了女主角拉英。

自此，她从以前那种穿泡泡袖衬衫，搭配一件束腰伞裙，并为情所困的女大学生形象，开始变成剪了齐刘海的短发，穿着碎花夹袄，会拉车运石头的农村妇女，或者是为了参加祖国建设，努力说服母亲和丈夫，走出家庭苦学技术的女推土机手……

伴随着新政权对电影行业进行社会主义改造的进程，在整个五六十年代，秦怡都一改过去的"画风"。除了长春电影制片厂摄制的《马兰花开》外，秦怡还在《铁道游击队》中饰演有着美丽动人的大眼睛、不拉弦就扔手榴弹的芳林嫂；

在《摩雅傣》中成为一名受旧势力和封建迷信迫害,但在党的培养下成为一名医术高超的摩雅傣〔即医生〕的少数民族妇女……

不过,在一堆工农兵电影中,谢晋导演、秦怡主演的《女篮五号》成了一个异数,电影中的女子穿着布拉吉(苏联连衣裙)、烫着微卷的发型,格子衬衫配着列装夹克……之所以如此,也是因为该片要参加苏联莫斯科国际联欢节,当时电影局提出,要反映社会主义新时代劳动人民的幸福生活。

不管如何,这些电影作品让秦怡在新时代的影坛上成了闪闪发亮的那颗星,更使她成功地从话剧演员转型成电影演员。在20世纪50年代出演莎士比亚的《第十二夜》后,她在日后的六十多年内,都未曾登上话剧舞台。

如果不是家庭的拖累,她一定会在自己心爱的电影事业上,取得更大的成就。

1962年,中国22大明星的巨幅照片展示在了国内各大影院。银幕上,他们被叫作小广播、祥林嫂、李双双、华太太、林洁、吴琼花等。他们塑造的艺术形象走进了千家万户,为中国电影发展的历史谱写了华丽的篇章。在22大明星中,有来自上海戏剧学院实验话剧团的祝希娟,以及上海电影制片厂的赵丹、白杨、张瑞芳、上官云珠、孙道临、王丹凤,当然也少不了秦怡。她的《女篮五号》和赵丹主演的《林则徐》,张瑞芳、孙道临主演的《家》,上官云珠主演的《舞台姐妹》,白杨主演的《十字街头》,王丹凤主演的《桃花扇》,以及祝希娟主演的《红色娘子军》成为共和国早期的集体记忆。

然而,"文革"却让她暂时停止了电影上的步伐。尤其《北国江南》的拍摄,更是让她和导演沈浮一起站在台上接受批斗。

在这部被打成"大毒草"的影片里,秦怡出演了女主人公银花。

"秦怡是主角,演一个瞎子。后来,这部电影被打成'大毒草',我想不通。"吴贻弓日后在自己的一篇口述里,就对这一批判有过描述,"老实、善良的沈浮想不通,在会上总是嘀咕:我怎么会反党?我怎么能反党?"

此时的吴贻弓,已是海燕厂的助理导演,并接受老厂长沈浮的点名邀请,参与了《北国江南》的拍摄。

"当时导演分4个职级，有导演、副导演、导演助理和场记。我一进厂就是导演助理，是挺幸运的。"这让他对上影厂当年的氛围心存感激，尽管自己是摘帽右派，但在这里一直不曾受到歧视。老厂长沈浮更是鼓励老导演和年轻导演相互搭档，以老带新，取长补短，这样年轻导演可以学到东西，同时也可以帮老导演分担一些具体工作。

"进厂后有一年见习期，我第一个跟的是孙瑜，拍了一部黔剧《秦娘美》，第二个跟的是徐韬，拍了《丰收之后》，后来又跟郑君里拍《兄妹探宝》。拍完《李双双》后，导演鲁韧和我讲，你以后一直跟着我好了。但我还是想跟不同的导演拍电影，可以多学点。"

于是也便有了《北国江南》的拍摄经历，以及与秦怡有了进一步的接触。

自此，他就和这位老大姐同在一个"屋檐下"。对她多年积累下来的印象就是，"像她们这样的大明星，并不把自己看成是什么了不起的人物，所以她们就了不起，真的了不起。相反，那些真的把自己看得很了不起的人，不见得就了不起。"

因为只是《北国江南》的助理导演，小人物，吴贻弓在批判时并没有受到牵连。但是身为摘帽右派，加上出身不好，他还是没有逃离"文革"对他算的"总账"，于是，他成了厂里清理出阶级队伍的人，在上海生物化学制药厂当工人，翻三班。他的老伴虽然出身好，根正苗红，但因为嫁给他，也被清理，成为阶级异己分子。他说，在这一时期，大家都很苦闷。不过也因为不操心电影，相对清闲，所以就把婚给结了。①

孙渝烽同样也被下放到干校参加劳动。不过，他要比吴贻弓幸运的是，国家在70年代开始搞内参片之后，他被借调到上海电影译制厂，帮忙搞配音，配内参片。算是又回到了电影事业的行列。当时的老厂长陈叙一为了培养一些新人，也让译制厂的导演队伍后继有人，希望孙渝烽能将重心逐渐放到译制片上来。1973年，他正式调到译制厂。

---

① 此文有部分内容参考吴贻弓〔口述〕、王岚〔整理〕的《吴贻弓：我的电影里也有政治》，全文见于《上海党史与党建》2007年第12期。

谁也没想到，在中国只剩下革命样板戏，偶尔有少量的朝鲜电影和阿尔巴尼亚电影，很多电影厂只能无奈停工的当时，这个"托生"于上海电影制片厂翻译片组，并在1957年4月1日正式成立的上海电影译制厂，不仅活了下来，还逐渐迎来了自己的最好年华。

　　1976年，译制厂搬迁到了永嘉路383号。在这儿的一栋小楼里，它缔造了80年代译制片的辉煌，《佐罗》《追捕》《虎口脱险》等一批译制片经典在这里诞生，邱岳峰、李梓、苏秀、赵慎之、毕克、童自荣、刘广宁、乔榛、丁建华、曹雷、尚华、于鼎等新老配音演员具有磁性和美丽的声音，成了上海电影的另一种光影。观众喜爱这些声音，和他们此前喜爱秦怡、张瑞芳、赵丹等明星别无二样。

　　这让苏秀日后很是感慨，当年谁要拥有两张永嘉路383号的电影票，都是一件值得炫耀的事，风光得很。

　　尽管不属于这些"声音"中的一分子，但孙渝烽成了这些"声音"的推手。他所译制导演的片子，有《佐罗》《国家利益》《野鹅敢死队》，日后还有更为知名的《侏罗纪公园》，以及《辛德勒的名单》。

　　在孙渝烽的理解里，大众对文化有着极度渴求，却求之不得，是译制片在当年火热一时，甚至看内参片成为一种特权享受的重要原因。

　　尤其是在粉碎"四人帮"之后，观众对外面世界压抑的热情，一下子就爆发出来，他们希望了解世界，去认识世界，但没有太多好的途径，于是，译制片便为他们打开了一个窗口。当然，也得承认，国外的一些影片的确拍得很好看，《侏罗纪公园》便让孙渝烽大为惊叹，美国人居然能通过科技，将恐龙这样的形象还原出来。

　　上海电影制片厂也在1977年恢复建制。在"文革"中再度解体的上海电影演员剧团，也随之重建。和以前直属上海市电影局领导不同的是，这次它隶属于上影厂，团长张瑞芳，后由向梅、吴鲁生、何麟继任。因此，今天在谈起这个电影演员剧团时，大家都习惯性地将它称之为上影演员剧团。

　　下放劳动的吴贻弓也从"文革"的梦魇中走了出来。尽管日复一日的劳作，却没有淡化他对电影的热情。吴贻弓一直记得《李双双》的编剧李准说过一句话：生活不会亏待人,有失必有得。

1978年,吴贻弓拍摄了一部短剧《我们的小花猫》,它和另外两个短剧合在一起才一个半小时,但它却为吴贻弓提供了一场大练兵,或者说热身赛。

此后,也就有了《巴山夜雨》和《城南旧事》。

这也让上海电影制片厂1980年推出反响空前的《庐山恋》之后,又在1982年从年头红到了年尾,年头的是由谢晋导演,朱时茂和丛珊领衔主演的《牧马人》,年尾的则是《城南旧事》。两部片子几乎把国内所有的电影奖项尽数扫光。

吴贻弓因此在1987年担任上海电影局局长兼上海电影制片厂厂长。日后还列席参加了中共十四大,并成了中央委员会候补委员。

这也让他亲身经历了上海电影制片厂整个80年代的鼎盛时期。

上海电影制片厂当时有桑弧、汤晓丹等第二代导演,谢晋等第三代导演,以及黄蜀芹、吴贻弓等人在内的第四代导演都在拍片。同时,陈冲、张瑜、潘虹、龚雪、郭凯敏、王诗槐等演员也活跃在荧幕前,秦怡也不例外。

在20世纪80年代初,秦怡又开始活跃在观众的视线当中。她甚至从大银幕,走进了小银屏。1982年,她主演了多集电视剧《上海屋檐下》,并凭借此部电视剧获得第1届大众电视金鹰奖优秀女演员奖。

也正是在80年代中期,包括徐桑楚、谢晋、白杨、秦怡、吴贻弓等在内的诸多优秀电影人倡议在中国举办国际电影节。提议交上去后,国际电影制片人协会派人来沪考察,看到1991年刚建成的上海影城大为赞叹,最终拍板首肯。

于是,中国第一个获得国际电影制片人协会认可的国际A类电影节,落户上海,是为上海国际电影节。它也是全球15个国际A类电影节之一。先是单年一届,到2001年的第五届起,上海国际电影节与上海电视节同时举办,并改为每年举办一届。这样,每年6月,为期9天的上海国际电影电视节,便成了上海文化生活的一个重要景观。

然而,正如寒流每次逼近之时,总有一两天的晴暖——上海电影在八九十年代的风光之后,却让人惊异地发现,其在中国电影事业中逐渐失语。

倒是上海国际电影电视节的创办，无意之中为上海电影维持了脸面。

· 和香港电影一样，上海电影在新世纪迷失，怪谁

在新世纪前后，中国电影的两大影视基地，一个在北京，一个在东阳。

谁也不成想，浙江中部金华的一个县级市却成了中国电影 GDP 的重要贡献者。它所打造的横店影视城吸引了众多制片人的眼光和剧组的进驻，甚至，还因此在北漂、沪漂之后，诞生了中国电影业中的一个特定族群——横漂。

与之相对应的是，则是上海电影在《开天辟地》〔1991，李歇浦导演〕、《三毛从军记》〔1992，张建亚导演〕之后，逐渐走向低谷，到 21 世纪初，拿出来的作品《美丽上海》〔2004，彭小莲导演〕、《上海伦巴》〔2006，彭小莲导演〕也不如以往那样脍炙人口。

如果说当年反映老北京风情的《城南旧事》要由上海电影制片厂来拍，还一举夺得当年的金鸡奖，到 2012 年，上海本土票房过千万的国产电影中，北京制作占 8 部，上海制作仅 2 部。到 2014 年，情况似乎变得更严重，在动辄获取上亿票房的国产电影中，已然没有上海电影的位置。

与此同时，度过六十多岁春秋的上海电影译制厂也开始成了"一代人的记忆"。当年对那些"声音"的热捧还在眼前，今天，我们已经在讨论，这个社会还需不需要译制片，译制片还能生存多久。

这些不能不让人对上海电影的"迷失"充满着好奇。

有人寻找缘由就发现，早在 20 世纪 40 年代末，上海电影就因为政治上的原因，出现了很大的变故。当时，上海电影界很多左派人士为了逃避国民党的政治压力，或中国内地通货膨胀的影响，纷纷定居香港——比如说，在 1946 年到达香港，曾拍出大型历史宫闱片《清宫秘史》以及《一板之隔》等多部佳片的大导演朱石麟，之前就是上海电影界的知名人物，1932 年他便加入了联华影业公司。

到了新中国成立之后，由于率先实行计划经济，也使得很多曾在上海打拼

的电影人将眼光外移,把香港这块自由港口当成了自己创业的风水宝地——比如说,曾在上海创办了天一影业的邵逸夫,便决定在1957年与三哥邵仁枚在香港创办了"邵氏兄弟〔香港〕有限公司",开始自立发展自己的电影事业,并一举成为影视大亨,当然,也是远近闻名的慈善家。

正是这些人才和资金的流入,让香港电影持续受益于上海电影对自己的"进补",进而在很长时间内都是华语电影市场上的一股洪荒之力。

相反的是,上海电影因为持续"失血",让自己在风光的外表下,埋下了失落的伏笔。

某种意义上,上海电影在新世纪的"迷失",并不是突如其来。

在政治之外,还有经济以及文化发展等诸多原因。"以前西方文化会在第一时间进入上海,传统文化和现代文化的融合也几乎只能在上海和上海周边萌发,"可以说,上海曾是引领中国文化的超一线城市,但是,"在新型传媒技术的帮助下,各个地区可以跳过上海等发达城市,直接临摹欧、美、日等在物质上更发达的工业社会。"①

今天的香港电影,随着全球化的加深,以及内地的逐步开放,开始丧失优势。很多香港电影人不是去往了好莱坞,就是开始北上。同样,与香港电影有着巨大的血缘关系,甚至可以互为镜像的上海电影,也将随着其他省份的开放,而面临着激烈的竞争。

北京自不用说,作为新中国的首都,它未必是经济的集中地,但它一定是文化的集中地。至于像东阳这样的地方,则因为民营经济上的活力,也可能甚至一定会成为中国电影新的生力军。虽然上海自身也在发展当中,但在其他省份都在紧紧跟近的情况下,它的步伐便显得相对迟缓,甚至连以前的先发优势,也在新的时代里,变成了历史的包袱——它急切地面临着国营体制向自负盈亏转型的变革。

此外,上海电影也一直没有很好地解决人才问题。吴贻弓在1956年报考

---

① 此文源自知乎上对"为何上海影视行业远远不如北京,上海影视辉煌不再了?"这一主题的探讨,此为网友马前卒给出的一大解释。

的电影学院，尽管一开始成才率很低，但几十年发展之后，现在的景况已然让吴贻弓感到惊讶。但在上海，这种艺术类电影类的教学还是没有北京那样具有厚度，在人才的自我养成和供给上也存在欠缺。这难免会让上海电影面临着阵痛。

孙渝烽就很痛心，当年自己就学的上海电影专科学校只办了 1959 年和 1960 年两届，就被撤销了。原因是因为当时有关方面认为，上海不需要再办一个电影学校了，北京有一个电影学院就够了，你们就撤吧。撤以后，这所专科学校就并到北京电影学院去了。当时的校长、副校长全都到电影学院，也带去了一批老师。

这壮大了北京电影学院的力量，但对上海电影的打击，却是巨大的。尽管只办了两届，但自 70 年代到 90 年代，上海电影厂里有很多来自上海电影专科学校的毕业生。其中包括于本正、鲍芝芳、石晓华这样能数得出名字的电影导演。此外，像上海电影美术制片厂有几届厂长也是从这所电影学校美工系走出来的。如果上海电影专科学校能持续办下去，那对上海电影的支持和帮助，无疑巨大。

"回望上个世纪已经远去的荣耀，再看眼前的上海电影工业，扼腕、怅然。自 2002 年中国电影产业化改革以来，上海始终是中国电影最重要的票仓之一，上海市民不仅拥有相对殷实的经济实力，而且保留了百余年历史的电影消费文化——但是，除此之外，'上海电影'却再难有令中国电影产业侧目和欣美的吸引力。"在一篇评论中，作者如此感叹。

不过，上海却不容忍这种现象持续下去。这不符合上海在新时期内的雄心和志向。尤其是国家发改委在 2016 年 6 月初公布的《长江三角洲城市群发展规划》提出，建设具有全球影响力的世界城市群，要以上海建设全球城市为引领，并提升上海全球城市功能——那么，重新找回昔日在电影业上的辉煌，也成了这一目标的应有之意。因为谁都知道，影视是这个时代最有影响力、传播最广泛的文艺样式。好电影对城市的提升远超票房。

"对于城市形象来说，007 系列电影中的一个镜头比再多的宣传片都有效果。"

上海电影家协会主席、导演张建亚曾如此说。

· 华语电影要走出去，要走得更远，起点就在上海

今日的上海，已然开始在奋起直追。

2011 年，颁布《关于促进上海电影产业繁荣发展的实施意见》，并积极培育各类电影制作主体，形成了电影产业多元竞争格局。

2014 年 10 月 27 日，上海电影界再次迎来重大利好消息，由上海市委宣传部、市文广局、市发改委、市教委、市财政局、市人力资源社会保障局、市规土局、市地税局、市金融办九个部门联合制定的《关于促进上海电影发展的若干政策》正式发布，从财政扶持、税收减免、金融支持、人才引进与培养、土地政策、市区联动、设立专门的公共服务机构七个方面入手意图重振上海电影工业的雄风。

在中国电影的格局正随电影产业发展重新洗牌，以及上海文化建设的关键时刻，这些措施的出台无疑振奋人心，其意义和价值也将在今后实践中日益深刻地体现出来。

现实的结果也有不少，上海电影股份有限公司在 2012 年 7 月 31 日，由上海电影集团与上海精文投资有限公司共同发起设立，在打造"专业化发行公司＋综合型院线＋高端影院经营"这一完整电影发行放映产业链的同时，培育具有行业竞争力的国有电影支柱企业。2016 年 8 月 17 日，其正式登陆 A 股资本市场。因为上海电影集团脱胎于上海电影制片厂，这也意味着，作为地方电影的"老大哥"——上影也成功上市了。

中国（上海）自由贸易区在 2013 年正式成立，也为上海电影对外交流建设了平台。通过这一平台，可以开展与国际一流电影制作主体的合作，吸收海外先进的电影观念、制作技术和市场开发经验。

与此同时，一些影视大鳄也开始抢滩上海，好莱坞梦工厂在上海"安营扎

寨"，温哥华电影学院落户闸北……"到今年〔2014年〕上半年，上海已经聚集包括银润传媒、新文化、中影（上海）国际文化等一批本土民营企业，并吸引中影集团、北京光线传媒、派格太合等企业来上海开展业务。"①

种种迹象也令上海的电影从业者在把握当下时局与时机之余，要从更大的格局思考上海电影的未来。

在上影集团总裁任仲伦，以及上海市文化广播影视管理局局长、上海国际电影电视节组委会执行副主席胡劲军等人看来，上海电影的高度，"不能满足于一两部大片的拍摄，我们希望打造全产业链，构筑起更完整的、属于'全球城市'的电影生态系统。"

而上海，也将有能力成为具备电影全产业链功能的"全球城市"。

这样的话语，显然不是空口白话。毕竟，那让人艳羡的老底子，以及由此以来一直在源源不断孵化的高质量影迷，是谁也没法抢走的。

再加上自浦东大开放之后，上海的经济再提振，国际化水平重新提速，让上海不仅恢复元气，甚至又开始了新一轮的飞奔。这也让上海有信心做好自己的电影事业。

此外，今日的电影工业已不是往日的小打小闹，在人文积淀的同时，也需要科技，以及其背后的资金的支持。作为中国乃至世界的金融中心，上海在资本运作上，也能为自身的电影工业多加推动。

这也给了上海国际电影电视节在当下继续做大做强的机遇。要想打造电影全产业链功能的"全球城市"，上海国际电影电视节肯定是其中必不可少的一环。而要想打造一家持续具有国际影响力的电影节，需要自身能拿出过硬的电影作品。奥斯卡，以及金像奖之所以让众多影人和观众着迷，也正是美国电影自身的实力使然。

这些年来，由于上海电影的迷失，导致上海国际电影电视节受资金和资源的束缚无法做大做强，2012年更是被北京国际电影节"超越"，国际电影制片人

---

① 陈晨，《上海电影工作座谈会27日召开，上海电影将有"大作为"》，澎湃新闻2014年10月26日。

协会"一个国家不能有两个国际A类电影节"的传统竟"被"打破,北京国际电影节的媒体注意力和国际吸引力也都超过了已有二十年历史的上海国际电影电视节——这对上海国际电影电视节来说,无疑是巨大的刺激。

今天的上海国际电影电视节正努力地走在鼓励多元艺术创作,在与世界电影先进力量加强交流的同时,帮助上海电影乃至中国电影置身于国际电影产业的竞争格局中去,展现整个华语影坛的最新风貌。它不仅致力于提携新人,也致敬老将。

2015年6月21日,秦怡带着自己出品、编剧并主演的电影《青海湖畔》,在这一年的上海国际电影电视节上亮相。这也是《青海湖畔》首次揭开面纱——将自己人生中的"最高龄"的作品放在了上海国际电影电视节上与观众首度见面,能看出秦怡对它的疼爱,正如长辈看着晚辈的成长。与此同时,上海国际电影电视节也对此给予了热烈的反响。

这部以建设青藏铁路为时代背景,讲述了以女气象工程师梅欣怡为代表的一群气象工作者,为做好铁路修建的气象保障工作,解决冻土层等气象难题,在高原上克服重重困难,开展气象科考工作,挥洒热血、奋不顾身的感人故事——尽管时代有些久远,却是当下急需的"正能量"。我们很难想象,为了心爱的电影事业,以及给我们这个社会尽一份绵薄的贡献,其时已经93岁的秦怡不用替身亲自上阵攀登青藏高原,克服恶劣天气条件坚持一个月的实景拍摄。这对今天为了票房而不顾一切,银幕上飘的都是"替身"的中国电影来说,何尝不是一种精神上的"回归"?"只要电影需要,我会随叫随到。"又增加了两岁的秦怡在这次上海国际电影电视节开幕前夕接受采访时如此表示。

至于吴贻弓,却俨然像是一个"隐身"了的电影人。尽管《巴山夜雨》和《城南旧事》让其成就大名,但在拍完《海之魂》之后,便于1998年调任上海市文联,不再"专攻"电影,而要广泛接触一些戏剧、音乐、美术了……

到了2008年,吴贻弓又因为身体的缘故,接受住院开刀治疗,此后,他就基本上窝在自己的家里,成了一个"宅"男,很少再出现在公众的面前。

然而,这却并不意味着他真的就脱离与电影的关系。因为他的儿子,也跟他一样,从事的是电影事业。他曾经以过来人的身份,劝说儿子去选择另外的行当,但就像他当年对自己父亲的态度一样,儿子也以决绝的姿态——离家出走,表明了自己"非电影不可"的意思。那个时候儿子只有十几岁,但现在也到五十了。如果有时间,他也会跟儿子一起聊聊当下的电影状况,一起痛恨那些粗制滥造的镜头和情节。这同样也是一种"回归"!

尽管他不像秦怡那样"老当益壮",但外界还是没有忘记他,并给予他认可,2012年4月,他先是荣获了2011年度中国电影导演协会中国电影终身成就奖,又在6月,接受了来自第15届上海国际电影电视节的"爱意"和褒奖——在这次上海国际电影电视节上,他获得了华语电影终身成就奖。

至于孙渝烽,虽然退休也有一段时日,但他却始终不渝地致力做一件事情,那就是将自己从事电影事业之后,遇到的那些老朋友、老领导,以及老艺术家们的事迹,写出来,并最终形成一本书。他们都是上海电影事业的开拓者,历经周折都不改初衷。更重要的是,他们在为人处事上,都有鲜明的时代精神。他希望将这些精神传递给新的一代人。

在这些人当中,少不了秦怡和吴贻弓,当然也不少了他至今仍为敬仰,并怀念的张瑞芳老师、孙道临老师,还有译制厂老厂长陈叙一。

这些人不管是在世,还是远离,都值得我们每个人去细细打量。从他们身上,我们能看见中国电影的过去与未来。

华语电影要走出去,要走得更远,起点就在上海。

过去是,未来也应当是。

秦　怡

　　祖籍江苏省高邮市。1922年2月4日出生于上海。中国影视、话剧女演员，表演艺术家。中国文学艺术界联合会第十届荣誉委员。

　　1938年进入中国电影制片厂担任话剧演员，1941年成为中华剧艺社演员。1946年凭借在影片《遥远的爱》中的演出成名。新中国成立后成为上海电影制片厂演员、上海电影演员剧团副团长。20世纪50年代因主演《马兰花开》被中国观众所熟知。1983年凭借电视剧《上海屋檐下》获得第1届大众电视金鹰奖优秀女演员奖。

　　1995年获得中国电影世纪奖最佳女演员。2004年被授予上海市慈善之星称号，2005年被授予国家有突出贡献电影艺术家称号，2008年获选第7届中国十大女杰，2009年获得上海文艺家终身荣誉奖及第18届金鸡百花电影节终生成就奖。

时代精神之一·坚韧

秦怡：周总理告诉我，要面对现实

秦怡出身于一个没落的封建大家庭。

父母一口气生了九女一子，她为老六。

因为排行为"德"，原名便叫秦德和。

不管是"怡"还是"和"，都是她面对这个世界的"形象担当"。

对自己的家庭，她要知道和气生财，不给家庭添麻烦，在妈妈眼里，这个老六从小就好带的，不给她吃饭，她也不哭，不带她玩，她就自己一个人玩。同样，在日后对待自己的观众，她也懂得让他们从自己的角色中得到快乐。

总而言之，这个叫秦德和也叫秦怡的女人，一直都在努力地成人之美，别人说什么，她都会答应。

这不是什么坏事，因为它让她浑身内外洋溢着一种品质上的美，并与她所塑造的各类人物形象相辅相成，但这也是坏事，因为它犹如宿命般地将她推向过深渊，就像她的第一段婚姻。

那是在她冒着战火，一路辗转到重庆之后。在重庆，得益于一些人的帮助，她成了一位话剧和电影演员，有了人生的第一个角色。然而，少不更事，加上一些怯懦，让她在一位男人的苦苦相逼之下，早早地走入了家庭。她以为自己会有一个港湾，谁料到对方给她的，只是醉酒后的家暴成性。

人生还没来得及绽放，便要枯萎。

幸运的是，在她的骨子里，还有一样东西，在努力地挽救她。

她记得自己小时候曾干过这样的一件事情，那就是联手自己的妹妹，跟自己的伯父做斗争。这位伯父既是举人，又做医生，照说很有地位的一个人，但完全就是巴金笔下写的那种老顽固，只有自己，没有别人，有些事情做得就让她很是不屑，比如说发妻财，也就是专门娶那些有点问题的女人，收取丰厚的嫁妆，但娶回来却不跟人家同房，就将人家晾在那里。这样前后娶了九个老婆。"其中一个女人最后就疯了，她以为自己嫁过来，终于有丈夫了，所以很高兴，结果却永远看不到丈夫在哪里。"

妹妹看不过去，就说这个人很坏，要把他处理掉。她问，怎么处理掉呢。妹妹又说，我们拿刀把他杀掉。可真要杀人，姐妹都有些不敢，最后选择了威胁。她想好了一句话，由写字好的妹妹来写，意思也就是，你再这样下去，我们就要杀掉你的头。写得很大，然后贴到他的房门上，她们想，只要他进出，总会看到的。

那个时候秦怡9岁，妹妹7岁，这样的举动，也许会被人看成是恶作剧，但从这样的"大义灭亲"当中，也可以看出她的内心，其实也孕育着正义感，也懂得反抗。尽管这种反抗比较微弱，还很无力，但却如星星之火，开始点亮她的人生。

这也就是她这样一个乖乖女，为什么会选择在学校就开始积极参加反帝反侵略的活动，并在日后不辞而别远离家乡参加了革命的原因。

同样，当她因"年少无知"而陷入了第一段婚姻的泥沼中，最终选择了挣扎——结婚三天，她就搬到了女生宿舍，要和对方分居。

此后，她也在努力躲避对方的纠缠。1940年，在舞台上已经崭露头角的她，在剧作家吴祖光等人的帮助下，悄悄地逃离重庆。

因为中华剧艺社当时在乐山演出，所以，秦怡先去的是乐山。但因为这段婚姻，她没办法参加剧团的演出。剧艺社建议她住到乐山的一个空房子里。这个空房子里，还住着画家丁聪、徐迟、金山等人，都是一些男同胞，她又觉得有些为难了。但是再想回重庆，已经不行了，因为夏衍托人带信给她说，不要回来了。因为当时重庆的报纸上，用很大的字印着"秦怡出走"这样的标题，"这要死了，后路被堵住了。"怎么办，她只能再流浪，跟着一个从乐山运什么东西到西康的运输大队，前往西康。同行的还有丁聪等人，不过他到达西康完成自己的绘画任务，就回去了，她却不清楚"后方"的状况，就留下来了。

西康，这个设立于 1939 年，但在 1955 年 9 月便被正式撤销的短命大省，也因此记录下了秦怡在苦难中的青春，并进一步淬炼了她的人生。

今天，已经很少有人知道这个省份了。

不过，要是说起它的省会，还是有很多人知道，那就是连空气里都飘着情歌的康定〔新中国成立后，省府驻地雅安〕。

按照当年的划分，该省东界四川，南界云南、印度，北界青海，西界西藏，是内地进入西藏的要道，当然也是藏文化的重要区域。清政府当政时，为了"内固蜀省，外拊西藏"，便有将西康改土归流，建为行省的动议。

在这块土地上，除了藏族人民之外，还少不了有着悠久历史的彝族。今日四川省南部的凉山彝族自治州，便为中国彝族最大的聚居区。红军万里长征中，最光彩的传奇之一便有彝海结盟。不过，直到新中国成立前，大小凉山的彝族地区还保持着奴隶制，这也让大小凉山社会等级森严，奴隶贩卖和大烟盛行，生产力水平更是十分低下。

秦怡一路上，都感受到了这里的困苦，"苦是苦得不得了，少数民族是真的苦，"而且大家对生命并不看重，不是你杀死我就是我要杀死你，"随时随地枪是打来打去。"

这种互相杀来杀去的行为，她记得那里叫"打冤家"。即使身为一个民族,却因为等级不同,大家有时就互为仇寇,最后便用原始的暴力来解决问题。但它也给秦怡等人也带了一个很致命的问题,那就是自己容易成为被伤及的无辜。

为了保住性命,秦怡去一个地方,都尽量小心,有时便沿着墙根溜。有一次溜到一半时,便听见耳边枪声大作,她只好躺在墙根里头,一动也不敢动,最后瞅住机会才跑回去,这才是算是捡回了一条命。

路途中,她还亲眼看到了有两个少数民族兄弟被人绑了起来,吊在树上,一吊就是两天两夜,没得吃喝,让她看着都觉得苦死了。问他们需要什么,一句话也听不懂,只好啊啊啊啊地互相比画,最后才知道,他们要喝水。随行的人就劝她,不要去找麻烦,让他们的对家知道了,大家就全都完了。可她还是忍不住,找到一个水缸,舀了一瓢水,给他们送过去。问题是,他们吊在树上,又没法喝。最后只好一次次地松绳子。人还没放下来,他们的嘴巴就张开了。不过,他们也只是喝了几小口,随行的人又警告她,不可以这样做,你是想把我们都害死啊。无奈之下,她只好终止了她的救助。

让她受不了的,还有自己住的旅馆。那哪里是让人休息的地方,简直就是一座大烟馆,总会看到几个人躺在那里,呼啊呼啊地抽那个东西。

吃的也不好,印象中记得,她曾经依靠吃苍蝇过日子。"把苍蝇放到大油锅里面炸一炸,放在小盘里,他们男同志就下酒,吃苍蝇了。"

这样的情景,这样的乱世,决非当下文艺青年所梦想的"诗和远方"。一个年轻的女人,把自己丢在了这样一片乱世,该有多大的无奈和置之死地而后生的决心。

秦怡也渐渐明白了这个道理。在这样的处境下,再做以前妈妈脚边的乖乖女,显然是行不通,她必须要用一种强硬的姿态,来面对所有的不安和未知。她说她努力地求生存,但也时刻准备牺牲,"随便你们怎么来好了,我就跟你们干。"

日后,当她跟随着运输车,从西康回到成都时,就差点在路上跟人干仗了。一批军队里的军官硬要挤到这趟运输车中来,人数不少,而且还要捎上自己走私的鸦片烟，准备弄到重庆。"这些人都不是什么好东西，就晓得自己发财，对待士兵，都不当人看。"更要命的是，他们一来，运输车挤不下不说，而且超载，容易路上出故障，那样谁都回不去了。大家都有些不同意。他们便开始打司机的助手，甚至连司机也挨揍了。

这还得了，司机要是被打伤，谁来开车？"急死了，我就跟他们吵！"吵得厉害了，对方就捡起石头来砸她，她也不甘示弱，"我也捡起石头砸，后来还是我们的人又来把我拉住，说你不能再这样干了，他们都是军队里的野人。"

这些经历，对她这样一个女人来说，无疑有些惊心动魄，一不留神，真的就把性命送在了那个谁都不会当回事的年代。但有时，她也感激自己逃离重庆的那段日子，它让她发现了这个世界上更多暴虐的东西，并在这种抗争的过程中，锤炼了心性。

"苦难是真苦难，但是我真能够熬下来。"她甚至有些自豪。就像唐僧取经走了十万八千里，真的走下来之后，整个人生境界全都发生了升华。某种意义上，这让她在日后面对一切时，有了大宽容，以及从容不迫。与此同时，也让她的品质之美更为熠熠生辉。

日子也似乎苦尽甘来。抗战胜利之后，她回到了自己一别多年的家，尽管父亲业已去世，家里十数口人的生活需要她一肩承担，但她却没有叫苦。电影事业上的厚积薄发，让她从此有了自己前行的目标，或者说，信仰。与此同时，她又获得了属于自己的婚姻，对象便是当时的"电影皇帝"金焰。一切都像是郎才女貌，佳偶天成。一年后，两人的爱情结晶——儿子金捷〔小名小弟〕出生，命运像是对她露出了微笑。

谁也不知道，苦难还是不曾放过她。

不否认，秦怡是爱金焰的，从小对他就有偶像式的喜欢。到接触后，他也非常照顾她和前夫生的女儿，以及自己的母亲，而且还时不时地制造些小浪漫，让秦怡觉得这才是真正地谈恋爱。因此，她生平第一次坠入爱河。

直到今天，金焰的照片还端端正正地摆在秦怡老师家中的桌几上。〔王千马　摄〕

　　直到今天，在秦怡位于上海衡山路附近的家中，还摆着金焰的相片。数寸见方，被妥善地安在一个相框中，然后搁置在沙发旁的桌几上，潇洒倜傥地看着到访的每一个人。

　　他们是在香港结的婚，回到上海后，住的是南市，也就是上海在租界时期的老县城。

　　不过房子都在打仗的时候被炸得不成样子，只能马马虎虎的这边糊一糊，那边挡一挡。上海在新中国成立后的第一任市长陈毅同志后来问起秦怡住哪里，她便用四川话回答陈毅。陈毅一听，说你们住这么远的地方不行，明天就搬家。

　　于是，他们先是搬到复兴西路，也就是孙科原先住的大洋房。没几年，孙科的小老婆回来了，一直闹着想要回这些房产。秦怡烦不胜烦，加上出于对孙中山先生的尊敬，她就和金焰搬出去，住到了衡山路这里，从此便一住多年。

这里的房子其实是两套，但面积加起来也没有原先的大，其中的一套，她又给了没地方住的姐姐。总之，没有原先的大气。但不管怎样，秦怡也没什么计较，反正自己以前是吃苦头的，有这样的地方，就已经很满足了。

在这两个地方，他们度过了一段安宁和温馨的日子。1949年，夫妻两人甚至合作了新悲剧爱情故事电影《失去的爱情》。有时，秦怡不高兴了，金焰就主动说，好了，好了，你是公主，我得让你——说起这个"公主"，还有一段故事，那是她和金焰去往周总理家做客吃饭，吃完了，邓大姐就问金焰，你是什么地方人，你的原籍在哪里。金焰就说我原籍是朝鲜，不过我入了中国籍了。"噢，那你是我们的驸马爷了，"总理说。邓大姐就加了一句话，"你不要欺负我们公主啊！"

然而，世易时移，新中国成立后迎来新生的秦怡，在电影事业上正如她如花的年纪，蓬勃向上。平时也经常东奔西跑，不是拍电影，就是参加各种接见活动，总之是忙碌得不得了。相反的是，身为以前的电影皇帝，金焰在家里大多无所事事，因为是秦怡的老公，他先是在上影演员剧团正式成立时当上了副团长，后来又在1957年，成为上海电影演员业余剧团团长。只是这非他所愿，他更想要的是演戏。没有戏演的日子，他变得更沉闷了，宅在家中借酒消愁。然而，又因为酒，他的身体开始被掏空，1958年，就因胃出血住院，在拍摄完《爱厂如家》后就此辞别影坛。这简直就是致命打击。结果，两人虽然结了婚，有了孩子，反而没时间相聚了，更重要的是，距离的拉长，让谈心也变成隔靴搔痒。

谁也没想到，他们合作的第一部影片，竟成了合作的最后一部影片。这不免让人慨叹，他们合作什么不好，偏偏是什么"失去的爱情"，一语成谶。

到了20世纪60年代之后，更是悲喜两重天。先是在1962年，这边的秦怡被文化部评选为全国电影演员"22大明星"之一，与谢芳、李亚林等人齐名，那边的金焰却在一次手术中，出现了医疗事故，胃神经被切断，饭后只能平躺，感觉不到是饥还是饱。

接着是在1965年，正在读初三的儿子小弟，突然患上了"忧郁性精神分裂症"。秦怡这时才明白，由于多年对儿子疏于照料，他性格变得很内向。她一直以为是因为孩子小、害羞，但没想到，却出现了这种状况。

就连她自己，也在1966年，"文革"开始前，患上了肠癌。在医疗条件并不好的六七十年代，染上"癌"这个字眼，几乎等同于死缓。更糟糕的是，由于马上就要"文革"了，医院里的好医生也所剩不多。躺在床上，她动也不能动，心里满是悲凉。

这个时候，她却接到了一封信，没几句话，但是周总理和邓大姐写的，因为快要"文革"，他们自己也忙得不得了，所以托人捎过来，其中说的有，一个共产党员要面对现实，无所畏惧，既来之则处之。

"我那时候已经入党了，"这封信写的是共产党员，但明显地就是指向秦怡。"他说我要面对现实，意思也就是，病来了，很重，是癌症，不会好了，这是现实，不能不承认。不过，他还是要求我，在技术上要注意它，在感情上、思想上要放松它。癌症也不是都死的，只要你有力量去抵抗它就可以。"

这简单的几句话，给了历经苦难的她，又一份厚重的力量。事实上，这份力量，何止帮助了她从容面对疾病，更是在日后的人生中，成了她面对一切苦难的又一支柱。"我经常说一个共产党员要面对现实，现实就是这样了，你不能不面对它，然后将不好的东西努力变成好的，去改变它，就是这样子。"以前，她就这样做的，以后，她更要这样做。

"文革"中，金焰因为知道江青当年做过演员但未取得成功的旧事，一度被关进上海附近的隔离收容所。秦怡本人也没有逃离过被抄家、陪斗以及审查的命运。不过她自认为在"文革"中，还算好的，没吃什么苦头，就是因为自己积极面对现实，无所畏惧。

她一直记得因《北国江南》受到批判时，她和导演沈浮一起站在台上，眼见着一帮小将们在殴打这部电影的副导演，然后暗地里握紧拳头，准备着他们万一太不像话，欺负到她头上时，她就给他们一拳。"你要把我打死，我也可以把你打死，我不管了，豁出去了。"

日后，她遇到其他问题，心里头一不舒服，她就会想起周总理给她的几句话,并在心里将它说出来。不知道为什么,她就觉得这几句话对她非常管用。

这也让她二十多年如一日,对病榻上的丈夫不离不弃。尽管婚姻需要靠双方的某种"默契"而维持着,但她没有像逃离前夫那样,要求离婚。这种长时间的照顾,无疑甘苦自知,甚至让她演哭戏,从来不用芥末,因为那样很不自然,"只要这时想想自己和丈夫的过去,眼泪就会轻易流出来。"但她在苦难面前,却不曾退却。1983 年,金焰旧病复发,在即将离去时,突然微微睁开了双眼,呆呆望着妻子,随后才永久闭上了眼睛。

对待两人爱情的结晶,她更是选择了坚强。此前,她就愧疚于自己因忙碌而没有参与到孩子的成长过程,也因此没有注意到孩子性格的变化,最终导致孩子精神出现问题,到"文革"时,又因为家庭变故,让状况时好时坏的儿子更是深受刺激,病情加重。所以,在"文革"后复出时,每次外出拍戏,她都要把儿子带在身边,照顾他的饮食起居。

为了更好地护理他,她搬到儿子的房间。白天为他按时喂药,晚上只要他有什么动静,再冷的天,她也要从被窝里爬起来。然而儿子有时不理解母亲的艰辛,情绪一激动,或者看见她拿药,就要动手打人。1.80 米高的他,一动起手来,就能打中她的头。她想逃,又怕儿子误伤别人,所以任凭儿子打自己,一边挨打,一边哀求,不要打脸,妈妈明天还要拍戏,第二天带着一身的伤,她再去片场。

即使是这样,小弟还是在她的无微不至的照顾下,干净整齐,加上高大、魁梧、英俊,有如其父,如果不与他对话的话,根本看不出他是个病人。

秦怡说:因他低能,我必须给他加倍的爱!

然而,就是这样的付出,最终也没有挽留住孩子的生命。在她 85 岁那年,儿子走了。早已经是满头华发的她,整个人为此瘦了一大圈,也曾一度不想活了,但她依旧挺了下来。她曾赠送给自己一段话,"如果生命还反复一次,我一定不会像今天这样活着。但既然生命不可能反复,那我还是面对现实吧。"

事实上，小弟走前也说，妈妈，活着的人要学会放下。

2008 年，汶川地震之后，她还做过这样的大爱之举，将她 20 万元的毕生积蓄捐给灾区。她说，以前就怕孩子生病，每次住院都要花好几万，现在孩子走了，不用花钱看病了，我把这些积攒下的钱捐给灾区人民吧。

有人便感叹，这是怎样的一个女人！

她虽然有过两段婚姻，但每段婚姻都没给她带来真正的欢乐。自身的身体也经常告急，加上 1966 年的肠癌，她先后 4 场大病 7 次开刀，还曾被摘除胆囊。与此同时，身边最亲密的人相继离她而去。"历经坎坷，只剩孤独做伴"，然而，她的内心，却不曾归为虚无。

除了"面对现实"之外，她幸好还有电影。

她对电影的痴爱，曾经影响过自己的家庭。

秦怡守在这里，守候着那远离却又永恒的爱情、亲情，以及往日的"自己"。
〔王千马 摄〕

后来又因为自己的家庭,影响了她在电影事业上的更大进步。

如今,在送走了丈夫和儿子之后,她又守着电影事业,依旧乐观豁达地活着。

2014年,已是90多岁高龄的她,还自编自演了一部电影《青海湖畔》,并身体力行,亲自爬到海拔近3800米的青藏高原上进行拍摄。

在著名译制片导演孙渝烽的印象里,这大概是源于十多年前,她对青海湖的一个情结——尽管她尝够了人生的酸甜苦辣,"她还是希望把人们心里面美好的东西展示出来,"就像当年周总理给她力量一样,她也希望由此给当下的年轻人一种启发。

为了拍摄好这部片子,她每天清晨5时就要起床,来回六个小时的车程,即使在路上,她也忙着看剧本背台词。

由于海拔高气候寒冷,煮饭无法全熟,吃的东西放在保温盒里带到片场也已经冷了。她也不曾叫过一声苦,她甚至要求自己出演翻跟斗等高难度动作,经过剧组成员苦劝才作罢。

孙渝烽问她,你怎么会上这么高的地方,感觉如何,"她说我好像还好啊,我一口气就上去了。她说后来我一看他们上来,好多人都喘着气,我不好意思,我也假装着喘气,表示很累。"这是多么可爱的艺术家啊。

也正是这种豁达和面对现实,让秦怡在大风大雨之后,依旧风姿动人。很多人以为她有什么养生之道,事实上,她既不吃什么营养品,也不注重享受,对她来说,心态平衡,遇事想得开,再加有事情做,就是她能胜天半子的一个重要原因。

谁说美人一定会迟暮。

也恰似百炼成钢绕指柔。

吴贻弓

当代中国有影响、有声望的电影导演。20世纪60年代初期,吴贻弓进入电影界,1979年开始独立执导影片,并以他独特的艺术风格,深厚的创作功力开辟了新时期散文诗电影的道路,成为中国电影界在国际上得大奖的第一人。

拍摄第一部电影《巴山夜雨》获1981年第一届中国电影金鸡奖最佳故事片奖;1982年拍摄电影《城南旧事》获得了1983年第三届中国电影金鸡奖最佳导演奖、第二届菲律宾马尼拉国际电影节最佳故事片金鹰奖和1984年第十四届南斯拉夫贝尔格莱德国际儿童电影节最佳影片思想奖。这部影片既是他的代表作,也是中国散文诗电影的扛鼎之作。

2012年6月16日,第15届上海电影节,吴贻弓获得了华语电影终身成就奖。

时代精神之二·家国
吴贻弓：台湾文化的根，在祖国大陆深处

　　新中国成立前夕留在了上海而没有去台湾，让吴贻弓在国民党中央党部做财务委员的父亲，被打成了历史反革命。但也有好处，没让吴贻弓成为"外省人"。

　　作为台湾社会具有特定含义的族群，"外省人"是"在第二次世界大战前便已定居台湾的客家人和福建移民与二战后来台的中国大陆人民"之广义俗称。从第一波来自中国南方边陲的大陆移民，再到1949年前后中国各地的移民，以及挫败的统治集团，他们纷纷涌入这个美丽且与大陆一衣带水的宝岛，既为其播下深厚的华夏文明遗产种子，并经年深耕发扬光大，也因政治、地理等因素的阻隔，而酝酿出了一时断难消解的乡愁。

　　这些乡愁，藏在诗人余光中"给我一瓢长江水啊长江水"的呼唤里；藏在词作家庄奴"又见炊烟升起"，亦即对北京灯市口那袅袅炊烟的无比回忆中；也藏在学者齐邦媛对自己老家"巨流河"的叙事之间，她的一生，是从长城外的"巨流河"，再到台湾恒春的"哑口海"。正如蝴蝶飞不过沧海，巨流再大，也流不进哑口。

比吴贻弓几乎大两轮的林海音同样惆怅无比。她出生在国外，父母虽然都是台湾人，但祖籍广东蕉岭。1921 年也就是三岁左右，她又随着父母迁居北京，在古城完整地度过了自己的童年以及少年时期，期间不仅接受了五四新文化运动的熏陶，而且还因工作之故，认识了一生的伴侣夏承楹，并在 1939 年 5 月 13 日在北平协和医院礼堂结婚，为当时北平文化界盛事。直到 1948 年才返台定居。

某种意义上，她既是台湾人，也是多重意义上的"外省人"——多年之后，她依旧在深情怀念北京的一物一景。

在散文《苦恋北平》中，她的第一句话便是，"不能忘怀的北平！"她"一生的一半生命都在那里度过，快乐与悲哀，欢笑与哭泣，那个古城曾倾泻我所有的感情"。

日后，她又用她温婉的文笔为之写下了《城南旧事》，并于 1960 年发表。在题为《冬阳·童年·骆驼队》的出版后记里，她这样写道："我是多么想念童年住在北京城南的那些景色和人物啊！我对自己说，把它们写下来吧，让实际的童年过去，心灵的童年永存下来。"

被写下来的它们，有齐化门的城墙根，小胡同井窝子，骆驼、毛驴，夹竹桃、石榴，春天的风沙，夏天的骤雨，城南游艺园的大戏，鼓书，虎坊桥洋货店门口装了大喇叭的话匣子……当然，还少不了浑厚纯朴的宋妈，痴情绵绵的秀贞，四处躲藏的偷儿，出逃的兰姨娘等等。这些 20 世纪 20 年代北平的风土人情，以及人物命运，通过一个叫林英子的姑娘的视角，被一一呈现出来。他们一一与英子相遇相识，又一一地离她而去。

最后，就连自己最亲爱的父亲，也因为积劳成疾，患上肺病，不幸辞世，而她本人，也在父亲去世之后全家迁离了北京。

这种别离，也正似林海音在 1948 年与北京的作别。尽管这是她写的一部小说，但全书都透着她的影子，事实上，就连林英子的名字，也是从她的另一个名字演化而来。她虽然叫林海音，但也曾叫过林含英。

读到这个小说时，吴贻弓已经从"文革"的梦魇中走了出来，正重新为自己的电影事业而奋斗。尽管不是"外省人",但他却能感受到林海音笔下的那种情绪。

他在给作家叶楠的一封信里说:"我感到作者写了许多,但究其本,其实只写了两个字,就是'别离'。一个个人物在生活的历程中偶然相遇了,熟识了,但最后都——离去了。秀贞和妞儿是那样,小偷是那样,宋妈是那样,最后,连父亲也是那样。这一切总和起来,就是'童年'也离我而去。"

"这种来自海峡彼岸的感情很朴素地打动了我。"在接到拍摄《城南旧事》这一任务时,他决定原原本本地老老实实地,将它给拍出来。

这既是献给北京旧城的一曲挽歌,也是对"外省人"那份情结的尊重。

拍摄《城南旧事》时,吴贻弓并没有和林海音有过接触。

某种意义上,是跳过这本书的作者,来直接对这本书进行影视改编。

这在注重版权的当下,是一个很大的不妥。但在当时,却是一项政治任务。

那时已是 20 世纪 80 年代,大陆与台湾之间的关系已经不是新中国成立初期时的剑拔弩张,已经逐步加强联系和交流。1981 年 9 月 30 日,时任全国人大常委会委员长叶剑英代表中国共产党、全国人大常委会和国务院,发表了关于"台湾回归祖国,实现和平统一"的九条方针①。此后,中国社科院台湾文学研究所便引进了《城南旧事》这部小说。

在吴贻弓的印象里,这部小说一开始没有公开发表。

先想将这部小说搬上银幕的,并不是吴贻弓,而是他在北京电影学院的文学老师伊明。其时伊明是北京电影制片厂编剧。他在看到这部小说后,就想把它拍成电影。所以说起来,《城南旧事》这部电影本来属于北京电影

---

① "九条方针"的主要内容是:建议举行国共两党谈判,实行第三次合作,共同完成统一大业;建议双方共同为通邮、通商、通航、探亲、旅游等达成有关协议;国家统一后,台湾可作为特别行政区,享有高度自治权,保留军队;中央政府不干涉台湾事务;台湾现行社会、经济制度不变,生活方式不变等;台湾当局各界代表人士可担任全国性政治机构领导职务,参与国家管理。

制片厂的。然而,有很多人都跟当时的北京电影制片厂厂长汪洋说,这个戏拍出来是卖不掉的,肯定赚不了钱,要亏本。当时文化部管电影的副部长是陈荒煤,就把这个剧本推荐给了上海。

中国电影事业家,在电影界德高望重的徐桑楚就说,拿来我看看吧,于是就拿来了。

祖籍宁波的徐桑楚从影时间比较晚,自1949年起,历任长江电影制片厂厂长,海燕电影制片厂副厂长,上海电影制片厂厂长等职。任制片人的影片有《林则徐》《老兵新传》《高山下的花环》等200多部,以及这部《城南旧事》。可谓为新中国的电影事业做出了不朽的贡献,被称作"中国电影亿元票房之父"。

其时,他刚刚出任上海电影制片厂厂长不久,正在为"文革"所造成的"剧本荒"发愁。无米下锅,再好的媳妇也做不出美餐来。于是,徐桑楚就把工作重点放在了剧本创作和影片产量上,使影片生产的数量迅速上升。

这让《城南旧事》被上海电影制片厂看中,显得有些偶然,但事实上,它"却在本质上符合了那个时代的整体思想潮流,这便是以'伤痕文学'崛起为典型代表的时代性的思想潮流:对于大动乱带来的悲剧性人、事、现象的惨痛追忆与反思;对于美好人生中真、善、美的呼唤与追求。影片《城南旧事》恰恰谐合了这个时代性的思想潮流。"①

此前,吴贻弓在吴永刚总导演的提携下完成的自己一生中真正意义上的故事片《巴山夜雨》,就是这样的一部"伤痕电影"。它既在这股潮流之中,也有一些不同的风格,比如哀而不伤、怨而不怒的散文风格,使观众区别于情节剧的观影体验。

徐桑楚显然也意识到,吴贻弓的风格吻合这部电影的调性。他在和同事也是著名编剧、诗人石方禹一起看了后,便找到吴贻弓说,"小吴你看看。"

那时,他们都叫吴贻弓为小吴。只不过时间真快,小吴早已成为老吴。

① 胡智锋,《影视文化论稿》,北京广播学院出版社。

旧事也变成了旧旧事。但不管如何，吴贻弓对它记忆犹新。

吴贻弓没有推卸这一重任，但也提了一个条件，说自己不能只看从北影传过来的剧本，还要看看原作，毕竟剧本是从原作那改编过来的。

吴贻弓记得很清楚，那时《城南旧事》这部小说的原著并没有在大陆出版，只有手抄的复印本。一部小说能有手抄本，其实更能证明它很有"市场"。

看完之后，吴贻弓给厂长回了一句话，剧本不行，如果按照小说来拍可以。

为什么要这样做，因为吴贻弓发现，看后觉得，作者小说中充满了朴素、温馨的对故乡的回忆，作者字里行间流露的是对故乡的一种难舍情结，虽然笔调淡淡的，但是感情是浓浓的。说到底，故事本身就是爱国主义的。但是改编的剧本中加入了很多政治化的内容。

比如强调台湾要回归啊，要解放啊等等。甚至还专门写了一首主题歌，歌词大致是"我站在海峡两岸，遥望着祖国的宝岛台湾"……

这不能说不好，但加在这部电影里，却显得很生硬，容易破坏美感。

这也是他所说的，要原原本本地老老实实地，将它给拍出来就可以的本意。

徐桑楚听了就说，那你就照小说拍，剧本就PASS，扔一边，不去管它。

日后，他还在同业不看好的情况下，拍板追加资金，前后为此花了57万。而在那个时代，上影厂拍一部影片平均的资金只有29万。

到今天，吴贻弓还为老厂长以及整个上海电影制片厂当时的开放、开明精神而感动和自豪，没有他的支持，《城南旧事》也未必轮得上他来拍。

即使轮到他来拍，也未必拍成现在的样子。

问题是，不去管剧本也不行，因为这剧本是自己的老师写的，吴贻弓犯愁了，"我能把我老师的东西给扔掉吗？"

他只能采用一种折中的方式来解决这个问题，那就是保留这个剧本作为文学剧本，自己再弄一个导演台本。于是，他花了一个半月时间，写出了一个导演台本交了上去。不过,在《城南旧事》的片头上,编剧依旧署在伊明的名下。

在导演台本中,吴贻弓谨遵自己从吴永刚那里得到的启示,那就是在节制中珍惜情感的分寸,不在一枝一节上着眼,而从美学态度高屋建瓴地教诲。这也让《城南旧事》的总基调被归为十个字:淡淡的哀愁,沉沉的相思。

对"女主角"林英子的选择,就体现了吴贻弓对这总基调的把握。在这部电影中,有500多个镜头,其中小英子就占了300多个。因此儿童演员决定着整部影片的成败。好在他曾于1979年拍过一部儿童片《我们的小花猫》,对儿童演员的选拔有着较为丰富的经验。在选拔儿童演员时,吴贻弓非常注意眼神的考察。他说儿童和大人们有着截然不同的探询世界的方式,这种方式从他们的眼神中就可以观察到。他要找的小英子就是眼神要特别的纯,而且充满了对成人世界的好奇。于是,在一大群如花似玉的孩子中,他的目光便停在了一张红扑扑的、两腮透着苹果色的圆脸上:"那小嘴一抿,即显出两个逗人的笑靥,特别是那对乌黑晶亮的眼睛,敢于正视前方,大胆中常有几分忸怩。"

她就是沈洁,10岁,在上海读四年级。

吴贻弓的父亲也为这部影片做出了重要的"贡献"——作为著名作家、画家丰子恺的同学,也是李叔同先生的弟子,他曾为吴贻弓背诵了许多首李叔同先生填词的、那个时代流行的学堂歌曲,其中就包括李叔同创作的《骊歌》(又称《送别》)。它无疑很符合影片的总基调。同时吴贻弓也发现,林海音在小说中也引用了它,想必她也唱过这首歌。所以,他就特地找到音乐作曲家吕其明,请对方考虑一下,如何在片中用好这首歌。

吕其明也欣然接受了吴贻弓交给他的这一任务。他很好地将《骊歌》的琴声与歌声穿插在影片的多个地方,在孩子奔出学堂的欢闹声中,在火车的呼啸、秀贞与妞儿的喊叫声中……尤其是在影片的结尾,当英子与妈妈和弟弟祭扫了父亲的墓之后,乘上马车告别了北京,而宋妈和丈夫则坐上一头毛驴,朝相反的方向,回她穷苦的乡下去了。

双方泪水涟涟，一步一回首地默默对视着，在洒满了红叶的蜿蜒山路上，渐渐离去……这时，《骊歌》的音乐又渐渐明亮起来。

"长亭外，古道边，芳草碧连天。晚风拂柳笛声残，夕阳山外山。天之涯，地之角，知交半零落。一斛浊酒尽余欢，今宵别梦寒。"

一种浓郁的思念、追忆之情，就此被渲染得淋漓尽致。

电影拍好之后，先看试片的是林海音在上海纺织大学工作的三妹燕珠。尽管燕珠与大姐林海音已三十多年未通音讯，但她看了之后非常激动，她说："我太怀念我离散的家人了！里头的爸妈和弟弟、姐姐真像！"[1]

伊明也为自己的学生感到高兴。他反复夸奖吴贻弓改得好。不过吴贻弓却认为，电影好就在于自己没怎么改。

不过老师还是觉得吴贻弓胆子有点大，里面怎么一点政治都没有？

但吴贻弓说，这个本子本身就是最大的政治。

林海音事后也告诉他，幸亏没加，否则台湾决不会放这部电影！

对大陆来说，两岸能"和平统一"无疑是最大心愿。

问题是，其时就任"中华民国"新一任"总统"没几年的蒋经国，并未从台湾实际环境出发，为其政治前途开创一条新路，而是坚持了一条"反共拒和"路线。

尤其是1981年召开的国民党十二大前后，他多次宣称：绝不与中共谈判、接触，不与大陆实行"三通"，"不论人家如何批评，这一基本立场不能改变"。

"蒋经国为何死死抱住过去的僵硬立场不放呢？透视蒋经国的内心世界，他之所以如此，主要是因为台湾有美国的支持。尽管台美已经'断交'，但美国又通过了'与台湾关系法'，继续支持台湾当局与大陆对抗。当然，蒋

---

① 夏祖丽，《从城南走来：林海音传》，三联书店。

经国最大的王牌并不是美国,而是发达的、被国际社会称之为'亚洲四小龙'的台湾经济。他认为可以此同大陆中共比输赢。再者,蒋经国的历史包袱太重,现实顾虑太多。关于此点,是指蒋经国错误地吸取历史教训,不相信中共第三次国共合作的主张,他一直把中共和谈诚意看作是'统战阴谋'。"①

也正是这种不信任,让统战也持续在岛内被污名化。与此同时,大陆做什么事情,都有可能被扣上"统战阴谋"这顶帽子,是对台湾不怀好意。事实上,对大陆来说,统战就是统一认识,也是求同存异。最终是为了团结大多数力量,为中华复兴一起奋斗。

这也让《城南旧事》在大陆上映后,台湾报纸就发表了诋毁《城南旧事》的文章,认为大陆拍这部电影是"向台湾统战"。

1983年,该片成为在厦门举行的第三届电影"金鸡奖"中竞争最佳故事片的大热门。但在评选时,从北京传来了台湾报纸诋毁《城南旧事》的消息,参加会议的中国影协领导商议后,通过部队的保密电话向在北京的夏衍请示。

夏衍建议不要授予《城南旧事》大奖,其他奖项都可以考虑。最后,《城南旧事》分别获得最佳导演奖(吴贻弓)、最佳女配角奖(郑振瑶)、最佳音乐奖(吕其明),而最重要的大奖最佳故事片则由《人到中年》和《骆驼祥子》并列获得。

不过,抛除政治或者电影之外的考量,《城南旧事》还是在国际上获得了认可。

同年年初,时为亚洲第一大电影节的马尼拉国际电影节在22部入选参赛片中,将最佳影片奖授予了《城南旧事》,这也是中国电影第一次获得国际性电影节的综合性大奖,同时,由于当地华侨蜂拥而至,争相观看"来自祖国"的影片,它也让《城南旧事》在电影节上放映两场之后,不得不加演了一场。

---

① 李松林 著,《晚年蒋经国:透视台湾当代历史》,九州出版社出版。

也就在《城南旧事》在大陆上映后不久，林海音的儿子夏祖焯先生来到大陆，他对上海电影制片厂没经过母亲的同意，就擅自将《城南旧事》拍成影片，并没有提出抗议，相反非常激动，当即代表母亲象征性地拿了一美元稿酬〔当时原作者稿费有 800 多元〕，并风趣地说："我代表我母亲拿过版税了。"其余的稿酬，至今还留存在上影厂。

吴贻弓后来很是感慨："我们没有经过她同意就把她的小说拍成了电影，他们一点都不计较，这本身不就是一种爱国行为吗？"

临别时，上影厂特地委托夏祖焯将《城南旧事》的录像带转给林海音，这也是《城南旧事》在台湾的第一个录像带。1984 年，林海音正是在夏祖焯位于美国旧金山的家里，第一次看到这部电影的。

尽管台湾媒体把电影看成大陆对台湾的"统战阴谋"，但因为吴贻弓的坚持，没有在电影里加入一些政治上的内容，影片还是得以在台湾上映。

"我自己也没想到它能在世界上 36 个国家和地区发行，"他有些自豪地说，"特别是在台湾还正式发行了，在电影院放的，所以林海音是开心得不得了。"

开心的还有更多的台湾人。一如马尼拉当地华侨那样，他们也追看来自大陆的影片。何况影片的原著林海音，此时在台湾文坛颇有声名——在创作之外，她还和丈夫一起不遗余力地提携新人，在任职报纸、出版社工作期间，发现、培养了黄春明、林怀民、张系国、七等生等一批新人，使一批台湾本土作家在文坛崭露头角——这也让《城南旧事》这部影片更为众人关注。更重要的是，那种"淡淡的哀愁，沉沉的相思"也很符合他们当时的心境。毕竟，在他们中间，有着众多的"外省人"。

尽管有的是一代，有的已是二代、三代。慢慢地，台湾已经变成了他们唯一的家乡，甚至一辈子，他们都没有来过大陆，不知道大陆今昔是何年，但乡愁却如影随形。有游历这块土地的学子就发现，"我先前洞见的台湾作家深厚的文化功底扎根于这里自幼学堂朗朗教育背诵的《大学》《孟子》《中庸》与《论语》，而由中国数千年的古老农业社会所启迪的关于原始生命关怀的仪式——旧历新年、端午、中秋、清明等也深植在这片土地的细胞中，成为它四百年日历上的庆典与祭祀。台湾的文化基因由大陆那头的 DNA 遗传链导来,在这 3.6 万平方千米的岛屿上,成为两千万人民体内汩汩流动的血液。"①

即使有千山万水,以及政治的森严壁垒,也阻挡不了他们北望。

事实上,也就在《城南旧事》在台湾上映前后,台湾本土的电影人也在努力地思乡寻根,拍出了《源》《原乡人》《香火》等一批佳作。

其中,以李行执导,秦汉、林凤娇主演的《原乡人》,更是被台湾"中国影片人协会"评选为 1980 年十大中外佳片第一名。

影片的原型便是林海音曾着意栽培的台湾乡土文学作家钟理和。他的绝大部分作品都是林海音所编发。而且在他逝世后,林海音还出面并主持在钟的家乡美浓建立"钟理和纪念馆"。让人难以置信的是,他们之间只有信件交往,却从未谋过面!

和林海音相似,这位台湾作家也是汉族客家人,从小就热衷于浏览中文古体小说,1938 年,只身经日本渡海到沈阳,并在此度过一段时间,甚至还游说父兄到大陆东北投资砖瓦建材业。日后又举家迁往北平,并于 1945 年在此出版第一本小说集《夹竹桃》。1946 年 3 月 29 日,钟理和带领家人搭难民船,自天津、上海到基隆。

在《原乡人》中,秦汉饰演的钟理爱上了林凤娇饰演的钟平妹,然而客家人规定同姓之人不能成婚,无奈之下,钟理孤身一人前往沈阳学习深造。两年后,钟理回到了钟平妹的身边,带着钟平妹私奔至沈阳,组成了小小的温馨的家庭。

尽管全剧突出的是对封建礼教的反抗,以及对爱情的自由追求,但它和《源》《香火》一样,也在追寻和描写台湾和中国大陆的血缘关系,以及大陆人在开拓、建设台湾方面的贡献,从而引起了人们的广泛注意。

昔我往矣,杨柳依依。今我来思,雨雪霏霏。

---

① Azure 花,《台湾的乡愁与文艺》,豆瓣。

《城南旧事》在台湾上映时，林海音正翻阅着亡友梁白波写给自己的四封信。

这个 20 世纪 30 年代著名的也大概是唯一的女漫画家，当年曾和叶浅予有过一段三角恋情，也是一辈子都在追求自由的性情才女，到晚年却苦闷寂寞。

曾有一次，在看到林海音写的《城南旧事》之后，勾起了她对于红颜往事的追忆，遂写信给林海音抱怨："什么'黑色的爱'，放他妈的狗屁……""我现在像一块又湿又烂的抹布，随随便便地摔在那儿，对女人来说，一失足成千古恨——我呀，我是在北平游山玩水那阵失了足的……"最终在六十几岁时，忽然跑回到了台南海边的一间小屋里自杀身亡。

读这些信的时候，外面的街道上，有人在播放《城南旧事》的主题歌："长亭外，古道边，芳草碧连天，晚风拂柳笛声残，夕阳山外山。天之涯，海之角，知交半零落。一斛浊酒尽余欢，今宵别梦寒。"林海音说：当时就觉得自己软软的，心里头只想哭！

林英子在《骊歌》声中送别了自己的童年，便余音袅袅，但在现实生活中，林海音依旧要继续送别她的青年和中年。

幸运的是，她还有机会去缅怀和追忆。

1987 年，台湾当局基于传统伦理及人道立场的考虑，开始放开台湾人到大陆探亲的限制。三年后的 1990 年 5 月，已经 72 岁的林海音回到了北京，并重走南城旧地。

在这里，她努力寻找并缅怀"我的童玩，我的游伴，我的小油鸡，土地庙的小吃摊，破洋车上老头子塞在我脚下的破棉袄……"每到一个地方，都百感交集。

在她女儿夏祖丽的记忆里，这是在小时母亲经常跟她谈起的。

1993 年，林海音再度回到北京，参加了《当代台湾著名作家代表作大系》新书发表会，与冰心、萧乾同为此套书顾问，为两岸文学交流默默地做着工作。

在这之间,她还特意去上影厂与《城南旧事》主创人员会面,这也是这部影片拍摄完成近十年后小说作者和影片创作者的首次见面。

她很满意沈洁在片中的表演,日后老小两代英子,成了忘年交。

她更是感谢吴贻弓,让她在大陆出名了。

"我向您鞠躬,因为你使我的名字在大陆变得家喻户晓,所以我得向您脱帽三鞠躬!"并真的弯腰致意。

反过来,吴贻弓也觉得自己应该向她致谢。

没有《城南旧事》,以及此前的《巴山夜雨》,他也不会从一个"脱帽右派",并继而在"文革"中被打倒的一个电影人,却在党的十四大中,成了中央候补委员。

2017年4月的一天早上,上海,某电视台重新播放吴贻弓的《巴山夜雨》。
〔王千马 摄〕

"本来我不是代表,只是列席。跟着代表团到北京去列席会议。我心里还在猜测,这样安排到底什么意思呢?是不是想让我早点知道党的一些政策,然后早点在电影事业中付诸实践?"但让他意外的是,在听到台上念中央候补委员的候选人名单时,他听到了自己的名字,这让他有些怀疑自己的耳朵,是自己听错了吗,怎么会有自己呢,"后来才知道,候补委员中需要有文艺界的同志,而自己恰恰也因为那几部片子出了名,我不上去的话,有人会有意见。所以这是领导让他来北京的一个原因。"

这让他们父子分别在国共两党中都拥有着非常履历的人。

他和他父亲之间,便是家庭版或者说日常版的"国共合作"。

这种开放的氛围,也直接体现在了吴贻弓的电影事业中。

1992 年 1 月 10 日到 15 日,第一届"海峡两岸暨香港电影导演研讨会"在香港九龙京华酒店举行,这不仅是 42 年来海峡两岸电影艺术家的大规模聚会,也是作为中国电影整体部分的大陆、香港、台湾三地的电影导演第一次参加的正式聚会。

其时大陆代表团团长正是吴贻弓,副团长则是谢铁骊、谢晋;台湾代表团团长为李行;香港代表团出席的则有吴思远、陈欣健、徐克、成龙、张彻、曾志伟、王家卫等人。

此次研讨会计划由大陆、香港、台湾轮流举办。由于举办第一届的时候香港还没回归,当时给会议取名"海峡两岸暨香港",直到今天还是沿用其名。这样一来,"暨"字便让人觉得特别有历史感。在这次研讨会结束时的惜别晚会上,"林青霞、刘嘉玲等到场助兴。大陆导演领队吴贻弓说,他离开校门 30 年来从未如此开心过。"①

按照计划,1995 年,吴贻弓以中国电影导演协会会长的身份,带领着大陆电影交流团到台北参加第三届"海峡两岸暨香港电影导演研讨会"。在这次研讨会中,三地导演会决定合拍电影《性、爱、钱》促进合作交流。

这些交流,以及共同切磋艺术,让吴贻弓等人看到了,中华民族五千

① 黄仁,《两岸电影文化交流合作的影响和成果》,豆瓣。

年来共同创造的灿烂文化，始终是维系全体中国人民的精神纽带，中国的灿烂文化是海峡两岸电影导演的创作源泉。"我的一些台湾电影界朋友也表示，台湾文化，如同祖国其他地区文化一样，它的根在祖国大陆深处。"

有了这个根，台湾才不是远隔大洋的孤岛。而林海因、余光中、庄奴、齐邦媛等人，即使是游子，也最终是有家可归、有枝可依。尽管当下台湾有些人试图掩盖并毁灭这一事实，但它却不是说改变就能改变的。

今天的吴贻弓，因为身体原因，在远离上海核心区的老沪闵路的家中，做宅男。〔王千马　摄〕

当然，也有遗憾。社会的飞速发展，让祖国的面貌日新月异的同时，也少不了一番面目全非。事实上，在拍《城南旧事》时，"助理导演成家骥则带着《城南旧事》这本小说，到北京走遍书中每一个英子住过的地方、读过的学校。椿树上二条、虎坊桥、南柳巷、新帘子胡同、西交民巷、梁家园、师大附小、春明女中……"①然而一圈走下来，却没有找到一处中意的地方。虽说有几处尚保留着老北京的风貌，只可惜那黑黑的柏油马路、高高的电线杆将老北京那种独有的历史静谧感给破坏了。

最后没办法，吴贻弓只好回到上海"另起炉灶"，靠着上影厂员工勤劳而又智慧的双手，在上海郊区一个空旷的机场上搭建起了一个被人称为"老北京"的风景点。

这也就是拍摄北京风情的《城南旧事》，其实是由上影厂拍摄，而且是在

① 夏祖丽，《从城南走来：林海音传》，三联书店。

上海拍摄的原因。比较幸运的是，它搭建得以假乱真。

正如有人所说，有了"城南旧事"，才能记住乡愁。希望祖国能在腾飞的过程中，能让那些名居、遗迹安好，能让那些故事常新。

因为有了它们，我们才知道来路。

孙渝烽

《佐罗》《风雪黄昏》《检察员的起诉》《苔丝》《莫斯科之恋》《命令027》《二十四只眼睛》《暴风勇士》《死里逃生》《魔鬼邻居》……是他的主要配音作品。

《望乡》《吟公主》《沙器》《佐罗》《哑女》《云中漫步》《国家利益》《野鹅敢死队》《随心所欲》《山崩地裂》《孤星血泪》……则是他的译制导演作品。

在上海电影译制厂任演员、译制导演二十八年来，为国人的精神饭桌上添加了无数道"食粮"。是当今著名译制导演之一。作品曾获得无数大奖。

不过在诸多电影中，也能见到他的身影。退休后主要精力放在影视表演教学工作中，为培养年轻演员尽力。也参加一些影视剧的拍摄工作。

因为是1940年生于烽火年代的重庆，所以他叫孙渝烽。

时代精神之三·师表
孙渝烽：身边有榜样，让我的人生走得很健康

这辈子如果一定要感谢一个"贵人"，孙渝烽首先想到的，应是张瑞芳。

其时，孙渝烽刚刚从上海电影专科学校毕业，面临着分配。"因为自己当时比较瘦，但很精神，眼睛也大大的，是作为工农兵的形象被招进这个学校的。"所以，有些单位看了他的照片，以及演出，都很想要他。

问题是，父亲出身于国民党，尽管在西北军需局时一直和八路军关系融洽，到新中国成立前夕，因看不惯国民党的腐败统治，而辞职回了老家杭州，做了一个小市民，但在镇压反革命时，他还是被打成了历史反革命。这也让孙渝烽受到了很大的牵连。

因为那个时代以阶级斗争为纲。部队的文工团肯定就不会要他了，即使话剧团，一看他政治成分不好，也犹豫了半天。他记得，当时自己班上有8个同学都是因为家庭出身不太好，最后都差点分配不了。要不是张瑞芳，他就无地可去，也就进不了上海电影演员剧团。

此时的张瑞芳，已是中国22大明星之一，又刚刚因出演《李双双》，而荣获了第二届百花奖最佳女主角。但对孙渝烽来说，她虽是大明星，更像一个

和蔼可亲的长辈。

在看了他们的演出之后，张瑞芳就主动提出，我们演员剧团缺少年轻人，我们都要。但是电影厂的人事科，却觉得这些人出身不好的太多了，不能要。她遂反反复复跟人事干部交涉，并表达了自己的意见，"首先我们演员剧团要不要补充新鲜血液，电影事业发展要不要后继有人，要不要这些年轻演员来塑造工农兵形象，现在你们用出身不好作借口不进人。我们党历来的政策是讲出身，但不唯成分论，重在个人表现。这些年轻人都是在红旗下长大的，接受党的教育和培养，他们有专业知识和表演技能，为什么不要！"①

学校里的布加里老师告诉孙渝烽，正是张瑞芳的坚持，他和他的同学黄达亮、郑梅平……才能顺利地进演员剧团。

事实上，他也很感谢布加里老师，没有她和其他同仁的开明，在人事审查上不做过多要求，他早在应考上海电影专科学校时，就不会通过。

在以后的日子里，张瑞芳处处关心他这样一帮青年学生，而且始终给他强调不要把成分作为一个包袱。孙渝烽记得她亲口跟自己说，要真想讲成分，我是国民党炮兵中将的子女②，那又怎么了？我整个家庭，我母亲，当时都支持共产党的工作。所以，她就告诉他，这个主要还是看你怎样去选择自己的道路。只要自己要求进步，大家都会看在眼里。

1964年的春节，孙渝烽没法回家。因为刚成立不久的上海电视台定于大年初一上午，要在电视上直播剧团为慰问部队而排的一个小话剧，叫《一百个放心》。三十晚上，张瑞芳打来电话，要他到自己家过年。

"那时候我比较瘦，所以瑞芳老师特意弄了一个蹄膀，弄了一个鸡，炖了一大锅给我吃。她爱人严励老师还特意给我开了一瓶葡萄酒，吃完饭以后

① 孙渝烽，《张瑞芳：心胸宽阔的电影战线一老兵》，《东方早报》2013年6月27日。
② 张瑞芳之父为张基，毕业于北京陆军大学，曾任北洋军阀系统的保定军官学校炮科科长。1925年，毅然倒戈参加国民革命军，任北伐军第一集团中将炮兵总指挥。其妻廉维，原名杜健如，1889年出生在密云古北口一个乡绅家庭。其弟与张基为大学同班好友。1918年6月15日，她在保定生下女儿张瑞芳。1928年春，张基不幸在徐州军中去世。

还特意拉那个钢锯条,你们听说过吧,宽的锯条,掰过来之后,可以在上面拉出很美妙的声音,对此我印象非常深。"

更让孙渝烽对张瑞芳的关怀,以及人格魅力感受至深的,还是在1964年的9月。在华东局的组织安排下,上影厂一部分创作人员和空军政治学校的师生,以及华师大政教系的同学去安徽定远县搞"社教"。

他和张瑞芳分在了一个小组,在靠县城近的一个南塘大队蹲点。

在张瑞芳于2012年去世后所写的一篇题为《张瑞芳:心胸宽阔的电影战线一老兵》的纪念文章里,孙渝烽这样描述了他们参加"社教"的经历。

"记得当天到大队部后我们傻眼了。大队部是一所空荡荡的大房子,周边均是荒地。问生产大队长厕所在哪,他说'厕所!没有,我们都习惯拉野屎'。我们立即放下行李,部队张教官让大队长马上借几把铲子来,再送两担秫秸秆来。大家动手在大队部后面荒地里挖了两个大坑,用秫秸秆围了起来成了男女两个厕所。

瑞芳老师在大队部住了八个多月,就在这里上厕所,其艰苦程度是现在年轻人无法想象的。后来我几乎跑遍了整个定远县城才在一个小杂货铺买到一对痰盂罐,上面还印有喜字,这才解决了瑞芳老师冬天上厕所的困难,瑞芳老师还把另一个送给师大的女同学小张。在搞社教期间我们几乎天天吃高粱糊糊山芋粥,菜就是萝卜缨子。瑞芳老师便秘很严重,我常去县城药房买'一清松'药片。但她就这样坚持下来,毫无怨言。

更可贵的是瑞芳老师几乎走遍了生产大队的家家户户。老百姓的生活实在太苦了,很多农民家里根本没有桌子、凳子,只有泥糊的土炕,上面铺上秫秸秆就是床。还有也是用泥糊的可以放高粱粉的缸。衣服也几乎只有一套,天冷了把棉絮塞进去成冬衣,天热了再抽出来。有的农民孩子多,小孩全是光屁股的,天冷时都在床上度过,盖上一条破棉被。

在老大姐张瑞芳〔左〕和秦怡〔右〕身边，孙渝烽觉得此生都受益匪浅。
〔王千马　翻拍〕

　　瑞芳老师是工作队队长，她严格要求我们一定要尊重生产队的干部。在这样艰苦的环境中，他们能为农民服务很了不起。我们走访了很多干部家庭，家中也都是一贫如洗。由于理解、尊重，所以很多干部很快就说清了自己的四清四不清问题，都是些鸡毛蒜皮的小事或是态度作风问题。瑞芳老师常常和干部们促膝谈心，感动了很多干部。因此我们和南塘大队的干部群众建立了深厚的感情。

　　我住在朱老奶奶家中，她十几年的老烂脚一直没治好，瑞芳老师为老奶奶送来消毒棉花绷带，让我每天坚持为朱老奶奶用淡盐水洗伤口，后来她打听到一个土方子，用鸡蛋黄熬油，擦涂伤口，经过5个多月的治疗，终于治好了朱老奶奶的老烂脚。

　　1965年5月，我们即将结束社教返回上海，瑞芳老师知道群众根本就没有文娱生活，她就把在其他几个大队蹲点的演员全集中起来，当时有导演郑君里、严碧丽，摄影彭恩礼，演员还有顾也鲁、康泰、吴云芳、曹雷。瑞芳老师希望我们赶排一台小节目，到各大队巡回演出。我们几个赶排了独幕剧《小保管上任》《一分钱》，还有演唱、大实话、对口词，足足有两个半小时的节目。瑞芳老师审看后非常高兴。

演出小分队跑遍了定远县 18 个大队，每到一个大队，当天晚上，就用 8 张八仙桌搭一个台，四角挂上 4 盏汽油灯，农民白天干活，晚上才有空看演出，观看人数总在一两千人以上。当时瑞芳老师要作为中国电影代表团一员去日本访问，先回上海，临走时对我们说：'你们辛苦了，回上海我请你们，犒劳犒劳你们。'"

只可惜的是，"文革"很快就打乱了张瑞芳的精力和安排。孙渝烽被下放到干校参加劳动，她也不明不白地在监狱里被关押了 3 年之久。但是一粉碎"四人帮"，她就向孙渝烽多次提起，咱们去看看定远县的老乡们。在电影局的支持下，她终于得以成行。

那次，在孙渝烽的陪同下，张瑞芳去了定远南塘大队，走访了好多生产队。孙渝烽亲眼见到，很多干部农民对瑞芳老师热情极了，朱老奶奶更是逢人便说是瑞芳老师的关心才治好了她多年的老烂脚。同时，瑞芳老师看到老乡们的生活已有了很大的变化，由衷高兴，孙渝烽便多次看到她在抹眼泪。

这样的艺术家，才是真正的接地气，才是真正做到心中有人民。

才是无可挑剔的德艺双馨。

让孙渝烽觉得幸运的是，这样的艺术家，就像民国时期的著名教授，星光璀璨，数不胜数，他碰到的不是一个。

而是一大批。

在张瑞芳之后，让孙渝烽念念不忘的，是陈叙一。

他也是 1918 年生人，只比张瑞芳小几个月。原籍浙江定海，亦即今天的舟山。出生于湖南长沙，上海沪江大学肄业。

其父亲为洋行买办，"陈叙一厌恶他的家庭出身，但他那特殊的家庭环境倒是给他带来一样好处，因为他父亲在洋行做事，经常与洋人打交道，陈叙一从小耳濡目染，学会了英语，能用英语会话，这为他后来从事电影译制工作打下了基础。"①

1943年，他开始戏剧翻译和编导工作。1949年任上海电影制片厂译制片组组长。

"上海解放之初，电影院放映的外国片都是粗制滥造的原版片，观众看不懂，勉强配以半文不白的中文字幕。当时只有东北电影制片厂（长春电影制片厂前身）译制过一部苏联故事片《普通一兵》。陈叙一带了三位同伴到东北厂参观学习。

回来后在上海江西路福州路口的汉密尔顿大楼里租了一间简陋的办公室，成立了上海电影制片厂翻译片组，从事译制工作。

其时，陈叙一手下只有翻译陈涓、杨范，导演周彦、寇嘉弼，配音演员姚念贻、张同凝、邱岳峰以及录音、录像放映员等十几个人，器械是一只旧话筒、一架旧录音机和一个不带银幕的皮包机，放映时只能在墙上挂一张白纸代替银幕。就在这仅有20平方米的小房间里，硬是译制了苏联影片《团的儿子》，诞生了上译厂的第一部译制片。"②

1957年4月，上海电影译制厂正式成立。陈叙一先后任该厂副厂长、厂长，一直肩负着译制片创作生产的领导工作。

在负责管理的同时，他也没放下自己的翻译和导演业务。自1953年翻译了第一个电影剧本《萧邦的青年时代》后，他接着又翻译了《匹克威克外传》《偷自行车的人》《王子复仇记》《孤星血泪》《雾都孤儿》《简·爱》等数十部外国电影剧本。

① 李世庭，《陈叙一：定海籍的上海电影译制厂创始者》，《舟山日报》。
② 李世庭，《陈叙一：定海籍的上海电影译制厂创始者》，《舟山日报》。

另外,他还导演了《绑架》《华沙一条街》《王子复仇记》《白痴》《白夜》《可尊敬的妓女》等四五十部影片。

和张瑞芳一样,陈叙一对培养人才同样上心。尤其是上译厂刚刚成立,白手起家,对人才的需求更是急迫。加上国家在 70 年代要搞内参片,所以他把视线盯上了上影厂的一些年轻人。这也让孙渝烽幸运地从干校的劳动解脱出来,被借调到上译厂。

1973 年,他正式成为上译厂的一名员工。

这让他至今对陈叙一心存感激。可以这样说,没有张瑞芳,他有可能就没法从事电影事业,那么,没有陈叙一,他也就没有今天在电影译制事业上的成就。

一开始,他担当陈叙一的助手,跟着陈叙一搞本子。同时,在译制《简·爱》这部片子时,也配几个群众角色,还负责组织批判稿,为外国作品"消毒"。

也就在这段日子里,陈叙一对待工作的严厉,尤其是对待他自己,便给孙渝烽留下了深刻印象。"比如简·爱对罗切斯特说的那番话,剧本是他自己翻译的,已经很不错了,可他还是不满意。史无前例,下午 3 点半他就说'今天我有点累,就此打住吧,明天再接着干'。第二天早上,我被他叫住,说:'哎,小孙,昨天晚上不知怎么回事,我洗脚洗得很不舒服,你猜猜为什么?'我说要么水太烫,要么太凉了。他说:'哎,你真想不到,我袜子都没脱就泡进水里了……'说明他整个晚上都在琢磨简·爱的台词。8 点钟大家摆开架势开工了,他说,来来来,昨天那场戏我想出来了,哗哗哗一说,真是太棒了!简·爱说:'你不要以为我长得丑,进入坟墓以后,在上帝面前我们是平等的!'成为译制片的经典段落。"[1]

日后,在译制《加里森敢死队》时,其中"长官"一词,陈叙一总觉得别扭,他把它改作"头儿",从此"头儿"一词风靡全国。

---

[1] 老老夏,《听孙渝烽导演缅怀恩师》,《东方早报》。

总之，对译制工作，"陈叙一强调翻译必须忠于原作，做到信、达、雅；每部译制片要搭一个配音班子。他要求像戏曲一样，配音演员要生旦净末丑行当齐全，形成一个统一和谐、声音又有区别的、色彩丰富、能体现不同人物性格的配音班子。他要求导演理解影片，把握影片的风格样式、人物个性特点及关系，找准重场戏，把握整部影片的跌宕起伏并加以准确体现。要求配音演员在塑造人物上下功夫，认真检验剧本台词与口型是否一致，在制片过程中作必要的改进。"①

　　除此之外，陈叙一还要求大家要多读书，读好书，并告诉孙渝烽，搞译制片就要做杂家，上天入地、五花八门的知识都要懂一些。

　　另外，一定要研究《圣经》，因为外国电影中的很多台词都出自《圣经》。"像古希腊神话和《圣经》里的这些文字，在国外都是经常被引用做典故的，就像我们经常引用《西游记》和《三国演义》一样。所以像古希腊神话、《神曲》、《圣经》，你们都要看，都要熟悉，要能很快找到。如果作为搞译制片的你连这些都不知道、不了解的话是没办法做这一行的，因为影片里有很多词都是从那里面引出来的。"②孙渝烽后来注意了一下，果真如此。到现在，他还保存着老厂长送给他的一本很小的《圣经》。

　　除了在艺术上当家之外，陈叙一还将心扑在了上译厂的方方面面。老演员吴文伦曾评价他："老头啊，真是当家的，不仅艺术上当家，就连气温不到35摄氏度不能开空调他也要管，总是背着手到处巡查。"

　　这种精益求精、兢兢业业也影响了上译厂的每个人。他们都不计较各自在生活上的困难，和自身的得失，而忘我的工作。

　　孙渝烽便记得，那时他夫妻俩一个月一百块钱不到，两个孩子。像邱岳峰则是四个孩子，而且住房条件都很差，六个人住在17平方米的地方，孩子只能睡在阁楼上面。

　　"尚华，七个孩子，再加夫妻俩。所以他有时候经常跟我们开玩笑，我罪

　　① 李世庭，《陈叙一：定海籍的上海电影译制厂创始者》，《舟山日报》。
　　② 《上译人为什么"敬业"》，《北京晚报》2017 年 4 月 28 日第 35 版。

该万死,我破坏计划生育,我怎么怎么样。我说这些事情反正都是历史,都过去了。但生活不得不过。因此每个月到月底都要借工会的5块钱的小额资金。"

即使这样,"在领导的带领下,8点钟我们准时开机工作。但很多人都是提前到场。老厂长更是七点半到厂里,先到各个地方转一圈。我们底下那些做演员的,做导演的,都是七点三刻到,然后做好一切准备工作。8点一过,片子就在机器上放映出来了。大家从不叫苦叫累,就是生病,也会带病坚持。

当时大家都有一个念头,那就是要将译制片要搞好,语不惊人誓不休。尚华就说,自己这辈子能干这个,简直是太喜欢了。'我一会儿可以配总统,一会儿可以配流氓,一会儿又可以配什么将军,我这一生要接触多少人,认识多少新鲜事情啊。'"

这种一心想做好事业,而不是蝇营狗苟、争名夺利,成就了上译厂近40年的黄金时期。与此同时,上译厂的氛围也变得无比之好。

好到什么程度呢,可以从彼此亲切地叫外号就能看出来。

"大家管苏秀叫'猴奶奶',潘我源叫'潘姑奶奶',毕克叫'老克',体弱的赵慎之被称为'赵老太',总是相爱相杀的于鼎和尚华被戏称为'老公母俩(老两口)'。陈叙一作为上译厂40年黄金时期的当家人,大家都叫他'老头儿'。

苏秀在《我的配音生涯》中说潘我源是上译厂的传奇人物,传奇一是她的经历,二是她的事业,在上译厂的二十年时间里,潘我源一直配的是配角,却总能把配角配出彩。还有一个传奇,是她的性格。潘我源出身于国民党元老家庭,母亲早年曾由国民党派往苏联留学,与蒋经国是同学,回国后历任国民党要职。她这个大小姐却跟着男朋友、演员夏天一起投奔了解放区。一点没有大小姐的样子,说话大大咧咧,笑起来'嘎嘎嘎'的不管不顾,由此得了个'鸭子'的外号。整个上译厂敢公开和陈叙一叫板的就是潘我源，把陈叙一推出录音棚并把棚门反锁上，陈叙一只能在棚外喊着'这个婆娘好生无礼'。"①

这些可爱的人儿，让孙渝烽变得无比热爱上译厂，爱上这份工作。

事实上，在进上译厂之后的很长一段时间内，他还在念念不忘自己是从演员剧团出来的，所以还跟陈叙一提出一个要求，"如果有合适的戏你是不是能放我去拍一拍。"老厂长非常的通情达理，跟他说这个没问题。

于是，在20世纪70年代末80年代初，他也出演了多部影片，比如1978年，他在于本正、徐纪宏导演的《特殊任务》中，饰演何政委；1981年，他在汤晓丹导演的《八一南昌起义》中，饰演刘伯承。同年，他在吴永刚总导演，李长弓导演的《楚天风云》中，饰演田主编；1982年，他在谢晋导演的《秋瑾》中，出演的则是竺绍康……

但是，时间一长，他反而认为，自己干嘛还要去拍戏呢，太浪费时间了。如果自己精力放在上译厂，不知道要多搞出多少戏了。

所以，他决定，要老老实实地待在上译厂，向每个同事学习，向老厂长学习。

要在这里把自己在"文革"中失去的青春，全部都追回来。

从进上译厂，到2000年退休，孙渝烽粗略地统计了一下，自己先后做了300多部译制片的导演，另外，还为300多部的国产影片做配音导演。

其中，有三部译制片获得国家大奖。

一部是《国家利益》，获文化部优秀译制片奖；一部是《随心所欲》，获得1989—1990年中国广播电影电视部优秀影片奖优秀译制片奖；还有一部就是著名导演斯皮尔伯格的《侏罗纪公园》，获1997年度中国电影华表奖外国

---

① 《上译人为什么"敬业"》，《北京晚报》2017年4月28日第35版。

电影优秀译制片奖。

孙渝烽更记忆犹新的却是 1978 年出品，由安德鲁·迈克兰格伦执导的《野鹅敢死队》。影片中虽然有一些上层的政客和非洲的革命家，但主要人物是一帮雇佣兵。

"大家都知道，国外的雇佣兵大都是很粗鲁的，粗话连篇，很难用汉语表达。如果用中国人的表达方式译出来，就失去了人物的个性。我们请了外语学院的老师来帮助，她也爱莫能助。"

孙渝烽记得其中就有场戏，就是这帮敢死队必须迅速强行通过一片开阔地否则就会成为活靶子。有个同性恋卫生兵跑累了，瘫倒在地，军士长踢了他一脚，骂了句粗话。

"我当时就问那位老师，这句话到底是怎么回事。她说很脏。我说脏到什么程度？她说，孙老师我真的说不出来，不晓得该怎么说好，是针对这个人的。后来我回去左思右想，第二天早上我就问她，张老师我想出来了是不是这样的意思，'你要是再不起来，我就把你的屁眼给缝起来？' 她一听就拍手叫好，对的。"①

除了这些，影片里还有一些语言，比如，"把你那玩意吊起来""你们到外面去玩，姑妈把床单给你铺好了，到时候给你们打针"……都是一些很粗鲁的话，不能说得太直，但也要让人有所意会。

这位老师后来就问孙渝烽，这话是怎么想出来的？他想了想，也许就是受老厂长那种精益求精工作态度的影响，自觉不自觉地就会学他的样，字字推敲。当然，也没达到像老厂长那样袜子不脱就泡水里的境界。

这个译制片也就成了孙渝烽搞得最长的一部，为本子足足花了 25 天时间。但出来后的效果特别好。著名表演艺术家孙道临在北京看了电影之后，还特意给孙渝烽打来电话，夸奖他搞得不错，把雇佣兵这个人物的语言充分地展示出来了。孙渝烽记得他还说，搞译制片就要这样搞的，还原它的

---

① 老老夏，《听孙渝烽导演缅怀恩师》，《东方早报》。

风格，把原片的精华表现出来。

第二天，孙渝烽就把这话转述给老厂长。

老厂长看着他笑了笑说，别得意，继续努力。

日后，孙渝烽又译制了斯皮尔伯格的两部片子，一部是让他获大奖的《侏罗纪公园》，一部则是同样很有声誉的《辛德勒的名单》。

看到《侏罗纪公园》时，他觉得自己完全傻眼了。这部戏虽然娱乐，但它怎么能把几亿年以前的恐龙，用电脑做出来，而且活灵活现的？

再说《辛德勒名单》，风格完全不同于《侏罗纪公园》，揭露希特勒的残暴，又阐述我们人性的光辉，是非常深刻的一部片子，那么，一个导演怎么能导出这么两部截然不同的戏，而且都那样优秀？孙渝烽回想自己在上译厂的日子，得到的最大好处就包括，给了自己很多的学习机会，让自己比很多人能提前学习到西方很多先进的东西。

为了译制好这两部戏，不要辜负了斯皮尔伯格的用心，孙渝烽对《侏罗纪公园》，一方面要求要将它配得好看，另外要真实，比如说在被小恐龙咬的时候，一定要表现出很惊慌的样子。不能让观众觉得假，而是真的可以回到那个年代。

对《辛德勒的名单》，他先是充分了解斯皮尔伯格为拍好这部戏所做出的努力，比如说酝酿了十年，才把这个本子写完；而且还将演员组织到波兰的一个小镇上，在那里待了两个半月；此外还要求所有演员，要沉浸在当时那个年代的氛围中去。这也让那些演员每天只要一看到犹太人标志的那个黄袖章，就心情格外沉重……过后，他再将这段历史讲给所有配音演员听，告诉他们在配这部戏时，我们一定要注意什么。既要散发人性当中一些美好的东西，同时也要展现那些恶的东西，将希特勒那种疯狂充分展示出来。

这两部电影在上映后，赢得了诸多赞誉。媒体一片好评。

1997年，他又再接再厉译制了罗杰·唐纳森导演，皮尔斯·布鲁斯南、琳达·汉密尔顿、格兰特·赫斯洛夫主演的美国经典灾难片《山崩地裂》，并因此获第十七届中国电影金鸡奖最佳译制片奖提名。

然而，这似乎成了孙渝烽乃至译制片所剩不多的"风光"了。

似乎是一眨眼的工夫，年轻人已经不再把拿到"永嘉路383号的两张电影票"当成是人生的幸事了。

事实上，就连上译厂自身，也在变动不居中离开了塑造译制片在80年代辉煌的"永嘉路383号"。2003年，它搬到了虹桥路1376号的广播大厦。

"永嘉路383号"也真的成了此情可待成追忆了。

在这些年内，上译厂所译制的影片又获得了不少大奖，如《诺丁山》获第六届中国电影华表奖1999年度优秀译制片奖。此后，《哈利·波特与密室》《爱有天意》《翻译风波》《惊涛大冒险》《功夫熊猫》相继获得第九届、十届、十一届、第十二中国电影华表奖×年度外国影片优秀译制奖。

但是围绕着译制片以及上译厂的追问却层出不穷。在很长一段时间内，朋友以及媒体都要问孙渝烽，译制片在将来还有生存空间吗，译制厂还能否办得下去？

就连后知后觉的人都会意识到，时代已经发生了巨大改变。

科技的进步和网络的发展，让国人接触国外影片没那么费劲了。他们总能通过各种方式先睹为快。以前被当成电影时尚的译制片，一不小心就落伍了。

其次，文化素质的提高，让众多年轻人进电影院想看的都是原声，觉得这样才是原汁原味。为《佐罗》配音的童自荣在接受采访时就直言不讳，"现在的大环境对配音演员不再有旺盛的需求，现在大家看字幕了，这令我很失落。"

这种质疑同样让孙渝烽难受，但他认为，必须要正视这种现实。

尽管他在2000年退休，但退休后的他，还一直在做着这样一件事情。

那就是努力地传播上译厂的名"声"。在上海市文联会刊于2010年前后改刊，锁定"写名人·名人写"的办刊方式，"孙渝烽老师找上门来主动请缨，说是想写一系列'名人访忆'的文章。"[1]在他罗列的名单中，其中就有上

---

[1] 刘巽达，《孙渝烽：亮嗓音，更亮精神》，《解放日报》2017年2月16日第10版。

译厂的不少前辈、同事和伙伴，像邱岳峰、尚华、胡庆汉、毕克、苏秀、赵慎之、刘广宁以及童自荣等人。

通过写这些人，孙渝烽希望能借此回顾一下上译厂，乃至中国的电影译制事业所走过的路，它们为什么会走向辉煌？又有哪些好的经验，需要我们继续把它保留下来？如今，电影译制事业陷入低谷，又是因为什么？除了社会大气候的原因，内部是否也出了问题？比如说，以前的那些人都一心扑在事业上，现在大家还会这么团结吗？

不过，孙渝烽也认为，像我们中国这样一个大国，十几亿人口，并不是很多人都能看懂原版片的。广大的农村，还是需要经过配音的译制片。再具体一点，即使年轻人有文化，懂外语，英语我懂，法语我懂，但西班牙语呢？更何况像阿尔巴尼亚语这样的小语种，还懂吗？所以从这个角度来说，译制片还是需要的。

要让译制片真正被需要，有两条很重要。"第一就是保证质量，本子翻好，内容搞好，能够还原它本来的风格样式和人物的感情。现在有些本子就搞得比较粗，不像以前那么精雕细刻。这很要命。再有就是要不断地出新人，这样就有不断的新声音冒出来。现在大家都在追'中国好声音'，译制片同样需要有'中国好声音'，也能成为'中国好声音'！"

这是他对译制片的期望，对他所从事过的表演，又何尝不是如此呢？

追忆邱岳峰、尚华那些好声音的同时，孙渝烽还将自己的笔触，伸向了自己在上影厂时的那些前辈和同事。

他不仅要写张瑞芳，还要写韩非、陈述、谢晋，以及秦怡、孙道临等人。

像孙道临，既是个电影演员，又擅长配音。他的配音，独树一帜、激情洋溢、高贵华丽，常人难及。就连张瑞芳都很敬佩他的敬业精神，说他是一位多才多艺、富有学识、修养很全面的艺术家，为中国电影留下一份宝贵的财富。

这是孙道临先生送给孙渝烽的一副字：疾风知劲草，路遥识马力。〔王千马　摄〕

他和老厂长一样，都喜欢劝孙渝烽看书，总是告诉孙渝烽，在译制片厂搞片子，有很多生活是没办法接触到的，上层的啊，下层的啊，只有通过读书来获得更多的知识。

更重要的是，孙道临为人正派，"当年他曾开办一个公司，有人就找上门来，说资助 100 万帮他拍电影，但要拿 30％的回扣。换今天，这已是司空见惯的现象。但孙道临觉得这样不对，你支持我就支持我，但又拿走 30 万算是什么回事？这不就成'挖社会主义墙脚'了吗？这样的钱，我一分也不要。"

还有一个小故事，他家附近，经常有一个老人，挑着担子在那里卖水果。他只要路过那儿，不管家里需要不需要，他总归要买两三斤。"他说我帮不了多忙，但是我买两三斤以后，给他减轻一点负担，让他可以早点收摊。"

秦怡又何尝不是如此。和她接触多年，孙渝烽就发现，哪怕身体再累，时间排得再满，但只要是公益活动，她都会积极参加。

有人曾问孙渝烽，秦怡老师为什么保养得那么好，能否帮他问问，她都吃些什么营养品？孙渝烽便笑了，她什么都不吃，就跟我们一样，都是普通的饭菜。有时一起出去，他看她吃的就是盒饭……

在这两位老演员之外，孙渝烽心心念念的，还有于是之老师。

"于老师无疑是我们这些后辈学表演的榜样。"

作为中国话剧的代表人物，于是之在《青春之歌》《龙须沟》《骆驼祥子》《茶馆》《洋麻将》中成功地塑造了一系列经典的舞台形象，打动过无数像孙渝烽这样的后学者。到了1952年，他开始从影，并拍摄影片《龙须沟》，也同样成功地将这些形象搬上了大银幕。1978年，他在《大河奔流》中第一个在银幕上创造了毛主席的形象，此后还拍摄了电影《丹心谱》〔1979年〕和《茶馆》〔1982年〕，以及《秋瑾》〔1983年〕。

"我在北京曾看过于老师主演的《茶馆》，他把王利发这个人物演得出神入化，让我十分敬重。"

孙渝烽更是听说，于是之在拍摄《秋瑾》时，为了塑造好剧中那位清末附庸维新的福建官僚贵福形象，硬是将自己的满头秀发给剃了去，加上他也了解到，斯琴高娃为了出演电影《骆驼祥子》中虎妞一角，曾特地装上两颗大虎牙，不禁心生感慨，这些艺术家为了成功塑造各自角色、贴近人物，可以置个人美丑于不顾，展示了一种强烈的敬业精神。相反的是，当时有些年轻演员在拍戏时特别强调个人的美，而完全不考虑角色的需要。

所以，他在上海的《新民晚报》上写过一篇小文章，《大光头与大虎牙》。"我写这篇文章的目的在于，老艺术家为艺术献身的精神，值得我们年轻一代演员学习。于是之老师在杭州外景地看到这篇文章，向制片主任问到我。"

幸运的是，《秋瑾》是由谢晋导演、由上海电影制片厂摄制的故事片，孙渝烽也将在其中扮演一个人物，竺绍康。

当时的制片主任毕立奎，正是上影厂的金牌制作人，自然了解孙渝烽，所以也就告诉于是之,"小孙原来就是我们上影演员剧团的演员,'文革'时为搞内参片调上译厂去了,过两天就来我们摄制组报到。"于老师很高兴,对主任说,"他来了,就跟我住吧。"

孙渝烽记得,自己从上海赶到《秋瑾》外景地杭州,来到剧组下榻的花家山宾馆时,剃成大光头、和蔼可亲的于是之在制片主任的陪同下,和自己亲切握手,并引自己到他的房间,"毕主任已同意让你和我住一屋。"

这让孙渝烽喜出望外,仰慕于是之已久,但他却没想到自己居然还有这样一个机会,和于老师亲密接触。"从此在杭州、绍兴,拍戏的日子里,我都和于老师住在一起。"

这几个月的相处,让孙渝烽受益匪浅。"于老师是一位博学者,谈古论今,海阔天空。我们常常聊到深夜,谈人生,谈艺术,无话不谈。"

对艺术,于是之对孙渝烽说,一个演员永远离不开舞台,作为电影演员也应该争取常回舞台演演戏。在舞台上完整地塑造人物。每天演出都会有新东西、新体验,你跟观众交流会有新的发现、新的创新。"他说,我参加拍电影,但我更热爱舞台演出。"

他还告诉孙渝烽,一个演员一定要善于观察生活,善于积累。有的生活可以亲身体验,有的生活只能从书本上去借鉴,演员一定要做生活笔记来丰富自己的生活积累。

他还说,一个搞艺术的人一定要有自己的独立主见,不能人云亦云。这个独立主见来自丰富的生活积累,对作品的理解、熟悉,对人物个性的把握,特别要在细节真实上下功夫。"这个教诲很重要,我后来主要担任译制导演工作,独立主见对我完成一部译制片作用很大。我每搞一部译制片都尽可能寻找影片的背景资料,阅读有关影片的史料。当我吃透了影片的风格、主题,了解了原片导演的创作意图,对影片中人物个性特点有了充分理解,才能和翻译、配音演员共同用语言、声音去还原影片的风格样式,正确地把握人物的个性特点,使每部译制片都有各自的特色而不雷同。我感谢于老师的教诲。"

当然，除了这些之外，两人还聊了很多话题，"我们俩出生都不好，'文革'中的故事有太多了，我们感叹人生有三不易：事业有成不易、尊老扶幼不易、为人处世不易。中国知识分子在阶级斗争为纲的岁月里，为事业为生存拼搏更不容易。"

等到两人快离开外景地返回上海前夕的一天夜里，"于老师深情地为我写了一个条幅——'笔墨有情'，以鼓励我继续笔耕。我当时又求于老师为我写下了'不容易'三个字。我对于老师说，今后我努力奋斗，有个小书房，一定把'不容易'挂在屋子正中，这个书屋称为'不易斋'，以此勉励自己努力不息。"

今天，挂在孙渝烽自家客厅的，除了孙道临老师送给他的那副字："疾风知劲草，路遥识马力"，还有便是于是之写的"不容易"。

和孙道临老师一样，于是之老师也在 2013 年离开了大家，但不管是在，还是不在，他们所塑造的形象，依旧在那里。他们所树立的榜样，也同样在这里。

孙渝烽很愿意将这些事情写下来，他希望这些故事，能成为下浮躁社会里的一股清流。

当然，也有感恩的心情在里面。"我快 80 岁了，回想一下自己的人生，走得还是很健康，就是因为有很多老师给我树立了榜样，这个很重要。"

今天，在谈到这些前辈时，孙渝烽一口一个"老师"。

虔诚得就像一个小学生。

第二部分

海派戏剧，『本土』再出发

艾　艾：金黄澄亮罗汉钱，小巧玲珑惹人爱；滴溜圆呀，中间有个四方眼；心眼里呀，照见一个李小晚，对我笑口开。

李小晚：艾艾赠我小方戒。

艾　艾：小晚你赠我罗汉钱。

李小晚：小方戒啊，真金不怕火来炼。

艾　艾：罗汉钱呀，好似月亮一样圆，团圆做夫妻……

多年以后，当大家在沪剧电影《罗汉钱》中看到这段唱词时，才知道罗汉钱其实就是"康熙通宝"，但与一般的"康熙通宝"不同，罗汉钱中的"通"字的走之旁是单点，"熙"字左上没有一竖。关于它有各种传说，但不管如何，罗汉钱都意味着吉祥之物，学子出门、情侣示爱，便赠罗汉钱，自康熙之后，就成民间习俗。①

所以，从张艾艾送李小晚一枚小方戒，李小晚则送给了张艾艾一枚罗汉钱，可以看出两人之间的关系，应是一对亲密的恋人。

只是，此时距离新中国成立还没多久，很多人还是传统观念，封建思想，不喜欢看到青年男女自由恋爱，觉得那不正经，败坏村里风气。

---

① 一说是康熙年间，年羹尧西征平叛，因军饷不足，向当地佛寺征借金、铜罗汉，融化铸成康熙通宝，并许下心愿，待班师回朝，定将全数铜钱收回，并加倍铸还金身。为了有个识别，对这些通宝做了技术处理。因此它也叫罗汉钱。不料的是，年羹尧在回京后就被革职入狱，心愿也便无法完成，那些铜钱便流落民间。另一说则大约是道光年间，西湖名刹净慈寺在维修时，于罗汉佛内发现这种不同于常品的康熙通宝钱，和尚将这种钱分施给善男信女，说菩萨肚里的钱能保佑人逢凶化吉。于是，罗汉钱一名普遍叫开了。其实，罗汉钱是专为康熙皇帝六十寿辰而铸的万寿钱，它是由宝泉局精铸的一批小铜钱。

想当年,艾艾她娘小飞蛾便是这自由恋爱的追求者,也曾和她心里的保安哥互送定情物,但最终还是被棒打鸳鸯,嫁给了一位张木匠。

如今,女儿又走上了她这样一条路?

外面闲言碎语,让人难以承受,但是她也不愿意自己吃过的二十多年的苦,再落在女儿身上。幸运的是,新的婚姻法终于颁布了。

这是一部改编自赵树理小说《登记》的沪剧电影。由上海电影制片厂摄制、上海市人民沪剧团演出。1957年推出。导演是顾而已,作曲及指挥为刘如曾。

演员表上,张艾艾由筱爱琴出演,在她的名前,有一行小字:第一届全国戏曲观摩演出大会演员二等奖;小飞蛾也就是张艾艾她娘,则是由丁是娥出演。

在她的名前,同样有两行小字:第一届全国戏曲观摩演出大会演员一等奖。

华东区戏曲观摩演出大会演员一等奖。

· 毛主席握着丁是娥的手说,我们党又多了一位新同志,要好好为党工作呀!

刚看这部沪剧电影时,沈惠中年纪还不大。

因此,她对里面的情节看得懵懵懂懂,看了也就看了。

从来就没意识到,里面的那些人跟自己有什么关系。

等到初中毕业,她作为知识青年,到七宝那里下乡劳动。正好赶上了全国上下成立人民公社,当地为此要搞庆祝活动,她就献歌一曲,唱的是郭兰英的《一条大河》。也恰恰好,其时已在上海戏剧学院前身上海戏剧专科学校歌舞剧科任教的刘如曾,正带着一帮学生也在那里劳动。在她演唱完之后,他竟然找到了她,开口就问她,小沈啊,你要不要去唱戏啊。又盛情地说,你要不要进我们戏剧学院来学习当演员。

"我从小就身体不好,一直想将来念书之后,去做医生,所以从来就没想过要当一个演员,"所以,沈惠中就拒绝了对方的邀请。"结果他还是问我,你是高中生还是初中生，我说是初中生。他就说那不行，我们戏剧学院是大学，招的学生一定得是高中毕业。"但不管怎样，他还是认为沈惠中应该走表演的路。他建议她去演越剧。

尽管曾为沪剧电影《罗汉钱》作曲并指挥，但刘如曾却是民族音乐的多面手。1942年，当他就读于上海国立音乐学院理论作曲系时，便在课余为话剧配乐。1945年，参加雪声剧团，自此又投身于越剧改革事业。后来，又加入上海百代唱片公司，从事流行歌曲创作，以刘今和金流作为笔名，创作了《女神》《晚安曲》《自君别后》《明月千里寄相思》等歌曲，开始享誉歌坛。1948年，为越剧影片《祥林嫂》作曲，伴奏全部用管弦乐队……

事实上，他的编曲作品中，还包括越剧《西厢记》、昆曲《长生殿》、京剧《智取威虎山》、淮剧《满江红》、扬剧《偷诗》、锡剧《六里桥》，以及为华东戏曲研究院的《梁山伯与祝英台》进行音乐创作，并因此荣获第一届全国戏曲观摩演出大会音乐创作奖。

这个1999年因心脏病突发而病逝的大家，将自己一辈子的心血都付给了中国的民族音乐，不仅自身参与其中，而且还努力地为它发现并挖掘新人。

沈惠中还是很犹豫。因为在她印象里，越剧里的戏大多要有形体动作，而她当年也17岁了，早过了练童子功的年纪。

最后他就说，要么你就演沪剧吧，它不需要练功的。

沈惠中又说，我不会唱啊。

他又回答，你不会唱没关系，我来教你，一句一句地教你。

对方都盛情到这个份上了，但沈惠中最终还是拒绝了他。

很巧的是，人民公社成立之后，还要搞文艺汇演，不仅区里搞，县里搞，还要市内搞。刘如曾便和朋友一起搞了一个沪剧。"大概是在乡里获奖了，还要县里去比赛。他有个学生在这个沪剧里出演一个姑娘，按照比赛规则，是不允许有专业人士参加的。所以，他就赶紧来找我，问我能不能代替学生来演这个姑娘。"沈惠中自然拒绝，给出的理由也和以前如出一辙，"真的不会唱。"但他依旧坚持，自己可以教她，让她不要怕。这就叫她为难了，只好勉为其难试一试，"大概因为我什么都不懂，舞台上反而表演得很放松，参加比赛居然得奖了，后来又要到市内参加比赛。"刘如曾便说，既然到市内比赛，那就一定要请好的老师来辅导你们。沈惠中感觉自己上了船就下不来了，没办法，就和其他演员一起被带到了上海市人民沪剧团，接受一些专业老师的辅导，"用现在的话来说叫大咖，都是一些名演员，但我真的一个都不认识。"

即使看过《罗汉钱》，当丁是娥站在面前时，沈惠中也没认出她是谁。

也正因为谁都不认识，在排练当中，她又表现得很放松，也不知道自己到底唱得好不好，只记得当时的剧团团长陈荣兰，表扬了她几句，说形象蛮好，蛮容易化妆。丁是娥倒是给了她一些指导，说有些字眼咬字不准，比如说"思想"，普通话如何说，但在上海话里又应该怎么说，最后，她又表扬了她一句，说这个小姑娘接受能力还是很快的。

最后，沪剧团居然到沈惠中参加劳动的公社，把她给正式调了进来。本来只想打个"临时工"的她，从此和沪剧结上了不解的缘。

不过，自觉得沪剧上"才疏学浅"，很难符合沪剧团对自己的期望，所以，在相当长时间内，她都觉得很痛苦，甚至经历过很长的思想斗争，"我也哭着闹着要回去，我不愿意在这里。"但沪剧团一直没有放弃她，让她尤为感激的是，"我在痛苦之中也很幸运，因为我得到了终生难忘的好老师对我的指导，对我的帮助，她就是丁是娥老师。"

1923 年 11 月出生于上海虹口虹江桥畔外婆家，比刘如曾小几岁的丁是娥，自幼喜欢唱戏，于 9 岁那年拜丁婉娥为师学唱申曲——其在 1941 年初改为沪剧——自此开始了她漫漫 55 年的梨园生涯。

新中国诞生后，她响应党和政府"改人、改戏、改制"的号召，积极投身到了将旧时代艺人改造成为新时代的人民艺术家，将旧时代的帝王将相戏、风花雪月戏改造成为主旋律戏，将旧时代的民间剧团改造成为新时代的人民艺术剧团的运动中去，使自己的艺术人生发生了革命性的变化，不仅在 1953 年参与筹建了第一个国家沪剧演出团体，也是上海沪剧院前身的上海人民沪剧团〔由其和解洪元领导的上艺沪剧团，同由石筱英、邵滨孙、筱爱琴领导的中艺沪剧团合并所正式成立），而且多次在全国或大区的观摩演出、戏曲会演中获奖。

1956 年,丁是娥被评为上海市先进工作者、1958 年又被评为全国妇女建设社会主义积极分子,同年 10 月加入中国共产党,成为沪剧名角中第一批党员之一。

她入党的消息甚至受到了周总理的关注,并专门将她领到毛主席身边,把这个消息告诉了毛主席,毛主席握着她的手说,我们党又多了一位新同志,要好好为党工作呀!

就是这样一位名家,秉持着对党和艺术的爱,不遗余力地关注并提携新人。她在发现沈惠中很具有学习和接受能力之后,就不断地从各个方面给她以帮助。

沈惠中记得,自己 20 岁的生日,就是在她家过的。

"她关心我是真的关心,但是她对我严厉也是真的严厉,"沈惠中说,"那时候大家在台上演,我就在底下学,然后再唱给她听。听了之后,她就毫不留情地,一点一滴的给你指出来。有时她会很生气,让你不要再唱了,'你在唱什么!'但没有这份严厉,我也怕自己不会有长进。有一次,我学唱一段戏,她听了之后就说,你唱的我怎么没听懂? 意思我明白,就是说我的唱腔没错,但没情绪,让人感觉不到你的喜怒哀乐。你到底是高兴,还是愤怒,什么都没有,这是不可以的。"

也正是对人物塑造的理解,以及对每一段戏、每一个角色、每一个唱腔都有自己独到的见解和认识,丁是娥在沪剧《雷雨》中的表演,就让沈惠中大开眼界。

1959 年,沪剧明星大会串。丁是娥在改编自曹禺先生同名话剧的沪剧《雷雨》中,扮演繁漪。她既是周家的女主人,又是这个罪恶家庭的受害者和叛逆者。她有美好的向往,然而在这令人窒息的家庭里都不能实现。

"以前她自己演繁漪,人家总不能理解繁漪,觉得繁漪这个人很讨厌。她说我这次演,我一定不能让观众有一种讨厌的感觉。"直到今天,这句话还在沈惠中的耳朵里回荡。正是她对繁漪的理解,以及在特定环境下的特定性格的把握,最终将繁漪的矛盾,以及不近人情演绎得自然,也为观众所理解。她也因此赢得了"活繁漪"的美称。

当然,还让人称道的,也是她最成功、影响最大的,要数在 1960 年同年推出的《鸡毛飞上天》，以及《芦荡火种》。在《芦荡火种》中，她饰演的就是日后全国人民的偶像——阿庆嫂。她将这个既是茶馆老板娘，又是党的地下联络员的艺术形象，刻画得不卑不亢、不温不火，注重分寸，也恰到好处。

"她对'智斗'细节的处理生动鲜活，细腻传神。当胡传魁向刁德一介绍阿庆嫂时，她明显感到刁德一的不信任，因此站在原地不动，仅用眼神随意打量一下，上下稍微一看，就在一刹那的眼神运用中，充分展现阿庆嫂的警觉敏锐和从容大度。'智斗'中设计的三重唱，丁是娥饰演的阿庆嫂，以她的机智沉着的神态，唱出她与刁德一、胡传魁之间，利用矛盾巧妙周旋，战胜敌人的主动积极心情。"①

这让《芦荡火种》在这年一月于上海公演之后，一炮打响，甚至引起了江青的关注。

此时的江青，由于毛主席和在第一线主持工作的刘少奇、周恩来、邓小平等人产生了分歧，"这时毛泽东主席在政治上开始转向起用江青同志，让江青同志发挥作用。在1962年八届十中全会以后，在'千万不要忘记阶级斗争'大背景下，江青同志涉足文艺领域，搞京剧改革。"②她所力主的京剧改革，一方面要"破"，也就是批判——批《海瑞罢官》，批《李慧娘》，批"帝王将相、才子佳人、牛鬼蛇神"；一方面要"立"，也就是提倡现代戏。

1963年2月，她先是在上海观看了上海爱华沪剧团演出的沪剧《红灯记》，尽管借口身体不好，没有接见演员，但她还是觉得这个戏不错，比哈尔滨京剧院在1958年新编的一出现代题材京剧《革命自有后来人》还要好。所以，她要"立"的第一个戏，便是《红灯记》。她从12个同类剧本中，选中了爱华沪剧团的本子，决定改编为京剧。在她看来，沪剧的地方性太强，观众面狭窄，她想改成京剧，推向全国。

此后不久，也就是1963年秋，她又看中了《芦荡火种》。同样，她想将其改编成京剧。任务则交给了北京京剧一团。

这年年底，上海市委接到北京市委电话，邀请《芦荡火种》剧组前往北京为

---

① 《怀念丁是娥》，《上海采风》2016年第9期。
② 李明三，《江青不是孤立的一个人》，《凤凰周刊》2011年第6期。

北京京剧团演出两场。"此次邀请是由中央文化部和北京市市委共同发出的，规格之高在当时极为罕见。到达北京后，党和国家领导人刘少奇、彭真、薄一波、罗瑞卿和张鼎丞等亲临观看，给予很高评价。陈毅同志出访路过上海，特意观看了沪剧《芦荡火种》。"①

改编后的京剧一开始还是叫《芦荡火种》，不过，在 1964 年 7 月，毛泽东看了京剧《芦荡火种》之后，认为从剧目反映的革命历史阶段看，剧名改为《沙家浜》更好。

现代京剧《沙家浜》的剧名由此诞生。

不得不说，这样的"垂青"，对《芦荡火种》既是幸，也是不幸。

幸的地方在于，它因此证明了自身的出彩，与《罗汉钱》《鸡毛飞上天》《红灯记》……以及 1959 年 2 月首映，由朱端钧导演、筱爱琴、邵滨孙、解洪元等人主演，还是刘如曾编曲的《星星之火》一起，让沪剧由一个很本土的，范围也不广的剧种，变得全国有名。

不幸的地方在于，因为京剧《沙家浜》在日后更广为人知，《芦荡火种》火热一段时间之后，声名逐渐被它的"后身"所掩盖。

今天，已经很少有人知道《沙家浜》的来源，就是《芦荡火种》。

更让人有着说不出滋味的是，在改编的过程中，由于意见的分歧，和戏剧理念的不统一，最终造成了沪剧团团长郑荣兰在"文革"中的悲剧。

丁是娥同样难逃其难。

· 今天，有谁知道京剧《沙家浜》的前身，就是沪剧《芦荡火种》？

和传统京剧有些不一样的是，起源于上海及周边地区的田野山歌，以浦东的民歌为"东乡调"，松江青浦的山歌为"西乡调"的沪剧，走的是另一条路。

一方面，它"说新闻，唱新闻"，从诞生的那一天起，就和现实生活紧密相连。

① 杜竹敏，《沪剧〈芦荡火种〉的前世今生》，上海沪剧院官方微博。

在经历了从田头山歌——滩簧——申曲——沪剧这一演变的同时，戏码也从对手戏、西装旗袍戏、清装戏，走到了现代戏。总之，在从乡下进入上海这个都市后，它也与时俱进，在舞台上表现城市生活。

"说到'西装旗袍戏'，在我们的脑海里可能首先蹦出来的字眼就是'沪剧'。的确，在我国三百多个戏曲剧种中，尤其是在新中国成立前，能够形成长期坚持演时装剧的这样的艺术传统，并且成为演出的主流，是为数不多的。西装旗袍戏确实是沪剧特有的一份艺术财富。"①

这也就意味着，它没有京剧舞台上的长袍、水袖。虽然也有花旦、老旦、小生、老生、彩旦和反派，却没有声腔上的区别，不像京剧那样在演唱上是由不同的声腔来体现，因此沪剧每个演员都可以扮演不同的人物。

另一方面，在剧情上，它更多是通过话剧加唱的方式来演绎。因为是沪剧，所以在唱上面，有特别的讲究，用的得是上海话，而不是普通话。

更大的差别是，京剧讲究唱念做打，但沪剧主要以唱为主，做为辅，至于打，肯定不行。谁都很难想象，穿着西装旗袍怎么来表现打？

"在我进剧团时，剧团也曾请了昆曲传字辈的张传芳老师来上身段课，如云手、走台步，以至也舞刀动枪等等。以后的每期学馆课程中也有专职的武功老师来传授武艺，这些训练确实帮助我们在舞台上能站有站相，坐有坐姿，但由于我们在舞台上演出的不是西装旗袍戏就是反映现实生活的现代戏，而那些动刀动枪，大翻小翻的跟斗很难有用武之地，久而久之也就慢慢地退化了。"

某种意义上，正因为不强调"打"，成了沈惠中"大龄"加入沪剧团，最终还能立足的原因。

然而，它也让沪剧在江青的文艺改革中变得有些尴尬。

"沪剧团在创作《芦荡火种》时，是采取了地下斗争这条主线。"不过，到了京剧《沙家浜》里，观众就看到了很多战士翻着跟头，打了进去。"'百家争鸣、百花齐放'一直是毛主席的文艺方针。京剧文武双全，能唱能打，不管文戏还是武戏都不是问题，但是沪剧一直只会文唱，不会武打，以话剧加唱形式为特色的剧

① 上海戏曲广播，《花样年华——沪剧的西装旗袍戏》，《天天有戏·戏中乾坤》。

种,要改为武斗的形式作为戏的结局似乎遇到了难以逾越的困境。"

时任人民沪剧团团长的陈荣兰同志,是小红军出生的文工团干部,因此对江青的意见不太认同,但对于京剧要移植《芦荡火种》的工作给予大力的支撑,只要他们需要的,全盘托出,除了剧本之外,大到舞台上的布景、道具和服装的设计和制作,小到演员手中的道具,都提供了全方位的支持,"例如马晨礼扮演的刁德一手中的一个香烟咬口,还是邵滨孙亲自送给他的,但是对于江青要求沪剧向京剧靠拢,受剧种的限制,无法实现,在那个特殊的年代其后果可想而知。"

陈荣兰、丁是娥被打倒,沈惠中尽管不是什么大人物,但因是陈、丁的爱徒,所以在"文革"中也演不了主要角色,只能跑个龙套,管后台合唱,"因为我们陈团长是部队出身,有不少战友在浙江、南京等军区,基本上她每年都会带上我们青年演员去部队演出,因此对当时那些首长也很熟悉。"

一个偶然的机会,沈惠中一家三口在一家餐饮饭店用饭,突然背后有人叫她,回头一看原来是杭州部队的杨部长和几位老首长,他们说,"小沈啊,你们剧

有人说,如果不是"文革"耽误了青春,沈惠中会有更大的成绩。〔王千马　摄〕

团去北京学习样板戏《沙家浜》，我怎么找不到你，原来你……"沈惠中忙握住老首长的手说，"别说了别说了。"却禁不住流下了难言的泪水……

想想也挺"有趣"的，当年《沙家浜》移植于《芦荡火种》，到头来还要去学习它。

而且，为了让沪剧也能"打"起来，上级还将上海其他的一些剧团——包括京剧团、淮剧团里面一些武功演员，调到当时的人民沪剧团。

于是，沪剧舞台上便出现了一个特殊的群体，他们不会唱，也不会开口讲——因为不会说上海话，就专门负责翻跟头。

也许，让人略感"安慰"的是，在那个特殊的年代，不是陈荣兰、丁是娥、沈惠中几个人被打倒，被靠边站。

也不只是沪剧团及沪剧被牺牲。

· 滑稽被砸烂，《江姐》呢，居然也被禁演

身为上海滑稽诸多粉丝中一员，徐维新也眼睁睁地看着滑稽被冲击。

"不像其他的剧种是被罢演，而是被彻底砸烂。"

命运落得比沪剧还要悲惨。

所谓滑稽，顾名思义，就是一定要搞笑，以把人逗乐为主要目的。它在今天最为人熟知的形式，是脱胎于新剧的滑稽戏。而它最"简便"的形式，则是苏州人王无能在1927年正式挂牌的独脚戏——类似于今日的单口相声——这位滑稽鼻祖，因为在独脚戏上的贡献，也被称为"老牌滑稽"。

"他上场装扮很特别，穿一件用裙子布料做的纱马褂，漏空、无领，四周缀以银鼠图案。他的代表作有《各地堂倌》《哭妙根笃爷》《宁波空城计》等。

《各地堂倌》是以学为主，兼说带做的曲目，学沪地各种饭店、面馆中不同籍贯的堂倌吆喝菜名的声调，如学本帮、苏帮、宁帮等，生动反映特定的民俗风情，曾被灌成唱片。

《哭妙根笃爷》是根据苏州近郊流行的年轻孤孀哭丧歌的曲调编词而成。'妙根笃爷'指年轻寡妇的孩子妙根的爸爸。全曲共有七段唱词，叙述年轻女子当年与丈夫的恩爱感情以及丈夫不幸暴死之后的悲痛心情。每段开始都有'啊呀妙根笃格好爷好亲人啊'的'叫头'。全篇语言夸张、滑稽，令人捧腹。20年代红极一时，后也灌成唱片。"[①]

不论在哪个时代，人民群众都需要笑声。但问题是，这些笑声是健康的，还是无聊，低级趣味的？这就像人们今天经常质疑的东北二人转。在赵本山推广"绿色二人转"之前，为了吸引观众，二人转的表演中常有很多恶俗、媚俗的内容，甚至有大段大段的荤口，喜欢拿人的"下三路"，或者私生活开玩笑。

滑稽似乎也有这样的毛病。"毕竟滑稽的门槛低，三教九流都可以在这里面混饭吃，谁要是在上海这个冒险家的乐园生存不下去了，就去搞滑稽，"这导致了滑稽给人的印象不太好，更要命的是，"很多的滑稽演员，没有任何基本功，耍耍嘴皮子，讲些低级趣味的东西，照样很走红。"但这也让滑稽陷入了恶性循环。

"文革"前进入海燕滑稽剧团，才是二十几岁的小青年，徐维新本想在滑稽上做出点事业，改变一下世人对滑稽看法，但在现实面前，只能徒叹奈何。

"那个时候整个文艺都在斗批改。斗是指斗走资本主义道路的当权派，批就是批那些'封资修'，改就是改变不合理的规章制度，改革文化。但我们那时已经不是斗批改，而是斗批走，也就是让你走掉，不让你留下来。"

接下来，徐维新只能到五七干校，做五七战士，与天奋斗了。"什么都干过，背包，出粪，很臭的，去插秧，去割稻，去打农药，这些都做过。"

在这种日子里，徐维新依旧没有后悔自己选择滑稽。虽然前途茫茫，但他依旧认为滑稽会重生的。"因为滑稽是搞笑的。不管是生理的，还是心理的，笑都是人人喜欢的，总比哭好。我们从小看戏，也是觉得喜剧的东西比悲剧的东

① 沈鸿鑫，《独脚戏从上海老城厢走出来》，上海市委统战部官方网站"文化生活"2016年1月7日。

西更让人喜欢看。搞了滑稽之后,我就发现它是一种叫趋笑性,趋向于笑的东西。"

和徐维新一样,此时已是上海歌剧院第一代"江姐"的任桂珍,日子也不好过。

相比滑稽戏,歌剧《江姐》更为"根正苗红"——首先,它取材于作家罗广斌、杨益言在1961年根据重庆地下党员的事迹,所创作的长篇小说《红岩》。在这部小说中,刻画了视死如归的江姐、智勇双全的许云峰、百发百中的双枪老太婆等栩栩如生的鲜活英雄形象,既给新中国的文艺事业注入生机活力,又激荡起了人们无限爱国情怀。1964年,中国人民解放军空军政治部文工团将《红岩》中有关江姐的故事搬上了歌剧舞台。

其次,它得到了毛泽东等国家领导人的好评。在经过两年精磨锤炼之后,1964年9月4日,歌剧《江姐》在北京儿童剧场首次公演。一时观者如堵,好评如潮,第一天就座无虚席。就在公演第四天晚,周恩来和夫人邓颖超既没有通知空军,也没带随行人员,自己买了两张票进了剧院。

10月13日晚,毛泽东又在周恩来、朱德、董必武、贺龙、陈毅等陪同下,在人民大会堂小礼堂观看了歌剧《江姐》。

"毛泽东看得很专注,这也是主席看过的唯一一部歌剧,第二天他便接见了剧组的同志们。年底,剧组准备去南方演出,毛泽东再次鼓励:'我看,你们可以走遍全国,到处演,去教育人民嘛!'"歌剧作者阎肃回忆道:"在我的记忆中,一位共和国领袖对一出歌剧如此重视,的确不多见!"①

也正因为此,成立于20世纪50年代,由青年文工团、革大文工团、南京文工团、红霞歌舞团合并成立的上海歌剧院请求排演歌剧《江姐》,并在1965年获得准许。

这一年,任桂珍三十有三。自1948年从老家山东随部队南下上海,在革大文工团为革命演出了无数场歌剧。她记得自己演的第一个戏是《白毛女》,日后

---

① 郭洪波,《一片丹心向阳开——阎肃的"红色情结"》,中国空军网。不过,也有说法是,在延安时,毛泽东曾看过歌剧《白毛女》。

又演《小二黑结婚》《红霞》和《洪湖赤卫队》，尽管没有学过表演，但她还是凭借着自己的朴实、纯真，以及钻研、好学，硬是成功地完成了角色，更重要的是，从这些演出中，她有了英雄的楷模，还受到了生动的阶级教育，人生的思想和价值观得以升华。这一切，让她得到了上海歌剧院的认可，在自己刚步入中年拥有了人生中最为重要的一个角色——江姐。尽管她刚刚生下自己的大女儿，但她顾不上做产后恢复，就立刻赶往北京投入了排演。

"那时的任桂珍完全活在角色里，躺在床上都在想怎么演江姐，有时突然想到一个好点子就赶紧爬起床记下来。她研究了很多资料，深入了解那时的社会现状和时代背景，了解江姐的性格、人际关系，乃至她和丈夫的关系，努力去塑造一个很有人情味的江姐，而不是遍地可见的'高、大、全'的英雄人物。"[1]

为了更好地在舞台上展现江姐，任桂珍还一人挑大梁，不像空军政治部文工团那样，由万馥香、蒋祖缋、郑惠荣分别担当 A、B、C 三角。这样在更大程度上让江姐形象得到统一，唱法唱腔上也保持了一致。

意外依旧来自江青那里。歌剧《江姐》的走红，显然妨碍了她培植的"样板戏"。为此，她多次讲话要求停演。甚至，她还抓住毛泽东在 1964 年 10 月 13 日晚观看《江姐》时发表的一句评论——"江姐那么好的一位同志，为什么让她死了呢？"来大做文章。

"1964 年 12 月，她把空政文工团总团副团长牛畅找去，说：'主席对这个剧有点儿意见，说江姐不应该死，应该让双枪老太婆带着游击队打进渣滓洞，把江姐救出来。《江姐》立意不好。小说《红岩》突出的是工人，你们的《江姐》，还有电影《在烈火中永生》，两个戏都突出了小知识分子，这怎么行呢？音乐也要改。《江姐》用南方小调，缠缠绵绵，悲悲戚戚，能反映革命先烈吗？应该用河北梆子唱，河北梆子唱起来多么高亢。《江姐》不要在南方演了，不要再凑热闹了。我要重新搞个《红岩》，京剧全本的。阎肃的歌词写得不坏，把阎肃叫来，把整个创作队伍都叫来。'"[2]

① 《一片丹心向阳开——访农工党员、著名歌剧表演艺术家任桂珍》，农工党上海市委官方网站。

② 耿耿，《歌剧〈江姐〉二度排演始末》，《党史博览》2009 年第 8 期。

言下之意，江青要把空政文工团的歌剧《江姐》全部推翻，然后另起炉灶，重新拉起一套班子，另搞一部作品。

她还为阎肃找来了一个懂京剧的人跟他配合，那人就是汪曾祺。

但这依旧阻止不了《江姐》的受欢迎。从1964年9月到1965年10月，《江姐》公演了257场，还在全国形成了一股江姐热。这让江青更是生气，甚至认为，"《江姐》的风头出得够多了，该刹车了。"

没办法，《江姐》只好被牺牲。到了"文革"之后，随着《红灯记》《沙家浜》和《智取威虎山》等8个"样板戏"霸占文艺舞台，歌剧《江姐》遭到禁演，被彻底打入了冷宫。与此同时，空政文工团大乱，人才流失严重。

任桂珍也成了一个被边缘化的人物，被禁止公开演出，只能天天扫后台。对她的大字报也很多，最厉害的就是，"要把我打翻在地，再踏上一只脚，永世不得翻身。"虽然不是永世没有翻身，但她还是一停便是十多年。

直到1976年，才重新获准上台演出，第一场大戏就是《江姐》。

不过，在这样的时代洪流当中，有人有心栽花，有人无心插柳。

陈海燕的人生意外地被这一"时势"改变了。1970年，她刚刚小学五年级，在唱了一段京剧《都有一颗红亮的心》之后，被上门招生的上海戏曲学校录取了。接着，被送进了戏曲学校设在上海中学的基地，成了"五七京训班"的一员，这样一学就是七年。

这个学校的校长是张春桥，名誉校长则是江青。

因此，在这个"五七京训班"里，革命样板戏是绝对主课，样板戏中的5部京剧，加上后来的《杜鹃山》等，等她毕业之后，熟得都能倒背如流了。

有时，她不知该为"京剧改革"感到好，还是不好。

说起来，她更喜欢唱歌，一点都不喜欢京剧。若没有这"京剧改革"，她也不至于唱上京剧，还要和京剧整日里为伍，但是，不这样她也遇不到很好的老师，像班主任张美娟，是多次为毛主席演出过的著名武旦，曾培养了齐淑芳、邓婉霞、史依弘等著名演员。另外，她的老师中还有《龙江颂》的饰演者张南云和李炳淑等人。

更重要的，她还因此培养了很多能力——在这个学校，她不仅学唱，而且还练功，甚至要练体操运动的技能，"以前的京剧是分门类分专业的，像青衣是以唱、做为主的，刀马旦跟武旦那自然是以武为主，但是在江青手上，她提出了京体武三结合，这样就不分了。所以对我们的要求就更高了。"

结果，练得同学们白细胞偏高、红细胞偏高，而她身上也留下了很多伤痕。

同时，江青还要拿他们做另外的实验，"那时候她提出声乐革命，就说京剧的四大名旦都是男人唱女人，都是捏着嗓子，她要还原一个真实的女人的声音来唱京剧。"所以，学校开始兴起学习"科学发声法"，京昆界不少名家，以及郭淑珍、王品素、朱逢博等音乐界人士纷纷到校上课，传授音乐发音方法，以正确使用真假声，运用到戏曲演唱上。

不得不说，"这给学员们有机会同时学到各种技能，京昆名家授教传统戏剧的发声和吐字归音，以及写意形体表达；声乐家，像王品素，刚把歌剧发声与西藏原生态在才旦卓玛身上嫁接成功，就赶来帮女孩子们训练京剧里教不出来的歌声。这种样板戏时代的精英艺术教育虽然听起来别扭，但在声乐技术上，它倒是实实在在地为学员们准备了一个内容丰富的工具魔盒。这让陈海燕知道必要时，怎么能从交叉学科中获得突破性的表现能力。"[1]

毕业时的陈海燕，有了唱、念、做、打等方面的功底。

1977年6月24日，也是陈海燕永远铭记的一天，一辆大巴，将毕业的35个同学中的34位同学，一一送到了京剧院的门口，完了之后，又掉转头开到了上海歌剧院。

她未来的人生，不是在京剧院，而是在歌剧院度过。

"人生就这样充满着戏剧性，"她说，"当年自己想唱歌而不得，却在学了七年的京剧之后，反而唱起了歌。"

一方面，这和京剧的训练，对她的提高有很大关系，但另一方面，也跟上海歌剧院在"文革"之后，百废待兴，急需重整旗鼓有关系。尤其是当时复排歌剧《江姐》，歌剧院正是需要演员的时候。她一下车，就被主任领到了《江姐》的

---

[1]　信芳，《陈海燕：唱风唱雨迎春来》，《上海采风》2011年第5期。

剧组。

　　整整三个月之后的 9 月 24 日，她上演了自己人生的第一场《江姐》。

　　说是意外，也可以说是殊途同归，《江姐》最终有了薪火相传。①

　　尽管被冲击，被牺牲，被打倒，美的艺术，终究会回到舞台。

　　也终究会回归事物本来的面目。

· 在邓小平的注视下，"小辛蓉"和同事一起，坐着花车经过天安门

　　和任桂珍等人一样，沈惠中也可以站回到"江姐"的舞台上。

　　"1964、1965 年的时候，全国山河一片风，全都在演江姐。沪剧团也一样。"

　　沈惠中记得，当时海政文工团第一批到上海来演出，和任桂珍一人扛下整场戏不同的是，海政文工团也是分上下半场的，每半场各一个演员出演。"团里就让我和其他两位演员一起去看这个戏，好好学习。"本来，这出戏没有她的份儿，因为请来的大导演朱端钧觉得她像个洋娃娃，"指着我说不行，"然后又推荐了《星星之火》的女主角筱爱琴，想用她来替换她，幸好郑荣兰和丁是娥坚持留下她，并请团里的导演来辅导她。

　　那段日子，是沈惠中在沪剧学习中很有代表性，也颇为难忘的时光，"我真是很用功，导演也给我排得很细，像'看人头'这场戏，你要通过自己的表演，让观众仿佛能看到，这颗人头是挂在什么地方，什么样子，然后，你是通过什么东西，确认这颗人头就是自己丈夫的……总之，排得很细，我的感情也非常非常投入。排完之后，在美琪大戏院，团长就请朱端钧来看，意思也就是让这位大导演过一下。"

　　在看完之后，朱端钧特意跑到了后台，向沈惠中道歉。"他说你真不错，第一个出场很有气魄。'看人头'这场戏你把我也搞哭了，他说可以，可以。"

　　那天，丁是娥也很高兴，"她高兴的时候会说，惠中啊，今天出去吃饭好吧。

　　① 在任桂珍之后的 50 年里，歌剧院先后培养了唐群、陈海燕、江燕燕、黄蕾蕾等一代代优秀的女演员，她们不断在舞台上再现、演绎江姐，感动和影响了无数的观众。

她不会讲你好,'今天出去吃饭'就是表扬你了。假如看完什么都不讲的话,就代表着她不满意你。要是讲你,那肯定是演得一塌糊涂了。"

到今天,沈惠中还记得自己出演清装戏《杨乃武与小白菜》时,丁是娥对自己的教诲,"丁是娥老师有个特点,那就是在演过某个戏后,再演的时候就会做一些不同的修改提高。所以,她就希望我在复排时,能对'小白菜'作一些修改,不过,和丁是娥一样是老资格的石筱英老师,却讲过不准改,一切要按照以前的那样,所以,我就说不能改。但丁是娥不同意。到了日后,我开个人演唱会,演唱这出戏里的最精彩的一段'密室相会',就想起这么多年过去了,我不能照以前那样演唱,而是根据自己的嗓音条件,在唱腔上重新做了修改。丁是娥对此很高兴。总而言之,她希望每个青年演员演一次就要有一次突破。哪怕是演她唱过的戏,将她以前演出的风格和唱腔推翻,她都很高兴。"

尽管在"文革"中,沈惠中再也演不了《杨乃武与小白菜》《江姐》,但度过了被剥夺了一个演员一切正当权利的漫漫长夜,拨云见日之后,她又可以再次聆听师训。

1978年,丁是娥担上了沪剧团团长;1982年,在上海沪剧团的基础上成立了上海沪剧院。丁是娥出任首任院长。

在丁是娥口述,并由张云鹄整理的,题为《终生追求,矢志不渝》的文章中,她曾提到自己在"文革"之后的一些经历,"粉碎'四人帮'后,《鸡毛飞上天》里'教育虎荣'的唱段又在社会上广为传唱,我的演出任务接踵而至,如《甲午海战》里的金堂妈,《峥嵘岁月》里的吴大妈,《特殊战场》里的女干部,《被唾弃的人》里的林老师,又复演《芦荡火种》中的阿庆嫂。"

这既是丁是娥东山再起的好时光,也是沪剧团励精图治的好时光。短短几年时间,沪剧团〔院〕便创作和演出了一批有一定质量的现代剧目,好戏一个接一个。

在复排《杨乃武与小白菜》之后,有原为19世纪英国王尔德剧本《温德米尔夫人的扇子》,后经洪深编译成话剧《少奶奶的扇子》,并在此基础上再次改编的沪剧《少奶奶的扇子》——1947年,由丁是娥、解洪元领衔的上艺沪剧团首演,剧名《和合结》。1979年,上海沪剧团复演该剧。万之导演。韩玉敏、张清、马莉莉等人主演。

接下来，便是茅善玉的《一个明星的遭遇》——演出这部沪剧时，她刚从上海沪剧团学馆毕业，在师承丁派的基础上，广采博取，加上表演清新自然，唱腔圆润甜美，居然将《一个明星的遭遇》唱出了影响，不仅获得了人生中第一个奖——优秀青年演员奖，同时也在沪剧舞台上崭露头角，成为当时戏曲舞台上冉冉升起的一颗耀眼的新星。日后，这部沪剧被改编为沪剧连续剧《璇子》，又一次风靡海上。

1983年，她又在反映当代青年生活、爱情和理想的又一台好戏《姐妹俩》中担任主演，成功地塑造了辛蓉这个社会主义新人的形象。第二年，这个优秀现代剧就应邀赴京参加建国35周年庆典，她与剧中其他主要演员站在载歌载舞的彩车上，驶过天安门广场，接受邓小平和其他中央领导人的检阅——

然而，这样的好时光，对丁是娥来说，有些短了。

1988年，丁是娥被癌症送到了病床上。《终生追求，矢志不渝》便是在她重病期间所作。文章发稿不久，她就与世长辞。

除了对自己从艺多年的经历作了一次系统的回忆，表达了自己对沪剧艺术的无比热爱，文章还在最后满怀感情地说到，"我已年过花甲，应该像银幕上'淡出'那样，在观众的记忆里淡化，由淡到无，而让青年演员们渐渐进入观众的印象，由淡而浓，最后代替我，超过我。"这是怎样的一颗拳拳之心。

她多么希望，沪剧的后生们能像《教育虎荣》里，优秀教师林佩芬对虎荣的引导，要学好文化，努力将十年浩劫造成荒废的学业给接上来，做一个像样的接班人。

这何尝不是海派戏剧中的老前辈，对每位后来人的殷切希望！

·《曹操与杨修》一炮打响。自此，尚长荣开始了与上海的缘分

也正是1988年，尚长荣由陕入沪。

联手上海京剧院推出新编历史剧《曹操与杨修》。

这位京剧大师尚小云的三子,从小就爱京剧,五岁时就能上台,在父亲封箱戏《四郎探母》中出演小杨宗保,十岁时正式拜师学京剧花脸,先后师从陈富瑞、苏连汉、侯喜瑞等名家。学艺上从不含糊。

1956年开始主演《姚刚》《敬德装疯》《黑旋风李逵》《将相和》等戏。1959年随父尚小云调到陕西省京剧团当演员,首演《山河泪》,并因演出的成功,而成为陕西京坛的台柱子之一,平均每月要参加15场以上的演出。

然而,就在他准备在舞台上尽情展现自己对京剧的理解和认识之时,中途的停滞如噩梦而至,直到1976年,他才和众多的戏曲人一起迎来了冰雪的融化。

20世纪80年代,尚长荣积极地恢复嗓子,准备迎接京剧艺术发展的春天。几年后,他在陕京改编自著名作家姚雪垠长篇小说《李自成》的大型京剧《射虎口》中出演主角刘宗敏,并获得成功——这是他"文革"后第一次参演新编古装戏中的花脸,是一场恢复性的技艺呈现——接着,又主演了以平江起义为题材的现代戏《平江晨曦》。1983年,尚长荣出任陕西京剧团团长。

不过,他并不艳羡团长的权力,甚至觉得当上团长,反而让自己陷入行政管理上的事务不能专心演出,1987年,他毅然辞掉了这一职务,改任名誉团长。

他记得也正是在这一年,"一个很烦热的秋天,正如曹操有一句诗'慨当以慷,忧思难忘',那时候我忧思难忘什么呢,看到诸多战线上都有不俗的求索和成绩,各兄弟剧种好戏连台,我就觉得我们京剧不能滞后。"

幸运的是,他从团里的一位朋友处看到了湖南一位作者写的京剧剧本《曹操与杨修》,立刻被剧中这个有多重性格的曹操艺术形象所吸引。

日后,当这部京剧出现在舞台上时,"剧中的曹操完全不同于旧戏舞台上的曹操,他有雄才大略,是个伟大的政治家,他爱才、求贤,但同时他又有人性的弱点:忌才、知错不改、文过饰非,最后发展到害才、杀才的残忍地步。而杨修有报国之心,也有报国之才,然而他也有另一种人性弱点:得理不让人、不讲究方式方法、咄咄逼人、恃才傲物,不善于处理好与上司、与同事的关系,最终招致灭顶之灾。这两个人物的人性弱点,不仅仅是封建社会的权势者与智能者才会有的弱点,而是一切社会的权势者、智能者都可能具有的弱点。因此,此剧反映的不仅仅是封建社会痼疾性悲剧,而是具有超越时空局限的人类的悲剧。写出了人性的复杂与变异,正是这部剧作深刻的意蕴所在。"①

这部京剧的诞生,打破了长时间以来京剧舞台上新剧目贫乏的沉闷局面,也为海派京剧如何表现时代精神提供了可贵的经验。

这里显然有个问题,那就是作为陕西京剧团的名誉团长,尚长荣为什么会选择与上海京剧院来合作此剧。

一方面,作为从艺多年的老京剧演员,他深知一个戏曲演员,特别是京剧演员,在北京唱红了不算走红,"在北京唱红了,天津唱红了,必须上海这儿也唱红了,才是一个全国走红的戏曲演员。"

尽管不同于沪剧、滑稽戏,京剧不是上海特有的剧种——直到1867年,因英籍华人罗逸卿建成仿京式戏园"满庭芳",带动天津和北京京班名角纷纷来沪演出,京剧方才正式传入上海——但是,正如沪剧"进城"之后,要做"西装旗袍戏",进入上海的京剧同样也要提升对自我的要求,必须"立足上海的商业化城市特征和文化生态,适应市民偏重'看戏'、注重情节、追求新奇的需求,着力开拓艺术市场,使得京剧艺术从高雅殿堂走向通俗化、大众化之路。"②

如果说,京派京剧在入宫演出后相对追求精致,容易造成脱离生活、丧失活力,海派京剧更接地气,也更追求人气。

为了达到这一目的,自19世纪末,海派京剧有多种创新。先后出现了灯彩戏、讲究故事情节的连台本戏。它不像传统京剧那样,一个唱段可以唱一辈子,上海的观众却像今天看电视连续剧一样,每天都在追看下集。

此外,还有时事京剧。像《枪毙阎瑞生》《黄慧如与陆根荣》等剧,都是根据发生在上海的史实编写的,这无疑就贴近了观众的生活。

让海派京剧更上层楼,逐渐走向成熟的,是上海新舞台的出现。它不同于过去环境嘈杂不堪的戏园子,除了引进西方的声、光、电、影改进舞台技术,给人

① 来源于《浅论简论新时期海派京剧的国际影响》,此为某校艺术理论专业的毕业论文。
② 朱争平,《老上海的京剧》,《新民晚报》。

视觉震撼之外，而且，相比较京派京剧只能靠抽象地比画来表达细节，上海的观众绝对不接受比划比划，都是要真水真火真实弹，"有一次真的把一个演员的眼睛打瞎了。"①

海派京剧也因此显现出不同于京城京剧的新的艺术特征：

"戏剧题材由历史转向关注现实；美学心态由传统保守转向追求新奇和感官刺激；戏剧审美意识由以听觉欣赏为主转向追求视觉听觉的全面审美需要；欣赏态度由以诗兴、韵味品评为尚转向注重故事情节。"②

与此同时，这也将上海市民在观戏上的口味培育得更"刁"。能满足京津观众的，未必能满足上海观众。只有得到了上海的认可，才算有了"通行证"。

另一方面，尚长荣也清楚，上海文化乃至整个城市的开放、包容，相比较其他省份，应该比较容易接受像《曹操与杨修》这样的作品。

于是，1988年1月，尚长荣便怀揣剧本，按照他自己的说法就是，"听着贝多芬的《命运》，坐着火车，夜出潼关，潜入上海滩，敲响了上海京剧院的门环。"

在上海，他找到了几年前在这里演出时候结识的朋友，经介绍找到了上海京剧院。正好上海京剧院刚调整新任领导班子，新班子上任后也在找本子。

果不其然，他们看了这个剧本之后，认为它确有独特新意，第二天就拍板决定排演此戏，并邀尚长荣出演两主角之一。7月，上海京剧院三团正式组建剧组，由他饰演曹操，"言派"创始人言菊朋的嫡孙言兴朋出演杨修。

排演的过程有点苦不堪言。天气很热，排练场又是在京剧院二楼仓库旁的一个房间，没有空调，只有几架小电扇，吹出来的依旧是热风。但尚长荣没有怨言，不论是刚开始时的高温，还是随后的冷冬，他都放下了大演员的架子，与所有演员一样做小品训练、写角色分析，练功练唱。功夫不负苦心人，同年12月13日，《曹操与杨修》赴天津参加全国京剧新剧目会演，上演后一炮打响，轰动津门。京津沪三地评论家称之为"新时期京剧的一场革命"，是"京剧艺术探索划

---

① 2014年11月14日，香港城市大学中文及历史系主任、明清到晚近城市史文化史研究权威李孝悌在复旦大学文史讲堂介绍了他关于晚近上海京剧改革方面的研究。他认为，上海租界促使了海派京剧的发展，而近代上海京剧的改革标识性事件，便是上海新舞台的出现。

② 朱争平，《老上海的京剧》，《新民晚报》。

时代的开端"。

日后，它在上海京剧院的支持下，又勇敢地走出了国门，远赴苏联列宁格勒、爱沙尼亚共和国首府塔林和莫斯科进行十三场访问演出，也获得了巨大的成功。此前，苏联人一直把京剧视为《周易》一样的古老文化，《曹操与杨修》的出现改变了苏联人对京剧的印象，它不仅美，而且主题也可以很永恒，很有世界性。全苏剧协附属音乐剧院联合会副会长、艺术学博士、功勋艺术家尤利·斯坦尼拉夫斯基从欧洲特地赶来多次观看演出。

他说："我是搞戏剧理论的，刚刚完成一部介绍世界各国艺术的书稿。但我一定要把京剧加进去，因为它是属于全世界的。"

不得不说的是，《曹操与杨修》的推出，不仅赢得了上海的认可，满足了上海观众的审美需求，更让更多人从这部戏中，对改革开放的中国刮目相看。

还不得不说的是，继小说《伤痕》，以及话剧《于无声处》之后，海派戏剧为海派文化，乃至整个城市，又打了一次绝妙的"翻身战"。

让在十年动乱中遭受了很大破坏的海派文化，重新回归大众的视野。

又开始了新的繁荣发展。

· 做最古老的传统艺术，做最时尚的演绎者

这是一个最好的时代，在某种意义上，也是个最让人不安的时代。

对海派戏剧来说，尤其如此。

好的在于，改革开放所带来的开明氛围，让海派戏剧有了重新被认识，被欣赏，被国际化的机会。其次便是经济的提升，尤其是上海向国际经济、金融大都市的迅速发展，让这里人民的口袋变得更充裕起来，他们对文化、娱乐的消费，也因此变得尤其的迫切……这一切无疑又为海派戏剧注入了旺盛的活力。

在《曹操与杨修》之后，尚长荣相继推出了《贞观盛世》，和《廉吏于成龙》，尽管剧目不多，但是个个精彩。如今的尚长荣已是高龄，但他依旧要"撸起袖子加油干"。

与尚长荣几乎同龄的沈惠中，也因身体问题，早早地离开了沪剧舞台，但她同样关注沪剧的发展。"整个沪剧界在'文革'后既得到了复苏，又陆续推出了一批新人、新剧目，如《金绣娘》《张志新之死》《日出》等，"与此同时，"上海沪剧院尽管送别了老院长，但在小茅〔即茅善玉〕成为新一任院长之后，还是挺努力地为沪剧做着事情，差不多一年两年总会搞一次大型的，让小的、老的都能参与的演出活动。"

这有什么好处呢，那就是"传帮带"。"观众们习惯听我们老的，有时会觉得小的在韵味上还没有老的足，但老的迟早会唱不动，怎么办，赶紧趁老的还能唱得动的时候，多带带小的。小茅抓这些事情，我觉得对沪剧的发展就挺好的。"

但整个戏剧界的问题也老多不少。

一方面，国际化的提升，以及传播技术的发展，让海派戏剧乃至海派文化，都面临着外来文化的竞争。今天的很多年轻人，追的是真人秀，跳的是爵士或探戈、看的是西方歌剧，像《猫》《剧院魅影》，还有《妈妈咪呀》……却淡漠了对我们传统戏曲的热爱。以至于让很多人惊呼，我们的传统文化留不住年轻人。

王珮瑜却觉得，"这没什么，"这位出生于苏州的70后，酷爱京剧，开蒙学老旦，很快就以一出《钓金龟》获得江苏省票友大赛第一名。后改学老生。听着余叔岩先生留下来的十八张半唱片咿呀学唱，度过晨昏。1992年考入上海市戏曲学校，也就是今天的上海戏剧学院附属戏曲学校，日后又考入上海市师范大学表演艺术学院，师从王思及。毕业后就进入上海京剧院，25岁便任一团副团长。头顶余（叔岩）派第四代传人、"当今坤生（女老生）第一人"等多重光环。

她曾给自己定位，要"做最古老的传统艺术"。

在她眼里，"今天大家都会觉得，西方来的东西，包括流行艺术，和快餐文化，会对传统的民族的东西有一定的冲击。说实话，现在我们整个文化和艺术的生态和环境正处于一个相对过渡的时期。

这就需要我们每位从业者做好自己应该做的事情，好好传承我们的戏剧，传播我们的戏剧；其次，就是要有足够的耐心守住自己，等待机会。而不是说外面流行什么，我们去追什么。"

在京剧名家孙元喜先生的指导下，王珮瑜正在排演优秀传统骨子老戏《张松献地图》。〔王千马　摄〕

因此，在王珮瑜给自己的定位中，还有后一部分，那就是"做最时尚的演绎者"。

今天的她，在台上是京剧女老生，在台下，永远都是帅气打扮，牛仔裤、不施脂粉，潮劲十足。

在演出中，她还开始了各种尝试。比如说，独创了一种新的表演形式"清音会"。全程为清谈加演唱的小型沙龙式演唱会。除了必不可少的演唱之外，王珮瑜还以脱口秀的形式自任主持人，为观众讲解京剧常识、分享成长经历。"在这个清音会当中，我还特别有一个环节，就是吉他伴奏京剧。"

与此同时，她还频繁参加电视节目中的真人秀，成了综艺节目中的常客，先是在《奇葩大会》中教人三级韵，又在《朗读者》中用韵白结合古词朗诵《念奴娇·赤壁怀古》，"堪称惊艳，很多平台转发这段朗读，她还意外地收获了很多90后甚至00后的小粉丝。"①接下来，她又当上了《跨界歌王2》的评委。

---

① 杨光、张学军，《王佩瑜频参加真人秀传播京剧》，《北京娱乐信报》2017年4月13日。

在面对外界的质疑，说她太"另类"的时候，她这样说，"我尝试用年轻人或者说新观众迅速能接受的方式来传播和推广，用大家都听得懂的方式来讲京剧，用流行的、通俗的方式来讲京剧的传统之美。"

和王珮瑜在京剧上的努力相似，自上个世纪末到这个世纪初，包括话剧、越剧在内的海派戏剧，也鲜明地打出了"都市戏剧"的旗号，用一种力求继承传统而又不固守传统的姿态，来探索海派戏剧在新时代的生存和发展之道，并努力地在追寻古典与现代审美的结合中找到契合点。其中，将戏剧进行现代包装，便是新海派戏的一大特点和优势。

比如为上海大剧院量身定做的看家戏——新版越剧《红楼梦》，开场由旧版"黛玉进府"改为"元妃省亲"，结尾不是在宝玉出家处戛然而止，而落在"太虚幻境"上，将宝黛的爱情悲剧与贾府的兴衰荣枯紧密联系在一起，深化了主题；但原剧中精彩的"读西厢""葬花""焚稿"及"哭灵"等都保留下来，脍炙人口的唱段令新老观众如醉如痴，在沪、京两地演出场场爆满。①

比如在如淮剧《西楚霸王》中，项羽不勾花脸，由小生俊扮，一改京剧中那粗犷的莽汉形象，成为一位战神和爱神。虞姬则颇有女侠风范，骑上乌骓投奔项羽，英雄美人，唤起被都市人日渐淡忘了的英雄情怀、浪漫品格和唯美气质。

又比如应北京人艺邀请进京演出的话剧《原告证人》《资本·论》与《活性炭》，一个是深受市场欢迎的阿加莎·克里斯蒂为数不多的亲手改编剧；一个是源于 2009 年金融海啸的作品，以其为背景，审视当前戏剧文化产业发展可能的危机；而另一个则聚焦于家庭生活，在巧妙的结构中以父辈的情感生活，拉深了青年人情感生活的内涵……

总而言之，从它们身上，可以看出海派话剧面对一个新兴的城市白领与市民阶层的文化需求所做的不懈努力。

和海派京剧当年在新舞台上的作为相类似，这些话剧也在细节上无不狠下功夫，"比如《原告证人》在舞台上'还原'的英式法庭。舞台上灯光亮起，照亮整个舞台布景的刹那，即使是很熟悉首都剧场舞台的观众，也会吃一惊：恢宏的

---

① 苏丽萍，《上海戏剧：探索都市新时尚》，《光明日报》1999 年 12 月 14 日。

法庭造型,似乎陡然让这个舞台宽阔了许多。"①

即使是为了孩子们服务,海派戏剧也在努力地做出新时代的风格。位于上海华山路的中国福利会儿童艺术剧院就推出了儿童剧《泰坦尼克号》,和电影中的 JACK 和 ROSE 的"YOU JUMP,I JUMP"异曲同工的是,它通过用卡通的老鼠、猫这样的形象,来告诉前来观众的小观众们——亲情、爱情、友情、责任和担当。这样的改编无疑别出心裁,既符合市场的审美口味,又不脱离孩子的欣赏水平和认知能力。相反,爸爸妈妈能看,爷爷奶奶也能看。因此,这出儿童剧获得了第 27 届上海白玉兰戏剧表演艺术奖集体奖。

这样的海派戏剧,何愁在这个时代没有人气。甚至,它还可以成为这个城市、这个社会,以及这个国家的颜值担当、气质担当、价值担当。

我们尤其不能忘记的是,海派戏剧本身就是根植于八面来风,是上海独特文化浸润的产物。它的发展从来就不缺乏竞争。也从来都有着自己一套的灵活的经营机制。

因此,它不怕竞争,相反的是,它会在竞争中吸取更多更丰厚的营养。

并进一步壮大自己。

· 海派戏剧,该如何直面国际化下的沪语危机

当然,我们还是不能忽略这样一个问题——

同样是国际化所带来的,曾让很多本土上海人所失落的,沪语危机。

如果留意,你会发现,很多上海孩子从小都能说上一口流利的英语,但是,上海话却说得磕磕绊绊,甚至只会听不会说。

这对用沪语演出的沪剧,是一个重大考验。对同样要用标准的沪语来"说和唱"的滑稽戏,也到了让人万分忧虑的地步。

沈惠中就遇到过这样的情况——有时出门问路,问一个,说不知道,问两个,也说不知道,"我一急上海话就上来了,人家就说,我是外地的,不懂你在讲什么。"

---

① 《海派话剧的气质》,《北京日报》2013 年 04 月 11 日。

无疑，外地人的大量流入，也让沪语的存在处于尴尬的地位，"大家出门就要考虑了，自己到底说普通话，还是上海话，因为你不知道对方是哪儿人。"

不过，现在的局面让沈惠中有些宽心了，因为上海也意识到本土语言的重要性，很多电视台也开辟了沪语的电视节目，连主持人也可以说上海话了，这放在以前，是要批评的。现在反过来了，倒有点鼓励的意思。

让她更为高兴的是，现在很多外地人，也在看海派室内喜剧《老娘舅》，然后跟着学上海话，"这样挺好的。我就觉得外地人，如果真心想要在上海的话，就应该融入上海来，去接受上海的文化，这里就包括上海话。"

即使对自己的孙女，她也要求在家里不能说普通话，必须说上海话，不讲上海话，她就不跟孙女说话。

事实上，自 1988 年开始与上海有亲密接触并定居多年的尚长荣，也因此在这 20 多年间，努力地学习沪语，"既然在上海定居，得学几句上海话吧，我对沪语是不排斥的，也挺爱听。我经常调侃逗哏，我说上海话我讲得来。"

徐维新也在努力地做着相似的功课。这个滑稽戏的痴迷者，在"文革"后，又重回老本行，进入了上海曲艺剧团，并负责剧团新成立的学馆——日后曾火热一时的海派清口周立波，便是在他手上招进来的。也正是在痴迷的日子里，他发现滑稽戏重实践而缺理论，所以又走上了对滑稽进行理论研究的道路。

这也让他对沪语研究了近十几年，"因为上海滑稽戏的基本语言就是沪语，而且沪语保存最好的就在上海滑稽戏里面。当然沪剧也有。"

有报纸评论说，"如果说相声具有语言优势，大江南北都听得懂，如今观众所熟悉的网络语言以及各种各样的'段子'等都是以普通话的方式来表达的，那滑稽戏采用上海方言则具备了一种天生的劣势。"

"沪语中有特有的词汇，比如：在改革开放的背景下，上海作为改革开放的前沿，出现了外汇市场的倒爷，上海市民口口相传给这些倒爷一个特定的名称'打仗模子'，但是不懂沪语的观众脱离了语言背景，便很难抓住要点，最终导致'笑果'一般。"①

---

① 《滑稽戏面临危机濒临失传：上海孩子不会讲上海话》，《劳动报》2016 年 3 月 7 日。

不过，徐维新认为，沪语危机与滑稽戏在当下的危机，有一定的关联，但不能说因为沪语危机，导致了滑稽戏走下坡路，"语言仅仅是一个因素，不是主要的，是很次要的因素。大家都在找原因，我觉得他们都没有把原因找准，有的说是体制的问题，好像是现在的体制限制了艺人的发展，我觉得也不是主要原因。"

不管如何，他和其他有识之士都在推动滑稽戏成为非物质文化遗产，与此同时，收集上海绕口令，在自己举办的滑稽沙龙里，经常唱这些绕口令。

这些举动，无疑确保了滑稽戏的传承，而不至于消亡，这对沪语来说，也是一次重要的机会。因为，大家可以在这些海派戏剧的身上，有机会重新回味经典的上海老话。

并进一步触摸上海这座城市的温度。

以及，昨天与今天。

尚长荣

生于京剧世家,父亲是新中国成立前名震艺坛的"四大名旦"之一尚小云。为其第三子。其兄长分别为武生艺术家尚长春、旦角艺术家尚长麟。

耳濡目染之下,自幼喜爱京剧,5岁便能登台演出。

其艺术视野开阔,不囿于门户之见。先后拜陈富瑞、李克昌、苏连汉、侯喜瑞等戏曲前辈为师。在传承前辈花脸艺术的基础上,揉进了旦行的柔婉,武生的刚劲,老生的沉稳,丑角的诙谐,兼收并蓄,自成一派。

京剧花脸艺术分为铜锤和架子两种,尚长荣却能做到"铜锤架子两门抱",让人叹服。

中国戏剧梅花奖自1983年设立以来,尚长荣两获该奖,1985年,凭借《将相和》《霸王别姬》首度摘取梅花奖,日后又以《曹操与杨修》梅开二度。2002年,他凭《贞观盛事》成为新中国戏剧历史上第一位"梅花大奖"获得者。

时代精神之四·传承

尚长荣：京剧期待"撸起袖子加油干"

转投上海京剧院之前，尚长荣就已是陕西京剧团的名誉团长了。

直到今天，陕西京剧团的荣誉史上还有他厚重的一笔：在他的领导之下，陕西京剧团为陕西观众以及全国很多地区的观众演出了一大批传统戏，如：《将相和》《黑旋风李逵》《群英会》《四郎探母》《七侠五义》等，还新编和创作演出了《射虎口》《平江晨曦》《红线记》《张飞敬贤》《双锁山》等。

这让他在陕西的剧坛上有着相当尊崇的地位，在物质生活上，也有着相应的回报——住着五室一厅的房子，一年仅有几场演出，生活不是太富足，倒也安逸无比。

但尚长荣的内心依旧不平静。这个出生于京剧世家，父亲为京剧"四大名旦"之一尚小云，从小便聆听家训，认真演戏，正直做人。尤其是从他父亲身上，他学到了修身、齐家、立志、敬业、报国的一种精神，从来都不敢故步自封。每次想到自己不能像父亲那样留下让人记住的舞台形象，他就感到非常遗憾。

1987 年，他参加了在北京举行的首届中国艺术节，看完了京剧演出，他更是忧心忡忡，"我们如果只能演前辈大师传下来的折子戏杰作，我觉得前辈大师会笑话我们，没有锐意求索精神是没有出息的。"

这一年的秋天很烦热，"正如曹操有一句诗'慨当以慷，忧思难忘'。"尚长荣说他正为京剧而忧思难忘。

为了重振京剧雄风，他甚至主动辞掉了陕西京剧团团长的职务，改任名誉团长。这样，他就能从烦琐的行政管理事务中脱身，专心于京剧表演。与此同时，他还到处寻找好剧本，以及能改编成京剧的历史故事。

就像想睡时，有人递过枕头。正好这时，一位叫史美强的好朋友，给他拿来了一本由中国剧协主办《剧本》月刊①。在这本 1987 年元月号的杂志里，有一出新创的文学剧本，《曹操与杨修》——作者陈亚先，湖南乐阳人，当年并不显山露水，还是个无名之卒——但尚长荣一看，觉得这个剧本的基础非常好，而且文学水准很高。

更重要的是，它不是罗贯中先生笔下《三国演义》，也不是京剧舞台上传统的"三国戏"——区别以往曹操那种比较单一的奸雄形象，这里的曹操既有雄才大略，又有性格的卑微阴暗；既有柔肠仁爱之心，又有残暴杀人的手段；既有礼贤下士之意，又刚愎自用不能尽贤之才；既虚怀若谷求策于下，又专断独行唯我独尊——在看了十年"高大全"的样板戏之后，这样的曹操让人耳目一新。

左思右想，经过一番权衡，他想来上海排这出戏。

"说起上海的情缘也真是说不完。"尚长荣想起了他的父亲，在 20 世纪二三十年代，一年得来上海好多次，时间也待得很长，而他第一次来到上海，则是在 11 岁，1951 年，"我第一次感受到上海的文化氛围，也感受到上海观众对京剧的热爱。"

他上的是天蟾舞台。他记得当时的天蟾舞台有 3 300 多个位子，三层

①　创刊于 20 世纪 50 年代初，由田汉、张光年等老一辈戏剧家携手创办并任职的专业戏剧文学创作刊物，是新中国最早创办的文艺期刊之一。1980 年，该月刊创办了全国优秀剧本创作奖，1994 年更名为中国戏剧曹禺奖，2005 年又更名为中国戏剧奖·曹禺剧本奖，成为中国戏剧界创办最早、影响最大、专业性最强、权威性最高的戏剧奖项之一。

楼,应该说是东南亚最大的一个舞台。"当我要上舞台的时候,我父亲,还有赵桐珊先生,就是大名鼎鼎的芙蓉草,都说长荣,上去以后,上海的观众喝彩声是很热烈的,要沉住劲。"

果然,他一上去就感觉到耳边的喝彩声就像狂风暴雨、霹雷闪电似的,"我倒没吓得往后跑,毕竟初生牛犊不怕虎,反而觉得观众这样的支持,胆子就更大了。"

上海京剧院会客室。泛黄的纸片上,透着京剧往日的繁荣。〔王千马　翻拍〕

从那个时候起,尚长荣就跟上海的舞台结下了不解之缘,20世纪50年代,也来上海演出过几次,直到20世纪80年代。

这些经历,无疑让他对上海这座城市有了很深的认识,"第一次看到《曹操与杨修》这个剧本,当时我就说不在陕西排,也不在我的故乡北京排,我选择了上海。虽然上海无亲无故,但是我深知上海的文风,上海的追求。它是少有保守,素有求索创新之优良传统。所以我就夹着剧本,听着贝多芬的《命运》,坐着火车,夜出潼关,潜入上海滩,敲响了上海京剧院的门环。"

"要说我在上海定居和加盟上海京剧院，就得提到一个介绍人，他就是大名鼎鼎的古代的汉大丞相曹操。"

直到今天，尚长荣还对"曹操"这个人物有着特别的感情，不过，能加盟上海京剧院，他也得感谢现实生活中的另两个人——一位是尚派旦角京剧演员，1984 年起任上海京剧院党委副书记、副院长、党委书记、院长的马博敏，一位则是著名戏曲导演，获得第 25 届上海白玉兰戏剧表演艺术奖特殊贡献奖的马科——他在上海先找的马博敏，"马博敏把剧本转交给了导演马科，也获得了他的高度认可，他觉得这个剧本的思想内涵超过了他所见过的所有剧本。"没有他们的牵线搭桥，以及对这一出戏的共同赏识，也就没有《曹操与杨修》的今天。

接下来，他们又决定将陈亚先从湖南请过来，"平时随意懒散惯了的陈亚先，那段时间也不得不紧张起来，集中精力排演《曹操与杨修》。当时，该剧本还在上海举办过论坛，北京、上海来参加的各地戏剧学者称《曹操与杨修》是新中国成立以来最有实力的剧本。"[①]

在尚长荣的记忆里，为了演好这出戏，他们一帮人，选择了"苦排"。

"1988 年的 7 月，上海骄阳似火，凭着一股'小卒过河不回头'的拼命精神，尚长荣与所有演员一样做小品训练、写角色分析，并开始了练功练唱。

他们的排练场，是京剧院二楼仓库旁的一个房间，没有空调，只有一架小电扇，吹着热风汗水流不停。

他住的宿舍又小又闷，不透风，夜里打赤膊也没法睡。到了冬天，这屋子没有取暖设备，整天冷飕飕的，吃饭是食堂，到了星期天食堂不烧饭，他只能上街去吃，或是到朋友同事那里'打游击'。"[②]

---

① 张峥嵘，《陈亚先：老顽童的戏剧人生》，《长江信息报》2016 年 9 月 5 日"人文"版。
② 王霖，《艺术在细节处升华：尚长荣和〈曹操与杨修〉的 27 年情缘》，东方网 2015 年 1 月 16 日。

除客观条件外,资金问题也大大地限制了他们。"那时候囊中羞涩啊,"尚长荣如今很是感慨,"用上海话说是没有东西,没有钱。筹集来一点钱,那真是要非常认真地节约着用,不像现在是拿人民币堆作品。"

这不能不让人对他们这样一帮人点赞。为尚长荣竖起大拇指。

要知道,此时的他,年近五十。在这个岁数,还如此付出,但他从来都无怨无悔。

"曾经有人问我,长荣你是名门出身,有家学渊源,自己条件又很好,你的学习、演戏生涯肯定都是在鲜花和掌声中度过的。"

尚长荣却斩钉截铁地告诉他,"其实不是这样的,要想当一个合格的戏曲演员,必须要吃苦,甚至要和汗水、泪水、血水结下不解之缘。"

这是尚长荣亲眼目睹的事实。因为父亲经常在家指导荣春社①演员们排练,他从小就在一旁悄声模仿,于是也就注意到,自己的大哥、二哥为了练戏,不仅要流汗,而且在挨打的时候都是首当其冲。

"尚小云烟酒不沾,对穷苦同行仗义疏财,重义轻利。在旧时的所谓'酒、色、财、气'人生四戒中,他不嗜酒,不好色,不贪财,可以说酒、色、财都力戒,唯独这'气'他不能克制。他一生气发火,怒气像冰雹一样倾泻而出,不管是谁,毫不留情,而且任何人也无法制止。"

有一次,他看到自己的弟子徐荣奎躲在案板下抽烟,"怒气一下子填满胸腔,脸色气得煞白,嘴角抽搐着,厉声高喊:'出来,请板凳!'当时的戏曲科班体罚学生,受体罚的学生还得自己拿板凳,自己趴在板凳上,由老师用木板打臀部,这叫'请板凳'。"

---

① 1937年,尚小云为了培养自己的儿子尚长春,聘请了著名武生沈富贵、武净钱富川为教师,招收了36名学生给尚长春配戏,称为"三十六友",到1938年,尚小云在此基础上扩招学生二百余人,于4月4日正式成立了荣春社。共办两科,学生以荣、春、长、喜四字排名。第一科以荣、春二字,第二科以长、喜二字。该社的演出剧目,除大量的传统戏外,还排演过许多新编本戏,如《崔猛》《荒山怪侠》《九曲黄河阵》等。1948年底解散,开办整整10年。

尽管是尚小云最喜爱的一名学生，也有人求情，徐荣奎还是少不了这顿打。但谁都知道，木板子一下一下打在徐荣奎身上，也疼在尚小云心上，他气恨刚刚在舞台上有成就的徐荣奎早早学会了抽烟。他是多么盼望徐荣奎早日成才呀！①

对尚长荣，尚小云也像对他哥哥们一样，从小就教育他，不能当公子哥，不能当纨绔子弟，不能当少爷，更不准看不起穷苦的同行，不准看不起劳动人民。

等到尚长荣正式学京剧的时候，"已经解放了，不提倡体罚，但挨骂一定是逃不过去的。我为了少挨骂就得在学的时候要认真。"

他先是在耿明义手下接受开蒙训练，学习基本功——这位先生便是1950年成立的"尚小云京剧团"武功教师，也是尚长荣大哥长春的恩师。

接下来，为了提升自身的技艺，他又相继拜了陈富瑞、李克昌、苏连汉为师。

陈富瑞给他教的第一课便是花脸戏《草桥关》，随后又教了一出《御果园》，都是花脸行当的骨子老戏。

李克昌教的剧目则是铜锤骨子戏《刺王僚》。尚长荣记得，在拜李克昌老师为师之后，"从唱词、念白，一句一句地细抠，老师要求非常严格，往往一个段唱、一个词就让我练上十遍八遍，有一点走样便从头再来。"——总之，他不把自己当玩票的公子少爷，老师也不把他当名家子弟，一样的严格要求。

同样，作为花脸名角，也是马连良的同辈，苏连汉在为尚长荣尽情传授《连环套》《下河东》《芦花荡》《大探二》《探阴山》《丁甲山》等许多花脸戏的同时，"不仅在戏曲表演上教导我，还要求我阅读各种古今中外的文学名著，丰富自己的知识，从多方面提高自己的艺术素养。"

1959年，为支援大西北建设，尚小云举家迁往西安。在陕西，尚长荣与

---

① 谢美生，《光艳惊绝尚小云》，东方出版社2010年3月第1版。

父亲同台演出了《汉明妃》《梁红玉》等戏，引起了各方面的重视，陕西省文化局改变了原先安排尚长荣到省戏校当教师的初衷，把他调入陕西省京剧团。

尽管在京剧舞台上有了更为广阔的发挥空间，但他还是觉得，"与前辈艺术家相比，自己还缺少一些气势，他崇拜'活霸王'金少山、'活曹操'郝寿臣、'活窦尔敦'侯喜瑞，向往铜锤花脸的粗犷和架子花脸的细腻，认为自己只有达到了金、郝、侯三位大师的水准，才是花脸演员的最高境界，才算是证明了自己的实力。他和父亲商量，决定拜当时唯一在世的'花脸前三杰'之一的侯喜瑞为师。"①

1960年，他正式投入到侯喜瑞的门下。

谁也不知道的是，其实在他14岁的时候，就动了跟侯老学艺的心思，"侯老当时没有收，好几年之后才收的我，这时我已经20岁，能唱很多大戏了。第一天上课，侯老就跟我说，你知道几年前你要拜我但我没收是什么原因吗，我说我不知道。他说，我怕你是公子哥，吃不了苦。不过，我们家里没有公子哥。"

得益于遇见了几位名师，加上他们的严格教诲，尚长荣的功底因此更扎实，戏路拓得更宽广。这对他在日后走出一条将"架子花脸铜锤唱"与"铜锤花脸架子功"相结合的道路，无疑是做好了最为重要的艺术铺垫。

在《曹操与杨修》中，他就将偏重唱的铜锤花脸，和以念白和表演为主的架子花脸融为一体，并对脸谱做了微调。

比如把以往的冷白，换成了暖白，这样让人对曹操的形象不会一开始就心有成见，畏惧、害怕，同时，加大脸谱中间印堂红，来凸显他的雄才和伟略。

另外，在传统戏当中，曹操的痦子是点到脸谱的底下，"有的前辈点两个痣，有的点一个痣，这儿再点一个痣，我想这个痣能不能挪一挪，我就看了看相书，相书有这样一句话——眉上有朱砂痣者主大贵也，我想汉大丞

① 《尚长荣：不断创新的京剧名家》，陕西省戏曲研究院官方网站·戏曲漫谈。

相肯定是大贵,干脆没有通过他本人同意,就把这颗痣挪到眉毛上面去了。"

也正是在好剧本的基础上,对曹操的独特演绎,《曹操与杨修》在1988年推出之后,一炮打响。这年的12月13日,该剧赴天津参加全国京剧新剧目汇演,"这是继一九六四年京剧现代戏汇演之后,京剧界的又一次盛会。在这次汇演中,《曹操与杨修》〔上海京剧院〕、《甘棠夫人》〔中国京剧院〕、《洪荒大裂变》〔武汉市青年京剧团〕、《潘月樵传奇》〔上海京剧院〕、《金翅大鹏》〔天津市京剧团〕、《膏药章》〔湖北省京剧团〕、《香港行》〔中国京剧院〕、《红菱艳》〔江苏省京剧团〕等八台大戏以及《天女散花》〔天津市青年京剧团〕、《晨钟惊梦》〔北京京剧院〕、《六月雪》〔上海京剧院〕等三台小戏荣获优秀京剧新剧目奖。"①

对这出戏,京津沪三地都给出了相当高的评价,有说"新时期京剧的一场革命",有说"京剧艺术探索划时代的开端""新时期中国戏曲里程碑式的作品"……

就连尚长荣本人,也被呼作京剧舞台上的"新一代活曹操"。

今天,当他再次回想当初苦排《曹操与杨修》时,还是心生感慨。

一则没有随随便便的成功,"优秀作品如果没有资金作为后盾是不行的,但也不是靠人民币堆起来的。优秀作品的灵魂是什么,是精神,是我们创作的方向,是我们苦排追求的意志的一种体现。"

二则就是京剧界、文化界,乃至整个社会,都需要有一种"苦排"精神,"我们现在享受到冬天有暖气,夏天有冷气的现代化的排练场,但我们不能在硬件上去了之后,将'软件'也就是精神给落下了。只有不断地去强调它、呼唤它,才能出好戏。"

也正是对这种苦排精神的执着,尚长荣在《曹操与杨修》之后,依旧好戏连台,相继推出了《贞观盛事》,以及《廉吏于成龙》。

---

① 方杰,《京剧舞台的新风貌——在"京剧新剧目汇演"闭幕式上的讲话》,《中国戏剧》1989年第3期。

其中,《贞观盛事》还为他赢得了新中国戏剧史上第一个"梅花大奖"。①

这正应了球王贝利所说的那句话,我最精彩的球,永远是下一个。

只是,这个下一个,对尚长荣来说,离得有点远。

细心的人一定会发现,《贞观盛事》是在 1999 年推出的,此时距尚长荣正式调入上海京剧院的 1991 年,过去了差不多九年,而马博敏也已就任上海市文化局局长。

想当年尚长荣的父亲尚小云一年能排九个戏,可到了尚长荣这里,到上海京剧院九年还是《曹操与杨修》这么一个戏,有人就开始嘀咕了,"言下之意就是批评上海京剧院的新任领导们对尚长荣也就是我是不是不够支持。"

尚长荣心里很清楚,绝对不是这样的,因为无论是外面的作家,还是院里的领导和同事都向他推荐过好多剧本,但最终还是"敌"不过他的挑剔。

事实上,在追求苦排精神之外,尚长荣还是一个讲"原则"的人。

"你不能说拿一个剧本过来,我就能排。我必须要论证。看剧本写得好不好,还得照顾当下观众的审美标准,以及欣赏角度和需求。不够这些标准的戏,一概都不能排。"长期在京剧舞台上摸爬滚打,让尚长荣也看到了很多怪现象,那就是排一个挂一个的戏多的是,"我也深知一年只演六场戏的滋味,不好受,双手攥拳没处发挥你的才能,这是很痛苦的。但是,你也不能只管自己过个戏瘾就够了,而有准确和客观的选择。"

不过,这九年时间内,尚长荣也不是停在那里休息,同样也做了很多实际事务,比如说《曹操与杨修》的各省巡演,以及对其他的剧目、传统戏所做的恢

---

① 十年"文革"让中国的戏剧舞台遭遇了萧条和沉寂,演员也青黄不接,剧目单调乏味。为了让戏剧艺术重新焕发青春,在前辈戏剧家们的策划、催生下,中国剧协主办的《戏剧报》(《中国戏剧》杂志前身)以"梅花香自苦寒来"为寓意,于 1983 年设立了中国第一个以表彰和奖励优秀戏剧表演人才、繁荣和发展戏剧事业为宗旨的戏剧艺术大奖。梅花奖涵盖了戏曲、话剧、儿童剧、歌剧、舞剧等戏剧品种,每年一评。自第 11 届起,增设"二度梅"。《曹操与杨修》便是"二度梅",因为在 1985 年,尚长荣便凭借《将相和》《霸王别姬》首度摘取梅花奖。也正是两次摘取了梅花奖,等到《贞观盛事》获得梅花奖时,便为"梅花大奖",亦即"三度梅"。该梅花大奖自 19 届起增设。

复工作。"只是没有遇上合适的、更恰当的剧本。"但是,在尚长荣的心里,还有一个人物就像曹操那样,一直在拨动着他的心弦,"追了18年,不能排。"

他正是大唐宰相,直言进谏,辅佐唐太宗共同创建贞观之治大业的魏征。

"我们中学的语文课本里面,就有一篇魏征《谏太宗十思疏》,我看了这个《谏太宗十思疏》,就觉得真好。而且,有很多剧目,包括《隋唐演义》,都有这个人物,题材也是很丰富,"尚长荣却发现,"他在京剧舞台上,却没有相关的重点剧目。"所以,尚长荣很想演他,但一直就没有机会。

1999年,正是共和国建国50周年,又到了戏剧、文化等方面向国庆献礼等时候。尚长荣觉得机会来了。他将自己对魏征的"苦思"跟有关部门的领导专家一说,大家都说这个题材好,都在慨叹京剧舞台为什么这么久都没注意到这个人物。既然现在有人提议了,那大家就一起将这个机会抓住,不要放。

于是,自1998年8月起,上海京剧院就约请院外编剧,一起组织新编历史京剧《魏征与李世民》的剧本创作。年末,戴英禄写出初稿《田舍翁魏征》。1999年春节后,戴英禄和梁波〔执笔〕写出二稿。经过后期打磨,以及采风,4月份改出排练本,并定名为《贞观盛事》。"结果这个戏排演之后,受到了各方面的重视。同时,它也是我们上海京剧院向国庆50周年的一个献礼剧目,得奖最多,几乎是大满贯。"

至于《廉吏于成龙》,一开始尚长荣并没有想排,"因为我已经62岁了,"在精力上已经不如以前了。但是,19集电视连续剧《一代廉吏于成龙》[①]于2000年在央视播出之后,"《解放日报》一位资深摄影老记者陈莹,就一直不断地给我打电话,鼓动我,说长荣你要排这个戏。我说我已经62了,排一个新戏要站舞台,要拉队伍,多么麻烦啊。她说你不排这个戏,你就是不负责

① 由朱正导演,尚大庆、李万年、温玉娟主演。全剧依据历史真实,也就是于成龙的为官经历展开,通过罗城治盗、湖北平匪、福建平冤、直隶救灾、两江惩恶……艺术地再现了清朝初期一代廉吏于成龙20多年勤政爱民、廉洁奉公、政绩卓越的从政生涯,是一部具有正能量的历史剧。2014年5月22日,中纪委官网甚至发布消息称,该网视频栏目将展播该剧,以期带给广大党员干部和网友们思考和启迪。

任，你就是失职。"

为了彻底鼓动尚长荣，陈莹还串联了几个人。其中有她的好朋友袁雪芬老师，还有当时上海市委的一些领导，"他说应该支持长荣搞这个戏。"

正好，上海京剧院的国家一级编剧黎中城先生也要写这个戏，"在这样的一个客观条件的推动下，我才决定排这个戏。"

既然要排，自然不能轻易为之。为此，除了黎中城之外，还邀请上海京剧院的另一位编剧高手王涌石，再加上天津和北京两地的梁波、戴英禄，联袂来写这出戏。同时，又请来了四川的著名导演谢平安来执导。这样，让《廉吏于成龙》变成了一个集体的智慧，大家劲往一处使。至于尚长荣本人，因为此前对于成龙知之甚少，所以也忙于搜集于成龙的事迹，又看了《清史稿》，发现他的确是一位非常了不起的人物，"是一位布衣高官，也是一位我们中华民族的民族脊梁。"日后，尚长荣又有几次到于成龙的家乡去采风，去生活，去感受当地的朴实的民风，高贵的文风，还到他苦读的安国寺看了看，感受颇多，"每一次演这个戏，可以说都是我一次灵魂净化的机会。"

自然，它再次引起了极大的重视，还被拍成了电影。

只是，当《曹操与杨修》《贞观盛事》《廉吏于成龙》久演不衰时，尚长荣也发现，"随着时代的推移，随着我们文艺活动的多样化，应该说剧场艺术受到了挑战。"

显然，这三部新编历史剧被认可，被推崇，并不能掩盖这一挑战。

作为戏曲舞台上的过来人，尚长荣记得，在 20 世纪 50 年代，全国京剧团有好几百个，每个省都有，"最多的省份大概是山东和江苏。"当时的京剧，"不仅是一个大剧种，而且不受语言的限制，很多观众都喜欢，一统天下。"渐渐地，电视出现了。"在 1957 年的时候还没有电视，我记得北京的电视和上海的电视是从 1958 年开始有的，黑白电视。"到了现在，电视进入了亿万人家，甚至一个家庭都有几台电视，再加上又有智能手机、ipad，甚至就连在手表上都能听音乐……剧场艺术所面临的挑战,无疑是巨大的。

如何让年轻人爱上戏曲,并能主动地走入剧场,成了尚长荣在演戏之外的,另一个想要做的事情。尤其在逐渐上了年纪,很难再登台演出之后,这一事情更是他的主要任务。

1995年,由国家文化部和天津市政府联合在天津举办了首届中国京剧艺术节。也正是在这次艺术节上,《曹操与杨修》又获得了艺术节唯一的程长庚金奖。在演出之后,尚长荣和剧组又赶赴首都,为高校学子演出了10场戏。

除了《曹操与杨修》之后,演出的还有三个剧目,其中一个根据莎士比亚《李尔王》改编的《歧王梦》,另两个则是《智取威虎山》《盘丝洞》,它们和《曹操与杨修》一样,都是上海京剧院新创的重点剧目。

"这是一次义务演出,也就是请大家看戏,共同开讨论会,还有发问卷,就今后京剧艺术如何发展,请大家发表意见。"

尚长荣就记得,当时有一个发布会,是在北京某高校,请的都是学生会的主席、文体部长,都是年轻学生,大学生。

一开始,他们对上海京剧院要请大学生们看戏,都很奇怪,觉得应该请那些爷爷奶奶们,而不是他们。所以,对上海京剧院请求他们帮忙将票发给同学们,只能保证尽力,不能保证大家来不来。"当时我们提供了大巴车,提供了问卷,提供了剧场,白看戏。我们不是说没有顾虑,就怕这10场戏,能不能搞下去。我们也得到了一个反馈消息,说有些人出于面子,会过来捧场,但开演之后,就准备撤走。"

第一天的演出是在海淀影剧院,天气很冷,外部都零下十几度。尚长荣就跟《曹操和杨修》剧组打招呼,不管观众学生退席多少,咱们坚持到底,而且演的节奏要明快,不要让大学生们看着不顺眼,扭头就走。

开演之前,一些单位如文化部、中宣部、团中央、学生代表都有礼貌性地讲话,很隆重。看底下的观众席,大概有1600人,很大。让尚长荣担心的事情,在第一幕开始时,似乎有了迹象,"鸦雀无声。"然而,从第二幕起,就有人开始鼓掌，"这一鼓掌就不得了，哇，我们越演心情就越兴奋，所担心的事情全都没有了。"

尚长荣算了算，整场演出中，大概掌声不下 45 次。"这个戏演出以来从来没有这么多掌声的。"然后他就跟演杨修的那位老师说，"谢幕完了之后，我们两个人再从舞台两侧，下到观众席里。我们说这叫扩大战果。当时上海的东视、上视、北京电视台、央视很多记者都看到了，我们一下去就上不来了，哇，简直是……这种炙热的场面从来没有见过，要求握手的，要求签字的，但没法签。结果十几分钟后，才把我们拉上来。"

站到舞台上，尚长荣真是热血沸腾啊，"从来没有享受过这样热烈的场面。"

他第一句话，就是感谢同学们，感谢他们冒着零下十几度的严寒来看京剧的演出。

"第二句话我说的是，京剧艺术永远属于青年。"

第二天，北京有的报纸，就在头版头条上印着这样一句话，京剧艺术永远属于青年。这是尚长荣的有感而发。他本以为年轻人都以为京剧艺术是夕阳艺术，属于老年，但现场的一切，都让他意识到，京剧只要内容好，表现好，它一样会获得年轻人的芳心。他很希望京剧艺术能真正拥有青年，因为只有拥有青年，才能拥有着未来，就拥有着生命力。

"说到那 10 场演出，一开始是一票难送，后来是一票难求。"

大家都欢呼京剧万岁，相见恨晚。

为了让这一"热情"延续下去，在此后的二十几年内，尚长荣一直在做京剧艺术的普及工作，比如京剧唱段进课堂、进社区，拍电影，"拍了好几十部京剧电影了。"

让尚长荣感到欣慰的是，尽管受到西方文化、现代艺术、互联网和新媒体艺术等多方面的冲击，经过众多戏曲人的不懈努力，如今的社会上已然形成了一个很好的弘扬民族文化、民族戏曲的局面。尤其是在 2014 年，中央召开新一次文艺工作座谈会，号召文艺工作者努力创作生产更多传播当代中国价值观念、体现中华文化精神、反映中国人审美追求,思想性、艺术性、观赏性有机统一的优秀作品——作为出席这次会议的人员之一,尚长荣更是感受到了,"讲话之后的这几年,戏曲界、戏剧界的突飞猛进。"

2015 年,国务院办公厅又印发了《关于支持戏曲传承发展的若干政策》,部署进一步加强政策支持,振兴我国戏曲艺术。

"座谈会加上国务院的政策,应该说我们戏剧界、戏曲界有了一个指导方针,大家的干劲足了,腰杆硬了,前景更加光明。"

出生于 1940 年的尚长荣如今接近 80 高龄,但他还是信心满满。

还是要准备"撸起袖子加油干"。

上海京剧院,王千马对话尚长荣。镜头前的尚长荣,依旧老当益壮。

任桂珍

1933 年生于山东临沂,3 岁来到济南。

1948 年随军南下,在革大文工团投身革命文艺工作。

1953 年赴朝慰问中国人民志愿军。1956 年起任上海歌剧院主要演员,上海歌剧院艺术指导、上海市音乐家协会理事、中国音乐家协会会员、中国戏剧家协会会员、中国农工民主党中央委员等。

她是中国歌剧舞台上的"第一代江姐"。

在《江姐》之外,她还在《白毛女》《小二黑结婚》《天门岛》《红霞》《红珊瑚》《刘三姐》《洪湖赤卫队》《樱海情丝》等几十部歌剧中扮演女主角,创造了众多栩栩如生的不同性格、不同地域、不同身份的妇女形象。

因为演唱音色纯净圆润,吐字清晰真切,行腔自如流畅,感情淳朴细腻,曾一度被誉为"北有郭兰英,南有任桂珍"。

她还为电影《红日》《聂耳》《摩雅傣》等配唱,《谁不说俺家乡好》《铁蹄下的歌女》《塞外村女》《摇篮曲》等插曲风靡全国。

她还是《唱支山歌给党听》的原唱。

时代精神之五·感恩
任桂珍：在台上演江姐，在台下也要像江姐

1948 年，任桂珍随解放部队南下，带有点逃离家庭的意味。

那个时候，她差不多在家乡济南生活了 16 个年头。每天除了上学，就是跟在妈妈后面，做一些家务活动。如果不是解放军打到了济南，她肯定不会想到自己还有改变命运的时刻。那段时间，她的耳朵里经常会听到"打到济南府，活捉王耀武"①这样的口号，接着又亲眼看到飞机天天在自己的头顶上飞来飞去，到处乱扔炸弹，甚至还炸死了对面邻居一家人。同样还是被炸弹的缘故，她曾被困在自己求学的齐鲁中学里，回不了家……但兵荒马乱之

---

① 这是解放战争中，最响亮、提气的口号之一。因为通俗易懂，朗朗上口，给大家留下了深刻的印象。

1948 年 9 月 16 日，华东野战军发起了攻打济南的战役。整个战役分成两部分：攻城和打援。事实上，由于国民党援军对于支援的消极对待，还没等与我军的打援部队交火，济南就被解放了，他们也就撤退了。所以，济南战役其实只剩下攻城这一部分了。

当时，负责守城的是国军将领王耀武。在蒋介石的严厉训斥下，这位有"宁碰阎王，莫碰老王"之谓的抗日名将，只好固守济南，准备死守一个半月。

在攻城之前，解放军便提出了这个口号，无疑，它鼓舞了解放军的战斗热情，瓦解了守军意志。8 天过后，济南城就被解放军攻克了。王耀武化装成商人混出了我 20 万大军的重围，四天后，在寿光县弥河渡口盘查站被擒，公安战士将其随身携带的"马牌撸子"手枪收缴。一时间，"打到济南府、活捉王耀武"的口号遂成为当地居民茶余饭后的谈资。

后，便是"雨过天晴"，解放了。

因为从小就喜爱文艺，在唱歌上表现突出，也给解放部队文工团里在台前表演的人，进行幕后配唱，所以文工团就找上她，要她参加文工团，为解放军战士服务。"我当时不懂，我说我不去。"结果她就这样失去了自己的第一个机会。

幸运的是，很快就有了第二个机会。因为新政权要在当地办一个大学，召集爱国青年进去学三个月，了解一些党的政策，以及知晓自己这一代人能为这个新生的国家做些什么事情……在身为地下党员的父亲的支持下，她也投入其中。

某种意义上，任桂珍对共产党这三个字的了解，基本上也是从这里开始，"共产党是解放受苦老百姓的，要打倒地主阶级，打倒剥削阶级，打倒蒋介石，打到南京去。"不得不说，这样的口号让她深受鼓舞，与此同时，大学里的集体生活也让她别开生面，大家一起吃大锅饭、住集体宿舍、出早操，一起坐在大礼堂里开会，开会前还要唱歌，这个班唱完，那个班又要接着唱，"这让我接触了很多革命歌曲，什么解放区的天是晴朗的天，没有共产党就没有新中国……我当时就感觉到，原来还有这么一种生活能让你那么振奋，那么开心。"

即使当时的住宿条件那么差、大锅饭又那么难吃，她还是有了想成为其中一员的梦想，想跟着解放部队南下。

任桂珍的妈妈不懂南下到底是什么，听到女儿说还要打仗，打到南京去，活捉蒋介石，那种母亲式的担忧油然而生，坚决不同意她的举动。"她说你看看你，你看你同学都结婚了，小孩都生了两个了，就是这样。"这让她更坚定了南下的决心，"我当时心想，我可不能像我同学，我很怕那种婆婆妈妈的生活。"

怕女儿不听话，妈妈还把她给锁在了家里，最后还是父亲，偷偷地打开了门，将她放了出去，临走时还塞给她两个金戒指。"意思就是说出去要是碰到困难，这个当掉有用，我还记得是这样的。接着就催我赶快走吧，不走你妈又得闹。走了自己留神点，有事和同学商量……嘱咐一番，然后我就走了。"

到今天，任桂珍还感激父亲的深明大义。作为一名地下党员，父亲应该很希望他的子女，能和他一起走革命的道路。尽管在新中国成立前，她对父亲的身份并不了解，总感觉父亲有点神神秘秘的，来了朋友，都不是从大门进来，而是从窗子跳进来的。到了新中国成立之后，她才知道父亲干的是地下党的接头工作。

让父亲欣慰的是，他的这位女儿并没有辜负他的期望。

南下的过程中，一开始坐的是火车。

不像今天的高铁，当时的火车虽然也时髦，但条件没那么好。更要命的是，任桂珍坐的这趟火车是拉牲口的，闷罐车，没有窗户，什么也没有，封闭的。

"我记得很清楚，大家上了车之后，很奇怪，到时候咱们要是赶上了方便，怎么行。再一看，这个火车中间放了一个非常大的桶，拉起了一个布帘子。"

尽管有些不习惯，她还是觉得这样的生活有意思，一路上，大家唱唱歌，说说笑笑，居然就挨到了微山湖，这时才发现，此前吃的苦不叫苦，真正的苦才来。

"微山湖那时很穷，住的老百姓家里，没有床，空间也不够，只好在猪圈旁边打地铺。吃的是杂粮，有高粱米、小米，但一咬不是沙子，就是小石头。微山湖的小鱼，也又腥又臭。这让大家既觉得新鲜，又觉得肮脏。但谁也不愿意叫苦，做落后分子。"

唯一一次牙祭，是一位男同学大着胆子，跑了八里路，找到一个镇上，买回来一个大饼，分给大家吃。"我们吃那个大饼，现在给你吃你都不吃，那时候吃像过年一样，怎么那么好吃啊。到后来就觉得苦去甘来，有大饼吃了。"

这样在微山湖暂停了近一个月,接着又开始南下。

这次坐不成火车了,任桂珍需要和其他同志一起,给行军的战士表演节目,编快板,说书,做宣传工作,来鼓舞士气。这样一路表演,一路往南走。因为天天走,加上背着背包,任桂珍很快有些吃不消,加上在前面领路的同志,个子很高,步伐也跨得很大,一步都能顶她小两步,这也意味着,她要是跟上那位同志,就得每天保持着小跑的节奏。

直到今天,她还记得那些时日出的汗,浑身都是,也日日如此,"每到晚上睡觉的时候,我就觉得身上怎么那么痒啊。当时和我一起的很要好的朋友就问我,任桂珍你身上痒吗,我说痒啊,从来没有那么痒过,也不晓得是怎么回事。"

后来有一天领导说,今天太阳那么好,不出操了,大家脱下衣服来,晒衣服,把棉袄、里面的毛衣都晒晒。"一晒,有经验的人一找身上就有虱子了。我一看自己的衣服也满是虱子。以前我只见过臭虫,没见过虱子。现在一看,头发也竖起来了。肯定要把它弄死,但弄死它,又膈应得慌。身边的女同志就哭,怎么办啊,咱也没办法洗澡。后来大家说咱们不能做丢人的事,不行咱就忍着。不能让人家说,你们这些黄毛丫头一点事就哭哭啼啼,所以就熬过来了。"到了后来,头上也冒出了虱子,用梳子一梳,虱子就往下掉。任桂珍便有了一个有趣的发现,身上的虱子是白的,头上的虱子是黑的。

这些艰苦的环境,让随行的一些人,不免在心理上有些动摇,想要回去。

有人就找到任桂珍和她那位要好的朋友,问她们受不受得了,实在不行,咱四五个人一块回去吧。任桂珍就跟好朋友商量,你要想回去就回去,反正我是不回去。"我们参加革命的几个月,有的朋友已经跟着国民党跑到台湾了,有的已经嫁给卖香烟的小铺掌柜了……我就问她,你愿意这样吗?你回去还能怎样,还不是找个婆家嫁出去。所以,我说我不回去,我宁愿长虱子也不回去。"

真是在这样朴素想法的坚持下,任桂珍没有脱离"革命"的行列。一路上风餐露宿,到了后来,这反而变成了一种乐趣,称呼虱子也不叫虱子了,而叫革命虫。

同时，她还发现周遍的老百姓都很关心部队，关心自己。正好南下的过程中，她赶上了南方蚕豆上市，老百姓就摘下来煮给同志吃。当时，还有一位老妈妈，在他们临走前，还用布包了一些蚕豆，送给他们路上吃。

"这个时候，这一点蚕豆就成为你生活当中唯一的乐趣和享受，"但它却让任桂珍觉得心里很暖和，因为她发现大家都在支持你，"这个革命道路就走下来了。"

眼见着长江就在眼前了。领导也开始做工作，同志们，现在很艰苦，马上就过江到南京了，南京就到上海了，到上海就好了。

任桂珍是在扬州过江的。同志们都知道扬州出美人，所以戏谑要到扬州看美人，"结果我们在扬州外围行军过去的，没有到扬州市里去。"

更让人没了好心情的是，过江时的形势还是万分危急，飞机时不时地飞到头顶上丢炸弹，机枪也在"嗒嗒"地扫射，她和朋友一起窝在木船的小舱里，听着外面的飞机声、枪炮声，心里说不害怕，那都是骗人的，"你要是死了，你妈就没有这个闺女了，"不过，想想船上还有那么多人，不仅壮了胆，而且她和朋友还想从舱里面露出头看看外面什么样子，"等这个头半个上去了，领导两巴掌打到脑袋上，你们两个不想活了！"

到了镇江，终于又坐上火车了，而且还是像样的火车，到南京，然后再转向上海。

解放上海的战斗是在 1949 年 5 月 12 日打响的。历时 15 天的浴血奋战之后，除 5 万敌人从海上逃跑之外，余敌 15 万人全部被歼。5 月 27 日，上海解放。

第二天下午，一身新军装，佩戴着"军管会"臂章的陈毅来到市政府大楼二楼市长办公室，开始了他主政上海的生涯。

新生活的光明图景就在自己面前徐徐打开。任桂珍抱着兴奋而又期待的心情，向着上海这座著名的远东大都市前进。快到上海的时候，一些工作也开始安排下来。比如说对每个人进行登记，也就是上级进行摸排，搞清楚每个人将来都想干些什么。她想到比自己小 12 岁的妹妹,身体一直不好,当年经常要她背着去看病,让她觉得好可怜,所以她想到的不是继续唱歌,而是想当一名医生,想去卫生队。

自然,这个要求被否决了,领导希望她去"革大文工团"。在谈了三次话之后,她只好服从分配,回到了自己在文艺工作的这条路上来。

与此同时,她还要和同志们一起,积极学习《入城守则》——早在 5 月 10 日,陈毅就在江苏丹阳县城一间大仓库里,面对穿不同服装的 2 000 多名军政干部组成的上海接管纵队,作了《入城守则》报告。他说:"攻击市区,绝对不准开炮,绝对不准爆破。进城以后,坚决执行'不入民宅'。入城纪律是执行入城政策的前奏,是我们解放军给上海人民的见面礼。见面礼搞不好,是要被人家赶出来的。"

他请大家记住,我们野战军,到了城里不准再"野",纪律一定要严!

任桂珍就记得,当时领导对他们也时刻提要求,三大纪律八项注意是必需的,还不准在街上一边走路一边吃东西,不准衣装不齐……

她也因此而挨过批。那是在进入上海之后,想想自己一路上那么苦,她和朋友就想吃一样东西。"吃什么呢,花生米,山东人叫长果仁。"加上那个时候实行供给制,两个人身边没有多少钱,也只够买花生米,于是,她们就偷偷地跑到小店里去,买了两包,想悄悄地"消灭"它们。结果还是被同志们给看见了,"回来穷批啊,批得两个人那个哭啊。这真有些犯不着。一路上这么下来了,结果一进城就犯错误。要知道,我们是部队,肚子饿了有三顿饭,还值得买这个东西吃吗?"

不过,进入上海之后的生活,却比以前天翻地覆。住的是虹口区的复兴中学,男同志是一个大房间,进去之后不知道地上是什么东西,原来是打蜡地板,"大家都用手摸地板,那么阔,地上还铺着地板,还铺着木头,没见过,还那么干净。"

没有鞋子穿怎么办?任桂珍又想起在家上学时穿的回力球鞋,很想再买一双。于是,就和朋友一起向同志们借钱,买了两双白的,一人一双,"穿在身上可美了,再加上那个军装,走在马路上,觉得别人都是在看你,"于是,两人就赶紧跑到照相馆里面拍照,留影作纪念。但很可惜的是,这照片在"文革"时,被抄家给抄走了。

直到今天,任桂珍还记得自己初进上海时那种朴素的自豪感。

她觉得是解放军解放了上海,让所有受苦的老百姓从蒋介石的统治下解放出来,而她恰恰就是这个群体中的一员。

如果说当初参军,主要的目的是为了逃离家庭,但在随部队南下后的亲身经历,以及民心所向,都让她深刻地感受到了自己所参与的,是最有意义和价值的事业。

任桂珍说,从那时起她一下子感到生活比行军时更充实了,信念也更坚实了。

这也让她在舞台上更加全心全力为工农兵服务。

并在表演的同时,继续接受教育。

任桂珍在上海演的第一场戏,是《白毛女》。

她演的是喜儿。

说来惭愧,在演这出戏之前,她并不太懂得当时的社会上,还有地主、佃户,也不知道剥削是怎么一回事情,只晓得大家都很苦,但《白毛女》却着实地给她上了一堂真正的阶级教育的课。一开始演喜儿,她常常是一边演一边哭得演不下去。导演说你们这样不行,一定要学会控制自己。好在通过不断地排练,以及锻炼,她终于能完整地将戏演下去了。

"演出的效果非常好,"任桂珍记得当时演到斗争黄世仁的时候,台下会扔上很多东西,都往黄世仁身上丢,"所有的演员都怕扔上来的东西砸到自己。"

领导也活学活用,结合这场戏,对所有的演员进行政治思想教育。

日后,她又三次去朝鲜战场前线阵地演出,并参加了土改。

正像《长征组歌》里所唱的那样，"苦不苦，想想红军二万五；累不累，想想革命老前辈。"每当任桂珍想起喜儿，想起身边的穷苦百姓，想起那些为了胜利而不惜牺牲的解放军、志愿军，她的心里就鼓起了无限的勇气，"任何情况下我都不畏缩，不被困难吓倒。"

随着上海歌剧院在20世纪50年代初，由青年文工团、革大文工团、南京文工团、红霞歌舞团合并成立，任桂珍开始从一个文工团的演员，变成了一个专业演员。

1957年，她又主演了《小二黑结婚》。

再后来，便有《红珊瑚》《红霞》，还有《洪湖赤卫队》。

是为三"红"。

为了演出《洪湖赤卫队》，她差点将命搭在舞台上。那是在苏州演出，三天只演三场。"第一场我就生病了，观众来看，一定要看我的，没看到，就把希望寄托在第二场。"

第二场，她还是不行，"当时我就想这个该怎么办，我绝对不能让观众那么失望，看不到我的演出。"到第三场，她挣扎着到后台化妆，结果一量体温是39度8。医生马上就给团长讲，说今天她不能演出，太高了，万一休克在台上怎么办，那只好退票。

"我一听说退票，就坚决反对，说我能演，虽然发烧那么高，但是自我感觉还好。"

当时，后台化妆都在一个大的乒乓球台子上，同事们让她躺在乒乓球台上，用酒精给她退烧，但她知道，其实这没什么用。等到该上场时，"我真是昏啊，感觉天昏地暗，同事们一边一个托住我，到了上场门口，把我往前一推，我就上去了。"

幸运的是，一到舞台，她就兴奋起来，唱开了，也演开了。演完一段就赶紧下来休息。但是有一段唱词却对她提出了很大的考验，就是"为劳苦人民天下都解放"，一大段，需要一口气唱下来，好在她脑袋还很清醒，甚至因为发烧，血液循环比较快，嗓子反而比平时还要好，结果那天的演出效果很棒，自己很满意，观众也是久久不息的掌声。

正是冲着这些掌声，她觉得自己一辈子给这舞台，都值得了。

为此，她不仅更任劳任怨，成为歌剧院眼中的老黄牛，还努力地提升自己的专业能力。她曾抽出时间，到上海音乐学院的一个老教授那里，进修了一年。"我一辈子都不会忘记这个老师，这一年可以说是给了我这一辈子搞文艺工作上的转折，他解决了我发声技巧上的问题，使我能担当更重要的任务，能够唱给毛主席听，演给周总理看……"

这一切来得很真实，也很梦幻。

20 世纪 60 年代初，一些国家领导人经常会到上海来指导工作。

第一次在花园饭店接触毛主席时，任桂珍就记得，"当时这个事情很神秘，政审也很严格，说今天有任务，也不告诉你什么任务，我们心里都有数了。"

站在毛主席的身边，她有些紧张，因为从来没有如此近距离的接触人民心目中的伟人，但又觉得这是一个至高无上的政治待遇，不是一般人都能去的。

为主席等国家领导人献完歌后，她很自然地过去，请主席跳了一支舞。

"花园饭店以前是法国俱乐部，有一个椭圆形的舞厅，跟主席跳舞，下了舞厅后，乐队就开始伴奏，然后转了一圈回到他的座位，就停了。其实就等于陪他像走路一样逛了一圈。这过程中，主席会和蔼地问你一些话，'哪儿来的'之类。这让我们觉得一辈子能有这样的机会和主席跳舞，很有福气，也是人生当中最值得纪念的时刻了。"

任桂珍还干过这样的事情，"主席抽过的'熊猫牌'的香烟，吃了两口，扔下来之后，大家每人拿一个香烟屁股回去做纪念。到了多少年以后，这个香烟一捏就碎了，就没有了。有些可惜。"

印象中，周总理在晚会上的表现，就很突出，"他喜欢唱歌，喜欢教大家唱,特别喜欢唱《洪湖水浪打浪》。《洪湖赤卫队》里面《洪湖水浪打浪》这个歌之所以那么流行,就是总理给唱出来的。"也就是在那天,他请任桂珍教他唱这个《洪湖水浪打浪》。任桂珍有些奇怪,便问总理,"你不是会唱吗?"总理说,"嗯,不会,我从头至尾唱不下来。"

接着,他就坐下来,听任桂珍一句一句地教他唱。"他喜欢打拍子,然后唱一句。那天教他唱了一段,后面那段太长,我就没有教。最后他讲,好,谢谢你,你是我唱歌的老师,可不要忘了,《洪湖水浪打浪》我是跟你学的。我说哪里,总理,您唱得挺好的。"

今天回忆起这个片段,任桂珍还觉得很开心,很亲切。

相比毛主席,任桂珍见周总理的次数相对更多。总理只要在上海接待其他国家的外宾,她都会被邀请参加。"有一次接待吃法国菜的国家的总理,他当时说,桂珍同志,法国菜好不好吃。我说,好吃,好吃,总理。他就说,好吃就多吃一点。"

所以,当周总理在1976年去世时,正在广州进行录制工作的任桂珍听到这个消息后,"哭的啊,简直是控制不住自己。"

除了毛主席、周总理,任桂珍还陪陈毅同志跳过舞。他先夸奖她,"你这个小鬼唱得不错,"又提醒她说,"我今天吃了大蒜,你在不在意。"任桂珍就说不在意,"我是山东人,我也吃大蒜的。"总之,她觉得陈毅同志是很风趣的。

他还叮嘱她,不要找林彪跳,因为他身体不好。

有时跳着跳着,感觉舞厅里的灯光暗了,"大家就晓得谁来了,江青来了。江青说她眼睛不好,怕光。所以灯光不仅要暗,而且还戴着一个大黑眼镜,穿着一身黑衣服进来了,进来跳舞。"任桂珍记得,"她有一个专门伴舞的,她不和别人跳的,也不和主席跳。他们一跳舞,谁都不跳了,等于像看表演一样。主席呢,有时看看,有时在位子上,抽烟,或者跟别人聊天。过一阵,灯一亮,大家都晓得她要走了。"

来自观众的认可,组织的培养,和国家领导人的关爱,让任桂珍的心里充满着无以言表的感激。"我所能报答的,就是用自己的喉咙,为这个国家和社会歌唱。"

幸运的是,有两首歌主动找到了她的"喉咙"。

一首歌就是《谁不说俺家乡好》,电影《红日》的主题曲。

"一座座青山紧相连,一朵朵白云绕山间,一片片梯田一层层绿,一阵阵歌声随风传……"对这样的歌词,很多人都耳熟能详。

它写的正是她的老家,山东沂蒙山区,电影表现的也正是孟良崮战役。

没有谁能比她演唱这首歌来得更合适了。

事实上,在她演唱之前,这首主题歌已经请一位王老师唱过——这位老师曾在《苦菜花》中演唱过插曲——唱得很不错,但就是山东风味特别足,"地道山东人听着,哎呀,真有味。但是让全国人民听,就像我们听广东戏,听不懂,那味道也琢磨不了。另外,王老师的声音相对苍老,不太吻合电影中年轻姑娘的形象。"

不过,任桂珍也不想夺人所爱,一方面,她希望由剧组做工作,帮忙说通对方。另一方面,她可以唱电影主题曲,但日后灌唱片,还是由对方来。这样做,既让对方舒服,也不会让自己也觉得不好意思。不过,最后她还是出唱片了,但那已是后来的事情。

除了《谁不说俺家乡好》,在《红日》上映的 1963 年,她还唱红了另一首歌,《唱支山歌给党听》。

这一年,因为雷锋在前一年去世,加上 3 月 5 日,毛主席"向雷锋同志学习"的题词在《人民日报》发表,全国掀起了学习雷锋的高潮。

上海也要为此要在当时的文化广场,举行一个大型的学习活动。有活动自然就要有献歌。《唱支山歌给党听》就是因此而来。它是从雷锋的日记里找出的一首诗歌,经过作曲家朱践耳谱曲而成。

"朱践耳说是专门给我写的,让我唱。他说桂珍,半个小时以后在文化广场开大会,你赶快拿着去唱,背。因为大家都知道我是救火大王,很急的事情,一般都找我。"

拿到这首歌后,任桂珍就一个人找到一个很安静的地方,将歌词一句一句地记在脑子里。一边记,一边被雷锋的精神所感动,心里又想,自己这点困难又算什么,不管怎样,打掉一切干扰,把这个唱出来。结果,她也不辱使命,唱得非常成功。

朱践耳便建议,立马录制唱片。

在整个20世纪60年代,她将自己对这个国家,对这个民族的爱,都表现在舞台的演出上,也通过《谁不说俺家乡好》等两首歌,传递到社会的每个角落。

没多久,她便接到了一个电话,是才旦卓玛打过来的。

"她说,任老师,《唱支山歌给党听》这个歌我很喜欢,我能不能唱?"

事实上,对这位藏族女艺术家,她也蛮熟悉的,那时的才旦卓玛才20多岁,正师从上海音乐学院王品素教授学习声乐,因一曲《翻身农奴把歌唱》而成名不久。

"我说你怎么那么客气,为这个事打电话,我说你当然可以唱,好的歌大家一起唱,越多人唱越好,因为它是好作品。"

她还说,"我相信你唱得会比我唱得好,因为你有这种生活经验,翻身感我相信会比我更强烈。"

这让才旦卓玛非常感动,到今天,两人的关系还非常要好。

不过,这首歌让才旦卓玛唱得一多,很多人就以为,是才旦卓玛原唱。

每次听到这样的说法时,任桂珍并不计较,原唱不原唱又怎样,看得那么重干什么。才旦卓玛知道这事后,也把事情的原委很真实地告诉了外界。

朱践耳也安慰她说,"桂珍,几十年你都受委屈了。"

这倒让她很不好意思,本来自己也没放心上,结果让朋友们替她委屈了。

"我还是那个观点,这本来就不是什么不好的事。到现在,外界还在问我这个话题,我说才旦卓玛唱这首歌唱得很好,这首歌是她的代表作。"

这不是任桂珍故作姿态。在跟年轻同志的交流中,她都劝他们,不要太计较一些名位,谁首唱谁后唱,谁压台谁又不压台,都没什么,不要计较,"要计较自己是不是全心全意的,为艺术贡献了自己的力量。"

如果要说自己为什么会有这样的心态,一方面跟党的教育有关,另一方面,自然跟她在舞台上塑造的那些英雄人物有关。

在她一次次的演绎中,这些人物的精神也随之融入她的灵魂,启发着她,激励着她,让她台上台下,一举一动,一言一行,都会下意识地将扮演的这些英雄人物作为自己的楷模,也绝不给这些英雄人物抹黑。

正是对英雄人物的理解,以及自身在艺术上的追求,让她在 1965 年,又接下了自己这辈子最为重要的一个角色——江姐。

《江姐》是中国人民解放军空军政治部文工团根据长篇小说《红岩》,在 1964 年改编的一出歌剧。因为深刻地刻画了英雄们面对危难时的视死如归,以及至死不渝的共产主义信念,让很多人从中汲取了力量,感受了教育,从而受到了热捧。

包括毛主席、周恩来这样的国家领导人,都对该剧给予了好评。在公演第四天晚,周恩来和夫人邓颖超既没有通知空军,也没带随行人员,自己买了两张票进了剧院。1964 年 10 月 13 日,毛泽东又在周恩来、朱德、董必武、贺龙、陈毅等陪同下,在人民大会堂小礼堂观看了歌剧《江姐》。这大概是除了《白毛女》之外,毛主席看的第二部歌剧。

此后,全国各地都在演《江姐》。上海歌剧院也不例外。它向上级要求排演歌剧《江姐》,并在 1965 年获得准许。

这年三十三岁的任桂珍,刚生下自己的大女儿,"月子也没有坐,急急忙忙赶到北京去搞这个《江姐》。"如果说她没有顾虑,那也是假的,因为演唱得靠腹肌送气,而她在生完孩子后,身体还没恢复,但她还是感于江姐这个形象的魅力,将任务挑了下来。

任桂珍居家一角，现实与历史的交汇。〔王千马　摄〕

更让人佩服的是，为了塑造好江姐这个角色，她打破了其他剧团演出《江姐》的"惯例"，那就是分 A、B 角。也就是分成两个人来唱。这样，演出起来就相对轻松了。但她却主动提议，整场的江姐都由她一个人来演。

"我老排在后面演出江姐，很难，因为前面的演出，让观众对江姐已经有了一个定性，后面就必须要将它给接起来。不能让观众一看，上半场演的是这样，到下半场怎么感觉就像换了个人似的。我们的确是换了演员，却不能给观众有这样的感觉。有了这种感觉，观众会半天进入不了这个戏，对戏的效果会造成一定的遗憾。"

任桂珍就想起自己有一年在芜湖巡回演出《刘三姐》，本来是由朱逢博担纲，演到中间因故演不下去了，突然就喊她起来，"那时我已经休息了。有人喊，任老师，你赶快起来。我说怎么了，朱逢博不行了，她下半场不能演了。我说不行，她那么瘦，比我又高，观众看出去很奇怪，半天才接上头，我说效果不好。"可是，她要是不接场的话，戏又演不下去，"从工作出发，我也得演,嗓子也没开,赶快起来化妆,就演了。我一出去,观众'轰'的一下,怎么换了一个演员?"

任桂珍提出一个人演,就是希望江姐的形象能前后保持连贯。

但这无疑是给自己"找麻烦",加担子。但她还是觉得有必要这样,而且,她还认为,这样对一个演员的锻炼,也好处多多。

此外,为了能更加完美地展现江姐的形象,在三九严寒时,任桂珍也只是穿了件旗袍就登台,里面也不加什么毛衫等衣物。"我们有些群众演员穿个小棉袄,穿个小丝绵背心,他觉得他是群众演员,穿得窝窝囊囊,不好看也无所谓。"不过,她却觉得,该穿什么衣服就穿什么衣服,这代表了你对人物,对观众的一种态度。再说,《江姐》的主题曲《红梅赞》中唱的就是,"千里冰霜脚下踩,三九严寒何所惧,""你弄得那样暖和,不仅不符合形象,也不符合《江姐》所展现的精神。"

今天,很多人都因此记得万馥香的江姐,也记得任桂珍的江姐。

这样的日子,一直到"文革"开始,就戛然而止。

因为《江姐》妨碍了江青对"样板戏"的打造,它的命运很快就由盛转衰,随着《红灯记》《沙家浜》和《智取威虎山》等8个"样板戏"霸占文艺舞台,它不仅被排挤,更是遭到禁演,被彻底打入了冷宫。与此同时,空政文工团大乱,人才流失严重。

上海歌剧院这边也好不到哪里去,但因为它是由四个文工团合并的,而且是新中国成立以后组织的文工团,所以相对要好一些。至于任桂珍本人,"我属于资产阶级思想的代表人物,只专不红,白专道路的典型。所以大字报比较多,最厉害的大字报就是写,把我打翻在地,再踏上一只脚,永世不得翻身。"

"离开舞台的任桂珍有些想不通,怎么从革命红小鬼变成大毒草了? 好在她性格开朗,看得比较开,'我唱歌不是为了做名演员,不图什么名利,就是为大家服务,所以也没什么太大的失落。'

当时有个搞文艺的'造反派'得意地找她问话：'任桂珍，以前是你占领舞台，现在是我们占领舞台了，你有什么想法？'一贯与人为善的任桂珍给出了犀利的反击：'很好啊，我希望你能永远占领舞台。'果然，一个礼拜以后，这个只会打小报告的造反派就因业务不精下台了。"[①]

更可怕的是来自一些高校的造反派，"大概是叫狂妄战斗队吧，一直叫嚷着要三名三高和老朽滚蛋。"任桂珍属于"三名三高"中的一员，也就是名导演、名演员，高待遇、高工资啥的，"刚好有天他们到歌剧院来了，来了就找我，任桂珍哪里去了。我那时刚好怀着第二个女儿，他们说她到医院去了。有人赶紧向我通风报信，说任老师你不要回去，现在狂妄在我们院里。我说我不回去也没有用，他们会到里弄去的，那样我天天更没有好日子过。"所以，任桂珍打定主意回去，相信自己这个样子，他们不能把自己怎么样，"他们一看，任桂珍，今天我们发扬人道主义，看你有身孕，不让你跪下。"

任桂珍也因此逃过一劫，只被训了两句，就被放走了。

让任桂珍很感激的，"下面的炊事员，搞服装的，搞后台的这些同志，都对我非常好，给我偷偷送吃的。因为在文化广场演出，我扫后台，别人吃夜宵，我没吃的。有一个老师傅做馒头，一边骂，一边说，桂珍，这些王八羔子没良心，不给你吃，还让你扫后台。我说，嘘，别说，谢谢你，我吃。这些人对我很好，很感动，很感动。"

日后，任桂珍也多次跟年轻同志讲，要对那些默默无闻的同志，永远怀有尊重之情。你们在台上出风头，他们做的工作，却谁都不知道，但他们也付出了。更重要的是，在关键时刻，还是这些同志对你好。

十年的时间说长也不长，说短也不短，却无情地浪费了任桂珍宝贵的艺

①　蒋玲，《一片丹心向阳开——访农工党员、著名歌剧表演艺术家任桂珍》，农工党上海市委官网"人物专访"。

术生命。1976年之后，她的境遇并没有马上好转，一些人依旧不甘心，为什么又要让她出来演？还是因为朱逢博在演出《白毛女》时，遇到了一些问题不能唱，而票子已经卖出去了，所以，考虑到她救火最快，然后把她找了过来，替了朱逢博唱了好几年。

1986年，因为爱人也是著名男高音歌唱家饶余鉴被公派意大利深造，她也就陪同出国旅居。

"她在意大利生活了十年，在这个世界顶级声乐大师的诞生地学习意大利的美声唱法，如鱼得水。领事馆搞联欢活动，组织音乐会，都会邀请她演唱一些中国歌曲。1990年，朱镕基同志出访米兰时，当地的浙江温州华侨联名举办晚宴，盛情欢迎。任桂珍也应邀出席宴会，唱了一首《洪湖水浪打浪》。

朱镕基听完，起身鼓掌说：'任桂珍同志，唱得好哇！不减当年哦！'任桂珍记得，朱镕基同志当年在上海工作时，就经常来看她的演出。而今，在远离故国的意大利，听着朱镕基同志熟悉的声音，任桂珍倍感亲切。

席间，朱镕基同志像对家人一样关切地对她说，国内正在改革开放，形势很好，你们夫妻俩可以两头走走，可以经常回去看看，愿意留下也好，也可以回去为国家做一点事情。想到朱镕基同志千里迢迢来到这里，公事繁忙，还这么关心他们，任桂珍和丈夫激动万分。与朱镕基同志一席谈，促成了任桂珍和丈夫从海外归来。"[1]

此时的舞台上，新人辈出，正呈现出一片繁荣旺盛的景象。已五十岁出头，且多年没上过舞台的任桂珍依旧没有放下对歌剧的爱，想为中国的歌剧事业贡献余热。比如说有单位想请她演出，她二话不说就答应了，而

---

[1] 农工党市委，《农工党党员、上海歌剧院著名歌唱家任桂珍："一代江姐"这八十年》，上海统一战线网"人物采风"。

且不收任何出场费，别人问起，她却很惊讶，"表演是演员的本分，怎么能要钱？"

最让她感动的是，上海歌剧院并没有忘记她。2001 年，歌剧院邀请她，和其他六位"江姐"一起，在 7 月 15 日共同推出新世纪版《江姐》——这六位"江姐"有首次来沪参加歌剧演出的空政最年青的江姐铁金、十多年前饰演江姐的王作欣；歌剧院出演江姐最多的江燕燕；以及京沪两地第二代江姐赵冬兰、唐群，还有一位则是大名鼎鼎的万山红。可以说，这个新世纪版《江姐》汇集了老中青三代"江姐"——任桂珍自然是第一代。当时的上海电视台报道说，"一部歌剧能汇集这么多新老主演，在中国歌剧史上绝无仅有。"

任桂珍演的是第六场，"当时接到这个任务的时候，大家心里对我都没有底，因为大家都觉得我这个任老师出国十来年，年纪不算太大吧，但是也很久没唱了，但是又希望我演，因为第六场他们觉得只有我演能压得住。"事实上，作为一个演员，阔别舞台，她也很想演，尽管有人劝她，这把年纪了，还和比自己小几十岁人的演，不是成心给自己找麻烦吗，"我还是想接这个任务。就跟歌剧院说，给我一个礼拜的时间，让我在家里恢复恢复，看看感觉如何。于是，我就马上弄了一架钢琴，自己天天练，发现自己的基本功还在，还有老本吃，就正式答复他们了。"

联排那天，很多人都来了，包括歌剧院的炊事员，也包括不应该来的人，将排练厅全坐满了，"就是为了看任老师十来年不上舞台到底怎么样。我六场演下来之后，哎呀，那些同志跑过来抱着我，眼泪哗啦哗啦的。"

正式演出也很成功。任桂珍就记得，自己唱完一段，观众就鼓掌，"这个地方没有想到会鼓掌的，那天鼓掌太多了。"到自己谢幕的时候，"观众哗地涌到台前了，"他们一边呼喊着自己的名字，一边想要和自己握手。周小燕的学生，被誉为"当今世界最优秀的男高音"，日后担任上海歌剧院院长的魏松还特地跑过来跟她说，任老师，你真是了不起，你这个年龄了……"我觉得这比自己中了几百万的彩票都开心，作为一个演员，能够得到观众这样的认可、厚爱，没有比这个再使你感觉到安慰的了。"

但任桂珍也很清楚，观众爱自己，说到底是爱自己刻画的那个江姐，以及江姐身上所体现的视死如归的精神，以及坚定不屈的信念。在这个经济至上的年代，大家尤其怀念并需要这种精神。所以，"江姐"需要回归。

也一定要回归。

如今的任桂珍，还有一个遗憾。

那就是自己离开舞台这么久了，却没有培养出一个合适的"接班人"。

所以，她决定，要在自己的余生里，做好这样一件事情。

当然，现在她也有自己的培养目标，其中一个就是从上海音乐学院毕业之后分配到上海歌剧院的80后，周琛。因为这位姑娘曾跟自己的爱人学唱过民歌，她才发现，姑娘不仅年轻，形象又好，而且人更好，"善良，很尊重老师，尊重老人，和她的同辈团结得也很好，自己也很用功。"对她来说，想要演好江姐，人好最重要。

任桂珍常常问自己的学生，你们喜欢江姐吗，当你们穿上这身衣服，会认可江姐为人处事的方式吗？学生就说，我们喜欢，我们觉得它的音乐很好听。但任桂珍就告诉他们，这是远远不够的，"在台上要去演江姐，在生活也需要活在江姐这个境界里，对同志们就要充满关心、友爱，不要老想着、看到人家的缺点，要先人后己，因为江姐就是这样的人。如果你们生活当中钩心斗角，互相嫉妒，互相攻击……这些东西和江姐这种英雄人物肯定是水火不容的。等你们表现江姐的时候，肯定也是貌合神离的。你要是说，看我穿上这个旗袍，我的线条多好看。可这有用吗？观众不是来看这个的。"

不得不说，任桂珍的言传身教，让她的学生也进步很大。

不过，带好学生，做好自己，也让任桂珍忽略了另外一件大事，那就是"从没想到必须经常向组织上汇报思想"，"于是有人认为她只钻业务，不关

第一代"江姐"和她的接班人同唱《绣红旗》。〔王千马 摄〕

心政治。而她则抱着即使不入党,也照样唱好歌的思想,仍是练功不止。时间一过就是几十年。任桂珍离休后,组织上来找她谈入党问题,想到父亲当年就是地下党员,自己这么早就参加革命了,没有共产党就没有她。人都快八十岁了,不入党没法对父亲交代,也没法对孩子交代。想到唱《唱支山歌给党听》的时候,充满了对党的感情,她唱的也都是发自内心的感情。她不再犹豫了。"①

2010年的春天,是任桂珍政治生命的一个崭新的开始,她终于能够像江姐那样,在党旗下庄严宣誓,从此真正成为党的女儿。

尽管历经"文革"的周折,今天的任桂珍依旧对党充满着热诚,"是党教育了我,让我从一个16岁就离开家门,什么也不懂,也没见过什么世面的小姑娘,培养成了略有成就的文艺工作者。我打心眼里对党的感情非常深厚,所以儿女要是跟我说,妈妈,你干吗这么积极啊,你这个身体。我说你们不

① 农工党市委,《农工党党员、上海歌剧院著名歌唱家任桂珍:"一代江姐"这八十年》,上海统一战线网"人物采风"。

要老说这个话,说一两次就够了。如果有人在我面前说我们党的不是,那我也请他们出去说,不要在我面前说什么。这不是喊口号,确实是没有共产党就没有我的今天。"

如果有机会,她很想再像江姐那样"绣红旗"。

再唱支山歌给党听。

陈海燕

她是上海白玉兰戏剧表演艺术奖主角奖的两度得主。

第一次获得白玉兰时,她是凭借着自己在歌剧《江姐》中的精彩演出。

第二次获得白玉兰时,她则是在京剧《刑场上的婚礼》里让人耳目一新。

一人"兰"放两度,连续两年获得大奖,已是不小的成功。更叫人敬佩的是,她的两次获奖横跨两个剧种。

日后,她在影视剧的主题曲演唱上,同样成绩惊人。1985版电视剧《铁道游击队》主题曲《微山湖》、《严凤英》片头曲《山野的风》曾是一代人的经典记忆。

同时,她与中国歌王黎锦光有过一段忘年交。多年之后,她信守承诺,将中国歌王希望她原汁原味的将旧上海的时代曲,如《夜来香》《香格里拉》又唱给世人听。

所有一切,都是建立在她那七年的京剧科班训练,以及在歌剧院多年舞台演出的经验之上。这些历练,让她很好地驾驭自己的音嗓,成为跨界达人。

她叫陈海燕,广东潮阳人,但今天的她,更像是上海的燕子。

时代精神之六·信念

陈海燕：任何年代，一个国家都需要自己的英雄

某种意义上，陈海燕属于江青京剧革命下的实验品。

她进入上海戏曲学校时，才 13 岁，时间正好是 1970 年。

毋庸置疑，她赶上了新中国政治历史上一段特殊的时期。

这段时期，中国的传统戏曲正面临着戏改运动。在党和政府"改人、改戏、改制"的号召下，社会正努力"将传统戏曲从内容、形式到排演方式（亦即生产机制）进行了一番全方位的改造，将其打磨成了一种与社会主义国家意识形态的建构需求相适应的艺术形式，"同时，也创造出了一套与之相匹配的文化生产机制。

"这一经过'戏改'打磨而成的、与社会主义国家意识形态相适应的艺术形式，曾分别以秧歌剧、新编历史剧、地方戏曲现代戏等诸多面貌出现，并最终以'京剧现代戏'尤其是以'京剧样板戏'的形式达到了这一文化实践的巅峰。"

在延安时期就开始学唱京剧，并在鲁艺排演京剧"打渔杀家"中扮演剧中女主角萧桂英的江青，于"文革"开始分管文艺工作，对此也不遗余力。

她在原有的一些现代戏的基础上,根据"三突出"和"高大全"的原则,对选定为样板的现代戏进行精雕细刻,打造了几出革命现代京剧样板——《红灯记》《智取威虎山》《沙家浜》《海港》《奇袭白虎团》,它们和芭蕾舞剧《红色娘子军》《白毛女》,以及交响音乐《沙家浜》一起占据了"文革"中的文艺舞台,并在"文革"后依旧影响深远。这让现代京剧成为那段时期的主流艺术,也是主流艺术中的主流话语。

　　这也是陈海燕得以进入上海戏曲学校,在"五七京训班"学习京剧的一个重要原因,事实上,她日后也承认,"我当时喜欢唱歌,根本就不喜欢京剧。"

　　这期间,陈海燕也想过退学,转而报考总政,但是学校却没有放行,说进来的孩子,一个也不许动。此时担任这个学校名誉校长的江青,正需要像她这样的"革命小将"们来学习并领悟,来继续自己的文艺实验。

　　她不仅要在这个地方待上整整七年,不停地练习那几出样板戏,而且要努力"践行"江青提出的各种理念,比如说声乐改革。

　　这种改革是其时另一种"破四旧",要求不能让一代又一代的男人跟梅兰芳似的捏着嗓子唱女人,而是要让还原一个真实的女人的声音来唱京剧。于是,学校开始兴起学习"科学发声法",京昆界不少名家,以及郭淑珍、王品素、朱逢博等音乐界人士纷纷到校上课,传授音乐发音方法,以正确使用真假声,运用到戏曲演唱上。她必须要跟着学习。

　　其次,江青还提出京体舞三结合,改变以前京剧在表演上的某些区分——像青衣是以唱、做为主的,刀马旦跟武旦那自然是以武为主——而是让各个行当之间更贴近,更打通,所以,她不仅要练唱念做打、身段、毯子功,甚至要练体操运动的技能、舞蹈的技巧。

　　她记得自己演出《龙江颂》的江水英时,就跟原来的不一样了,需要从两张桌子上面翻下来。到1975年,演《闪闪的红星》的冬子妈时,同样有很多的翻打。

　　这很能表现英雄人物的气概,也能调动底下观众的热情,但这无疑对陈海燕提出了更高的要求。"因为我从小身体就不好,撑不下来,所以就很怕,怕得午觉都睡不着，所以身体更加虚弱。所以在京训班我得了很多的病，像腰子病，腿肿得都是透明的，肝炎，贫血，血色素只有 4.6 克。"

其实，除了她，班上的很多同学不是练得白细胞偏高，就是红细胞偏高。

此外，她还清楚地记得这样一个细节，那就是学生们汇报演出时，"我们小孩都要求按照江青的标准，所有露出来的皮肤，脖子啊，手上，都要用水粉涂上。"为什么要这样做，那是因为江青是个极其注意细节的人。

如今再回过头看，她就觉得她都不知道自己那七年是怎么熬过来的，对一个不太懂事的孩子来说，她当时不是太理解这种要求、这种实验，到底是不是正确，是不是需要，但是，她还是在全面的训练之中，受益匪浅。

尽管脱了几层皮，换来的却是，脱胎换骨。

1977 年，是陈海燕从戏曲学校毕业的一年。

她记得很清楚，6 月 24 日，一辆大巴，将一班学生拉出了这个既让她痛苦，又在日后倍感怀念的校园。"我们当时进学校是 38 个同学，毕业的时候 35 个同学，"其中，又有 34 个同学是在京剧院下车的，"完了这个车就掉头转向歌剧院。"

她就是最后剩下的那个人。

谁也没想到，喜欢唱歌的她，被逼着硬生生地学了七年的京剧，最后却成了歌剧院中的一员，而且一来，就前往《江姐》剧组报到。

对她来说，这算不上是意外之喜。

因为在 1974 年，上海歌剧院排歌剧版《白毛女》时，就曾想把她借调过去，但是限于学校的规定，没有借调成功。到了"文革"之后，因为学校在每年的 5 月、10 月，都要去体育馆、人民公园这样的地方，与民同欢，她那时又唱京剧，又唱歌，还和音乐学院的交响乐团合作演唱《杜鹃山》的《乱云飞》……让业内的很多人都知道，她在唱歌方面还唱得不错，歌剧院又动了要她的心思。恰恰好，当时的歌剧院正百废待兴，急欲重整旗鼓，所以复排经典歌剧《江姐》，尽管有任桂珍等"老一辈子"的"江姐"重新回归舞台来压阵，但依旧需要有新鲜血液的补充。

后来，一位上海市文化局的领导，在一次活动中告诉陈海燕，"当时歌剧院打了六次报告要你。"这让陈海燕既自豪，又觉得是命中注定要回到歌唱的路上。

在回望自己过去的舞台生涯时，陈海燕会是怎样的心情，又有哪些经典记忆？
〔王千马　摄〕

刚报到时，她穿了一身的军装，但梳了一个扫把辫，加上身体只有 88 斤，所以显得比较娇小和稚嫩，歌剧院的领导就给大家介绍说，同志们，今天来了一个小丫头，她是"五七京训班"刚毕业的陈海燕，到我们剧组来报到了。等到宣布她要演《江姐》的时候，所有人都一副吃惊的样子，不叫她江姐，而叫她江妹子。

这让她也很有心理压力。一来就要参与《江姐》这样的演出，起点不可谓不高。但演好了，自然就起点更高了。但万一演不好，直接就从高处摔落了。

就连当时的办公室主任，也把陈海燕叫到办公室，很语重心长地告诉她，你要掂量掂量自己有没有这个水平，能不能把《江姐》撑下来？"她说我们是有前车之鉴的，有一个演员因为演《白毛女》，大家认为她不怎么行，她还是要演，结果就在演出前的彩排时没有嗓子了，从此再也站不到舞台的中央。所以你也要掂量掂量，不要因为演《江姐》，把群众关系搞坏了，而且挑你来到歌剧院的领导也会受累。"

好在她忐忑之余，还是一个初生牛犊，觉得自己学了这么多戏曲，应该没啥问题。

此外，她也对着镜子，看自己的形象到底行不行，想要从外形这块为自己找找感觉。"那个时候演《江姐》都要烫下头发，显得有时代感。后来我就跟领导说，如果一定要我演《江姐》，能不能早一点，让我去烫个头发，好早点进入江姐这个角色。"

领导也同意了，于是，办公室还为此写了一个证明，盖了一个大红的公章，然后到当时淮海路上的一家理发店烫了一个头发。回来后，又问自己的妈妈要了件两用衫。完了之后，在走路、坐等方面，也故意将动作放慢，让自己使得成熟一些，"因为我觉得江姐是一个知识分子，她很多的东西都是很秀气的，很知性的，我就要把这个感觉传达出来，让大家都不再叫我江妹子。"

不过，京剧和歌剧毕竟还是有所差别。要演唱好《江姐》，在学习之余，还需要团队的支持。直到今天，陈海燕都很感激一位台词老师，帮助她很好地把握剧中的台词。还有一位则是在剧中饰演杨二嫂的演员，在私底下也给予了她很多的帮助。

正是在这样紧张的准备中，9月24日，正好离陈海燕报到时间整整三个月，她作为C角上演了人生第一场《江姐》。

不像任桂珍那样，刚在"江姐"身上找到感觉，便被"文革"打断了舞台上的步伐，陈海燕有些幸运，她出道后遇到的是一个开明及开放的中国，没有外战也没有内乱，自此，她在舞台上演出《江姐》便是28年，加起来差不多有

200 多场。

只是时代在变,"江姐"也需要变。如果说刚出现在舞台上的《江姐》,有着那个年代的痕迹,相对板腔体,在念白等方面也比较夸大,那么,到了后来,就需要对《江姐》作一定的变化,才能更好地符合当下的审美。

一开始,陈海燕演出《江姐》,还处于模仿阶段,但她逐渐就明白,照本宣科一定会让《江姐》失去它的魅力和观众。所以,当她一次次站在舞台上的时候,也在不停地用自己的理解,来诠释"江姐"这个人物,比如很多台词不是要像戏曲一样的夸张,而是往里收。这样让江姐这个人物更真实,也可亲。

这也让她每次演完江姐,都很难从这个角色里拔出来,一方面,是因为费力,需要不断用心体验这个角色,舞台上如此,下了舞台,同样还要思考,另一方面,是江姐这个形象,每演一次,都给她一次冲击。

"我觉得她是神,不是人。"

1992 年,陈海燕因《江姐》荣获第二届"白玉兰"戏剧表演艺术主角奖。在有关方面召开的,由戏剧大师黄佐临老师主持的研讨会上,她这样解释,江姐可以为了自己的理想或者信仰,而坚贞不屈。敌人对她用刑,如果换作自己,也许也能够挺住,因为在练功的时候,自己也曾将左脚的五个脚趾拧得脱臼了,钻心地疼,过了好几个小时才给送到医院。当时在手术台上,自己有些发抖,那是因为担心这个脚要残废。

"受苦这些也许我都能够忍受,但那时我已经是母亲了,女儿才两岁,如果敌人只要把她抓来,她一哭,我肯定全部都招了。但是,江姐却不会。"说出这些话时,整个会场都笑了,大家都很理解她的真实想法。

也就在这次研讨会上,陈海燕希望大家能好好地研讨一下,"那些英雄人物在就义之前,面临即将到来的美好世界,他们对亲人们难道真的没有一点点的留恋吗?"

黄佐临先生听了之后也很感触,他说海燕这个讲得很真实,但是谁也不要忘记信念——在英雄的心里面信念肯定是非常崇高的。

"我出生在军人家庭，从小就有英雄情结。"陈海燕说。

如果要找她一定要演江姐的原因，这一点也很重要。

1956 年出生时，她的父母都在南京前线歌舞团工作。父亲陈大荧是著名军旅作曲家。这也让她从小就在部队大院长大。在她六岁时，因为父亲被调到上海，担任上海警备区文工团团长，于是跟随父母搬到上海。

耳濡目染，她从小就喜欢唱歌，也喜欢在院子里和其他同伴们一起演一些英雄人物。一会是小刀会里面的周秀英，一会是歌剧《红霞》里面的红霞。有时她还学着秦怡老师演的"摩雅傣"〔少数民族的医生〕，背着父亲用一个小的鞋盒做的十字的卫生箱，准备给人看病。总演坏人的二哥吓唬说，鬼来了，结果吓得她就从楼梯下滚下来了，站起来一看，卫生箱也摔坏了，于是哭着回家，好在父亲又给做了一个。

让陈海燕觉得最幸福的是，自己这辈子虽然成不了什么大英雄，但是，她从孩子时，就能一直演英雄，还演到了舞台上。

不仅演了江姐，还演了陈铁军。

这个带有些男性气质的名字，出现在蔡元元导演、1980 年上映的电影《刑场上的婚礼》中。华侨家庭出身的陈铁军，受"五卅"革命思潮的影响，从一个追求小资情调的大学生，逐渐成为职业革命者。在白色恐怖中，她接受党的指示，和周文雍假扮夫妻开展工作。日久生情，但为了党的事业，而相互克制，谁也没有捅破。由于叛徒出卖，二人不幸遭捕，被押赴刑场。面对敌人的枪口，陈铁军高呼，"我们就要举行婚礼了，让反动派的枪声做我们结婚的礼炮吧……"和江姐一样，这同样又是一个为了信念而不惜牺牲的英雄。

1991 年，为了纪念党诞生 70 周年，上海京剧院复排《刑场上的婚礼》。编剧之一、同时担任首席导演正是著名的马科先生。为了能完美地演绎这部作品，其前后历时十三载，排演过三批演员，五易剧本，历尽艰辛。到复排时，"素有改革之风的马科导演不想咀嚼老馍馍，他要让女主角试验用真声演唱京剧旦角唱腔，于是马上想到了曾学过京剧、已在上海歌剧院唱歌的陈海燕。"

陈海燕没想到，自己在上海戏曲学校学到的本领，居然在这里被派上了大用场。

"就这样，陈海燕被借调到上海京剧院饰演女主角陈铁军。在马科导演的执导下，用唱歌的本嗓演唱京剧。这虽是试验，但导演充满信心，陈海燕为之受到鼓舞，当然毫不怠慢。这次复排，更改了剧本，又完全更换了男女主角，并增加了激烈壮观的战斗场面，前后只用了 31 天。可演出效果比过去大大进步。"①

这也让陈海燕在 1993 年，获得第三届"白玉兰"戏剧表演艺术主角奖。

连续两年，而且还横跨两个剧种，陈海燕一人"兰"放二度的创举，在上海演艺界鲜有所闻，不禁让人深为叹服。

但陈海燕更在乎的是，自己又因此得到了精神上的极好洗礼——在陈铁军身上，她恍惚看到了江姐。有时演江姐时，她也会想起陈铁军。

日后，她还想再演一位女中豪杰——古代的李清照。"这是越剧界的老前辈傅全香老师，在看了《江姐》后来找我，说她当时拍了一部电视戏曲片《人比黄花瘦》，但她是一个 73 岁的老人，演不了李清照的青壮年。所以她很希望我能帮她完成这个愿望。甚至，她还将自己积累的很多素材都给我。"

于是，2000 年前后，陈海燕曾为此忙碌了一段时间，但是因为种种原因没有成功，"不管怎样，我也算尽了我的一片心，一份责任。"

这样做的目的，不为别的，就是希望通过江姐、陈铁军，抑或李清照，来抒发对英雄的崇敬之情，要让每个人都知道，我们这个民族生存不易，我们这个新中国也来之不易。即使到了今天这么一个和平年代，陈海燕还是认为，一个国家不能没有英雄。英雄不仅能激励人们前行，而且鼓舞大家追求真善美。

① 信芳，《陈海燕：唱风唱雨迎春来》，《上海文艺》。

直到今天，她还记得当年的国务院总理李鹏到上海看《江姐》的那一幕。

他点名要看歌剧《江姐》。为此上海歌剧院专门为北京来的首长们安排了一场演出。当"江姐"走向刑场后，全场沸腾。

李鹏夫妇走到台上。流着眼泪的总理夫人朱琳一把搂住陈海燕，说，"你演得太好了，又让我想起了我们的父母，太激动了！"

市内的领导也对陈海燕给予了好评，都说"海燕你为我们上海争气了"。

"有这么一句话，"陈海燕说，"过去所有的一切我都值了。"

得承认，陈海燕也有不太舒心的时候。

就像排李清照，最终没有成功一样，她发现，中国的歌剧舞台看上去很热闹，《江姐》，还有《红珊瑚》《芳草心》都挺受欢迎的，但是翻来覆去，见不到更多的剧目。相比较西方的《费加罗的婚礼》《茶花女》《卡门》《图兰朵》……中国在歌剧创作上的贫乏，制作上的不景气，深深地限制了中国歌剧在广大人民群众的影响力。

当有人为之泄气的时候，陈海燕的聪明在于她能找到另一个宽广的舞台。

一天，一位叫向异的山西平遥人找上了她。

这位在1952年为北影的大型纪录片《一定要把淮河修好》谱写主题曲《淮河两岸鲜花开》而一举成名的作曲家，曾创作出《李双双》《林冲》《51号兵站》《北国江南》等30余部电影音乐，此时又正为谁来演唱自己为《山溪之歌》所写的同名主题及插曲《采山桃歌》而发愁，因为里面有一些碗碗腔也就是西北秦腔的味道，一般人唱不来，有人就给他推荐了陈海燕，说她原来就是学戏曲的，找找她想想办法。

"我记得非常的清楚，那天我在琴房里练声，他就敲门进来，先自我介绍，然后说自己有一个作品，看你能不能唱。"

没有让向异失望，多年的戏曲学习，让她也较为轻松地展现出向异所想要的内容。唱完之后，他就告诉她，你再练练，咱们就录吧。

后来，《山溪之歌》这部剧获得了有关方面的认可而得奖。

这带来的一个结果就是，不断地有作曲家找上了陈海燕。

最终，一曲《微山湖》，让她在影视圈也开辟了属于自己的新的阵地。

这首成名作，是1985年版电视剧《铁道游击队》的主题歌。

找陈海燕来演唱的，正是新四军老战士、著名作曲家吕其明老师。在1956年由曹会渠、秦怡等人主演的电影《铁道游击队》中，他创作的主题歌"弹起我心爱的土琵琶"，成了几代人的经典记忆。这次，他又为电视版《铁道游击队》主题歌《微山湖》作了曲。

在吕老的家中，陈海燕反复试音，定调，并唱给他听。"唱了之后她说我的歌唱性太强了，让我能不能就当自己是80年代的一个青年，想象着波光粼粼的微山湖，回忆着当年的铁道游击队，再来唱这样一首歌。"

她一下子明白过来，吕老师想要自己站在现代青年的角度上，再回到过去，不仅要有历史的真实感，而且需要有青春活力。于是，她马上就调节了自己的唱腔和唱法，"后来吕其明老师说，这个才有我要的东西。"

随着电视剧的热播，陈海燕也随着歌声的翅膀，为更多观众所熟悉。

每每谈起她，总会想起那段很有味道的歌唱，"微山湖哎阳光闪耀，片片白帆好像云儿飘，是谁又在弹响土琵琶，听春风传来一片歌谣……"

到最后，"俺铁道游击队，丰功伟绩人民永远忘不了，人民永远忘不了，哎嗨哟……"

不过，对有些人来说，耳边也许回荡的是另一段旋律。

那是她为电视连续剧《严凤英》演唱的片头曲《山野的风》。

"茶歌飘四方罗，飘在人心上。你是山野吹来的风，带着泥土香罗，衣子呀子哟荷，呀子衣子哟荷……"

找她的是导演金继武。"去录音的那天，一位研究黄梅戏的专家就在车上问我，海燕你准备怎么唱，是把它作为一个歌还是作为一个戏来处理？后来我就说,你们如果要唱戏的话,就不会过来找我,如果想要唱得洋腔洋调的话,你们也不会来找我。你们既然来找我,肯定是想要从我这里要一个新的东西,那就是戏歌,也就是戏中有歌,歌中有戏,将歌和戏能糅合在一起。"对方果然赞许,要到录音棚看她怎么录,怎么唱。

结果,几遍成功。而电视剧也因剧好、歌好,获得了第八届全国优秀电视剧飞天奖连续剧一等奖、优秀女主角奖,第六届《大众电视》金鹰奖最佳女主角奖。

陈海燕也到北京去参加飞天奖的颁奖,片头曲曲作者金复载夫妻便告诉她一个很惊喜的消息,"海燕你知道吗,你唱的那首主题歌,大家都很喜欢。"

喜欢到什么程度?"我们得到了八麻袋的信,八麻袋。"

因为合作愉快,她和金复载老师在 2010 年成立了一个民营音乐剧剧团,从事中国原创音乐剧。这也让她对自己的艺术人生深为自豪,除了在音乐剧上还是一个"后来人",在京剧、歌剧,以及影视剧上,她都有很拿得出手也叫得响的作品。

其中,她在影视剧上,前前后后唱了 100 多部,除了《铁道游击队》《严凤英》,她还演唱过电影《美食家》的插曲《美味佳景天下扬》。

另外,《聊斋》,她都唱了 4 部。

这些无疑都满足了她当年对歌唱的喜欢和追求。

不过,最让她很是怀念的,却是和黎锦光的"一段情"。

"海燕,你闻这窗外的花香真好闻啊!"

"黎老,这是什么花有红有黄还有白? 幽幽的一阵阵的香?"

"这是晚香玉,人们也叫它夜来香。"

"夜来香? 那晚风吹来清凉,那夜莺啼声凄怆……"

陈海燕情不自禁地哼唱起来。她口中的黎老,正是黎锦光。

黎锦光,原名黎锦颢,湖南湘潭人,1907年生,是湘潭"黎氏八骏"中的老七,二哥黎锦晖就是中国第一首流行歌曲《毛毛雨》的作者。

　　尽管毕生没有进过音乐专业院校,但他在二哥任团长的中华歌舞团①里的历练,却让他受教匪浅,并形成了自己独特的创作特色——民族风格鲜明的同时,还大胆借鉴了欧美40年代流行音乐的语言和创作经验。

　　1938年底1939年初,他任职百代唱片公司,开始大力投入流行音乐的创作、编配。这年年底,他采用湖南花鼓戏的"双川调"改编了歌曲《采槟榔》,由周璇灌制唱片后极受欢迎。在他那宝贵的创作生涯中,除了为周璇,他还为白光、白虹(他的前妻)、李香兰写了很多名曲。以速度快、质量高而著称。

　　《夜来香》正是他数百首流行歌曲作品中的一首代表作。那是在1944年6月初夏,他妙手偶得之,记下谱子后,就贴到办公桌上,独被李香兰看中,一曲成名。后来,歌词被日本作曲家服部良一翻译成了日语,又流行于日本。

　　日后,有人称他为李香兰生命中最为重要的男人。

　　除此之外,当年被人念念不忘的,还有《香格里拉》《拷红》《五月的风》《叮咛》《慈母心》《疯狂世界》《星心相印》《相见不恨晚》……

　　这也让他成了上海在20世纪三四十年代时的现代都市文化发展中的一个现象级人物。而他写的这些作品,也因为传播甚广,成为上海的时代曲。

　　只是三十年河东三十年河西。新中国成立,让这些反映旧上海的时代曲,成了被多次批判的对象,加上有些被视为"黄色歌曲",所以,黎锦光晚年境遇不佳,在"文革"等历次运动均受冲击,生活比较贫困。他曾以"巾光"笔名,把曲子寄给在香港的后辈姚敏,希望能赚点生活费。

　　社会终究会给他一个正确的交代。在退休10多年之后,黎锦光又应邀

---

　　① "明月歌舞团"的前身,中国第一代歌星如周璇、白虹、严华,流行音乐作家如姚敏都在这个团里。聂耳也是从这里走上音乐创作之路的。

回中国唱片厂，利用三四十年代百代公司的录音模板，重新编辑、出版流行歌星周璇、白虹等人的音乐专辑多种。

陈海燕也正是在这样的情况下，遇见这位昔日的"中国歌王"。1983 年秋，她和另外一位歌手应约参加中国唱片厂上海分公司在卢湾体育馆举办的一台专场音乐会，演唱了黎锦光的三首创作歌曲——《微风我少不了你》《雨中西湖》《上海之夜》，作为压轴的同时，也向世人宣告：黎锦光还活着。

"也就在那台演唱会上，我见到了黎老。那年他已 77 岁，非常瘦弱，一头灰白的头发梳得纹丝不乱，一件深藏青色的中山装工整地稍稍撑起了他单薄的身体，一条皱巴巴的深灰色裤子下是一双黑色的松紧口布鞋，一副深色镜框的老花眼镜，架在他凹陷的脸颊上，越发显出他的脸色泛着青青的苍白。黎老说话声音很细轻，气如游丝，跟你说话时，目光是茫然的，从不看你，给人的感觉就是一个严重营养不良、贫血的老人。"①

不过，一谈起歌曲，黎锦光却非常认真，不停地给予陈海燕一些建议。后来，他又得知陈海燕在上海戏曲学校有过七年科班的京剧生涯，话题一下子就更多了，"因为他对京剧也情有独钟。"日后，两人成了忘年之交。他还将其介绍给了周璇的前夫严华先生。她也抓紧机会，向两位行家多多请教——正是通过这种你拉我唱的了解与磨合，两位前百代公司的高手，为她这个"会唱京剧的小丫头"解析加工、严抠细唱了许多首老上海的时代曲，"使我逐步掌握了演唱那个年代歌曲的风格与技巧。"

因了黎锦光的推荐，陈海燕在上海主演歌剧《芳草心》时，得到了江苏音像出版社的邀请，就在中国唱片公司上海分公司录音棚——老上海百代公司的小红楼，录制了个人专辑《香格里拉》。日后又有了第二张录有严华和黎锦光晚年的创作歌曲的《好时代》。这让她倍感荣幸，"在当时少有人出专辑的情况下，我能出个人专辑，而且是演唱上海时代曲，对一个埋头于民族

---

① 此文见于由新汇集团上海声像出版社出版发行的《子燕海上》专辑，为陈海燕纪念黎锦光而撰写。

歌剧,从戏曲学校毕业的年轻女演员来说,是最大的肯定和荣耀!"

正是在录制《香格里拉》的休息间隙,他们就《夜来香》,有了上述的对话。

尽管《香格里拉》问世之后,曾遇到一些麻烦,甚至因为意识形态的原因,一度被禁销,但它们最终还是创下了高达数十万的销售数字,也惊动了东南亚。

"新马港台的华人对时代曲、对黎锦光、严华那一代的老上海音乐人本就念念不忘。透过这些老歌新唱,外界知晓了黎锦光的近况。新加坡的媒体来到上海对黎锦光和陈海燕进行采访,他们的合影一起登上了《联合早报》。远在日本的李香兰联系上了久违的老友黎锦光,带他去日本举办了《夜来香》歌迷见面会。这些,给在'文革'里吃了不少苦的黎锦光带来了最后的安慰。"①

对黎锦光来说,他对陈海燕还寄予了这样一个希望:如果有那么一天,你能原词原味的、原腔原调的将这些时代曲在上海再唱出来。不要去拔高、不要去撑大,就像与人说话一样地歌唱,这些时代曲是放映了一个时代的相貌,一个年代的文化——市井文化,他相信人们会喜欢的,但他有些失落的是,自己有可能等不到那一天了。

果真,1993 年,黎锦光在上海因病逝世,享年 86 岁。

那时,陈海燕捧着手稿——黎锦光亲手誊写在普通信纸上的歌谱,心里有些沉甸甸地,对黎老只说了两个字:好的。

一诺千金。多年来,她一直在寻找着这样的机会。终于在 2014 年,得益于金复载的帮助和策划,她和她的团队挑选黎锦光的 22 首歌,并经过3 个多月的编排,最终在上海音乐厅推出了一台集歌舞、表演、现场爵士乐队伴奏的《又闻夜来香——陈海燕音乐时事秀》。

又过去了两年,在该演出的基础上,她又推出了一张全新的专辑《子燕

① 甘鹏,《〈夜来香〉背后的故事与承诺:陈海燕追述与黎锦光的忘年交》,《上海电视》周刊。

舞台上的"江姐",在现实生活中,陈海燕还是一位手工针织的高手。〔王千马 摄〕

海上》。这张专辑的副标题就叫"承诺"。在专辑的最后,是金复载作曲、陈海燕亲自填词的一首主题曲《承诺》,"记得华亭路严华家的每一个星期天,严老操琴我吊嗓,黎老在一旁指点。《香格里拉》《五月的风》,反复练唱忘记钟点,曼歌妙曲窗下尽显……"

如今时间一过便是三十年。"今天时代已改变,我要完成对老人的承诺,你要把他们原汁原味的唱出来。"这个跨世纪的梦有点长,却又如此温暖。

在舞台上曾演绎了众多英雄角色的陈海燕,这次,因为信守承诺。

她再次向英雄致敬。

茅善玉

她误打误撞进了沪剧,却在第 2 届、第 26 届中国戏剧梅花奖中梅开两度。除此外,她还是上海家喻户晓的"金鹰奖""白玉兰奖"获得者。

1962 年生。1974 年进上海沪剧团学馆学艺,1979 年以优异成绩结业后入该团青年队。在前辈的扶持下,她相继在沪剧《一个明星的遭遇》及电视剧《璇子》中主演 20 世纪 30 年代影坛明星周璇,演出成功,声誉鹊起。

1984 年,因为在《姐妹俩》中的精彩演出,她还受邀与剧组一起参加了国庆 35 周年的游行庆典。其表演感情真切,动作优美;演唱时嗓音甜润,情深味浓,柔中有刚,为广大观众所喜爱,在 20 世纪 80 年代被认为是一个很有发展前途的后起之秀。

《血染姊妹花》《魂断蓝桥》《牛仔女》《碧海青天夜夜心》《今日梦圆》《董梅卿》《石榴裙下》《大红喜事》,新版《家》《龙凤逞强》和《雷雨》《生死对话》,都是她的"拿手好戏"。

今天,她俨然已经成为沪剧女皇,领导着 1982 年成立的上海沪剧院。为沪剧的发展,以及人才的培养而殚精竭虑。

有人将她与越剧的茅威涛、黄梅戏的马兰,合称为"金曲三姐妹"。

时代精神之七·革新
茅善玉：那年，我就在"小平您好"的标语后面

1984 年，正是建国 35 周年。

这一年，是农历甲子年（鼠年），也是 20 世纪第 9 个 10 年。

"在中国改革史上，1984 年是重要的一年，但又是一个容易被忽略的年度"，清华经济管理学院院长、经济学教授钱颖一说，"这一年召开的十二届三中全会通过了《关于经济体制改革的决定》，这是 1978 年以来的第一个以经济体制改革为主题的文件，也是第一次对中国改革进行'顶层设计'。这次会议第一次明确了'社会主义商品经济'，标志着中国经济改革开始从农村转入城市。中国改革对于经济管理人才的巨大需求，让一大批经济管理学院应运而生。"①

也正是在这一年年初，改革开放的总设计师邓小平第一次南巡。1 月

---

① 此语出自《财经》杂志采访清华经济管理学院院长钱颖一一文，双方就清华经管学院所举办的"致敬 1984：征程与梦想"这一论坛，以及"中国改革史上为何 1984 是值得纪念的年份"而展开了对话。在钱颖一看来，30 多年的中国改革史上，一共有四个有历史意义的三中全会：第一个是开启改革开放的 1978 年的十一届三中全会，第二个是 1984 年的十二届三中全会，然后才是 1993 年的十四届三中全会和 2013 年的十八届三中全会。

26日,他为深圳经济特区题词:"深圳的发展和经验证明,我们建立经济特区的政策是正确的。"其后,中央批转《沿海部分城市座谈会会议纪要》,决定进一步开放14个沿海城市。

在激荡的改革东风下,一代中国企业家创业的梦想被点燃。同样是在这一年,柳传志、王石等人下海,海尔、万科、联想等公司相继成立。

更让1984年变得激动人心的,是国庆35周年的大阅兵。自1959年之后,因为各种原因,中国国庆阅兵中断了24年,随着各行各业的拨乱反正和现代化建设的推进,早在1981年3月10日,时任中央军委副主席的邓小平提议,恢复国庆阅兵。"3月18日,总参谋部根据中央军委的决定,通令全军,恢复军队内部阅兵。9月,我军在华北某地组织了一次大规模军事演习。演习结束后,举行了盛大的阅兵式,已经担任中央军委主席的邓小平检阅了部队,发出'建设强大的现代化正规化的革命军队'的号召。12月,中共中央决定于1984年国庆35周年时,举行阅兵。"[①]

对这次阅兵,邓小平极为重视,不仅多次听取有关阅兵准备的情况汇报,还亲自批准北京军区为大阅兵定下的"世界一流,国际前茅"的目标。

此外,根据邓小平的指示,阅兵口号改为:"同志们好!""同志们辛苦了!"官兵们则应答:"首长好!""为人民服务!"阅兵口号的变化,反映的是治军理念的变化。

1984年10月1日上午10时,中央军委主席邓小平乘坐阅兵车,在阅兵总指挥秦基伟的陪同下,检阅了受阅各方队。

这无疑是一场盛况空前的检阅。在分列式开始之后,由陆、海、空三军指战员组成的仪仗队行进在最前面,护卫着八一军旗,率先进入天安门广场。其后,是由军事学院、海军学院、空军学院、炮兵学院、装甲兵学院和石家庄陆军学校的学员代表组成的军事院校方队。接下来的便是步兵方队、水兵方队、空军空降兵方队、女卫生兵方队、人民武装警察方队、民兵方队。

---

① 汤家玉、张久石、孙文彬,《新中国的十三次国庆阅兵》,中国共产党新闻网。

徒步方队之后,反坦克导弹、炮兵、火箭布雷车、步兵战车、装甲输送车、坦克、自行火炮、地空导弹、战略导弹等摩托化机械化方队接踵而来。

在空军防空导弹部队通过天安门广场时,空中第一梯队由轰-6型飞机领航,向天安门上空飞来,8架歼教-5型飞机分列两旁,由轰-6型组成第二梯队的18架飞机紧随其后。在战略导演部队通过时,空中第三梯队的32架强-5型飞机分编为4个中队,低空飞过天安门上空。接着,第四梯队的35架歼-7型飞机分编为5个中队,飞越天安门上空。10时56分,分列式结束,整个阅兵式历时56分钟。

从这些亮相的方队可以看出,经过抗日战争、解放战争,以及抗美援朝、对越自卫反击战……中国人民解放军已被锤炼成了一支具有优良传统的现代之师、合成之师,其崭新的风貌,严整的军容,雄壮的气势显示了国威、显示了军威,同时在阵容和绝大多数武器装备上都是前所未有的。不仅海军、空军以及装甲兵、炮兵的方阵大大增加了——46个受阅方阵中,步兵方阵只有5个。4个空中梯队中,最大的机群为9机编队;而且,当年的万国牌已全部换为中国制造,当年的小米加步枪被反坦克导弹、火箭炮等现代化兵器所取代——接受检阅的各种飞机、火炮、坦克、导弹等先进武器装备种类多达28种,全部由中国自行研制,70%属首次亮相,其中有19种武器装备是全新的,如火箭炮、火箭布雷车、大口径榴弹炮和加农炮、装甲输送车等。

更重要的是,开国大典阅兵时的最后一个方队是骑兵方队,国庆35周年阅兵的最后一个方队则是战略导弹方队。开国大典上那些威风凛凛的骑兵部队,在国庆35周年阅兵8个月后的百万大裁军中作为一个兵种从人民解放军的序列中消失了。这个令人鼓舞的变化,标志着人民解放军现代化、正规化建设进入一个崭新的阶段。

按照"五年一小庆、十年一大庆"的传统惯例,这次阅兵显然是一个小庆之年大庆的例外。之所以从上到下对此极度重视,正在于"文革"之后,中国急需要振奋民族精神,鼓舞人民斗志,并展示军威和国威。

某种意义上，它是党领导人民加快推进社会主义现代化建设，在改革开放伟大征程上阔步前进的政治昭示。

正如外媒惊呼，一个沉睡的东方巨人醒了！

中国的现代化建设也将一往无前。

那天，茅善玉就在现场，出现在了随后的花车游行当中。

她亲眼看到了邓小平站在了天安门城楼，向着底下的群众亲切地挥手，心里的那个激动，简直就是无以言表。

在她的面前，很快就有一副很醒目的横幅，被打了出来。上面有四个看上去用毛笔，实际上是用那种擦桌子的抹布卷成小棒棒所写的字：小平您好。

字说不上好看，横幅也制作粗糙，但让人记忆深刻。

这是前面的北京大学方阵中的北大学生，在游行时自发打出的口号标语。

作为改革开放的受益者，这些学生的初衷是为了表达一下对邓小平同志的爱戴之情。

最初设计的句子为："尊敬的邓小平同志，您好！"因为句子长了点，所以被简化成："邓小平同志，您好！"最后干脆把姓氏也省略掉，直呼："小平同志，您好！"往床单上钉这几个字的时候，又发现床单不够长，最终把"同志"两个字也省去了——这有点不太正式，反而显得亲切，感情真挚，就像是对家人、对亲朋的问候，让人一眼就能感受群众对邓小平同志朴素、深厚的爱戴之情。

"小平您好"也因此传遍大江南北，成为那一年最响亮的口号。

这无疑是全体文艺工作者的心声，对沪剧界来说，同样如此。

没有邓公的改革开放，就没有沪剧在八九十年代的辉煌。茅善玉也一定想象不到，自己会在 1984 年 10 月 1 日，出现在国庆游行的现场。

谁都不会否认，就在改革开放之前的那些特殊时日里，沪剧倍受摧残。很多剧团被迫解散，一些演员遭受迫害，优秀剧目《芦荡火种》《红灯记》被掠夺，被改编成其他形式，至今，很多人提起《红灯记》，记得的都是京剧《红灯记》，而不是沪剧《红灯记》。至于《芦荡火种》更是少有人知，不知道京剧《沙家浜》正是由其而来。

望着面前的"小平您好"，茅善玉百感交集。

它无疑让包括她在内的所有沪剧从业人员深刻地意识到，从"文革"的阴影中走出来的沪剧，又遇到了好年头。

茅善玉刚接触沪剧时，正是"文革"中的 1974 年，她也才 12 岁。

这一年，上海沪剧团第一次单独办学馆培养沪剧演员。

"那时我对沪剧根本就没有什么概念，只知道京剧和芭蕾，什么越剧、淮剧、锡剧，也都没听说过。"之所以报考沪剧团，是因为当时家中有哥哥姐姐上山下乡，她希望能抱个"金饭碗"，能为父母分担一些生活上的困难，"来招生的时候，老师说得很清楚，如果你被我们沪剧团录取的话，你就在上海有个铁饭碗了。"

负责招生的老师问她，上台唱戏你喜欢不喜欢？她想都没有想就回答说，喜欢。

因为不会别的歌，她给招生的老师唱了一首《我爱北京天安门》，"老师一听，觉得这小孩声音不错啊，唱歌也字正腔圆，后来我就这样一次考进去学沪剧了。学了之后才恍然大悟，原来用上海话来唱的地方戏曲就叫'沪剧'。"

从此，她的命运就和沪剧紧密关联。回首往事，茅善玉有些感慨自己的无心插柳，"如果我没有考上或者不去学了，也不知道后来的命运会怎样。"

这种假设不再成立，更关键的是，接触时间越长，她对沪剧的喜欢越是发自内心。

尽管在"文革"中,沪剧受到严重摧残,剧团被迫解散,演员遭受迫害,像曾在《芦荡火种》中成功扮演了阿庆嫂的丁是娥,便被剥夺了一个演员一切正当权利,但幸运的是,1974年已到十年"文革"的最后三年,曙光就在眼前。很快,20世纪70年代后期,老艺术家们重新获得了登台演出的机会。丁是娥又可以唱起她在《鸡毛飞上天》里的经典唱段:"从前有个小姑娘……"正是看了这样一场演出,"看完以后我彻底迷上了沪剧。"

不过,先天条件不错,聪明、漂亮,嗓音糯、甜,有一点小小的沙沙的感觉,但12岁才真正接触沪剧,没有任何基础,这也让茅善玉在专业水平比同批的其他孩子差了一大截,等到人家都学得有模有样可以登台了,她还没出师。她记得那时,自己甚至还没学会用科学方法发声,演唱完全靠大嗓门、乱喊乱唱。

这也导致了她在舞台上遇到了一个很致命的问题,那就是怯场,"在后台候场的时候人会紧张得发抖,一上台就更加紧张,甚至紧张到突然失声的地步。"

有一次演《红灯记》,她需要一出场要高喊一声"爹!"但是她却紧张得两个手心里都是汗,就是喊不出来。

还有一次,演折子戏《星星之火》,她饰演一个12岁的包身工。记得很清楚,"其他演员一开口就有观众喝彩,而轮到我唱,一开口观众就喝了倒彩,因为高音基本上不去。"

事后,老师和剧团领导都来找我谈话,很委婉地说我可能不太适合沪剧演员这个行当,建议我转行到舞美队去管服装。灰心丧气之余,我内心涌上一股不服输的劲头,我对自己说:不行,我一定要当演员!我把这个决定告诉了老师。老师们很尊重我的想法,说再给我半年时间,他们还鼓励我说,虽然我的嗓音不像其他沪剧演员那样脆亮,但这种略带沙哑的声音还挺有沪剧特色、上海味道的。"

不想改行的茅善玉,更是在接下来的学习,拼命地苦练基本功,只要有机会演出,她一定参加,不管是主角还是配角,出演唱词不多的丫头,她也愿意。越是怯场她越是要上。

与此同时，为了解决自己不懂如何调嗓、唱高音的问题，她又一个接一个地请教剧团里请来的三位声乐老师，"但是老师不是很愿意教我，因为我不是他班上的学生，教我就挤占了其他学员的时间。我就死皮赖脸地赖在老师那儿，等别人都练完之后，请求老师帮我再辅导十几分钟。在老师们的帮助下，我找到了方法，把不会发声的问题解决了，最终剧团也把我留下继续做演员。"

也就在这段内心十分煎熬的日子里，她一边与天斗与地斗与己斗，努力补缺补差，一边也在盘算，人们为什么喜欢听某个调子，是因为其有"味道"，那"味道"究竟是什么？自己的高音不如别人，是否能找到其他的发展方向，比如在韵味上多下点功夫？

后来，茅善玉也不断地反思自己的成长道路，发现"失败是成功之母"的说法的确是有道理的。有的时候你的短处、你的挫折也许正是你走向成功的一种特殊途径。"人应该了解自己的长短处，所谓扬长避短。我就是在认清了自己的优缺点之后，找到了一个全新的发展方向，然后逐渐走出来的。"这种领悟也她在未来带学生，以及担任领导工作时，对人才也有属于自己的一套理念，那就是年轻人都是需要培养和机会，不是一下子就能下结论的，有时候太早下结论也许会扼杀很有希望的苗子。

不过，在自身勤奋的同时，茅善玉还要感激许多位老师。像导演杨文龙、编剧余雍和，以及唱腔设计万智卿。

当然，也少不了在1978年担任沪剧团团长，并在1982年成为上海沪剧院〔在上海沪剧团的基础上成立〕第一任院长的丁是娥。

一方面，丁是娥在艺术上是非常开放的一个老师，她认为流派也需要与时俱进，要按照人物的规定情景、人物的要求出发，创造新的唱腔。

另一方面，她在培育新人上不遗余力。

"每一个从事表演艺术的人，都留恋舞台上的风光。因此很多人都有带出徒弟饿死师傅的恐惧。但丁是娥不是这样。她爱沪剧，胜过爱舞台，所以她愿意放手。

1979 年，上海沪剧团推出新戏《泪血樱花》。刚刚担任团长的丁是娥正处于艺术盛年，却主动提出让年轻演员陈瑜担任主演。1981 年，她又起用《一个明星的遭遇》推出了当时刚刚 19 岁的新人茅善玉。

陈瑜、马莉莉和茅善玉代表了这样一批沪剧演员：

她们继承了前辈艺术家的艺术遗产，同时努力吸收现代剧场艺术在美学格调和人物塑造等方面的优势，不断丰富着沪剧的表演形式；她们的成长，得益于前辈艺术家的栽培，而她们自己也愿意为下一代、其实也是为沪剧，照亮前路。"①

曾在上海电台任职的夏雁，回忆起自己参与和负责电台文艺部戏曲科《舞台内外》专栏节目期间，与原上海沪剧院院长、著名表演艺术家丁是娥的交往时，不禁感慨良久，"有一次，我打算介绍解洪元先生禁声后不忘沪剧事业后继有人的事迹，跟丁是娥商量时，老丁说：'我想我们老一辈的演员宣传得不少了，还是多宣传青年吧。'我听了后想，作为一院之长，她理所当然地要为沪剧院的当前和未来着想。②

作为沪剧现代戏，《一个明星的遭遇》于 1981 年 4 月首演于共舞台，表现的正是上海人耳熟能详的明星——金嗓子周璇。通过对周璇坎坷一生的描述，让人理解那些所谓的明星，在旧社会中的不为人知的命运和付出。这引起无数观众对于这位在 20 世纪三四十年代红极一时的影坛歌星的无限惋惜和怀念之情的同时，也让茅善玉一炮打响，成为当时沪剧界青年一代的领军人物。

日后回忆起这段经历时，茅善玉也自认"幸运"，才能得到自己人生的第一个角色，所以也很珍惜这个机遇，"由于周璇当年在上海非常有名，加上演出中还要演唱她的《天涯歌女》《四季歌》等脍炙人口的作品，我压力非常大。那时只要醒着，我就打开留声机听周璇的声音，房间里摆满了周璇的照片，

---

① 邵岭，《比京昆年轻的沪剧，应能更灵活迅速地反映生活》，《文汇报》2015 年 4 月。
② 夏雁，《丁是娥的远见》，《新民晚报》2013 年 12 月。

仔细琢磨她的神态举止、一颦一笑。我把自己像泡茶叶一样，天天浸泡在周璇的世界里。后来这部戏获得了好评，我也从此被观众所熟知。"①

次年，趁热打铁，由余雍和编写、上海电视台和上海沪剧团联合摄制的沪剧连续电视剧《璇子》在海内外播放，既开沪剧电视连续剧之先，又引发了收视热潮，风靡沪上。

在1984年4月27日举办的第2届中国电视金鹰奖颁奖典礼中，《璇子》获得优秀戏曲片奖，而茅善玉则与在《生命的故事》中饰演玲玲的相虹分获优秀女主角。

也正是在这一年，她拥有了自己人生中的最为辉煌的记忆——因为主演沪剧《姐妹俩》而获得了一致的赞誉，她和剧组一起，参加了国庆35周年的游行庆典。在1985年的第二届中国戏剧梅花奖颁奖典礼中，她凭借该剧再次获奖，摘下了自己人生中的第一枝"梅花"。当时和她一起获奖的，还有一位与她同姓，即浙江的茅威涛。

1989年，她又因演出沪剧电视剧《牛仔女》，获得首届白玉兰戏剧表演主角奖。

数年之后，她在1995年又分别获得第四届中国戏剧节优秀主角奖、上海第七届白玉兰戏剧表演主角奖。也曾获上海市"三八红旗手"称号。

舞台上的她，既可以是《红灯记》里勇敢可爱的小铁梅，也可以是《董梅卿》里任性洒脱的官宦千金、《石榴裙下》中温柔善良的自尊女性，或者《雷雨》里病态压抑的悲剧人物繁漪……这不免让人叹服，声音柔美、身材娇小的她，原来孕育着这么大的能量，可以用沪剧将一个个形象鲜明、人物饱满的角色带到观众面前。

但在表演连续跨越新的台阶的同时，她却一直记得，在《姐妹俩》让她连

---

① 2016年4月13日，中国文明网、光明网所开辟的"深入生活 扎根人民——文艺名家讲故事"一栏对话茅善玉，并刊载了题为《演戏就好像凉水泡茶慢慢浓》的专题文章。在这组专题文章里，茅善玉不仅倾诉了自己当年走上沪剧表演之路的故事，而且娓娓道来自己从艺多年的感受，那就是好演员要在心里善待观众；只有推陈出新，中国传统戏曲才有出路……本文有部分内容参考此组专题文章。

续夺得大奖之后，"略有名气的我有些骄傲。"还是杨文龙及时地告诫她：现在观众喜欢你，是因为喜欢你的表演；如果你原地踏步，观众就会慢慢疏远你。你必须不断学习、善待观众，才能走得更远……对此，她从来就不曾忘记，也不敢忘记。

尤其是在沪剧的发展又一次遇到困难的今天。

2002 年初，茅善玉成了沪剧院的新一任院长。

也是当时上海国有文艺院团中最年轻的法人代表。

其时，她刚 40 岁出头。

被推上这一岗位，也是缘于上海文艺界的一些改革。当时的沪剧院被归并到上海解放报业集团，集团内部有一个规定，所有的领导岗位都要竞聘上岗。

"那时候我很犹豫，不知道自己到底要不要去做那个院长。我认为我是一名演员，应该把更多时间献给舞台。做领导就有可能没那么多时间了。"

尽管有几位竞争者，同事们却看好她，每天都跟她聊这个事情，告诉她"大家都相信你"，鼓励她一定要参加竞聘。甚至有领导也来找她再三谈话，提醒她说，现在沪剧遇到问题了，需要懂沪剧的人接过传承、弘扬沪剧的接力棒。

这不是吓唬，是事实。在度过了八九十年代的黄金时期之后，沪剧进入新世纪之后，反而没有了以前的锋芒。一方面，社会上无处不在的诱惑，让很多从事这一行业的演员，人心浮动。就连学生也招不到了。另一方面，观众流失得非常厉害。大家忙着喝酒唱 K，看真人秀，更多的人则一心赚钱，谋生活，没有时间也没有心情到剧院偷得浮生半日闲。这导致了很多沪剧团体大部分解散、小部分苦守的处境，人、财、物都非常紧缺——说到底，这也不是沪剧一个剧种所遇到的问题，是中国传统戏剧所集体面临的困境。

在这种背景下接过沪剧院院长一职，不是为了争名夺位，更多的是为了责任。

茅善玉清楚地记得，自己一上任，就没有退路。没有剧本储备，不知道接下来要排什么戏，没戏就意味着没有收入来维持开支，为了让自己能活下来，加紧搞了一台大戏《石榴裙下》，但问题是，想搞戏也没有资金，连40万元的投资资金都凑不齐，最后靠全院职工集资的方法才得以解决。

换句话说，茅善玉采取的是一种股份制的方式。她通过公开张榜来告诉大家，这台戏需要多少的投入，出多少钱能占多少股份，如果赚钱了将获得多少分红。"我就说大家如果对我们有信心的话，我们就来做。"

为此，她还带头参加股份，并利用自己的社会影响，在排戏的同时，亲自组票。凭借着对她的了解，以及对沪剧的热爱，真的有很多人拿出了平时省吃俭用的积蓄投资入股。这让她每每想起这事，都挺感动，也挺后怕，万一搞砸了怎么办？但幸运的是，这部戏反响非常好，场场观众爆满，到了第11场，成本就全部收回了。在前后演出了30多场之后，又顺势推出了青年版。

这次的成功，也让茅善玉意识到，如果说沪剧是死的，那么人是活的，只要面对市场现实，顺应改革，用市场的方式来解决市场的问题，沪剧也终究是活的。

为了让沪剧在这个时代更好的生存，茅善玉决定将剧本创作和新手培养放在所有工作的首位，同时，在演出上用两条腿走路——一条腿是老百姓喜闻乐见的传统戏，以前是演完就扔了，没有好好利用，造成资源浪费，那么，接下来就不妨将这些传统戏再拿出来，根据现在的观念和要求理念，重新包装；另一条腿则是努力在原创现代戏上下功夫，争取拿出更多的现代剧、原创剧。

在接班人上，她也颇下苦功。

之前沪剧院只招上海本地户口的学生，现在本地孩子对学沪剧兴趣不大，根本无生可招。没办法，她只好多次与教委沟通，最终得到答复，同意招收外地学生。

即使这样,2005 年到 2006 年招生时,也很惨淡,只有 100 多人报考,远非当年几万小朋友同时报考的火热场景,到复试时只剩 80 多人,最后,挑选了 28 个人进行培养。

问题又来了,即使有学生可招,但这些外地孩子大多一句上海话都不会讲,那唱出来的东西怎么可能是沪剧? 为此,她让老师们先一字一句教他们上海话,帮助他们通过最起码的语言关。后来,沪剧院和他人合作举办了一个"沪语训练营",让外来的、想要融入上海这座城市的、对上海话感兴趣的人有一个正规的地方可以学习。

在她看来,"上海话是这座城市的母语,也是城市的记忆。而通过沪剧院来做这件事也是有优势的,是可信的。"

让人惊讶地发现,随着茅善玉接手沪剧院新一任院长,沪剧院各项工作没有继续抛物线式的下行,而取得了引人注目的成绩。

与此同时,她本人在演出、行政上两不误。

几乎每年,她都要排一部新戏。像《石榴裙下》《董梅卿》《大红喜事》《生死对话》《雷雨》《邓世昌》《敦煌女儿》都是她在繁忙的管理工作之余推出的作品。

她也不会因日常管理工作,而放松自己对作品的要求。

她在新版《家》中瑞珏的唱段,更是让观众和沪剧前辈交口称好,让著名沪剧演员杨飞飞都由衷地赞扬,"我到后台去看她,我说小茅,你真是一大进步,你现在怎么唱得那么好,功夫很深,嗓子也很好,调子有花腔,但是很符合人物的情绪,而且看得很感动很难过的。我说你真的进步得很好。"[1]

2013 年,因为在沪剧《雷雨》中出色地塑造了繁漪一角,茅善玉在四川成都揭晓的第 26 届中国戏剧梅花奖中,摘得了"二度梅"。

---

① 2008 年 1 月 26 日,由中共上海市委宣传部指导,上海东方卫视、解放日报、上海人民广播电台新闻频率和东方网联合推出的一档大型人物专栏节目《走近他们》第一百三十七期,播出了茅善玉的专题片《茅善玉:心存高远玉娇女》。访问者骆新在与茅善玉、邵智星〔上海沪剧院副院长〕、金雪苓〔上海沪剧院党总支书记〕等人的对话中,为观众呈现了一个着眼人才培养、锐意创新的年轻院长形象。本文有部分内容参考这一访谈。

从一度梅,到二度梅,茅善玉用了将近30年的时间。

很少有人能在跨度这么长的时间内,还在孜孜以求,这足以说明她在沪剧这项事业上的用心之深,用情之专,而且,30年都不曾远离,也可见用情之恒。

2014年,她又受邀参加习总书记召开的文艺座谈会。"文艺座谈会一共参加的人选是76位,我是其中的一位,"和30年前受邀参加国庆35周年庆典一样,对她来说,"这也是一件非常大的、很荣幸的事情。"

日后,中央电视台科教频道"人物"栏目为她推出了一期纪录片,题为《为时代而歌》。"这个纪录片从头到尾我自己还没有看过。"茅善玉说,"他们有很多人做选择的,但最后选择了我,有可能是在传统戏剧最艰难的时候,很多人都走了,都离开了这个舞台,而我没有离开,一直坚守坚持到现在。另一个方面,有可能因为我也是一个地方戏的演员,戏曲很难,地方戏更难,但是就是在这艰难的岁月当中,我们仍然不忘初心,在一方舞台里面源源不断地为社会,为老百姓提供精神食粮。"

让茅善玉觉得欣慰的是,这些年来,沪剧舞台也逐渐地冒出了一些新人——当年招收的学生,也在沪剧院精心地口传心授之下,逐渐成熟,成了剧院主力。

这让剧院充满了朝气。也让她的坚守不再显得孤单。

也正是在2014年,正月十五。

茅善玉出现在了逸夫舞台上,演出大型新编沪剧《董梅卿》。

这出新编沪剧是十多年前,沪剧院为她量身打造的一出大剧。

在很多人的印象中,沪剧唱腔婉转,适合表演花前月下、家长里短。但是这出《董梅卿》却带给人很大的惊喜。

它描述的是1911年的上海,原是无忧无虑的千金小姐董梅卿在自家的府邸董园,救了一位因行刺兵部大臣年广久而被追捕的革命志士,并在疗伤的过程中相恋情深。一个希望恋人永留身边，不愿他因反清活动而出生入死，一个却执着民主共和大业，而执意离去，为国家挥洒热血……

在这种的矛盾纠葛之中，《董梅卿》深深地打动了所有的观众，它既让人在这样一出背景宏大、人物命运跌宕的大戏中，对家和国之间的关系有所思考，同时，也在沪剧所特有的情感细腻、个性鲜明的塑造下，感受悲壮和热血。

从前到后，她为此演出了十多年。

直到在逸夫舞台上唱完《董梅卿》之后，她宣布自己从此以后"封箱"不再演出该剧，而将其交班给自己的学生吉燕萍。

一则，以自己的年龄再演《董梅卿》中十八九岁的少女有些勉强了，"演员应该给观众留下最美好的印象。"

另一方面，"站台"也是剧院的优良传统，现在，她也要将老一辈人的精神传承下去，"茅善玉显然也希望用这样一种'决绝'的退出方式给学生创造更多的舞台实践机会。"①

对于吉燕萍而言，这无疑是一次天大的好事。作为一位受父母熏陶，并因茅善玉主演的沪剧电视剧《璇子》而爱上沪剧的70后，其先于1987年考入沪剧院委托上海戏曲学校开办的沪剧班，接着于1992年毕业后即加入上海沪剧院。自此一直不离不弃，并担纲主演过沪剧《金大班的最后一夜》。某种意义上，她已不算是青年演员，"茅善玉坦言，这一代演员上世纪90年代初进上海沪剧院时戏曲已经开始不景气了，他们的成长环境无法与自己这一代人相比，'他们戏演得不少，却一直没有一炮走红的机会。'"②

相反，接下来的80后、90后等青年演员却遇到了好时机。他们身边既有茅善玉、吉燕萍这样的好姐妹、好师长，又有开明的舞台氛围，他们可以有着大把的机会参加沪剧院的大剧演出。

---

① 王剑虹，《沪剧〈董梅卿〉新春将"换脸" 茅善玉：决不再演》，《新民晚报》2014年1月。
② 王剑虹，《沪剧〈董梅卿〉新春将"换脸" 茅善玉：决不再演》，《新民晚报》2014年1月。

2016 年，在茅善玉监制的，并参加了南方戏曲演出季演出的沪剧《回望》中，就有像洪豆豆、金世杰、王祎雯这样的青春面孔。而最小的一个演员毛珺宜只有 7 岁——2014 年 9 月，她报名参加沪剧院开办的沪语训练营，才接触到沪剧的。

这又是一个革命题材的剧目。它是根据王愿坚小说《党费》改编。以当代上海青年美亚追溯的视角，讲述了主力红军长征后，江西苏区女共产党员黄英忍受着失去丈夫的痛苦，在极其艰苦的条件下揭露叛徒，坚持斗争，用自己的党费购买咸菜和粮食送给山上的游击队，最后为党的事业英勇献身的故事。该剧讴歌了共产党人为革命而牺牲的献身精神，让当代青年通过回望更深层次地理解和认同这一革命精神的现实意义。

其中，洪豆豆扮演黄英，毛珺宜演她的女儿妞妞——正如当年用决绝的方式推出吉燕萍一样，这次茅善玉换下自己，主动推出青年演员洪豆豆。

"这些年我们沪剧院的创作有自己的节奏和定位，演出《邓世昌》，定位是家国情怀；创作《敦煌女儿》，叫文化坚守；演出《回望》，主要是为了表达共产党员的坚定信仰。它们可以算是沪剧院的精神'三部曲'。"

之所以要叫《回望》，一个是全剧通过当代青年的追溯视觉而展开，所以是"回望"，另一个那个年代的确离我们远了，是 80 多年前发生的一个故事，但我们还是应该回头望一望，看看我们的来路，看看我们党是怎么来的。

"黄英这个人是让我们非常崇敬和敬仰的英雄，充满着正能量，她为了党的事业，或者说为了自己的理想和信仰，她可以献出自己的生命。现在我们是用人民币交党费，而黄英的时代是用生命在交党费，这都是我们前辈为我们这个国家所做出的贡献。尽管我们是在演戏，但同时也是一个向往英雄的过程。舞台并不大，但是它却是铸就灵魂的一方天地，"茅善玉说，"所以自己成为一个演员也是非常荣幸的。"

她还请现在的所有青年演员能珍惜做演员的机会，虽然现在是和平年代了，不见得像黄英她们去牺牲，或作出其他牺牲，"但是我们在和平年代如何坚守自己的理想，同样是一个很重要的命题。"

因此，在上海沪剧院，就有这样一个不成文的要求，那就是年轻演员都要做到德艺双馨，成为真正的人民的演员，用自己的一技之长为人民服务，为这个时代讴歌。

这既是每个演员应有的社会责任感。

也是沪剧存在于这个社会，所应有之意。

蔡金萍

从 13 岁开始,她就将自己的人生交付给了儿童剧。

在儿童剧不受社会重视的当时,她却一路拼搏,并锐意坚守,不仅让自己成了一个一级演员,而且当上了上海市戏剧家协会副主席。

更让人意外的是,她以儿童剧演员的身份,夺得了十二届中国戏剧"梅花奖"、第三届话剧"金狮奖"。要知道,这还是在儿童剧比较萧条的八九十年代。

2015 年 9 月 15 日,她又获得"全国中青年德艺双馨文艺工作者"荣誉称号。此时她已是中国福利会儿童艺术剧院院长兼艺术总监。

某种意义上,她就是儿童艺术剧院培养出的一个无比忠诚的人才。

1974 年,她进中国福利会儿童艺术剧院学馆学习。1979 年毕业为演员。1995 年在上海戏剧学院导演系学习。在这期间以及日后,她的身影还经常出现在影视的各档节目当中,除了在电视剧《穷街》《人生急转弯》《李知凡太太传奇》等中担任角色,还在海派室内情景喜剧《老娘舅》中饰燕萍;如果看过 1990 年版,也就是傅艺伟版《封神榜》,你也会找到她,她扮演的是高兰英。但镜头的风光,并没有让她离开儿童艺术剧院,也正如她从来没有离开儿童剧。

相比较影视里的角色,她也许更喜欢的是,儿童剧《长发姑娘》中的长发姑娘、《花木兰替父从军》中的花木兰、《威尼斯商人》中的波西霞、《雁奴莎莎》中的莎莎、《享受艰难》中的韩慧姑,或者《带绿色回家》中的杨歌。

只是,她希望小朋友记住的是这些角色,而不是蔡金萍。

时代精神之八·扶幼

蔡金萍：我永远记得习总书记的一句话，人生的第一粒扣子要扣好

13 岁，还是个儿童，蔡金萍便加入了中国福利会儿童艺术剧院〔下文简称儿艺〕，直到今天，她还在"儿童"之中，似乎就从来没有"长大"过。

首先，她要做的是，感激宋庆龄奶奶。

这位奶奶尽管一生没有子女，但她却把满腔的母爱全部献给了普天下千千万万的孩子。她曾说："我的一生是同少年儿童工作联系在一起的。"

没有她的热心支持，也就没有中国福利会儿童艺术剧院。它的前身，正是宋庆龄在 1946 年委托著名戏剧导演黄佐临创办的儿童剧团。当时，她告诉他说，对于贫苦儿童，不能只给他们吃饭和穿衣，还要给他们精神食粮，要使他们看到未来。

1957 年 4 月 10 日，儿童剧团经宋庆龄批准改为今天的这个名字。1958 年 2 月 1 日晚 7 点，新改建的儿艺正式开幕。舞台上挂着全上海最漂亮的一道红色丝绒大幕，四周镶嵌着用金线绣的藤蔓花朵花边，这是宋

庆龄专门捐出的黄金与纤维合成的金线。首演剧目为儿童剧《马兰花》①和《枪》。

华山路上的儿童艺术剧院，它和上海戏剧学院只有一街之隔。〔王千马　摄〕

刚加入儿艺在学馆学习时，《马兰花》已在儿艺公演 16 周年，宋奶奶也已 80 多岁，蔡金萍见到真人的机会不多，但从自己的老师那里，听到很多有关宋奶奶的故事，也知道在"文革"时，儿艺差点不保。

"有人说它和上海青年话剧团、人民艺术剧院都是话剧团，所以要合并。"

现在上海青年话剧团、人民艺术剧院已合并成了话剧中心，但在宋奶奶的坚持下，儿艺还是单独存在了下来。"宋奶奶心里很清楚，虽然儿艺也是

---

① 新中国儿童戏剧的代表作。也是中国著名儿童戏剧家任德耀成名之作。几十年来该剧演出 368 场，拍成电影，翻译成英文、俄文、日文，并荣获第一届全国话剧观摩演出剧本二等奖，第二次全国少年儿童文艺创作评奖大会一等奖。

故事取材于中国古老的民间传奇。在那美丽的马兰山上，开遍了美丽的马兰花。热爱劳动的小兰嫁给了花神马郎，他们和树公公以及可爱的小动物们辛勤地创造着愉快、和谐的生活。贪心的老猫利用姐姐大兰的嫉妒，害死了小兰，企图把神奇的马兰花窃为己有。然而，马兰花永远为勤劳的人民灿烂地绽放……

话剧，但它是为儿童演戏的，和其他剧团不是一回事情的。"

不过，当时的蔡金萍还是懵懵懂懂，不知道接下来都要做些什么，但她被宋庆龄奶奶的精神感召着，更重要的是，她在这里遇到了一个很好的环境——包括她在内只有38名学员，但有40多位科班出身的教师。

"这是多么奢侈的学习环境，"蔡金萍很是感慨，"那时候因为刚刚'文革'结束，可能很多艺术家们还没有真正的站回到舞台上。所以他们把自己全部的热情都放在我们这些学生身上，所以我们在学馆的那个五年是扎扎实实的。"

在这五年中，她需要上的课也不是今天能比的，文化课、台词课、表演课、声乐课、乐理课、武功课，舞蹈我们还分芭蕾、民间、现代舞，还请昆剧团的老师来上把子功……老师都希望把每个学生都打造成芭蕾舞演员的身材、漂亮的舞姿，歌剧演员的金嗓子……因此，每天她都需要早上5点起床，晚上9点才能在床上躺下。

学馆实行的是半军事化管理。虽然家在上海本地，但她也只能每半年回去一次。倒是家长，可以两周探望她一次。

这样的条件无疑是艰苦的，"那时候小，我还不太理解，有时候会觉得这些老师怎么那么凶啊，很严格。像武功老师，在练翻跟斗时，要我们从三张桌上翻下来。我翻不下来，就掉眼泪，老师有时候小棍子要打一打，我当时说简直是法西斯。"

直到毕业时，蔡金萍在毕业大戏《长发姑娘》中饰长发姑娘，因为身段优美，形体松弛，表演亲切，一下子赢得了小观众的喜爱，而且在1979年获得了一个奖。

进入20世纪80年代，她出演了《花木兰替父从军》，既为观众塑造了一个既柔美、清丽又豪爽、刚烈的花木兰，又展现了十八般武艺——这也让她在1984年获得了人生中第一个重要奖项：上海市青年演员汇演"红花奖"，就此声名鹊起。

"这个时候，我终于明白了艺多是不压身的，感恩老师，感谢老师。小的时候不能理解,现在全部理解了。"只是,当初教育她的那些老师,有的已经离开了这个世界,"但是他们的这种教育方法,更多的是爱我们。"

也正是在演出《长发姑娘》并获奖之后,宋庆龄奶奶还给她及剧组成员写了封信,"鼓励我们,希望我们戒骄戒躁,不断进步。"

所以,蔡金萍还是要感激宋庆龄奶奶——尽管见的机会不多,但只要剧院去北京参加活动,"宋奶奶也会在宋办接见我们,她会说,我的孩子们,我的剧团来了。"除此外,"逢年过节,她都会派人送年糕、青鱼或者巧克力给我们演员吃。"

这让包括她在内的所有孩子们,不论在学馆、还是在剧院,都感受着家一般的温暖。

这也是她多年来一直"童心未泯"的重要原因。

当然,少不了的是,在多年的接触中,她也发现,别看儿童艺术是像医院里的"小儿科",但它其实是个大天地。

很长时间内,人们对儿童剧都不曾多看一眼。

一方面,心理上觉得这是给孩子看的东西,能有什么了不起。即使是戏剧内部人士,说起戏剧的各个品种,也往往自觉不自觉地将儿童剧排在最后一档。

事实上,越是小儿科,越需要付出努力——"就像孩子生病了只晓得疼,而不晓得告诉医生怎么回事,所以小儿科的医生更应该是全能大夫,孩子的整个身体状况要了解,心理也要了解,"这也是蔡金萍在学馆时需要样样都要学的一个重要原因。

另一方面,儿童戏面对的是孩子,某种意义上,它承担着孩子的启蒙教育,对孩子的成长承载着潜移默化的教育作用。"所以更马虎不得,千万不能将儿戏当儿戏。"

蔡金萍就记得,自己曾有一次演完《长发姑娘》准备回家。

"刚走到剧院门口，一个小观众跑过来拉住她说：'长发姐姐，长发姐姐，我要告诉你，我以前一直浪费自来水，但是看了你这个戏以后，我绝对不再浪费自来水了。'一旁孩子的母亲忙解释道：'以前孩子在家里一直喜欢玩水，我们不知对孩子讲过多少遍节约水的道理，就是不起作用，没想到看了这出儿童剧，小孩一下子懂事了哎，还要特地过来告诉你长发姐姐一声。'

原来，《长发姑娘》这个剧讲的是善良的长发姑娘为了给缺水的乡亲引来山泉而勇斗恶魔，最后以自己的牺牲换来潺潺清流的故事，孩子看懂了。"[①]

她还记得儿艺做过一个儿童剧，《爱吃糖果的大老虎》，"很简单的一个故事，就是老虎不刷牙，爱吃糖果，牙都掉了，也不能吃人了，都是别人欺负他了。散场以后，孩子就跟家长说，妈妈我一定刷牙了。那个家长说，我天天在家里教他刷牙，上百次了，没有用，这个戏看完之后回去他刷牙了，这是儿童剧的作用。"

但这依旧改变不了儿童剧在整个八九十年代的萧条——它似乎还没怎么迎来春天，便遭遇了寒冬——它所面临的，不仅是偏见，而且还有资源短缺。

"有些年轻演员有可能三年才能等到一部戏，甚至四年、五年。"

蔡金萍在儿艺也有过一段很煎熬的日子。没戏拍、等米下锅的滋味，直到今天，她还记忆犹新。为了防止自己三日不练手生，也觉得搞艺术的，应该多涉猎各种各样的领域，让自己成为一个杂家，"外面有什么事来叫我的，我都愿意去尝试。"

有时，妇联搞活动，让她去帮忙，"那时候还不叫主持人，叫报幕员。"但没有演出费，也就是没有报酬。蔡金萍觉得，这是对自己业务的一种锻炼，所以，可乐意了。

她还跟歌剧院里的一些小型的乐队，经常下基层演出，"因为我爱唱歌，

---

① 红菱,《蔡金萍："小儿科"其实是个大天地》,《上海采风》2016 年第 4 期。

所以，我既担任他们的报幕员和主持人，有时也担任独唱。"

甚至，她还参加过一些影视的演出。在1990年版《封神榜》中，她出演了善使太阳神针、两口日月刀，专射别人眼睛，助丈夫张奎保城池连斩黄飞虎等五将，后来为哪吒所杀，在姜子牙封神时，被封为桃花星的高兰英。

不过，让观众印象最深的，还是她在海派室内喜剧《老娘舅》的表演。

这个自1995年9月开播的室内喜剧，集上海及长三角地区的优秀滑稽戏、影视表演及戏曲表演特色于一剧，以社会公德、职业道德、家庭美德为宣传宗旨，并以贴近生活、讲述老百姓的故事为创作定位，所以开办以来，深受观众追捧。李九松主演的老娘舅，以及毛猛达主演的阿德哥，陈国庆主演的阿庆，姚麟儿主演的杜禄冠，无不给人留下深刻印象。另外，沪剧名家马莉莉主演董慧芳，而蔡金萍扮演的则是梅燕萍。

"梅燕萍这个角色一开始找的不是我，"蔡金萍说，"当初导演找的是一位越剧演员，但这位演员因为档期的原因，没有空。后来，有一位老师朋友就向他推荐，说儿艺有一个蔡金萍，她是不是可以。导演就问，蔡金萍，她是上海人吗？因为这部情景喜剧是用沪语演出的，不会上海话，显然没法参加。老师也有些迟疑，因为我平时与人接触的工作习惯都是说普通话，所以给人的印象，不像是上海人。于是给我打了个电话，问我到底是不是上海人。我就说，我当然是上海人了。"

让人有些哭笑不得的是，这位老师居然要她说几句话上海话听听，似乎对她的上海人身份，还存有怀疑。在得到验证之后，他就让她过几天去导演的办公室，当面和导演聊一聊，导演一听，"哦，你原来是上海人。"

这样，她才有了梅燕萍这个角色。

进入这个剧组之后，她就发现，自己来对了。

"里面不仅有滑稽戏的演员，像钱程、毛猛达老师，也有沪剧界的马莉莉老师，还有电影界的梁波罗老师，当然还有儿童剧界的我，其中钱程老师饰演梅燕萍老公大方……可以说，融合了海派戏剧方方面面的人物，大家各有特长，在这当中我可以学到很多东西。"

比如说，滑稽戏演员在表演时的那种放松状态，就值得她好好揣摩。

"我们话剧演员很严谨，我们会按照研究好的剧本走。但他们会跑得很远，有时完全就脱离了剧本，但是兜了一圈之后，他们往往又会兜回来。一开始，我和他们之间有些不习惯，但慢慢地就默契了。"

事实上，因为以情景喜剧为主，剧内又有这么多滑稽演员，很多人都觉得《老娘舅》是一部滑稽戏。所以，等她接手梅燕萍这个角色时，"院里有些老师是反对我的，说蔡金萍你的形象是很正的，怎么去演滑稽戏了。我说我不排斥的，我觉得在任何一个剧种里面，都可以学到很多东西。我希望自己能做个杂家，不要把自己主动封闭住。"

正是这种"艺多不压身"，让蔡金萍好好地为儿童剧"出了一口气"。

那天。

蔡金萍站在了舞台上。

主角却不是她，而是另外一个人，中福会的一位舞蹈老师陈白桦。

这是为这位老师所开的一次"蓝天白云"个人舞蹈专场。

她过来做报幕员。

当时，她"一边尽力主持，一边心底泛起涟漪，'舞蹈演员能开专场，儿童剧演员为何不能开呢？'随后，她就去找中福会的领导表达了自己的想法，'不是电影演员才能发光的，我们儿童剧演员也有十八般武艺，也要让大家知道。'领导一听，觉得这个年轻人很有想法，立马答应了。"

在朋友赞助，以及宋庆龄基金会的支持下，她的梦想在 1994 年，得到实现。

这年，她刚过而立之年，却进京连办了两场"蔡金萍儿童剧专场"演出。

为了这场演出，她精选三出儿童剧的片段。第一出是经典儿童剧《马兰花》，蔡金萍一人分饰大兰、小兰两个角色——她说她至今都非常感恩第一任老院长任德耀，也就是写出《马兰花》的作者，"他那时候还帮我排片段《马兰花》。后来当我搞专场演出的时候，他已经生病在医院了。"

第二出是美国儿童剧名作《纽约少年》的片段，蔡金萍演流浪儿迪克，她第一次演这个角色还遭到美国导演的反对，为什么让女的演男孩？最终导演被她的表演所征服。

第三出剧目是获过奖的《花木兰》片段。

前前后后，她共扮演了4个角色，有女孩、男孩，还有女扮男装的，角色反差大，而且说唱做打，为了使演出连贯，蔡金萍特意唱了5首歌，把三个片段串联起来——借《党啊，亲爱的妈妈》抒发心声，凭《英雄赞歌》感谢幕后英雄，用《英俊少年》表现艺术特点，最后让《掌声响起来》表达感恩。

这样全面的才艺展示，惊住了很多人，大家看惯了唱歌跳舞的专场，很好奇戏剧怎么搞专场演出，结果发现，这场"儿戏"还真的不一般。

"许多戏剧评论家和表演艺术家都惊讶地表示：儿童剧怎么会有那么好的演员？成人剧团也找不出这样的好角儿；要说唱，声乐艺术家周小燕看完演出走上舞台，一把拉住蔡金萍的手说，你的乐感太好了，胜过专业歌唱家。

蔡金萍的成功，使得儿童剧老一辈艺术家既自豪兴奋，又百感交集。在北京，方菊芬、连德枝等老演员一边看专场一边思忖，台上的蔡金萍不就是过去的我们吗？那么我们过去怎么从来没有想到要搞个专场呢？是的，过去老一辈演员未敢想未敢做的梦，已由蔡金萍变为现实。首都儿童戏剧家称'蔡金萍是我们的代表，是我们的骄傲！'"[1]

为此，中国戏剧家协会特地为蔡金萍开了专题研讨会，有人跟她开玩笑说，"蔡金萍再得不到梅花奖就没话讲了。"果然，1994年，她凭借专场的成功，加上在儿童剧《雁奴莎莎》中的出色表演，获得第十二届中国戏剧"梅花奖"、第三届话剧"金狮奖"。

这让蔡金萍一下子变得炙手可热，"外面邀请我去演出，那时候说可以

---

[1]　此文见上海政协官网"委员风采"一栏于2013年8月12日刊载的《在"小儿科大天地"里不懈追梦圆梦——记市政协委员、上海儿童艺术剧院院长蔡金萍》，原文来自《联合时报》。

去走穴,可以去挣钱。"但她却觉得这并不是自己所追求的方向,她想起父亲跟她说的,你在儿艺打下了非常扎实的艺术的基本功,但你是戴着红领巾进去的,在文化方面你要加强,有可能的话你要进大学,要去完善自己,如果还有可能你应该走出国门去。

"那时候是 80 年代,父亲就跟我说这样的话。我就觉得如果用现在的话,父亲是非常与时俱进的人,其实他也是非常有要求的人。"

因此,为了弥补自己在这方面的缺憾,她打算参加成人高考,报考上海戏剧学院表导演专业的干部专修班。这是三年的全脱产的班。

为了征得儿艺院长同意,给她开出证明,蔡金萍做出承诺:学费之类所有的费用自己承担,剧院一有重要演出,随叫随到。好在院长也很开明,没有阻碍她的向学之心。

"重新捡起课本,是非常辛苦的事情,"蔡金萍很是感慨,"我们经常接触的剧本、文学没有问题,但成人高考不光考这些,还有其他门类的功课,你都得要通过。我就下决心关着门去读高辅班,那时候自己真的是煮泡面吃。有时想想,让一个刚刚有些光环,鲜花都开始给你的时候静下来,也是一个痛苦的过程。"

幸运的是,这一切她都挺了下来。然而,等到她在五月份参加成人高考时,恰巧蔡金萍主演的《雁奴莎莎》因获"五个一"工程奖,有演出任务——她既然答应院长随叫随到,那就不能反悔。为此,她也想个办法,找到当时的上戏院长荣广润,说明了自身的情况,并恳求道:"先让我进这个班学习,如果第二年考试我没达到高考分数线,你不要给我任何文凭。我并不是冲着这张文凭去的。"和那位院长一样,她遇到的一些人,"都很关心我,也都很爱护我。我记得市里领导都去跟学校说,有这样一个热爱儿童戏剧事业的人,她那么想学,不妨考虑一下。"好在她自己也很努力,第二年再次去考,分数很不错。

有人便问,既然这么辛苦,而且,演戏上有了成绩何不趁热打铁再上一步,为何要停滞下来转去学习导演?在蔡金萍看来,一方面是为了圆父亲的一个梦,另一方面,相比演员,导演是舞台上的指挥者,需要全盘考虑,这样可以拓展一下自己。

意外的收获是,它也为她在后来走上管理岗位做了铺垫。

只是,在学有所得能反哺儿艺之前,儿艺却给她泼了一盆"凉水"。

1996 年,儿艺发生了一个重大变故——承载了上海几代人的成长记忆,曾是全国最好的儿童剧场的儿艺剧场,在这一年,因为房屋老旧等原因而闭门歇业。

剧团的演出因此大受影响。"好的剧场租不起,差的又满足不了演出的要求,几年来儿艺只能往来郊县或偏远地区进行演出活动。一次到郊区一个破旧的文化馆演出儿童剧,没有侧台,演员只能站在后台食堂边上的过道上,吸着呛人的油烟候场。因剧场简陋,儿童剧的演出只能不断做'减法',儿艺的演出质量每况愈下,让儿艺人心焦。"[①]

"虽然我下决心学习,但也不能对儿艺的事情置身度外。"

2003 年,蔡金萍成为市政协委员,利用这一机会,她提交了一件提案《上海应该有孩子剧场》,可是未被有关部门采纳。

此路不通,只好另行它道。2004 年,儿艺开始在剧院院内筹备建筑起一座专演儿童剧的排演厅——马兰花排演厅。占地 1 080 平方米。分为两个剧场:一个 460 座位的剧场,还有一个 120 座位的亲子空间。排演厅以"周周演"的形式在双休日上演戏剧。"要看儿童剧,就到马兰花。"这几乎成为上海儿童文化的一种新型的休闲娱乐方式。

这解了一些近渴,但是,对于上海这样体量的城市来说,它显然还不够。

数年后,蔡金萍又多次联合其他委员提交提案,建议上海建设儿童的专属剧场。这种持之以恒地持续推动,终于得到了有关部门的回应。

---

① 此文见上海政协官网"委员风采"一栏于 2013 年 8 月 12 日刊载的《在"小儿科大天地"里不懈追梦圆梦——记市政协委员、上海儿童艺术剧院院长蔡金萍》,原文来自《联合时报》。

2012 年 6 月，隶属于中国福利会的上海儿童艺术剧场正式启动。其位于西藏南路苗江路口黄浦江畔，占地面积 10 528 平方米，建筑面积15 668平方米。中心剧场可容纳 1 088 名观众，设有 360 度中心旋转升降舞台、经典镜框式舞台和才艺表演秀台，拥有大型 LED 背景和 270 度高清全幅投影屏幕，为戏剧创作和表演准备了多种选择。

因为此家儿童艺术剧场原为上海世博会上汽集团—通用汽车馆，所以它还有一个牌子：上汽荣威儿童艺术中心。

不得不让人感叹，这个社会终于将儿童剧当回事情，往大里说，终于将儿童的精神塑造，放在了这个社会工作的重中之重。

尤其是在 2014 年"五四"青年节，习总书记在北京大学考察，参加了北京大学纪念"五四运动"95 周年青春诗会，听取师生朗诵自己创作的诗歌《聆听青年》和毛泽东同志词作《沁园春·长沙》，并指出，青年的价值取向决定了未来整个社会的价值取向，而青年又处在价值观形成和确立的时期，抓好这一时期的价值观养成十分重要。这就像穿衣服扣扣子一样，如果第一粒扣子扣错了，剩余的扣子都会扣错。人生的扣子从一开始就要扣好。

这让蔡金萍尤其鼓舞。从中感悟到，人生第一个扣子很重要，那就从娃娃抓起。

"教育好儿童，对祖国的未来大有裨益，"蔡金萍说，"儿艺工作就有这样的效用。我经常劝那些年轻的演员，有了孩子之后千万不要把孩子交给别人，能自己带就尽量自己带，而且要经常带他们到剧场来看戏。儿童戏其实是一个全人教育，它能教给孩子社交，教会孩子合作、团队，培养他们的语言表达能力，塑造他们的审美。"

100 多年前，在戊戌变法失败后，梁启超写下这《少年中国说》：

> 少年智则国智，少年富则国富；少年强则国强，少年独立则国独立；
> 少年自由则国自由；少年进步则国进步；少年胜于欧洲，则国胜于欧洲；

不论在家还是工作，女儿总是陪在身边。爱，其实是对每个孩子最长情的告白。〔王千马　摄〕

少年雄于地球，则国雄于地球。

红日初升，其道大光。

河出伏流，一泻汪洋。

今天的蔡金萍，已是一个孩子的母亲。

与此同时，自 2002 年担任中国福利会儿童艺术剧院艺术总监，又于 2007 年受命担任儿童艺术剧院院长，2007 年接任儿艺院长，到今天也十多年了，"她仿佛一下子做了两个孩子的母亲，肩上的担子很重。但蔡金萍挺过来了，至今从容不迫。"①

当年和她一起在学馆学习的 38 个同学，至今还留在儿童剧领域的可能不到 10 个。有的在出国潮时出国了，有的经商了，做得也很成功。

---

① 杨格，《蔡金萍：不断创新》，《浦江纵横》2017 年 3 月。

当然，也有转去其他行当的，像陆毅，在14岁被特招到上海戏曲学校为儿艺代培的儿童剧演员班，成为儿艺学馆的最后一批学员。1994年毕业，被分配到了儿艺。

因为在学习的4年之间，他从一个不太高的小男孩长成了一个一米八的帅小伙，再在儿艺的舞台上扮演小孩子似乎不太适合。于是，他辞职考到了上戏。2017年，他在热剧《人民的名义》中，因出演侯亮平而再次为人所关注。

对这位小师弟，蔡金萍也一直念念在心，"他是个大明星，但没有什么绯闻，为人也很善良，非常正能量，我觉得可能跟儿艺的环境有很大关系的。我也很为他骄傲。"

只是，这些人的做法，却无法让蔡金萍直接拷贝。"我也好想怎样，但就是离不开。我割舍不了的是一种情感。我觉得一个人不管怎么样，都要学会坚持、坚守，所以我教育自己女儿的时候也是这样说的，任何东西不要轻易放弃，要坚持。"

她就记得女儿刚开始学钢琴、学跳舞，她老装肚子痛。

"'妈妈我这儿疼，那儿疼'。我说你真疼还是假疼？但是四年半过去了，现在我劝她，你的功课慢慢多起来了，我们是不是可以放弃几门兴趣课。她说妈妈，我不放弃，我喜欢，我坚持。我觉得她坚持，我还有什么可说的。"

为了给自己的女儿做出好的榜样，也是为了所有的孩子能得到精神上的营养，蔡金萍都觉得需要将自己的这份工作做好。

虽然在今天，尽管受人关注，儿童剧已非当初爷不疼娘不爱的局面，但是，它所面临的问题依然严重——五六十年代时，因为文化娱乐没那么多，看戏似乎是一件非常了不得的事情，"我记得当时谁想看戏，或者进儿童剧场，都是要班上表现好的。它被当成是一项荣誉。"但是到了今天，电视啊，互联网啊，呼啦啦地涌到了每个人的面前，"有些孩子那么小，都人手一本ipad。这是文化很多元的年代，要想留住孩子的人，就必须更用功夫。"

而且，现在这个社会更讲究亲子关系，父母，或者上一辈人，都喜欢带着孩子一起玩。想让孩子进剧院,就必须要先说服这些大人。"优秀的儿童剧,不仅是给孩子看的,而且也能让那些长辈乐在其中。"

2008年,儿艺创排了《灿烂的阳光》。这是一出反映社会关爱智障人的话剧,无疑是比较"冷门"的现实题材剧目,但因内容真实、内涵深刻,赢得了不同年龄层次的观众的热烈掌声,不少观众感动得流下眼泪。此戏被邀请参加圣彼得堡国际彩虹戏剧节,受到当地观众及戏剧节专家的好评赞赏。

2012年7月,与上海市妇联联合创作的儿童剧《爱绿色的给力兔》。该剧与中国儿艺假日经典小剧场上演的"世界经典童话年"开篇作品《伊索寓言》、中国木偶剧院带来的大型现代童话剧《三只小老虎》、在北京玉蜓公园上演的中国儿艺的《小吉普 变变变》以及在丑小鸭动漫亲子剧场上演的大型魔幻卡通剧《绿野仙踪》一起,作为"第二届中国儿童戏剧节"五大经典儿童剧之一,在北京的中国儿童剧场上演。

这出儿童剧独树一帜,剧中的给力兔在舞台上教会孩子们如何进行垃圾分类。

为了扩大儿童戏剧的影响力,儿艺在打造优秀剧目之余,还更多地参与到未成年人课外实践教育中来。比如与"阳光之家"的智障孩子交朋友,排演《灿烂的阳光》,还与龙华烈士陵园合作,开展上海市中小学生"龙华魂"暑期课本剧汇演;与市教委合作、开展"随迁子女免费观摩优秀儿童剧"活动……

至于上海儿童艺术剧场,也运作得很好。近年来举行过多场演出,如《意大利安东尼亚诺新年合唱音乐会》《冰冻星球》《风来了》《老虎来喝下午茶》《回到妈妈肚子里》等,很受小朋友的喜爱。尽管儿艺平日的主要活动场地是在马兰花剧场,但只要有合适的剧目,也会到上海儿童艺术剧场去演出。

2016年前后,又有一个新的idea在蔡金萍的脑海中浮现。

"我要感谢我们的编剧杜邨老师,"她说,"他当初跟我聊,他说金萍你没有发现吗,现在我们社会物质发展了,大家生活水准也很高,但是人的素质并不高。你看上个公交，上个地铁，身强力壮的男人还跟女人抢座位，也不让孩子。"

接着，杜邨便提到了曾经很火热一时的电影《泰坦尼克号》，说在这船上都是世界级富豪的人物，但在生死一线，他们想到的却是将活着的机会，让给妇女儿童。这点难道就不值得我们思考吗，所以，他想要写一个儿童剧。

蔡金萍一开始没有理解，觉得他这是瞎说，这种电影题材，怎么可能用儿童剧的形式表现出来？但是，"过了半个多月，一个月不到，一个剧本就在我的办公桌上。我一看激动了，他的视角太棒了。"后来她才知道，杜邨也找过儿艺的刘安古老院长，想要从老院长那里寻找一起启发，结果老院长一说，你可以选择动物的形象啊，比如用蚂蚁什么的，来代替电影中的人物，这一语让杜邨豁然开朗，就顺顺当当地将剧本给写出来了。

于是，出现在观众面前的儿童剧《泰坦尼克号》，是这样的场景：

一群卡通形象的老鼠、猫出现在泰坦尼克号上，它们本来互相敌视、攻击，但是在灾难到来的那一刻，它们化敌为友，同舟共济。

"我愿意排这样的一出戏，它可以告诉孩子们，什么是亲情、爱情、友情、责任，以及担当。"因为这是计划外的一出戏，经费不足，但为了更好地呈现这个戏，蔡金萍还邀请了俄罗斯的舞美设计和视频设计团队，耗费近一年时间精心打造这部戏。所以，这出戏，"孩子能看，爸爸妈妈能看，爷爷们也能看。我们前面两场试演的时候，有位80岁的老爷爷抱着他家里的4岁小孩，竟然坐在那里一动不动，非常入迷。"

它也因此被上海优秀儿童剧作品（文本）评委会评为优秀作品，获得首届华东大区优秀新创剧目奖、第十一届上海优秀儿童剧展演活动优秀剧目奖。最亮眼的一个奖项则是，白玉兰表演艺术奖集体奖、白玉兰奖新人提名奖。

它的成功，也给了蔡金萍更多的启发，用儿童剧的形式来重新诠释国内外的文学经典，比如说排演《巴黎圣母院》《悲惨世界》等剧目。

正如谁也没想到蔡金萍会以一个儿童剧演员的身份，获得梅花奖，同样,谁也没想到,在蔡金萍等人的努力下,上海的儿童剧市场也会如此热热闹闹。

蔡金萍相信,这不是一种短暂的繁荣,随着二胎时代的来临,这个社会对优秀的儿童剧会有更广泛的需求。"我们现在都要给孩子买优质奶粉,生怕他喝了什么有三聚氰胺的东西,那么,奶粉讲品质,为什么给孩子看的精神食品,为什么就不讲品质?"

今天的蔡金萍,已进入知命之年。但是在外人看来,她乐观爽朗,脸上总是笑盈盈的,皮肤很有光泽,眼角几乎看不出时间的痕迹。很多人惊讶于她外表的年轻,总会问她,有什么神秘的"驻颜术"?

对此,她总会笑答:"因为我搞的是儿童剧啊,心态年轻,不用涂化妆品就能显年轻,如果你也想像我一样,就来搞儿童剧啊。"

徐维新

他人不滑稽，但喜欢"滑稽"。顶着责骂，也要亲近滑稽。

高中毕业之后，他就进入了滑稽剧团。但一早就开始在广播中学说唱的他，最后走的却是文字的路线。做编剧，搞曲艺评论。但好在没有和滑稽分离。

在他眼里，滑稽是笑的事业，所以它永远不会消亡。但笑却是危险的事业。把握不好笑的度、笑的内涵，就有可能让自己万劫不复。这也是滑稽有时滑稽，有时不滑稽的重要原因。可以说，出生于1943年的他，见证了滑稽在新中国成立之后的起起伏伏。

往前看，他热爱王无能、刘春山、江笑笑、鲍乐乐，手头上珍藏着1935年出版的《江鲍笑集》；往中看，他敬佩严顺开和"双字辈"，作为同事，他清楚对方对滑稽的热爱和付出；往后看，他欣赏钱程，也欣赏过周立波，当年，正是他和严顺开，将这些"小滑稽"招进了上海滑稽剧团的学馆……如果这前中后能一脉相承，滑稽的血脉便绵绵流长。

他的最大期望，守住噱头，也不忘初心。

时代精神之九·开放

徐维新：我们要海纳百川，但不能海纳污水浊水

滑稽，听上去就很滑稽。

总让人觉得有些"小丑"。

当年为高二学生的徐维新想报考上海蜜蜂滑稽剧团，却被求读学校的教导主任给臭骂了一顿，"他的原话我一辈子都记住。他说国家已经培养你到高中了，你马上要高三了，接着就高中毕业了，你居然去唱滑稽。"

到今天，徐维新还在为"居然"这两个字而耿耿于怀，这说明滑稽在那位教导主任眼里简直是低三下四的东西，是高中学生不耻为伍的。

所以，学校也就没有给他开证明，倒是很严厉地告诫他，要好好念书。

可是他就是热爱滑稽，无可救药。

他是浙江余姚人，照说应该喜欢的是宁绍平原上盛行的绍兴大板，或者越剧，不过，因为父母很早便来上海，他也出生在上海，就在上海的老城厢，所以被上海的传统文化给熏陶得厉害，让他都快忘了自己其实是个绍兴〔也是新中国成立后的宁波〕人。

在他念念不忘的传统文化里，就有上海本土的滑稽。

上海滑稽的"简便"形式，就是独脚戏。

所谓独脚戏，是在街头演出的小热昏[①]、唱小曲，以及唱新闻、隔壁戏、苏滩等说唱形式的影响、孕育、融合下逐渐形成的，顾名思义，就是一人成档，自个出台词、学方言、唱戏曲、说笑话、讲故事，扮演多种角色。

也就是说，一人就能将演出相关的事宜给承包了。

很多时候，有人将独脚戏误作独角戏，那是南北方文化融合所导致的"好心办坏事"。在上海话中，"脚〔jia〕""角〔go〕"二字读音不同，本不会误用，此时，独脚戏还是独脚戏，等到该名词传了到北方，在普通话中"角色"与"脚色"同音，所以"脚色"通"角色"，这时独脚戏通作独角戏。

早在独脚戏诞生之前，上海已经盛行不同于传统戏曲演剧样式的"新剧"（后也叫"文明戏"）。1907年上海有了第一个新剧剧社"春柳社"，不久作为载体的"新剧"又分为话剧、滑稽戏、方言话剧三个剧种。

滑稽戏诞生后，不少滑稽戏演员凭借上海拥有的特殊传播手段，借助堂会、电台兼演独脚戏。1927年，苏州人王无能正式打出独脚戏的牌子。这位嗜好鸦片而潦倒，死后由同行给他添置棺材的滑稽大师，因为在独脚戏上起了创始作用，艺术上也有口皆碑，被同行、后辈依旧尊称为"滑稽鼻祖"。与他同时，还有江笑笑和刘春山，都是最早登台演出独脚戏的老艺人，也被称为"滑稽三大家"。

也正是自这三位开始，苏浙沪的滑稽艺人逐渐汇拢上海，形成独脚戏早期的格局。

---

① 20世纪初，上海老城隍庙一带曾出现过一种叫"小热昏"的民间艺术，"演唱者一个人站在板凳上，旁边竹子支架上放着一只装着梨膏糖的木箱。艺人敲小锣和竹板进行演唱，并以此来兜售止咳梨膏糖。"〔沈鸿鑫，《独脚戏从上海老城厢走出来》〕为了赢得市场，留住更多人的脚步，演唱的内容大多是滑稽的小段或新闻和故事，时常讥刺时弊，讽喻世道，幽默泼辣之余，也深得底层群众的民心。不过，为了避免"祸从口出"，自称为"小热昏"，也有称作"卖梨膏糖"的。

徐维新一出生，便遇到了独脚戏发展的鼎盛时期。20 世纪三四十年代，上海各大游乐场、电台播音和堂会演出的艺人最多时达到一百多档。

第一代著名的独脚戏艺人还有丁怪怪、鲍乐乐、赵希希、陆奇奇、陆希希等人。

继起的独脚戏艺人有朱翔飞、程笑亭、范哈哈、筱咪咪、笑嘻嘻、姚慕双、周柏春、袁一灵、杨笑峰、程笑飞、张樵侬、杨华生、文彬彬等。

中国魔笛、曾在解放后为毛主席 8 次接见的陆春龄，当时就为姚慕双、周柏春这对哥儿俩的师傅——何双呆、沈笑亭开"自备车"。这两位艺人活跃于当时的主流媒体——电台之上，时而在中美广播电台演出，时而在华兴电台演出，红极一时。从拥有汽车和专车司机这事上，就能看出他们的经济实力。

随着这些艺人队伍的不断扩大，独脚戏的演出形式也由单人发展为"双档"和"多档"——好比从单口相声，变成了对口相声，以及多人相声。

尤其是在 1941 年 12 月 7 日，日本偷袭珍珠港，太平洋战争爆发，当天日军便进入了上海公共租界，接着又控制了法租界，上海即使想做孤岛也不得，进入了历史上最黑暗的时期。因为游乐场营业萧条，堂会生意清淡，电台被敌伪封锁，独脚戏艺人谋生困难，于是都回到了舞台，以演出滑稽戏为主。出现了滑稽艺人纷纷组团，联合演出大型滑稽戏的局面。

1942 年 3 月 20 日，江笑笑与鲍乐乐首先成立笑笑剧团。该团网罗了当时大部分著名独脚戏演员，最初演出的剧目有《荒乎其唐》《五颜六色》等。

自抗战胜利到 1949 年，滑稽艺人又恢复独脚戏和滑稽戏两栖，上海滑稽大小职业班社竟有 40 多个。

滑稽戏正因与话剧的渊源关系，在艺术上保留了话剧的很多特点。20 世纪 50 年代以后，也有人将同源"新剧"的滑稽戏和方言话剧统称为"通俗话剧"。

与此同时，滑稽戏跟当下的方言喜剧有些类似，首先，它贴近百姓生活，是市井烟火的喧嚣和温暖，是贩夫走卒的苦恼和欣悦，其次，在搞笑方面也有自己独特的"套路"。与相声的"抖包袱"相似，滑稽戏讲究"出噱头"，讲究制造气氛。

江笑笑的表演，便以面部表情"傻""憨"取胜，俗称"呆派"，扮演乡间土财主、老色鬼、吝啬鬼形态逼真，入木三分。

他方言极佳，特别是杭州、绍兴、宁波"乡谈"十分地道。以"说"见长，每每在段子最后迸发一个大"噱头"，以出人意料而使观众笑声四溢，回味无穷。

鲍乐乐的表演，也有江之风貌，面部表情说呆不呆，似傻非傻，语言阴冷，动作缓慢。只可惜的是，他在新中国成立前曾染上抽鸦片恶习，毒瘾发作时常常顾不上演出，这也成就了后来的著名艺人姚慕双、周柏春顶替其而脱颖而出。

徐维新收藏的《江鲍笑集》，现在全上海也没几本了。〔王千马　摄〕

其后的杨华生、笑嘻嘻、张樵侬、沈一乐，也就是"杨、张、笑、沈"四大笑星也同样如此，"杨华生不仅演技出众，而且天生一对'大眼睛'，他在舞台上每出一个噱头，总会瞪一下大眼睛，舞台效果极佳；张樵侬是个大鼻子，杨华生还拿这事编了个噱头，说张樵侬的鼻子占面孔总面积 35％；我〔即'笑嘻嘻'〕是个'大块头'，最适应扮演粗线条人物；沈一乐是'小囡面孔'，他生得小巧精干，演技老练，出噱多变，逗人发笑。"①而姚慕双、周柏春的独脚戏，文化内涵充盈，内容和表演处处浸润"卷气"，追求幽默，雅俗共赏，在知识界也有相当一部分观众。

总而言之，这样的滑稽戏，给予了底层群众最为廉价也最为珍贵的快乐。此外，它也喜欢嘲弄、讽刺黑暗，常为人民出口恶气，并带来一丝精神上的慰藉。只不过它有唱腔——较之京剧、昆曲及地方戏曲有各自的唱腔体系和表演程式，滑稽戏是一种"羁绊"很少的剧种。说的是各地方言、南腔北调，唱的是"九腔十八调"，而方言喜剧未有。

难怪有人感叹，伊个辰光，滑稽戏场场爆满，一票难求。再有名的相声大师都进不了上海滩，上海人更加喜欢海派滑稽戏。

也正因为滑稽戏的出现，让徐维新所热爱的滑稽，不仅包括这独脚戏，也包括从新剧脱胎的滑稽戏，当然，还有一个与上海滑稽的关系十分密切的上海绕口令，再一个上海说唱。

"它们共同组成了上海滑稽的概念。"

又因为滑稽戏是戏曲剧种，独脚戏、上海绕口令和上海说唱属于曲艺，所以，"上海滑稽横跨了戏曲和曲艺两个。"

在初中时，徐维新就常常在收音机里面收听姚慕双、周柏春"杨张笑沈"的滑稽节目，逐渐地他就喜欢上了身边的独脚戏和说唱。那时，学校有一个广播室，徐维新在每天中午播音时，就把报上的新闻写成唱词，在学校广播台里面演唱。

---

① 杨华生、笑嘻嘻、张樵侬、沈一乐为上海滑稽戏四大家，也被称为四大笑星。其中，杨华生为浙江绍兴人，张樵侬为上海南汇人，笑嘻嘻与沈一乐均为江苏人，一吴县一苏州人。前三者均为 20 世纪 10 年代生人，沈一乐最小，1926 年生。抗战胜利后，杨华生、张樵侬、沈一乐先是组成"三人档"，后来杨华生又邀请与姚慕双、周柏春分手的笑嘻嘻，自此，由杨张笑沈四人每天在大中华、大陆电台广播的"四友读唱"，引起了听众对他们近乎狂热的喜爱。某种意义，这四位笑星，撑起上海滑稽黄金一代。

但是，父母却率先给了自己一闷棍，"他们都不希望我喜欢这种东西，劝我不要弄这些东西。因为滑稽在 1950 年代，口碑并不好。"

这和学校的观念如出一辙。

说来也不无道理。

独脚戏、滑稽戏贴近百姓生活，以及出噱头，为它们赢得了市场。

但有时为了赢得市场，它们故意制造噱头，就像当下的一些明星、网红，为了吸引流量，或者圈粉，疯狂炒作，无所不用其极。

徐维新也承认，"上海滑稽在建国以前多是良莠不齐、泥沙俱下，有好的，也有很多不好的。不好的是指什么呢？比如说庸俗、黄色、低级趣味，这个在建国以前的一些滑稽艺人当中是泛滥的。尤其是在游乐场演出的滑稽艺人，为了拉住客流，难免就专攻'下三路'。而且，这种滑稽也不需要什么功底，所以滑稽三教九流，有句话叫'滑稽的门槛很低'，以前什么人都可以在里面混饭吃，现在也有不少人秉承这个'传统'，无须基本功、无须专业知识，可以在这个地方混个'有头有脸'。"

鲁迅先生在谈到京派和海派时，曾下定义说，京派是官的帮闲，海派则是商的帮忙。似乎对海派和京派都有一些偏见。不过，从上海滑稽来看，也未尝不是如此。

"今天，我们依旧要讲海派，讲海纳百川，大气谦和。'海纳百川'，但不是什么东西都要纳进这海里来的。那些污泥浊水自然不需要，我们欢迎的是清流。"

滑稽戏的前辈们显然也认识到这方面的问题。早在 1935 年，他们就开始自觉地抵制"三俗"，列出了"独脚戏改进会务，四不准二必须"布告："……凡属上海市滑稽独脚戏研究会会员均应一律遵照，如有违背情形，即行呈报市教局……1. 不准演唱猥亵词句及表演（如轧姘头、吊膀子等句子及有关风化之动作）；2. 不准有骂人之句子（如赤佬、瘟三、册那等）；3. 不准唱哭调（如哭王无能、哭丁怪怪、哭孙总理）；4. 不准演唱当局已经禁止之词类及表演（如仿毛毛雨调、草裙舞等）……"而布告的共同决议者，包括江笑笑、刘春山、裴扬华、陆奇奇、赵希希、程笑亭等海上笑坛耆宿。

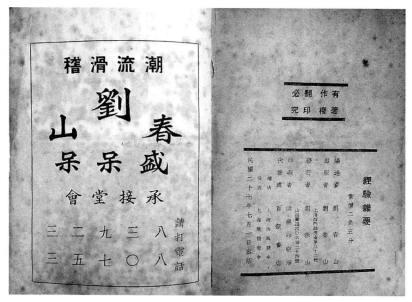

当年的图书上，总能找到滑稽戏的广告。可见上海对滑稽戏的热捧。
〔王千马　摄〕

等到建国之后，有关方面也对滑稽做了大量的梳理工作，使它走上了一个比较健康的道路。1951 年，国家举办了戏曲进修班，将这些滑稽艺人组织起来学习，引导大家自觉地抛弃黄色、低俗，树立为人民服务的思想。

此前，滑稽表演大多是没有剧本的，只有一张幕表，一个幕表师傅，也就是所谓的编剧。演出前，幕表师傅会将自己设计的故事情节，很粗浅地写在一张小纸上，然后在演出前一天，或当天贴在幕后。"比如说，张三在路上碰到了李四，问他讨债。这是第一段。第二段，李四没有给他钱，逃走了，张三就开始追……这个就是剧本了。演张三的一看，哦，我有这么一段戏，等到他上场的时候，他就上去了，但细节又怎么呈现呢，得看演员的即兴创作。"

这种即兴创作所带来的好处是，演员能根据现实情况而随机应变。所以，它也显示了演员的功底。没功底的演员，就现编不出来。

不好的地方在于，因为现编，往往导致很多人胡编乱说，不受控制。这也是低俗和低级趣味很容易就从滑稽中冒出来的一个重要原因。

也正是通过这次梳理，滑稽戏建立了剧本制，也就是要求，演戏一定要有剧本，要有编剧，要有导演，让艺人懂得，要将那些从旧社会带来的一种不健康的内容，从自身给拿掉。这样，让艺人在演戏时也有了一定的规范。

与此同时，也对滑稽剧团进行了整顿。从建国初期的二三十个滑稽剧团，通过合并、整顿，到20世纪50年代末，只剩下"蜜蜂""大公""大众""海燕"四个各具特色并有一定规模和组织较健全的剧团。

这种行业自律，以及整顿，无疑能起到正本清源的作用。

此时的滑稽戏开始出现一些既有严肃思想内容，又有剧种特殊风采的剧目，如蜜蜂滑稽剧团编创的《小儿科》；大众滑稽剧团根据《马浪荡》衍化，编成的《三毛学生意》。虽然因"济公戏"和"阿飞戏"的出现，让滑稽戏的发展出现了一些反复，但经过一个短暂时期的调整，滑稽戏恢复了健康发展的势头，具体表现为一批思想境界较高、风格新颖、喜剧性强的剧目展现在舞台上，同时也出现与之相一致的表演风格。

这里就有根据外国作家莫里哀的伪君子改编的滑稽戏《活菩萨》，是由大公和大众的前身合作滑稽剧团出演，主要演员是七块头牌，杨华生、张樵侬、笑嘻嘻、沈一乐、程笑飞、小刘春山、俞祥明，加两位女滑稽，绿杨、嫩娘。

这也是绿杨和杨华生兄妹俩合演的第一个滑稽戏。当时的滑稽戏很少有女性角色，在这个戏里，绿杨出演一个丫头青梅。

尽管少有滑稽经验，绿杨还是成功塑造了一个古道热肠、聪明伶俐的青年女佣形象。她的表演轰动一时，很多观众甚至一再特地来看绿杨出场的第二幕戏。

《活菩萨》连演了一年九个月，创造了当时合作滑稽剧团的最高上座纪录，而绿杨"女滑稽"的地位也由此奠定。

1958年，绿杨又出现在了大型四幕滑稽戏《七十二家房客》当中，惟妙惟肖地饰演了贪婪、愚蠢的二房东。

只是，滑稽戏的"重生"，并没有让更多的人对它彻底改变印象。对一般老百姓来说，这种整顿也许更能反映"问题"——谁见过好的东西需要整顿呢！

这就难怪父母和学校对他喜欢滑稽有意见，这算不上偏见，或许就是事实。

但是徐维新还是喜欢滑稽给他带来的"欢乐"。

它无疑是独属于"阿拉"的笑声。

1960 年，高中毕业的时候，徐维新的机会来了。

"我们区里有一个杨华生的剧团，那时候叫大公滑稽剧团，它与我们学校正好对口，点名要我去考他们的学员，不过是做编剧，不是当演员。那我就很开心地去了。他们给我出了题目，让我写点东西。"

此时，徐维新已经在区级的文艺刊物《红花》上发表了五六个滑稽作品，加之在学校里又经常将新闻改写成唱词，锻炼了写作的功底，写东西还是难不倒他。

不过，作业还没交上，上海越剧院又要招生了，要招 10 个编剧，10 个导演，都是学员。学校就问他，现在有这么一个机会，你要不要去。他就说，"如果滑稽剧团要我，我就不去了，不要我，我当然还是要去越剧院那里。"

意思也就是，以滑稽剧团为第一选择。

后来，学校告诉他，越剧院就不要去了。

他想，应该是滑稽剧团要自己了。

要命的是，等到越剧院在学校招完生，他再去大公滑稽剧团报到时，学校里又阻止了。因为大家发现，这家滑稽剧团并没有列入高考名额的范围，不能接受应届学生。这下就坏了，滑稽剧团去不成，越剧院也没戏，他夹在中间，不知道该怎么办了。

天无绝人之路，很快就有一个消息传来，越剧院要继续招生，准备在全市再招 10 个"编导"。他就自己跑到越剧院去跟他们讲，自己愿意来考，越剧院自然很奇怪，为什么第一批没有过来？说明情况下，他终于获得了一次机会。

考完试不久，就被录取了，成了越剧院学习编导的学员。

直到这个时候，他才死了对滑稽的那片心，"我以为这一辈子就从事戏曲的编剧去了。"

只是，在越剧院报到的时候，情况突变，上海市文化局将越剧院招收的二十名越剧编导学员，全部接收到属于文化局委托上海戏剧学院代办的戏曲创作研究班中——这是戏剧学院破天荒的，也是从新中国成立以来第一次、第一批从高中毕业的学生当中招收戏曲编剧。此前，话剧编剧在高校有对应的专业，但戏曲编剧从来没有。这从中可以看出国家对戏曲编剧的人才开始有了重视。也因为是第一次招生，所以，戏剧学院并没有招满生员，所以，文化局就来了这么一出，将徐维新在内的二十名越剧编导学员和戏剧学院招来的学生，合在了一起学习。

一进戏剧学院，老师就跟所有的人明说了，你们本来是越剧院招来的，但是进了戏剧学院学习，毕业之后就不全是搞越剧了，全市的各个剧种都有。

听了这些，"有一些喜欢越剧的人不大开心了，像我就很高兴了，我就问老师，我说以后能不能搞滑稽。老师很奇怪，谁愿意搞滑稽的，我说我愿意，他说可以。"

就这样，一波三折，最后他一毕业还是进了滑稽剧团——海燕滑稽剧团。

在很多人瞧不起滑稽的情况下，这个滑稽剧团的团长，却是一位很有传奇性的老一辈的人。他正是朱家训。南京国立剧专（中央戏剧学院前身）第一届学生。1938 年 6 月到达延安，进入抗大四期一大队，后转入延安鲁艺话剧团。1947 年回到南京，重新组建抗战七队，任队长并坚持进步戏剧活动,同时加入中共地下党。1952 年调入上海,先后任上海群众电影院总经理、上海先施游乐场公方代表、黄浦区文化局专职导演、1961 年起任上海海燕滑稽剧团行政业务团长兼导演。

"他是一个资格很老、出身很正统的戏剧人,"徐维新说,"这样一个人搞滑稽,说明滑稽并不是那么让人不堪。我去他们剧团实习,他要把我留下来,问我愿意吗,我说,当然可以了。"

只是,他以为自己柳暗花明又一村,谁料又是山重水复疑无路。

因为,"文革"来了。

滑稽在劫难逃。

"换其他剧种,在'文革'中也许就是要求你罢演,但是滑稽戏的待遇不一样,是要彻底砸烂。除了它是所谓封资修的东西,当然也因为它身上也有很多问题,用'文革'中的眼光来说,是极不光彩的东西。所以得彻底砸烂。对从事滑稽的演员,不是'斗批改',而是'斗批走',是不允许你改过自新的,而是让你彻底离开。"

这其中就包括在上海蜜蜂滑稽剧团基础上成立的上海市滑稽剧团。这只"蜜蜂"先是在 1960 年春,划归上海人民艺术剧院建制,定名为上海人民艺术剧院滑稽剧团,接着在 1963 年再次更名为上海市滑稽剧团。但在"文革"中,即使身为"市"滑稽剧团,它还是逃脱不了被解散的命运。

前身为大公滑稽剧团的上海市人民滑稽剧团,也难逃其劫。同样在十年动乱中剧团被迫解散。在"杨、张、笑、沈"中年纪最小、个子也顶小,其时为大公滑稽剧团副团长的沈一乐,也在此期间,被迫害致死。

那时徐维新才二十出头的小青年,正是发展业务的时候,偏偏运动来了,前途一片茫然。既然留不下来,只好去到五七干校做五七战士,与天奋斗了。"什么都干过,背包,出粪,很臭的,去插秧,去割稻,三伏天去农田打药水,这些都做过。"

日后,他又被调到区一所重点中学做革命文艺教师。教学生唱歌,唱样板戏。后来又被放在了教育革命组,也就是现在的教导处,搞搞小分队,搞搞广播，同时也兼课。

但是徐维新还是坚信，滑稽一定还会重生的。他当时曾经偷偷地对同行说："滑稽戏就此没了，我是死不瞑目。"因为滑稽是搞笑的，是趋向于笑的东西。作为普通的人，谁又不喜欢笑呢?！

"文革"一去，滑稽又焕发青春。

"这个社会很怪，以前越是要给打烂的，等恢复之后，它的名声就越大。"

这个时候，大家又看到滑稽的好了。加上滑稽戏本身也紧跟时代，搞了很多高质量的现代戏，也有很多名家、名演员。

"所以到'文革'结束以后搞话剧会演，都要请上海的滑稽戏参加。"

除了剧种得以恢复之外，还先后成立了上海曲艺剧团、上海市人民滑稽剧团、上海市青艺滑稽剧团。

此外，上海市工人文化宫和上海市青年宫，都有坚持常年活动的业余滑稽剧团；各区、县、局系统，经常演出滑稽戏的业余剧团有二十余个。

其中，上海市青艺滑稽剧团是在 1979 年 9 月建立，是黄浦区文化局下属的专业文艺团体，团名起初为上海市青年滑稽剧团，一年后改为现名；上海市人民滑稽剧团则是以原大公滑稽剧团为主体，吸收原大众、海燕滑稽剧团少数演员，及许多业余演员，白手起家，在 1979 年 5 月重新组建而成；倒是上海曲艺剧团的成立，让徐维新有些啼笑皆非。它的前身正是上海市滑稽剧团，但有关方面不让它恢复原名，偏偏要叫成曲艺剧团。要知道曲艺是曲艺，剧是剧，你或者叫某某剧团，或者就叫某某曲艺团。哪里有曲艺叫剧团的?

"这是因为在'文革'后，大家对滑稽戏还是有一定的看法，所以搞了这么一个文理不通的曲艺剧团。而这个曲艺剧团演的又是滑稽戏。总而言之，让人觉得有些荒唐、莫名其妙。"

好在滑稽也很争气，出了一些好戏。如上海曲艺剧团创作演出的《出色的答案》,参加国庆三十周年献礼演出,获文化部颁发的演出一等奖、剧本二等奖;随后徐维新本人也参与创作演出的《性命交关》,获上海市 1979 年的创作演出奖。另外,在文化部和中国剧协举办的 1981 年优秀剧本评奖活动中,上海曲艺剧团创作的《路灯下的宝贝》获奖。

这无疑引起了社会舆论的关注。中国戏剧家协会主席曹禺在看了《路灯下的宝贝》之后,颇为赏识,"他深有感触他说:卅年前在上海看过旧的滑稽戏,印象不太好。解放后看过《三毛学生意》,感到确实不错。但是,对滑稽戏这个剧种,还没有真正的好感。今天看了《宝贝》,感到滑稽戏是能作出出色贡献的。这出戏里的笑料很健康。不仅能逗人笑,而且能使人笑出眼泪。对剧中这些'宝贝'很是同情,流着热泪笑他们呵。"①美国喜剧大师鲍勃·霍普专程到上海看了《性命交关》后,当即邀请袁一灵、翁双杰、李青参加中美第一部电视片《通向中国之路》的拍摄。

在社会的呼吁之下,1985 年,上海曲艺剧团终于更名为上海滑稽剧团至今。

1978 年,徐维新又重归滑稽舞台,以编剧的身份进入了上海曲艺剧团,也就是以前的蜜蜂滑稽剧团、今天的上海滑稽剧团。到 1980 年底的时候,剧团准备办学馆,考虑到他还有中学老师的经历,领导就请他来负责学馆的工作。

"'文革'使我们滑稽出现了人才断层,断了一大截。'文革'后虽然剧团恢复了,但恢复之后怎么办呢,没有演员了。有的剧团是用没有经过专业训练的业余演员来'充实',我们上海滑稽剧团却坚持办学馆培养接班人。"这也是剧团办学馆的一个重要原因,好在当时的滑稽戏的形象有了很大的改观,正是红火之际,"报考的有二千八九百号人,最后录取了十五六个人。"

其中,就包括在日后成为新一代滑稽领军人物之一的钱程,以及海派清口而广为人知的周立波。

---

① 《曹禺看滑稽戏》,《新民晚报》1982 年 1 月 4 日。

受爱好曲艺的父亲影响，周立波成为诸多报考者中的一人。当时的主考官严顺开让周立波做一个小品：妈妈买了一台彩电回家，周立波要表现得很高兴。严顺开问："彩色电视好不好看？"周立波答："很好看！""怎么好看啊？""黑白分明！""彩色电视机怎么黑白分明呢？""今天放黑白电影！"考官们笑了，当场拍板录取了他。

这里的严顺开，正是《阿 Q 正传》里的那位阿 Q——一位看上去很普通的上海本土人，曾在高中毕业后报考了上海戏剧学院，正因为长相平凡，在最后一轮被刷了下来。只得舍近求远，进了中央戏剧学院。好在正在北京演出的姚慕双慧眼识人，一眼相中了他，通过当时的文化部副部长夏衍把"小严"于 1963 年特招至上海人民艺术剧院滑稽剧团，也就是日后的上海滑稽剧团。于是，"上滑"乃至上海出现了第一位喝过斯坦尼墨水、从事"烂污泥"事业的本土笑星。

1981 年，他初登银幕，主演剧情电影《阿 Q 正传》，将鲁迅先生笔下的阿 Q 还原成一个栩栩如生的人，也一举获得了瑞士韦维国际喜剧电影节最佳男演员奖、第六届百花奖最佳男演员奖，另外，他还是中国唯一获得"金拐杖奖"的演员。

"严顺开的经历我知道，"徐维新说，"上海在 20 世纪 60 年代，从大学出来进入滑稽界的只有两个人，一个是我，一个就是严顺开。只不过他是演员，一个是编剧，而且都是在 1963 年。我跟他也合作了一些东西，所以对他还是很了解的。"

作为学院派人物，徐维新筹备学馆时，自然要请他来主考，也给学生上课。

正如姚慕双对严顺开的提携，严顺开也提携了周立波。

网络上曾流传有这样的故事，"上世纪 80 年代后期，周立波在滑稽界走红。年少成名的他难免恃才傲物、少年轻狂，做出一些过分的事。对此，严顺开老师曾经严厉地批评了他，而他却很不以为然，严顺开老师生气地说：'你这孩子，不听话，早晚要进去的！'结果一语成谶，1990 年，23 岁的周立波因为打瞎前岳父眼睛而被判刑入狱 205 天。他曾自揭 205 天'坐牢内幕',表示'严顺开老师早就说我:想干什么干什么,没有控制自己的意识,早晚有一天抓进去。后来我进去第一夜就想到他这句话。'"

徐维新也很感慨。"在学馆里,有很多好苗子,周立波这个苗子是不错的。"作为学馆馆长,当时他是要和这些学生住在一起,"周立波成名后,有不少电视台过来问我,想挖他的隐私,我不太想讲,讲也只讲我知道的事情。我就说,这个人个性很张扬,有股傲气。"

因为他亲耳听周立波对他说过,自己毕业之后,要在舞台上打败谁谁谁。

说完,周立波还做了一个动作,让人印象深刻。

不过,在说过周立波有傲气之后,他又补充了一段话,"如果作为一个演员没有这种傲气,没有这种张扬性格的话,他不会有今天的,跑龙套的还是跑龙套。"

要命的是,北京有一家电视台在播放这段采访时,将他后面这段给全部剪掉了,只剩下他说周立波张扬、有傲气了。这种断章取义,改变了原话的意思,让周立波听得不大舒服,对他很有成见,一开始两人感情很好,到最后,结婚也没有请他了。但他也没有去解释什么。

当然,也跟这些事情有关,那就是周立波在海派清口火热一时,离开了自己经营很久的阵地——美琪大戏院——到体育馆演出,这样一来,票子就能卖得更多了。有媒体又问徐维新,对他此举又有什么看法。

徐维新实话实说,这只能偶尔为之吧,因为观众太要看了,你要解决一下观众票子的问题。但是,滑稽是一个视觉的艺术,"在这么大的一个体育馆,观众是看不清楚他的表演的,除非带上望远镜,你很难捕捉到演员的表情和动作。所以,滑稽还是应该回到剧场。"后来周立波给他打电话,就不要让他再讲了。

但不管如何,徐维新还是认为,周立波对扩大上海滑稽在更大范围内的影响,还是有卓越贡献的。尤其是在滑稽又一次陷入沉默之时,突然冒出了这么一个人，成为滑稽的一面旗帜，对滑稽否定之否定，未必不是滑稽的一次重要转机。

如果周立波能沿着这条路坚持下去，那对滑稽来说，该有多好啊！

滑稽又一次搞坏了自己的名声。

因为，现在的滑稽戏，不滑稽了。

尽管在上海，有"杨、张、笑、沈"的滑稽大家，更有姚慕双、周柏春，以及他们的徒弟"双字辈"①，日后还出现了以钱程、秦雷、胡晴云、王汝刚、毛猛达、沈荣海等为代表的"新生代滑稽"和以周立波等为代表的"小小滑稽"……

但是，在 2012 年 5 月 24 日，随着滑稽泰斗级的袁一灵、姚慕双、笑嘻嘻、周柏春以及之后的杨华生的离世，他们所代表的上海滑稽戏黄金时代，便拉上了最后的帷幕。

因为前辈不在，后辈们却难以为继。

谁都难以想象，三十多年前，上海滑稽剧团、上海市人民滑稽剧团和上海市青艺滑稽剧团有 1 000 多人，如今上海的三个滑稽剧团加起来不到100 人，没有一个在职的编剧，没有一个在职的导演，没有一个人才培养机制，最重要的是失去了市场。相反的是，郭德纲的德云社早在 2006 年就在上海举办了首次专场演出。

倒是电视上热热闹闹，一开始，有翁双杰、吴双艺、童双春、李青，还有单独唱上海说唱的黄永生、龚伯康等这样的后来的名家，接着，毛猛达也成了其中的一员，最早做《七彩哈哈镜》，后来做《老娘舅》《嗄战上海滩》《笑林盛典》。不少"滑稽演员"涌向电视台，或做"风马牛不相及"的"主持人"，或去

---

① 提到滑稽双字辈，也就是姚慕双、周柏春两位滑稽大师的追随者和传承人，为了表达对姚周"俗中见雅、智逗噱头"充满书卷气的表演体系的敬意和传承，他们给自己重新起了个带有姚慕双的"双"字为艺名，譬如：小慕双、沈双亮、吴双艺、王双庆、童双春等；女学生则以复姓表达"双字"：申屠、诸葛、欧阳、上官等；与其平辈的还有"姚氏嫡传"的子女：姚祺儿、姚勇儿、姚祯儿、姚斌儿的"儿"字辈。圈内人还调侃几个不带"伤"（即双的译音）的姚周膝下男女门徒，如：李青、王辉荃、钱吟梅、方艳华等。当然，也包括姚慕双一眼相中的严顺开。

表演根本不滑稽或者"低俗"的"滑稽"。不少人要利用电视进一步"成就"自己。

当然,心思活络的周立波肯定也耐不住寂寞,从主持《一周立波秀》,再频繁地出现在《中国梦想秀》这样的综艺节目中……

他们用自己半生的积累,点燃了电视前观众的热情。

这无疑是剧场艺术被影视冲击得最为厉害的时代,没有人愿意去剧场,将自己的生命浪费在美好的事物上,而是一张沙发,几包零食,在电视前就能对付一个晚上。

这种事情走向极端,就是各种有名的,没名的,或者蹭名的,都打着滑稽戏演员的名号,在电视上抛头露面。

> "在电视台先混个脸熟,脸熟之后就可以去各地走穴。唱一场堂会,客气点,要一万元;不客气点,两万元;稍微好点,三万元。日子怎么会难过?
>
> 房子买的都是好房子,车子开的也可以。为啥还要用功?为啥还要唱滑稽戏?以前全部靠舞台,要成为角儿,真的是一句句唱出来。现在上一千场戏,还不如上一场电视。
>
> 别的剧团是大家抢着演主角,我们剧团是互相让,都不想演主角。天天排戏,早上要早起,要被关在排练场里,很辛苦,赚的还不如走穴一刻钟。
>
> 以前杨华生在台上演,大家要在下面看、偷偷学,这叫'偷角儿'。现在不要了,只要在电视台混好就行了。"[1]

就连毛猛达也承认,不少滑稽界的"行中人"都说,电视是双刃剑,作品好,别人记住你,作品不好,别人骂死你。电视是快餐文化,但滑稽戏不应

---

[1] 这是"阿德哥"毛猛达在 2016 年 8 月前后接受《上海观察》记者采访,就上海滑稽戏的现状、上海滑稽戏到底怎么救等方面内容表达了自己的看法。他认为,上海滑稽戏的衰落、失传、坐吃山空,他有责任,但自己心有余而力不足。

该是。

偏偏很多人将滑稽戏做成了快餐。

有人感慨，当电视情景系列喜剧《老娘舅》《红茶坊》《新上海屋檐下》等节目轮番在电视上打擂台的时候，上海的滑稽戏观众，很难再观赏到像《现身说法》《球迷》《头头是道》《请保姆》……这样令我们至今都耳熟能详的正宗的滑稽戏了。

即使出现了几个还是用心热爱滑稽的小滑稽、小小滑稽，他们在创作能力上也弱得可怜，只能反复的演出老辈人创作的数得过来的几个段子。

徐维新担任过电视栏目《七彩哈哈镜》和室内情景喜剧《新上海屋檐下》的文学编辑，还是《新上海屋檐下》的总编剧——1998 年之后，他开始渐渐淡出滑稽剧团，先到上海市演出公司，再到上海市群众艺术馆、浦东文化馆、浦东文化艺术指导中心这样的群众文化单位，为群众做一些文化服务，这也让他更多地介入到了影视方面的内容创作——他觉得在传统媒体、新媒体各行其是的当下，好好利用它们这些平台来传播滑稽，是与时俱进的，不过要千万注意，不能本末倒置，不能将渠道优势混同于内容优势。

也正是在不停地创作过程中，徐维新还发现上海滑稽还存在着一个重要的遗憾，就是重实践，轻理论。

"上海滑稽是没有理论的，"徐维新说，"因为没有人去搞。我也是搞创作的。但是我写写写，觉得这些理论的东西不搞清楚不行。"

比如说，大家都知道滑稽戏的要领在于"笑"，但是什么是真正的好的"笑"，什么是不好的"笑"，没有人去总结。"我在外面讲课，跟一些小朋友讲，从小老师就教育我们，如果看到一个人踩香蕉皮滑倒了，你应该笑他还是应该同情他，当然应该同情他。不过，有的人说很好笑，因为看到别人受苦，就笑得合不拢嘴。现在很多电视节目，搞笑的、娱乐性的，都是用戏谑别人的方式来引你发笑，但这种笑，真让人笑不出来。"

在徐维新看来，笑其实一种很危险的事业，一不留神，会将群众的笑意给引偏了，本来不好的东西，你拼命想灌输给大家，好的东西，你偏偏要去嘲笑。最后,将好笑变成了笑料。所以,我们需要每个人真正搞懂,如何让人民真正去发笑。只有这样,滑稽才会有健康的导向,才能为观众负责,为社会服务。

他还发现,要想演好滑稽戏,你就必须要像王无能、江笑笑、刘春山那样,像姚慕双、周柏春、袁一灵、杨华生那样,除了表情有特色,在语言上也很有扎实的功底,南腔北调的方言必须十分地道。但直到今天,都没有好好地研究上海话。有教授虽然编过一本上海话九百句,还出过碟片,但错误百出,"举个例子,秘书,我们上海话叫 bishi,普通话叫秘书,这个碟片里面叫misi。碟片还把'女士'读作'女尸'……"

如果滑稽戏里用的是这样的上海话,岂不是叫人笑得大牙,不要说其他观众,就连上海人,说不准都听不懂了。

今天的徐维新,不管身在哪里,都一直关注上海滑稽的发展,也在做相关方面的工作。比如说理论研究,推出过专著《海上滑稽名家》(合作)、《剧艺人生》〔2002 年由中国戏剧出版社出版〕、《海上奇葩》〔2005 年由百家出版社出版〕,另外还编有滑稽音频、视频作品《笑哈哈传统滑稽精选》(四碟)、《滑稽大师杨华生》(三碟)、《老上海老牌滑稽》等,以及策划推出了近 150 万字的《海上滑稽春秋》(丛书);又比如说,他还自 2004 年起,在一家电台里坚持 13 年做了一档滑稽档案栏目,大概计有 500 来期,与观众交流两千多人次。

此外,他还推动着滑稽从群众中来再到群众中去,与上海徐汇区的天平街道一起,将社会上的一些滑稽界退休的老艺人以及爱好者,包括天平当地的一些群众,聚拢在一起,搞成了一个开放性的、公益性的沙龙。

更重要的是,他还想借用这个平台,做好上海绕口令的收集和保存工作。"一方面,绕口令是上海滑稽的一个组成部分,里面有很多跟滑稽相通的东西;另一方面,它保存了比较标准的上海话。所以,我就帮天平一起,申报了上海市的非物质文化遗产。"2017 年,在天平街道的支持下,由他主编的近 80 万字的《上海绕口令》一书,也由文汇出版社出版。

事实上，早在 2011 年 5 月 23 日，滑稽戏就经国务院批准，被列入了第三批国家级非物质文化遗产名录。有国家来作为滑稽戏和说唱、绕口令等方面的保护，并提供强有力的后盾，它们也一定有复苏的机会，但是，徐维新也提醒到，既然是遗产，那么，它们就不是一个新生的东西，要想重新焕发生命力，需要更多的努力。

　　好在，这又是一个喜欢笑口常开的社会。

第三部分

民族音乐，让上海的，也是世界的

1952年，陆春龄意外地迎来了自己艺术生涯中的第一次"高光"时刻。

那年冬天，苏联的芭蕾舞团访华，为国人带来了四幕芭蕾舞剧的《天鹅湖》。首站大连。接下来又要去北京、上海。

它既是社会主义国家之间的友好交流，也无疑成了那些刚摆脱战乱不久的国人一次难得的艺术享受。中国上下对此也给予了高度重视和欢迎。

因此，他们在此之前提出了这样一个要求：希望能在上海，听到中国传统的民间音乐——周总理听说之后，毫不迟疑，马上指定上海的陈毅市长照办。

同样，陈毅市长也不怠慢，即刻把任务交到了时为华东军政委员会文化部副部长黄源①的肩上。黄源又火速指定长期从事音乐工作的孟波搭班筹备。最后，他们为苏联的芭蕾舞团请来了在中国民乐界颇有权威的四个人。一个是负责具体工作的刘中一，一个是弹琵琶的凌律，一个是拉二胡的许光毅。另一个就是吹笛子的陆春龄。

得知这是中央派下来的任务，陆春龄和其他几位既高兴又紧张，深感责任重大。

他从来没想到，自己手中的这支笛子，竟然有一天承担起了"历史的使命"。

---

① 黄源，1905年生于浙江海盐。著名翻译家、作家。曾就读嘉兴秀州中学，与当时著名翻译家朱生豪、作家茅盾为前后同学。也是鲁迅先生晚年最亲密的弟子，鲁迅人生最后的时光，他一直陪在身边。1955年调任浙江省文教部副部长兼文化局局长。他提出恢复西泠印社筹建工作，发现了"江南笛王"赵松庭，发现并重用了当时还在嘉善工商联的业余作者顾锡东，成就了之后写下《五女拜寿》《陆游与唐琬》的"顾伯伯"。

· 苏联芭蕾舞团团长感慨地表示，这简直就是上帝安排的乐声

此时刚过而立之年的陆春龄，在前三十年，都没怎么"立"得起来。

他是上海本土人，出生在今天的南昌路，靠近繁华的淮海路。但我们万万不能以今推昨。那个时候，此地还是棚户区，一片破房烂地。

尽管是个大家庭，祖父、祖母、叔叔、伯伯都居住在一起，却非人多力量大，而是人多肚皮多，仅靠祖传下来的几亩薄田，日子过得非常紧巴。

事实上，他的左邻右舍也何尝不是如此。很小的时候，他就能体会到生活的艰辛。日后，当巷子里老皮匠孙根涛每当生意清淡，便用笛子吹起各种各样的小曲时，他就很乖巧地坐在一旁倾听，就像能听得懂那里的哀和愁。

孙根涛也因此成了陆春龄在笛子上第一个，也是最为重要的一位师傅。师徒同样出身贫困，平日靠修鞋维持生计，但和瞎子阿炳一样，通习音律。除了笛子之外，像琵琶、洞箫和二胡无一不通。因此，他还和巷子里弹琵琶的、吹笙的组成了一支"陋巷乐队"，每逢夏天纳凉之时，他们便汇聚在陆家门口，吹拉弹唱，各显神通。

某种意义上，这种娱乐方式，虽然廉价，但却抚慰了他们的人生。让他们在辛勤劳作之余，能解解闷，稍作放松。

陆春龄之所以成为笛子演奏家，而不是"调素琴，阅金经"①，或者是小提琴等西洋乐器爱好者，就在于他身边有师傅这样的一帮丝竹队伍。另外，他生活在民间的最底层，和很多人一样，只能因陋就简。像笛子，在别人或许觉得太无趣，但对陆春龄来说，其材料便宜，制作简易，携带方便，何乐而不为？

对他的热爱，一直活到90多岁的老阿奶，很不以为然。在她饱经风霜的眼睛看来，"讨饭二胡叫花笛"，所以，当他拜师孙根涛时，她就表示了反对意见，

---

① 语见唐代诗人刘禹锡《陋室铭》。前后句为，"谈笑有鸿儒，往来无白丁。可以调素琴，阅金经。无丝竹之乱耳，无案牍之劳形。"其中，"素琴"为不加装饰的古琴。"金经"一译为佛经。

"侬这个小囝,介勿懂事体,饭也吃不饱了,吹啥个笛子。长大了能靠这根竹管筒吃饭吗? 真是没出息。"

这并没有打消陆春龄的念想。都说一年入门,两年登堂,三年入室。为练习好笛子,他丝毫不曾半点偷懒和"油腔"。师傅对他也同样抓得很紧,倾心相授。不过他喜欢教他旋律明快的《欢乐歌》,因为他不想把大人们的忧愁带给小孩,"我要在他幼小的心灵里撒下快乐的种子,让快乐的音乐伴随他成长。"

正是这样的细心教导,10 岁时,陆春龄便可以加盟"陋巷乐队",参与演奏了。1934 年 4 月 4 日,虚岁十四时,他第一次"登台"演出,在西藏路南京路口的一家商业电台演奏了《虞舜熏风曲》,以庆祝当时的儿童节。

日后,当他因家庭困难而不得不辍学,早早走上了社会,开始进一步领略人间的万般苦味时,他更不愿意放弃他的笛子。在这根"小小竹管筒"上,他可以发泄自己发不尽的感慨,以及挥不完的激愤。

这期间,他也多次失业过。不过,因祸得福,他结识了紫韵国乐社的许多同仁。这里有周晋升、姚守海、朱少梅等名家。

可以说,在上海,除了像孙根涛这样的普通民众组成的乐队之外,还有一些文人雅士也推崇这种既是民间也是民族的音乐。正是陆春龄出生的 1921 年,大同乐社在上海成立。其致力于传统乐器的继承和改良,开始探索新型民族管弦乐队的创建,组成了一个有 32 人编制的民族乐队,基本上分为吹、弹、拉、打四组。在这乐队的赞助人名单中,我们会发现很多熟悉的名人:蔡元培、史量才、叶恭绰、梅兰芳,以及周信芳……

紫韵国乐社同样也醉心于民族音乐。其所在地就放在吕班路〔日后的重庆中路〕66 号的凌云阁茶馆。老板是凌云章。凌律就是他的儿子。当时他是震旦大学法律系的高才生。毕业后就当上了为人排忧解难的律师。在十里洋场的旧上海,律师算得上是有头有面的"上等人","可他就是喜欢民乐,弹得一手好琵琶,尤其是《十面埋伏》,弹得得心应手。'金声、鼓声、剑弩声,人马辟易声'历历如闻。我家叔叔的好朋友陈漪达把我推荐给他,从此,我们成了好朋友。"

除了一起研究民乐之外,成立紫韵国乐社还有一个目的,那就是抵制赌博恶习。通过"武"踢足球、"文"练丝竹,让自己在旧上海能崇文尚武、洁身自好。

也正因此,陆春龄不仅提高了技艺,而且还学到了为人清廉有志的优良美德。

不过,这依旧不能让他靠着这根"小小竹管筒"吃饱饭。

在很长一段时间内,他都要挣扎在生存线上。为了养活自己和一大家人,他当过祥生的出租车司机,为名人开自备车,又去过日本人统治的江南造船厂当全夜工,亲身体验了日本人和"拿摩瘟"〔工头〕的趾高气扬,以及对工人的毫不留情,最后忍无可忍离开此地,和父亲轮流踏起了三轮车,做起了"骆驼祥子"。但这也没有维持多久。

在上海解放前夕,他又重新回到了前身是祥生出租汽车公司的祥生交通公司,开起了从淮海中路至漕河泾七宝路段的大巴公交。

也正是在这趟车上,他目睹了威武雄壮的解放军进入了上海。与此同时,上海人民那"扛枪进城秧歌迎,军民欢庆天下乐"的迎接场面,也深深刻在了他的脑海里。

此外,他在路途中还发现,一大批穿着褪了色的黄色军衣的人,正在泥泞之中,扛木头的扛木头,挑砖的挑砖,砌墙的砌墙,忙得不亦乐乎。一打听,竟是解放军正在为村里一家人家抢修因战争而被毁的房屋。

这让陆春龄情不自禁地加入到了迎接解放军的队伍中,并时常靠在汽车头上,吹起了《东方红》《解放区的天是明朗的天》……这一天,天真的是变了。

多年后,当他回想这一历史时刻时,还感慨万千,如果不是因为人民站起来,有了当家做主的权利,自己根本就不会有机会站到历史的舞台。

为了做好那次演出,回报国家对自己的厚爱和看重,陆春龄和刘中一、凌律、许光毅一起在巨鹿路市文联的花棚里建立了包括孟波在内的五人筹备小组。他们一边研究像《三六》《行街》《欢乐歌》《中花六板》等具有江南丝竹特点的曲目,认为其细腻、柔美的演奏风味,一定会引起苏联方面的兴趣。另一边,他们也逐人确定自己要上台演奏的曲目。不过,一个好汉三个帮。仅凭他们几个人,还是很难完成任务,所以他们接下来还有更重要的工作,那就是组织人手,请乐队的请乐队,请伴奏的请伴奏。很快,队伍就搭建起来了。上级领导见组织工作有条有理,且又有潜在力量,便建议组织成立了"上海民间管弦乐队"——1952年的9月,新中国第一支专业民族乐队就此在法华镇路〔现在的新华路〕336号成立。

它也就是日后上海民族乐团的前身。1957年,上海民族乐团在大同乐社、紫韵国学社等"前辈"的源远流长中,挂牌成立。

尽管不能和现在的豪华、庞大的上海民族乐团相比,但在1952年的冬天,只有十来号人的"上海管弦乐队",还是为苏联来访的艺术家们做出了精彩的表演。

凌律献上的自然是《十面埋伏》。许光毅则用二胡演奏了清新明快的《良宵》,以及充满勇往直前的《光明行》,它能让人能体会中国人民翻身做主人的那种自信、进取。

陆春龄也拿出了自己的拿手曲目,也是日后让他享有诸多声誉,曾获得中国首届金唱片奖的《鹧鸪飞》以及《小放牛》。

一曲终了,苏联芭蕾舞团团长感慨地说,这简直就是上帝安排的乐声。

对中国的民族音乐,他们也心悦诚服,觉得太美。中国,了不起。

在演出结束后,陈毅市长接见了他们,向他们表示了感谢。

"你们真了不起,短短几天时间,就演出了这么好的节目,你们出色地完成了任务,为祖国争了光。"接着,他还幽默地对陆春龄说,"要不是我太忙,我还真想拜你为师,好好学一学《鹧鸪飞》和《小放牛》呢。"

也就是从那次演出后,陆春龄担任了上海民间管弦乐队的主要独奏演员及负责业务的主管,成为一个真正的专业演员。接着,又参与了上海民族乐团的筹建工作,并成了该乐团的独奏演员。1976年,调上海音乐学院任教。

笛子不仅让他可以吃饱饭,而且成了人生中最为骄傲的事业。

谁家玉笛暗飞声,散入春风满"申城"。①

---

① 关于陆春龄的从艺经历,除了来源于笔者对陆老的采访之外,还参考了由王晓君所著的《魔笛天籁驻人心·陆春龄》〔上海锦绣文章出版社于2013年7月第1版〕一书,在此表示感谢。

·从东西的调和与合作之中,打出一条新路来

此时的民族音乐,正处在命运再次转圜的交口。

在中华民族数千年文明史中,"琴棋书画"历来备受重视,也是国人的文化传统。毋庸置疑,其中的第一项"琴"便是民族音乐中的器乐。

"我们的民族音乐,在历史上常备受推崇,正因为如此,也为我们留下了大量宝贵的财富;在历史上我们的民乐人,也有身居高位、倍受尊崇者。

2 500多年前的晋国宫廷主乐大师,相传《阳春》《白雪》的作者师旷,就身居高位,常伴国君之侧,不仅演奏乐器,还时常为国君解惑答疑,从而备受尊崇。

在浩如烟海的唐诗中,以音乐为题材的作品,俯拾即是,仅涉及的乐器就有琴、瑟、琵琶、箜篌、笙、笛、箫、角、胡笳、磬、钟、拍板、羯鼓等。还有'凉州七里十万家,胡人半解弹琵琶','琵琶多于饭甑,措大多于鲫鱼'等诗句,这些都足以证明那时民乐(尽管其中有的乐器那时还不能算真正的'民乐',而是由外域传来)之兴盛以及在人民生活中占有的重要地位。"

然而,不幸的是,自清末以来,国运不畅,内外交困,整个国家都陷入了一种精神迷失的状态,民族音乐自然更是呈衰微破败几近消亡之势。相反的是,伴随着西方的尖船利炮,以及留学生的增加,西洋音乐不仅进入国门,而且还得到进一步提倡。

"社会上以洋为高的风气日盛,甚至连《孔子歌》《皇帝歌》都是用现成的外国曲调填词。当时还有人预言:'人人毁其家中之琴、筝、三弦等,而以风琴、洋琴(西洋之琴——笔者注)教其子女,其期当亦不远矣。'"①

陆春龄当年学笛子受到老阿奶"歧视",也未必没有这个原因。

———————————

① 孙元昌,《我们"一直都有贬损民乐的文化传统"吗?》,《音乐周报》。

好在还有那么些人在坚持，在大同乐社、紫韵国乐社成立前后，刘天华及一些国乐界的有识之士，也纷纷行动起来，为改造国乐、振兴国乐做了大量艰苦卓绝的工作。

今天，刘天华以中国民族音乐家的身份而为人所知，但他一开始接触的是西洋乐器。在常州中学求学时，就因为参加校中军乐队，学习吹军号及军笛，从而开始接触西洋铜管乐。1912 年，差不多十七八岁时，他又随兄刘半农到了上海，工作于开明剧社，业余加入万国音乐队，并学习钢琴和小提琴，开始接触西洋作曲理论……

不过，在 1915 年，因丧父加贫病失业，心境恶劣，刘天华偶赴市购得二胡一把，自此便和民族器乐结下不解之缘。1917 年，他向江南民间音乐家周少梅学习二胡和琵琶。次年，又从沈肇州先生学习崇明派琵琶演奏。也自此在二胡上谱写了诸多名曲。

其中，许光毅为苏联客人演奏的《良宵》和《光明行》，便是出自他手。

更为世人所嘉许的，还有其创作历时十年，到 1928 年才最终定稿的《空山鸟语》。

此标题取意于王维一诗，"空山不见人，但闻人语响。"在刘天华的作品里，则变成了"空山不见人，但闻鸟语声"。

1993 年，该曲获得中华民族文化促进会"华人 20 世纪音乐经典作品奖"。

刘天华的成功，在于他并没有因西洋而弃民族器乐，相反的是，尊重了民族器乐在中国多年来的文化传承，以及与其息息相关的中国文化。但与此同时，他又大胆地吸取了西洋音乐的技法，使作品既具有中国传统的音调，又有新颖独特的表现特点。

1927 年，刘天华和郑颖荪、吴伯超、曹安和等共三十五人发起，并于北京成立国乐改进社，以改进国乐并谋其普及为宗旨。提出"借助西乐，研究国乐"，"一方面采取本国固有的精粹，一方面容纳外来的潮流，从东西的调和与合作之中，打出一条新路来。"

到今天，著名二胡表演艺术家马晓晖还在感恩这位先辈，是他为二胡等民族乐器在高等学府，在殿堂级的舞台上争得了一席之地。

在他手上，"二胡又重新获得了尊严。"

这一年，还有一件值得中国音乐界值得纪念的大事。

那就是在 11 月 27 日，上海音乐学院的前身"国立音乐院"成立。

作为中国第一所独立建制的公立高等音乐学府，它是由蔡元培和音乐教育家萧友梅创办。自办校伊始，就把引入西洋音乐和弘扬中国各民族音乐艺术一同作为宗旨。

经过多年的发展和变迁，1945 年，其重新组建为国立音乐专科学校。1949 年，国立音乐专科学校改建为国立音乐院〔上海分院〕，日后又改建为中央音乐学院〔上海分院〕。1950 年，其再次更名为中央音乐学院〔华东分院〕。

1956 年，升格为上海音乐学院，并沿用至今。

在上海音乐学院的优秀校友录上，一定少不了这两个人的名字，一个是贺绿汀，一个是周小燕。他们分别在 1931 年和 1935 年先后考入了上海国立音乐专科学校，成了上海音乐学院的学生。这无疑是两人音乐生涯的重大转折，并成为他们崛起乐坛的前奏。

数年后，贺绿汀成了电影界的著名作曲家，为影片《船家女》《都市风光》《十字街头》《马路天使》和话剧《复活》《武则天》等 20 多部影剧作品配乐作曲，而周小燕则辗转来到欧洲，就此在欧洲舞台打拼天下，并赢得了"中国之莺"的美誉。

尽管走出了不同的人生路径，但对祖国，以及民乐的爱，却不约而同。

有人说，贺绿汀的可贵之处正是他在音专恩师黄自的基础上，直接从民间音乐中吸取音调，更好地保持中国民间音乐的清新、质朴、生动的风格。所以，他为影片《马路天使》谱写的《四季歌》《天涯歌女》家喻户晓，在 20 世纪 30 年代的大上海风靡一时。其中，《天涯歌女》的曲子源头，就是江苏名歌《大九连环》。

周小燕表现得同样很决绝——尽管师从意大利著名声乐教授贝纳尔迪学声乐，但在国外演出时，她总是坚持穿中国的旗袍，唱中国的歌曲。吴祖光出访法国时，遇到一位汉学家，很痴迷中国的文化，就是因为他曾经听一位中国姑娘唱中国歌，觉得中国语言美极了——那位姑娘就是周小燕，当时她还是个小胖子,唱的则是她的代表作《紫竹调》。

1947 年 5 月,她应约参加二战之后的首届"布拉格之春音乐节"。在这场吸引了奥伊斯特拉赫、波恩斯坦、库布利、梅纽因等顶级音乐家的音乐盛事上,她记得自己唱的差不多都是中国歌,比如贺绿汀的《神女》,刘雪庵的一些曲子,《红豆词》之类的,还有俄国音乐家齐尔品专门替她写的几首歌,比方说《春眠不觉晓》,以及民歌改编的《大河》《杨柳》,"我唱的就是这一类的歌,所以他们觉得美得不得了。"

两人是在 1947 年 10 月之后,重新聚首。

当时中国还在国民政府的统治之下,但心怀一颗报国之心的周小燕,还是迫不及待地回到了阔别九年的祖国。"回想 1947 年,我刚从欧洲学成归来,受聘于上海育才学校及上海国立音乐专科学校教授声乐。那时的我,满脑子思考的只是如何完善自己的专业,如何将自己从欧洲学来的知识传授给学生。"这一愿望在 1949 年之后,得到了更彻底地实现——这年,周小燕踏进上海音乐学院的大门,从一位花腔女高音歌唱家成为声乐系教授。从此,她的生命与上海音乐学院再次紧密地联系在了一起。

此时,已有陕甘宁晋绥联防军政治部宣传队音乐教员、延安中央管弦乐团团长、华北文工团团长等诸多履历,并在抗战中写下传唱大江南北的不朽战歌《游击队歌》的贺绿汀,也回到了母校,担任上海音乐学院院长〔1949.10—1984.5〕。

这让他既是周小燕的学长,又是她的领导。

甚至还是她的证婚人。

1952 年,周小燕和知名导演、剧作家,曾改编或导演了《白求恩大夫》《翠岗红旗》《鸡毛信》等一批优秀国产影片的张骏祥结婚。

男方的证婚人是时任市文联主席的夏衍同志,女方也就是周小燕的证婚人便是时任市文联领导及音协主席的贺绿汀同志。

在自己的一篇回忆录里,周小燕便这样写道,"我要特别表达对于贺绿汀同志的敬意。"一方面,是因为"他的人格和作风,赢得了大家的敬仰和尊敬",另一方面,他将自己毕生的精力,为中国民族音乐复兴做出了巨大贡献。

"记得当年贺绿汀上任之初,便建立了民族作曲系、民族音乐演奏系、演唱系,并亲自带领师生唱民歌。他在重视民族音乐的同时,也鼓励学习西洋音乐的师生,一定要学深学透,不能一知半解。"

在音乐教育"基础教育残缺不全,高校生源极其不足"等现状面前,贺绿汀踏破铁鞋,一直都在奔走呼号,为之上下求索。

从稳定既有师资队伍到动员海外专家回国任教;从成立音乐研究室到翻译出版音乐丛书;从开设民间音乐课到延聘民间艺人来院任教;从草创民族音乐研究室到建立民族音乐系;他还创办了上海音乐学院附中和附小,形成大学、中学、小学"一条龙"的教学体制……

总之,贺绿汀所要尽力实现的,就是要"将摆在我们面前的严重任务是要继承我们祖先几千年遗留下来的巨大而复杂的民族音乐遗产,以整理发展,创造出无愧于伟大的中国人民的新的中国民族音乐文化"。

1956年,上海音乐学院民族音乐系正式建立。这是国内音乐学院中最早设立的民族音乐专业学科,由沈知白担任首任系主任。多年来,该系曾汇聚了中国音乐界的诸多大家,沈知白之外,还有卫仲乐、陆修棠、孙裕德、王乙等,也培养了许多当代中国音乐的名家大师,其中包括闵惠芬、项斯华、李民雄、杨青、阎惠昌等。

此外,贺绿汀还动员师生下生活、去采风,向民间艺人学习,向人民大众学习,真正实现"古为今用""洋为中用"。

"上世纪五十年代初上海音乐学院音乐工作团成立,我这个教授西洋音乐的老师被委任为团长,贺绿汀同志还选派了一位解放区来的、熟悉中国民间音乐的同志配合我的工作。'音工团'的团员,则是在校的部分学生和校外音乐爱好者们。

'音工团'成立以后,深入基层,广泛学习,包括去山东等地向民间艺人学习民歌,去地方剧团学习地方戏曲。我们曾把锡剧《双推磨》移植过来,加入音乐制作和配器；把越剧小品《双看相》移植过来，创作了秧歌剧《夸女婿》。

我们还通过在棉纱工厂体验生活，与工人们'同吃、同住、同劳动'，创作出源于生活的群众歌曲《三八制、真正好》……"

这让周小燕很深刻地感受到，"贺绿汀同志深谙音乐艺术创作规律、一身正气，是为音乐教育事业默默奉献的人！"①

正是在这样一种氛围下，小提琴协奏曲《梁山伯与祝英台》才有了诞生的可能。

· 为什么我们做出来的音乐，广大的农民兄弟却不爱听？

1957年，24岁的何占豪考进了上海音乐学院管弦系小提琴专业进修班。

与本科学生丁芷诺、俞丽拿等成了同班同学。

此前，他已经在浙江省越剧团乐队有了一份事业，当一名小提琴兼扬琴的乐队演奏员。为了提高自己的技艺，他一直向往到上海来学习。

但对自己能否考入上海音乐学院，并不抱信心。

排考时，意外却发生了。在他前面的一号，因紧张，临阵脱逃了。于是，改让二号上，结果人家也不干，怕先考容易被压分，于是就僵持不下。这个时候他却举手了，主动要求自己先来。尽管自己拿出来的水平不算太高，拉的协奏曲比较低级，但他想，反正是没希望，管它呢，所以也没什么紧张。最后公布名单，自己居然录取了。

日后，他还是很好奇地问录取他的考官，为什么会选择他。考官说，他的技术是差了一点，但他的乐感比较好。还有就是姿势比较正确，改起来就不难。有经验的老师，往往都会挑一些乐感比较好的学生。

说起来，这多少得益于自己多年来对民族音乐的耳濡目染。陆春龄爱上笛

---

① 周小燕，《这里永远是我的家》，《解放日报》。

子，是因为身边有一帮像师傅那样的丝竹队伍，他的身边则有像奶奶这样的越剧迷。从小，奶奶出去听戏，他就帮忙背凳子。到了抗战后，家里的姑姑们在高级小学里念书，学会了很多抗日歌曲。他也觉得很好听。一来二去，这些音乐就潜移默化地在他脑子里生了根。

不过，在上海音乐学院，他学的却是西洋的小提琴。本来要读三年，结果整天听到的都是巴赫、莫扎特，这让听惯了家乡戏曲的他，"觉得这是世外桃源，不是他这种人待的地方。"更要命的是，每次下乡演出时，他都觉得自己是在做无用功。

"那个年代的教学制度规定，每学期必须抽出一定时间下厂下乡，与工农同吃同住同劳动，艺术院校的学生还要就地为工农大众演出。"何占豪说，"那时有个口号叫文艺为人民服务，为工农服务，我们都要努力践行这一口号。而且老院长也经常提醒我们，要向民间艺人学习，向人民大众学习。"

一开始，当农民朋友看到了那些小提琴、大提琴，因为以前没怎么见过，所以都很兴奋，喊着"来一个""拉一个"。拉完之后，同学们便问农民朋友好不好听，他们都说好听，又问他们懂不懂，他们也很干脆，不懂。那你们懂什么呢？农民朋友就说了，我们懂沪剧、越剧。同学就说，何占豪会越剧，但是你有曲子吗？没有。最后只好告诉那些农民朋友，你们先回去吧，我们讨论讨论，将来拉给你们听。

于是农民朋友都回去了，高兴而来，扫兴而归。

后来同学们就研究，农民听不懂自己拉的音乐，到底是因为什么？最后形成两种意见，"前一种意见，水平低，见识少。后一种意见则是反对前一种意见，如果他们水平低、见识少，为什么懂越剧？为什么爱沪剧？说明他们有这个沪剧音乐、越剧音乐的天分。当然，这两种意见都对也都不对，怎么办，大家决定再试一试，去农村开音乐会，有什么曲子拉什么曲子。一开始还是老样子，农民朋友都跑过来听。"但让何占豪很沮丧地是，"我们越拉人越少，越拉人越少，到最后，台上的人比台下的还多。"

但大家也发现一件很感动的事情，那就是有一位老太太，始终都没有提前离场,而是在听同学们拉。"我就问那个老太太,为什么大家都跑掉了,你怎么还没走? 为什么你这么喜欢我们的音乐? 你知道老太太是怎么回答的吗,她说,你们坐的凳子是我的,我等会儿是要搬回去的。这真叫人哭笑不得。"

同学们也觉得再这样下去,自己在农村会没有立足之地的。

何占豪甚至都动了离开管弦系的心思,打报告要求自己调到民乐系。

然而,他却被一个人留下来了。此人便是管弦系的党支部书记,刘品。

今天,很多人都因为小提琴协奏曲《梁山伯与祝英台》而知道何占豪,知道陈钢,以及俞丽拿,却不知其背后的另一位"巨人"——身材比较矮小的刘品。

直到 2008 年 11 月 3 日,他的功绩才在自己的追悼会上盖棺论定。上海音乐学院原院长杨立青先生说,"刘品同志在这《梁祝》享誉中外的音乐作品诞生中,起到了关键作用,在中国音乐史上,将会永远铭记这一史实。"

当时的刘品,是一位专业军人。"他从小生活在辽宁贫困农村,中学时期自学长笛,凭此进入第四野战军文工团。1953 年,被广州军区政治部文工团派送上海音乐学院深造。其间,荣获国防部授予的解放奖章。毕业后进入北京总政歌剧团。1958 年 3 月,回上海音乐学院任管弦系党支部书记兼带教长笛。一个中国农民的儿子与德国音乐巨人巴赫'唇齿相依',由苏联指挥家迪利捷耶夫指挥录制的《b 小调组曲》胶木唱片,长笛演奏者便是刘品。"①尽管被何占豪与同学们视为师长、领导,但他其实仅比何占豪年长 3 岁。

面对管弦系下乡演出所深受的刺激,刘品就找同学们一起聊,我们接下来该怎么办? 一方面,我们要为工农兵服务,那么,他们喜欢什么,我们就要搞什么。另一方面,小提琴是西洋乐器,但也是我们引进来的国外先进艺术形式,同样不能丢掉。那么,我们是不是可以将这一国外的先进艺术形式和中国优美的越剧,以及其他的戏曲音乐,结合在一起? 这些讨论,最终也为管弦系找到了一个方向,那就是要使小提琴为工农大众所喜闻乐见,就必须要解决一个民族化的问题。也就是要有民族的内容,以及民族的语言。

这种方向,无疑吻合了上海音乐学院当时所提倡的"古为今用""洋为中

---

① 烁渊,《刘品"留品"》,《新民晚报》。

用"，也是自刘天华以来对西洋音乐大胆移植和借用等创新的进一步沿承。它让西洋音乐和民族音乐之间的关系变得更为"你中有我，我中有你"。

问题是，要解决小提琴民族化，总得体现在作品中，但作品在哪里？

管弦系都是搞演奏的，不搞作曲。但刘品却号召大家，自己动手丰衣足食，我们自己来创作。他要在管弦系里面，开展了一个群众的创作运动。

1958 年 8 月 9 日，在学校大礼堂的走廊上，管弦系宣布正式成立"小提琴民族化实验小组"。何占豪任组长，成员有丁芷诺、沈西蒂、张欣、俞丽拿等。后来为加强创作力量，又邀请作曲系高才生陈钢加盟。

因为小组里的人员大多都是新中国第一批国内培养出来的具有较高水平的演奏人才，加上大家的热情比较高涨，所以在短短几个月，就创作改编了一批具有民族特色的弦乐作品。其中两首引起了人们的关注，一首是由丁芷诺编曲由何占豪担任独奏的小提琴曲《二泉映月》，另一首就是何占豪根据农民朋友喜欢的越剧所写的弦乐四重奏《梁山伯与祝英台》，它也就是后来小提琴协奏曲《梁山伯与祝英台》的源头。

为了区别两者，一般称前者为小梁祝，后者为大梁祝。

之所以写梁祝，是因为梁山伯与祝英台的经典爱情故事，一直在中国民间广泛流传，为中国戏曲题材所采用。事实上，在浙江越剧团工作时，何占豪参与"梁祝"这类题材的演出大概不会少于几百场，因此对它的受欢迎度心知肚明。

1953 年，越剧电影《梁山伯与祝英台》更是"横空出世"。它由桑弧、黄沙导演，袁雪芬、范瑞娟主演，并由上海电影制片厂所摄制。影片通过草桥结拜、三载同窗、十八相送、楼台会、化蝶等几段戏的串联，将这个民间流传已久的爱情故事，表现得淋漓尽致，更为深入心人。因此，这部新中国成立后的第一部国产彩色戏曲艺术片，也是越剧舞台上的经典剧目。①

写完之后，何占豪就到处拉这个小梁祝，结果工农普遍反映好听。正好这

---

① 1963 年，香港邵氏电影公司又制作了名为《梁山伯与祝英台》的电影。由知名导演李翰祥自编自导。饰演祝英台的是有古典美人之称的巨星乐蒂，梁山伯则由在马来西亚和新加坡一带演厦语片的凌波反串。全片的歌曲皆采用黄梅调演唱，曲曲皆为脍炙人口的经典名曲。其上映后，在中国大陆及港台，和东南亚都红极一时。

个时候，中央文化部副部长、党组书记钱俊瑞前来上海音乐学院视察，听了之后，就问陪伴的学院党委书记，这个作品是哪里来的。书记就告诉他，是何占豪写的。

钱俊瑞就讲了这样一句话，用西洋乐器演奏中国戏曲音调，是一条新路子。

转过头，书记就将这句话传达给了何占豪，并告诉他，要将这条路子探索下去。

书记姓孟，单字一个波。1952年推荐陆春龄为苏联客人演出的，就有他。

他和刘天华同为江苏老乡。自幼爱好文艺。曾在抗战时与麦新合作，创作了《牺牲已到最后关头》，"向前走，别退后，牺牲已到最后关头，同胞被屠杀，土地被抢占，我们再也不能忍受……"很快便流传中国的大江南北，成为鼓舞人民抗日的战歌。

1940年3月，孟波奉命参加新四军，曾在多个文艺团体担任领导职务，后奉调去延安，任教于延安鲁艺音乐系，接着参与筹建中央管弦乐团，并任指导员。

延安撤退时，他还受命带领一批著名艺术家并护送冼星海遗著及中央管弦乐团乐器等转移。这些艺术家中就有贺绿汀。

新中国成立后，孟波历任天津军管会文艺处音乐科长、总支副书记、音协天津分会主席、天津文化局副局长、广州市文化局局长、中国音乐家协会秘书长兼党组副书记……

1957年他代表文化部来参加上海音乐学院整风"反右"运动领导工作。

1958年3月，文化部和上海市委任命孟波为上海音乐学院党委书记，是该学院继贺绿汀之后的第二任党委第一书记。直到他在1962担任上海市文化局长局长两年之后，才被免去书记职务，其人事档案在7月正式调离上海音乐学院。

如果说大梁祝的诞生第一个要感谢的人是刘品，那么，第二个要感谢的，就是这个从延安来的，受过毛泽东延安文艺座谈会思想熏陶的孟波。

面对孟波转达来的意见，何占豪却有些摸不着头脑。"那时我不过是一个知识不全的，文化有限的一个小青年。"所以，何占豪对此并没有底，甚至根本就没想到自己在走一条"前无古人"的"新路子"，也不知道这条路子该怎么走下去。

他原以为自己能弄出小梁祝就已经可以了。

但是，现在不仅是领导希望他走下去，时势也开始"造英雄"了。

这年秋天，为了迎接"大跃进"所带来的高涨的革命形势，以及向即将到来的 10 周年国庆献礼，学院党委遵照上级指示向全校师生提出了"解放思想，大胆创作，以优异的成绩向国庆 10 周年献礼"的口号，并召开了有教授、院长、系主任在内的动员会，其中，何占豪作为学生代表参加了。会上领导就问他，你们实验小组是不是也要做点什么，敢不敢写个大的？既要为工农兵服务也要攀登国际高峰。何占豪那时候年轻，就脱口而出："行！"回去后，他就找小提琴民族化实验小组一起讨论，想出了几个题材，分别是反映人民群众保家卫国决心，不爱红妆爱武装的革命精神的《女民兵》，以及反映当前新形势下建设社会主义的高度热情，展现人民群众觉悟的《大炼钢铁》！

不过，何占豪想起了钱俊瑞对弦乐四重奏《梁山伯与祝英台》的表扬，顺带地提了一句，这个题材是不是可以继续搞下去？

大家都觉得前两个题材无论是对当前时局，还是对政治都有正确的反映，难分高低。第三个题材似乎有些跑题，甚至脱不了凑数的嫌疑。

争论不下，何占豪便写了封信给孟波，将难题踢给了他。

"这时候孟波院长起作用了，三个题材他看不中前面两个。他说何占豪既懂得越剧又懂得小提琴，只有音乐家写自己最熟悉的东西，才有可能写好。所以这个很有希望，前面两个没有希望，于是，在三个曲子里面，他在梁祝旁打了个勾。

所以报上写的是孟波一勾，勾出这个曲子来了。"

这让人很意外，在政治挂帅的年代，容不得政治上有任何闪失。选用《女民兵》或者《大炼钢铁》，即使无功，也不会有过，但选择《梁山伯与祝英台》，谁知道接下来会发生什么？所以，在那种时代背景下，孟波能这样做，不失伟大。

日后，孟波回忆说，他之所以选择越剧《梁祝》这个题材，并非政治上先知先觉当时就识破"浮夸风"，也并非像有些人说的起初就有背景人物的支持，而是他自己也作曲,懂得音乐。他知道,小提琴特性较为纤细、柔软,难以表现全民皆兵、大炼钢铁这样一类题材。而越剧《梁祝》本是一部委婉动人的爱情剧,适宜小提琴性格化的体现。

果如其然。1959年的"上海市音乐舞蹈展演月",上海兰心大戏院。大梁祝首演。

站在台上的首席小提琴手俞丽拿,还是个19岁的姑娘。何占豪是上海音乐学院大学二年级的学生,在演奏席上担任协奏小提琴手。最后一个音阶收尾,何占豪的心悬起来,等待观众的回应。七八秒钟的寂静,何占豪额头冒出汗来。

终于,雷鸣般的掌声随即席卷全场。"当时的心情啊,哎呀,终于松了一口气! 我一个学生,总算完成了这个天大的任务。"

在日后的人生,他与陈钢、俞丽拿等人,也因此享受了当之无愧的称颂。

更有意外之喜,它的成功,催生出了"上海之春"。

· 即使是春天,也会遇到倒春寒,但没什么,花儿总会开,鸟儿总会来到

春天,象征着美好、万物复苏和欣欣向荣。

作为音乐艺术上的追求者,孟波一直希望能举办以上海城市为依托,并以春天季节为寄托的音乐节,以此来推动音乐创作、评论,促进新的人才成长。

无疑,大梁祝,及其他作品在参演"上海市音乐舞蹈展演月"时的成功,让他这一梦想,进一步变成了现实。

此意见上报上海市委后得到批准,成立了以孟波为主任,贺绿汀、丁善德、钟望阳、黄贻钧为副主任的"上海之春"音乐舞蹈月常设机构,同时决定将南京大戏院改建成上海音乐厅,作为《上海之春》的主要演出场地。

1960年5月,"上海之春"的第一声乐音在上海音乐厅奏响时,"上海之春"正式登上了历史舞台。

就在这一届"上海之春"之上，首演新作品有王强作曲的大提琴协奏曲《嘎达梅林》；刘敦南、孙以强、金复载、朱晓谷作曲的钢琴与乐队《跃进颂歌》，丁善德作曲的《儿童组曲》；林华作曲的《儿童生活组曲》等。

这里少不了的还有周小燕。她和高芝兰、温可铮、鞠秀芳、胡逸文、刘若娥、才旦卓玛、热比亚、林祥园、郑石生、洪腾等人，为观众奉上了独唱或独奏。

在随后的几年里，"上海之春"每年举办一届。陆在易便深受其惠。作为新人，他是在1961年的第二届"上海之春"开始登台演出的。日后，"上海之春"更是与他有缘。他曾感言，没有"上海之春"就没有他的作品，没有"上海之春"就没有他的今天。

俞逊发也同样如此。这位20世纪40年代生人，1959年也就是在13岁时，被陆春龄收为弟子。三年后，他就站到了"上海之春"的舞台上，独奏演出了陆春龄创作或改编的曲子《欢乐歌》和《喜报》，自此为人受关注。

其中，《喜报》是陆春龄于1958年深入基层，投入到火热的生产第一线，看到工农群众的冲天干劲之后有感而发，最终创作的作品之一。

和大梁祝一样，它也是向建国十周年献礼的曲目。

陆春龄真人也同样多次现身"上海之春"。在桑弧执导的纪录第六届"上海之春"的艺术纪录片《上海之春》中，陆春龄吹笛子的镜头也时刻为观众所铭记。

一枝竹笛，被他吹出百鸟鸣啭，欢乐的旋律漫天飞扬。

此时的陆春龄，就像报春的使者，在全世界传递春的信息。

1961年到1964年间，陆春龄随丁波和金仲华为团长的中国艺术家代表团，先后访问了挪威、瑞典、芬兰和冰岛，还有意大利、法国、西德、瑞士、荷兰和巴基斯坦，将自己那"发出魔术般的声音"送到全世界友好国家的耳朵里。

事实上，早在1954年12月，他就开启了自己的出访之旅，随郑振铎、周而复率领的中国文化代表团前往印度和缅甸。

这不仅丰富了他个人的艺术生涯，向世人展示了江南丝竹的美韵，并通过相互学习，提高了自身的技艺，更重要的是，宣传了中国的文化，让外国朋友由此了解中国，认识中国的新面貌和中国人民的新形象。

此时的中国，正百废待兴，一切都在复苏中，中国的外交也面临着严峻的考验。某种意义上，包括陆春龄在内的中国民乐乃至中国文化所承担的，其实就是中国的"文化外交"。所以，当陆春龄在1955年出国时，"纪律很严格，一切行动听指挥，因为你不仅代表你个人，更重要的是代表着我们整个国家。为此，出国前，我们总要办学习班，学习外交政策。"周总理即使再日理万机，也对此项工作抓得很紧，事必躬亲。

后来，陆春龄得知，当年由周总理派出的中国文化代表团并不止他们一个，还有舞蹈、戏剧等多种形式的团队。在一次汇报演出中，还是陈毅市长道出了真相："你们支援我们的外交工作，给我们打开了一个好的局面，非常感谢你们。"

然而，他的脚步，却和"上海之春"一样，在1966年之后，戛然而止。

伴随着"文革"的推进，和很多爱党、爱毛主席的人一样，陆春龄在这种不正常的政治氛围中，一夜之间竟成了封资修的吹鼓手，成了"反革命分子"的"宠儿"，成了"笛霸反革命"，形势急转直下。在抄家过程中，他甚至丢失了一支宝贵的笛子。

"上海之春"也被打成了大毒草。在1966年第七届之后，一停就是十三年。

作为其幕后的推动者，孟波同样难逃厄运。除了"上海之春"之外，他与于伶、郑君里合作的电影剧本《聂耳》，以及全力支持的大梁祝都被打成了大毒草。他也因此被莫须有戴上"上海文艺界牛鬼蛇神总头目"等七八顶帽子，关押、挂黑牌、游斗、毒打、重体力劳动，仅以炮制大毒草《梁祝》的罪名就被批斗几十次，他始终没有屈服。

毕业后为上海音乐学院所挽留，并最终留校任教的何占豪也被定为"修正主义黑线人物"，被赶到五七干校喂猪。不过，生性乐观的他，即使身处"牛棚"，还说相声，讲故事，常常把周围的人逗得哈哈大笑。尽管大梁祝让他的命运有了波折，但这让他在下放劳动时，结识了自己的第二任妻子。身为护士的她一开始对他没什么好印象，觉得他们这些搞音乐的都神经兮兮的，不过她的弟弟却是个"梁祝"迷，于是极力撮合他们之间的感情。

无疑，陆春龄、孟波以及何占豪等人的遭遇，体现了中国民族音乐在"文革"中的困境。"这些都大大限制和延缓了我国器乐艺术的发展。"但相对被认为是资产阶级的声音，就连贝多芬、莫扎特、巴赫……都被禁止演出的西洋音乐，"而深深植根于广大人民群众中的民族器乐，由于其天然的'民族性'与'大众性'，其发展境遇甚好一些。"①

　　"文革"中，除了革命样板戏之外，也留下了一些经典的民族器乐。

　　比如说，马头琴独奏《草原颂歌》；"文革"时期经常播放的笛子独奏曲《扬鞭催马运粮忙》、反映部队生活的笛子独奏曲《我是一个兵》；以及二胡合奏加独奏《北京有个金太阳》、谱写军民鱼水情的二胡独奏曲《军队和老百姓》，还有就是艺术感染深入人心，每当忆苦报告时，或是电影里有悲情发生时，都会用其作为渲染的二胡独奏曲《江河水》。

　　除此外，今天很流行的红歌，在那时也频频唱响。

　　生于1955年的曹燕珍，就在这段时间，相继读完了自己的小学和中学。

　　在小学时候，她是红小兵宣传队队员，到中学，也进了新虹中学的小分队。所以，她有机会到处演出，唱毛主席的语录歌，以及以毛主席诗词为主创作出的歌曲，如《卜算子·咏梅》，还跳忠字舞，并在《红灯记》里出演李铁梅。

　　正是这些音乐上的熏陶，让她在1970年底的时候，抓住部队文工团到上海特招文艺兵的机会，考上了广州空军文工团。当时她既唱了《红灯记》中的选段，也唱了毛主席诗词《北国风光》，发挥得很好。

　　于是，1971年1月，她就南下广州，正式开启了自己的艺术生涯。

　　三年后，她又北上，拜河南的坠子王赵铮，以及豫剧名家常香玉为师。虽然是一个上海姑娘，一句河南话都不懂，也不懂得什么叫民歌，什么叫民族艺术，什么叫表演，但是她依旧全心投入其中，用了整整两个月时间，学打坠子板、河南话，练吊嗓子……

　　等她再回文工团汇报演出时，一下子就震惊全场。

---

　　① 韦建斌，《"文革"笛子曲的创作研究》。此文是该作者在河北师范大学就读时的硕士论文。开题日期为2007年9月13日，指导老师为胡小满。

从此，曹燕珍开始独当一面，成为文工团台柱子，甚至在全军会演时，用一首独唱，为文工团拿下了大奖。记得当时拍照时是在人民大会堂，出席的领导人有华国锋。这让她坚定了自己在民歌乃至民族艺术上的信心。

也就在这前后，此前一直充当"文化外交"的民乐，要再次大显身手。

这源于中美之间硬如板砖的关系开始松动。自 1960 年代末开始，双方领导人都意识到，改善双边关系符合两国的共同利益。于是有了乒乓外交，有了尼克松在 1972 年的访华。到了 1975 年，为出访美国，临时抽调了国内艺术好手组建成了"中国艺术团"一起到美国。节目单上就有当时知名的歌唱家马玉梅独唱维吾尔民歌《可爱的祖国》、回族民歌《人民公社是金桥》、柯尔克孜族歌曲《英雄的解放军》，有俞逊发笛子独奏《歌儿献给解放军》……也有闵惠芬的二胡独奏《赛马》和《江河水》。

大家期盼着能为美国人民带来一场中国特色的"声宴"，但意外还是发生了。"原因是中方节目单上有一首歌曲，吴雁泽演唱的《台湾同胞我的骨肉兄弟》中有'一定要解放台湾'的歌词，美方不接受这首歌，要求中方撤换，当时美国和台湾还保留着外交关系；中方坚决不同意撤换。一个坚决要唱，一个坚决不同意唱，谈判没有任何的回旋余地。按照中方的严正立场，出访美国也就此'无限期推迟'了。"①

不过，节目没有在美国演出，但它还是出现在了国人眼前。

北京电影制片厂选录了中国艺术团演出的主要节目，在 1976 年推出了题为《百花争艳》的影片。这让国人在"文革"期间，有了一次难得的艺术享受。

马晓晖是在 11 岁的时候看到这部影片的。当她看到闵惠芬老师穿着连衣裙拉二胡时，突然觉得那种感觉好帅好酷，就连二胡也变得很美。她想成为像闵惠芬那样的演奏家。

尽管她打小就喜欢的是朗诵，尤其是看到《叶塞尼亚》《魂断蓝桥》《佐罗》等一部部译制片里"外国人讲中国话"时，曾迷得将来想当一个配音演员，但她还是在某天晚上 11 点左右，敲开了父母的门，跟他们说自己想成为一个二胡演奏

---

① 马尚龙，《赛马的北风吹》，《现代家庭》2016 年第三期。

家,而且还是要做一流的。父母自然很惊讶这样一个小孩,竟有这样的主见。但他们还是选择支持了她。

最后,在13岁的时候,她考上了上海音乐学院附中,尽管理论部分乐理不及格,但还是在一位老师的关照下,到附中试读一年。这位老师,便是何占豪。在何占豪看来,这位小姑娘有潜力,乐理不及格,那是因为她缺乏系统学习。

更让她觉得意外之喜的,是当时教授她的老师,正是著名的二胡教育家、演奏家王乙教授。因为王乙是江苏人,所以给她上课,全是苏州话。所以她来上海后,先听懂的不是上海话,而是苏州话。日后,她把苏州评弹《庵堂认母》改编成二胡作品,也是跟恩师王乙有关系,让她对评弹有情结。说起来,他还是二胡演奏家闵惠芬老师的老师,"所以闵老师既是我的老师辈,又是我的大师姐。"

她也没辜负何占豪对她的期望。一年试读之后,她成功地留了下来,日后又考上上海音乐学院继续她艺术上的专业训练。毕业后,她顺利加入了上海民族乐团。

"上海之春"的舞台也因此向马晓晖伸开了怀抱。1993年,马晓晖获得第15届"上海之春"新作品演奏奖。1997年春,"上海之春"又为她举办了二胡独奏音乐会。

此时的"上海之春",走过了"文革"中那段停摆的日子之后,又恢复了它应有的元气。2001年,"上海之春"音乐舞蹈月又和始于20世纪80年代的上海国际广播音乐节正式合并为"上海之春"国际音乐节,"上海之春"从此正式成为国际音乐节。

在扶掖并促进新的人才成长的同时,"上海之春"还将"和平、友谊、交融、和谐"作为自身的举办宗旨——今天的音乐,已经摆脱了政治的困扰,也无须像过去那样,承担着"文化外交"的重担,但是它依旧可以传递爱与美,以及展现一个国家的软实力——是为"和平"与"友谊"。

至于"交融、和谐",则是在这个全球化竞争的年代,中国的民族音乐乃至其他国家的音乐要想生存,并发展,都需要拥有一种开放的心态。

立足本土，面向世界，才能面向未来。

除此外，别无他途。

· 我们不能对中国民族音乐妄自菲薄，它照样可以成为世界级的艺术

很多时候，大家都以为，只有民族的，才是世界的。

何占豪一开始也是这么认为的。改编梁祝时，他和同学在配器时，曾特意加入了一个琵琶。指导的老师丁善德就问，你们加琵琶干什么？他就实话实说，琵琶是民族乐器。丁善德就说，那么你们的协奏曲，将来只能中国人拉，外国人不能拉的。

日后，在表现马文才迎亲的情节时，他们又加了一个唢呐。老师又问，你们这是干什么？他又说，中国人在过去结婚，不都是要吹个唢呐，才喜庆吗？老师差点都乐了，说你们不是什么都可以往里面写的，要尊重音乐的规律。

这些话给了何占豪很大的刺激，原来在老师的心目中，追求民族化不是为了只让中国人能听懂，而是让整个世界都能欣赏。这样的民族化，才是世界的。

日后，一位先生说的话，也让他深为赞许。

先生说，越是民族的越是世界的，对不对？对！但只对了一半。还有，只有把民族的艺术提高到世界先进水平，才能为全人类所共用。

有时想想，"梁祝"之所以大家都很喜欢，到处都能听到，就是因为我们把民族的东西提高到世界先进水平。只有这样做才是对的。

20世纪80年代之后，何占豪就开始了自己的另一项使命：民族音乐现代化。

如果说以前他所做的外来形式民族化，就是要将这些外来形式赋予民族的内容，和民族的语言，更好地为老百姓服务。

那么，民族音乐现代化，一方面是要追求题材的现代化，像戏曲那样不能老在过去的王侯将相中打转转，知道民族音乐要为现代社会服务；另一方面则是

将原来的民族的内容和语言,像民歌、戏曲,用现代的手段和技巧,来丰富它的音乐表现形式和内涵,满足当代人的审美情趣,以及现代人的听觉系统。就像古乐南音的代表曲目《八骏马》,此前主要用琵琶、二胡、箫等四种乐器来演奏,但到今天,就可以用交响乐的形式,来表现出其万马奔腾、疾驰如风之感。

也正是将"民族音乐现代化"作为了自己的座右铭,在整个20世纪80年代,何占豪除了将《梁祝》改编成高胡、二胡、琵琶和古筝协奏曲外,还创作了二胡协奏曲《乱世情》《别亦难》,二胡与乐队《莫愁女幻想曲》,以及民族管弦乐《伊犁河畔》《节日赛马》、古筝协奏曲《孔雀东南飞》等一大批民族器乐作品。

他说自己成也大梁祝,但"败"也大梁祝——它将自己在日后的努力,全都掩盖掉了。事实上,他创作的以岳飞为主题的《临安遗恨》,"全中国所有大专院校,学古筝的学生,毕业作品都在弹,有的人边弹边哭,很感动。但我问一些人,你知道《临安遗恨》吗,他说不知道。另外,我还写过《西楚霸王》,以及《龙华塔》。很多香港人都喜欢《龙华塔》,包括我弟弟都说,你的《龙华塔》写得比梁祝还感人,但是很少有人知道。"

让他有些欣慰的是,他的弟子马晓晖却拉着他的《莫愁女幻想曲》,走向了世界。

1988年,刚分到上海民族乐团没多久的马晓晖首次赴香港演出,首演《莫愁女幻想曲》,出乎意料地获得了成功。"著名乐评家司徒敏清以'马晓晖琴韵令人醉'的标题给予我极高的评价,也是从那时起,我才真正对自己有了信心。"①

此时的曹燕珍,也在20世纪80年代初考入了上海音乐学院,师从"声乐民族化的好园丁"王品素老师,训练自己的各种发声方法。

"我永远敬佩我的老师,她一直跟我说不要受任何风潮的影响,一定要坚持到底,一个人如果不把一件事坚持到底的话,他什么事情也做不好。"

曹燕珍还记得王品素老师告诉她,虽然我给你训练的都是西洋的发声方法,美声的发声方法,但最终还是为你演唱民歌服务的。

王品素老师还赞赏她以前的学习经历,认为她学习民族戏曲,像河南坠子

① 马晓晖,《马晓晖的二胡感情自述》。

啥的,都非常的好,那可是中国人自己的东西。不过呢,如果有科学的发声方法,像西洋的发声方法,美声的发声方法,你就可以把这些东西更丰富地表达出来,也可以把你的歌喉最大能量的发挥到更好的音色、声音。"所以她说别人讲什么你都不要去听。"

不过,王品素也不是那种故步自封的人。那个时代,邓丽君刚刚被引入内地没多久,却被当成了靡靡之音。尤其对音乐学院这样的音乐殿堂来说,更容易有心理排斥。曹燕珍就在很长时间内都不敢告诉王品素,自己很喜欢邓丽君。但让曹燕珍有些意外的是,王品素却说,别人排斥、不喜欢又怎样,我也觉得邓丽君很好。

此外,曹燕珍还发现,王品素并不反感自己的学生,去上或者旁听别的老师的课。有的老师可能会有门户之见,对学生这种做法,会感到不愉快,或者心存芥蒂。但王品素不会,她甚至认为你就应该多学,如果别的老师有好的,你就应该多学。

正是这种开放、包容的心态,让曹燕珍受益匪浅。即使在 20 世纪八九十年代民歌最低潮时期,她还拥有了无数粉丝,甚至受邀在新加坡维多利亚音乐厅举办独唱音乐会。这也让她成为新加坡建国以来第一位在新加坡举行民歌独唱音乐会的中国歌唱家。

马晓晖的足迹也同样遍布世界各地。

在香港之后,她又澳门,又新加坡,又美国……

尤其是在 1997 年,一位德国钢琴家在听了她的演奏之后,对二胡非常感兴趣,还请她去德国与他进行二胡和钢琴之间的对话。

为了这次对话,马晓晖足足花了 9 天时间,请作曲家一起帮忙配器,夜以继日地完成了两首作品,并进行了录音和录像。一首是《听松》,为阿炳先生的另一首名作,另一首则是新疆风格的《葡萄熟了》。

之后,这位德国钢琴家就把这些录音和录像拿到了汉诺威,给当地主流的音乐人、文化人分享,看看这种形式如何,结果都觉得非常震撼。于是,他又请她去汉诺威演出。

接下来,她顺理成章地便签约了德国最有名的演奏公司,他们原来从未签约过任何一个亚洲人,"我是第一位亚洲人,而且这个演出公司是以西洋乐器的,没有民族乐器的,都是钢琴啊,小提琴等等。"

在走向世界的过程中,马晓晖也坚持做好这样的工作,一是在民族文化、民间文化里继续深挖民族音乐创作的灵感,进行创新;二就是继续让二胡跨界,不仅跨音乐,还可以跨其他的艺术界。自 2003 年以来,她首次发起《二胡与世界握手与对话》全球性巡演〔其中包括:采风,与大师对话及大师班讲座等〕,遍及了欧、美、亚、非等几十个国家和地区。2011 年,她又首创尝试《二胡与美国乡村音乐对话》的系列演出及赏析活动,2014 年 5 月 21 日,又在亚信峰会上,与沪剧著名表演艺术家茅善玉跨界合作《燕燕做媒——紫竹调》,让人感觉既有海派文化的底蕴,又时尚、清新、动感。

无怪乎有评论说,马晓晖将二胡提升到了世界的高度。

国外受欢迎的经历,让马晓晖意识到,中国民族音乐的魅力,决非只有中国人才会去接触,才能去了解,只要你认真对待,它照样可以真正成为世界的艺术。

我们决不能妄自菲薄。

尤其是在当下,"民族音乐在中国的发展碰到了一个最好的时机,因为我们国家越来越变得强大,在国际上的影响力也与日俱增。一带一路,中国梦,都是很好的表现。同时,国家也意识到文化的重要性,要打造自己的文化品牌和软实力,这便帮助民族音乐、民族文化更好地走出去。我觉得五到十年,全球会有一个中国热,或者中国的乐器热。"

对马晓晖以及何占豪来说,2016 年的首届上海艾萨克·斯特恩国际小提琴比赛组委会所作出的一个决定,无疑是对他们多年来努力的一次正向回应。

"国际知名的小提琴赛事不少,但演来演去都是外国作品,传播的都是外国音乐文化,"但这次比赛有了改变,"中国小提琴协奏曲《梁山伯与祝英台》,被纳入到半决赛的规定曲目中。"

早在这一年的 6 月,"比赛组委会就将俞丽拿讲解《梁祝》的教学视频,翻译成英语,分发给每一位参赛选手。初赛结束后,身为评委之一的俞丽拿,还为余下的 10 位评委,详解了一遍《梁祝》。"

可以看出,"中国作品《梁祝》被指定为比赛曲目,不但受到选手欢迎,也得到外国评委的一致肯定。美国评委丹尼尔·海菲兹听完俞丽拿的动情讲解,甚至表示要把《梁祝》带回美国,让自己的学生观看和学习。

上海交响乐团音乐总监、比赛组委会主任余隆表示,'斯特恩小提琴赛的举办,使得全球顶级赛事中第一次有了中国作品,能够听见中国声音,这是独一无二的创举,也是文化自信的体现。这些选手都是未来古典乐界的'大腕',艺术的传播者,通过他们的演奏,我们将吸引更多年轻人主动感受和学习中国文化。'"①

然后,找到呼吸的共同点,打开另一个世界。

多年前,贺绿汀曾在自己的一篇文章中大声疾呼:

中国现状虽然如此破碎,然在另一方面,这种不安的现象正刺激着许多有为的新中国的青年无畏的勇气……我们应该鼓起勇气来建设崭新的中国音乐!

今天,我们应该更有信心建设崭新的中国音乐!

———————
① 廖阳,《斯特恩小提琴大赛|为什么外国选手拉〈梁祝〉困难得多?》,澎湃新闻 2016 年 8 月 25 日。

陆春龄

南派笛艺的代表人物。1921 年 9 月出生于上海。曾任上海音乐学院教授、上海江南丝竹学会会长,被国内外听众誉之为"魔笛"。

陆春龄的演奏气口精微,指法奥妙,音色纯净,表演细腻。自 1955 年起,他整理、改编了《鹧鸪飞》《小放牛》《中花六板》《行街》《梅花三弄》等名曲,并创作了《今昔》《喜报》《江南春》等脍炙人口的笛子曲作品,其中不少乐曲成为中国笛类乐曲的经典曲目。1989 年更以《鹧鸪飞》荣获中国首届金唱片奖。2004 年,他获得了中国民族管弦乐学会授予的"民乐艺术终身贡献奖"殊荣。

此外,陆春龄先后还获得了国内外多项荣誉:2008 年,荣获国家级非物质文化遗产"江南丝竹"传承人;2010 年,获上海市文艺界终身荣誉奖;2011 年,获共和国杰出艺术家称号。陆春龄还曾当选第 3 届全国人大代表;第 5、第 6 届全国政协委员,同时他还获得过全国劳动模范称号……

荣誉等身,他却从不改人民本色。

时代精神之十·中国梦
陆春龄：中国梦，归根到底是人民的梦

九十多岁高龄时，陆春龄又发了一个宏愿，要为人民吐尽丝。

因为他就是人民中的一员，从人民中来，也扎根于人民。

刚出生的时候，人民并不值钱，命如蝼蚁。

1921 年的 3 月，开滦煤矿一千余工人举行罢工；5 月，北京 8 校教职员因当局开空头支票，再次辞职。到 6 月初，他们联合 15 所大中小学学生请愿，却被卫兵用枪柄、刺刀击伤十余人。不过，这一年也有伟大的亮点出现——7 月 23 日，中国共产党成立。中国共产党第一次全国代表大会在上海举行。出席大会的有何叔衡、董必武、王尽美、邓恩铭、李达、陈独秀的代表包惠僧等人，其中还有中国未来的领袖毛泽东。

直到今天，陆春龄还是记得这样一句上海话的打油诗：

矮的去了长的来，不幸中国活不来。

矮的，自然是东洋的日本鬼子。长的，指的则是美国佬。

矮的来了,谁都知道,中国就此陷入了一片生灵涂炭之中。从《辛丑条约》之后,日本人就开始在皇城底下驻军,到1931年"九一八事变"之后侵吞东三省,再到1937年的"七七事变",短短几年时间,日本人将战火燃遍了全国。

一开始,上海"得益"于是西方的租界,让日本人的魔爪暂时没法伸进来,成为一片相对安全的"孤岛"。

童年的陆春龄,日子因此过得清苦,也较为安宁。祖父陆益卿靠卖鱼为生,祖母张阿珠种菜卖菜得些小钱补贴家用。他的母亲包阿珠则是个典型的贤妻良母,一方面帮祖母种菜,料理家务,一方面扶助丈夫陆金生种花。尽管一家人勤勤勉勉,依旧难以混饱肚皮。很长时间,家里都是"墙外风雨大作,屋内小雨滴答"。直到陆春龄在1921年出生时,有个筑头〔相当于现在的建筑包工头〕看中了他家在南昌路的风水宝地,愿意在这块宅基地上建石库门平房,条件是各得五分地。陆益卿爽快地答应了这一条件。

这样,才算是改变了一下居家条件。

不过,住上了新房子,但生活依旧没怎么改善。陆金生只好到处打零工来维持一家人的生活,如在黄浦江边做小工,挖泥、挑石、砌墙,但在一天晚上,他在淤泥中打桩时,被黄浦江的一阵巨浪给卷进江中。尽管,浪水退的时候,又将陆金生奇迹般地推上来,但他已经多处骨折,就此卧床不起,在家休养近半年。这让陆家更加穷困潦倒,同时也耽误了陆春龄的上学之事。直到9岁,他才进了市立比德小学,"我读书时很聪明,读得也很好。等到初中二年级时,学费涨了一元钱,我就读不起了。"

没办法,他只好跟在父亲的后头,开始出卖自己幼小的劳力。

那时父亲已从病中走了出来,因为对挑泥打桩有阴影,所以经人介绍,改行当了汽车驾驶员。陆春龄有时就帮助躺在地下修车的父亲,递递扳头,拿拿机油。好在父亲牢记着"藏有万卷可教子,遗金满盈常作灾"的古训,在陆春龄17岁的时候,还是让他去了上海职业补习学校读夜校,学习国文、英语、算术三门课程。这也帮助陆春龄在修业结束之后,靠着亲朋的关系,进了麦利汽车职业学校,开始与方向盘打交道。汽车培训2个月之后,他便跟着父亲换班开祥生公司的出租车,真正挑起了家庭的重担。

在那种穷人遍天下的日子里,能当个司机,开起车,哪怕车是别人家的,听上去也是个美事——事实上,陆春龄也因此成天跟那些老板、阔太、小姐、少爷、资本家"打交道",将这些上海的"头面人物"送到证券大楼、舞厅、戏院、大饭店、百货商店和"衙门"等地,但"风光"的背后,依旧改变不了他作为小人物的命运。

陆春龄记得自己曾经拉着一个洋行里的日本人,听不懂他说什么,就只见他叽哩呱啦地叫唤指挥着,一会儿这边,一会儿那边。陆春龄小心翼翼地伺候着,终于将他拉到了目的地。日本人随手"砰"的一声关上了门,就扬长而去,陆春龄欲追上去与他评理要钱,但见是洋行,日本人的地方,恐遭不测,只得吃进这样的憋屈。

今天回想起那段日子,陆春龄的脑海里依旧翻腾着这样一句话,中国人苦啊。谁都可以在中国的地盘上横行霸道,说是问你借地盘,但谁知道他们到时候还不还。上海是这样的,香港也是这样的。但没办法呀,你打不过人家,人家就欺负你。"这些可都是国耻,今天的年轻人身在福中要知福,要知道这个福来得不容易。"

好在1941年,陆春龄找到了相对稳定的工作——为当时大名鼎鼎的笑星,也就是解放后的大响档姚慕双、周柏春这对哥儿俩的师傅——何双呆、沈笑亭开自备车。这对搭档默契、诙谐,时而在中美广播电台演出,时而在华兴电台演出,以民间和社会新闻为素材,运用群众口语方言和具有鲜明地方色彩的九腔十八调来嘲弄、讽刺黑暗,有时也演出一些反映旧上海小市民悲苦生活的独脚戏,如《新老法结婚》《钉巴》等节目,因此深受百姓欢迎,也红极一时,陆春龄就应他们之雇,专为他们开包车,接送他们演出。

陆春龄记得,这对搭档每天都要去电台表演,一天跑20多个电台,"在表演前有一个开场曲,他见我笛子也会吹二胡也会拉,觉得我蛮好,就让我拜他老师。"言下之意,他们很看好这个年轻人,觉得他是可塑之才。换作他人，这是求之不得的事情，但陆春龄却觉得，自己只会纯器乐，并不太会唱，未必是这块材料。加上自己性格直爽，脾气又硬，绝不会出噱头，还不如吹笛子，自由自在。最后，他竟然选择了拒绝。

与此同时，陆春龄觉得，自己这种选择，也是辜负了他人的一片好心，也容易将他们置于比较难堪的境地。将来再为他们开车，好说不好看。所以，为了不使双方在一起尴尬，他一并放弃了自己为他们开车的工作，想重开出租车。

问题是，过了那个村就未必还有这个店。

1941 年年底，日本海军偷袭美国太平洋上的海军基地珍珠港，向美国不宣而战，同时在西太平洋向印度尼西亚、马来西亚、缅甸和菲律宾等地发动攻击，太平洋战争彻底爆发。此时的上海，连孤岛的地位也不再可得，最后完全沦陷，彻底成为日本人的天下。

抗日的烽火，以及日本人的封锁，让社会上的汽油非常紧张，"很多驾驶员没有汽油了"，这也就让许多小出租车公司面临着倒闭，有的大幅度裁员——陆春龄技术再好，遇到这样的局面，也只能徒叹奈何，只好失业。

直到 1943 年，为了谋生，他才经人介绍进了江南造船厂，当上了车床练习工。

该厂前身为创建于 1865 年的江南机器制造总局，也是中国建立最早、规模最大的一座综合性的民族工业之一，这里曾诞生了中国第一台车床，自行建造了中国第一艘蒸汽推进的军舰"惠吉"号和第一艘铁甲军舰"金瓯"号，研制了中国第一支步枪、第一门钢炮、第一磅无烟火药……无疑见证了中国民族工业起步与发展荣光，却在历经清政府、北洋政府、早期南京政府的统治之后，被日军在 1938 年 1 月侵占，并被改名为"三菱重工业株式会社江南造船所"，自此陷入了苦难的深渊。

在这里，陆春龄更深刻地体会到中国人的卑微和日本人的作威作福。

他们从来也不将中国人当人看，车间里大型的行车，在空中飞来飞去，却没有什么保护措施，让工人们每天战战兢兢，提心吊胆，没有安全感。

另外，工作量也奇大无比。陆春龄做的全夜工，就要做两天两夜，每48个小时才轮到一天休息。而且伙食很差，平时吃白饭居多，菜极少，有时实在无奈，只好用可食用的车油拌饭。其他工人也一样。每天，大家总是要睡没睡，成天昏昏沉沉。

"天下穷人是一家，工人们相互帮衬着。一旦有谁撑不住，要倒下来了，大家便劝他躲在隐蔽处，偷偷地睡一会儿，工友们还在他们身上盖上了许多旧衣服，相互遮掩，以蒙混'拿摩温'〔工头〕和日本人。"

对日本人来说，这无疑是一种"偷懒"行径，一旦被发现，轻则扣工资，重则皮鞭抽，恶劣的还用铁杆砸。陆春龄记得有个叫"拿个屋"的东洋人，不仅豢养了"拿摩温"，还养了一批混在工人队伍中，专门探听消息的"养成工"做耳目。

因此，工人们也特别团结，"他们首先避开'耳目'，不让'养成工'之流得知，只要'上面'略有响动，他们便会主动地纠缠'养成工'、'拿摩温'，有的谎报军情，推说'上厕所'、'喝茶'等等，故意拖延时间，直到自己工友兄弟平安无事，大家才解除警报，各自回到自己的岗位上去。"

有一天，"工友们手头的活儿干得差不多了，大家都知道陆春龄会吹笛子，便鼓动他吹上几曲。竹管筒随身带的陆春龄，经不起工友们的热情和鼓动，便扬起笛声，吹起了《梅花三弄》，傲霜高洁的梅花，象征着高尚节操的人。梅为花之最清，笛为声之最清，以最清之声颂最清之物，大家自然喜欢。

不知是清新活泼、节奏明快的笛声飞扬，穿透车间呢还是那些'耳目们'打了小报告，东洋人'拿个屋'很快地赶来，他疯狗似的向陆春龄扑来，抢过笛子，拗断笛管，扔向泥地，还狠命地用脚端上几下，接着便用皮鞭，在陆春龄的身上乱抽。工友们满腔怒火地用眼睛瞪着'拿个屋'，并大声地说：'这不关陆春龄的事，是我们叫他吹的。我们累了，要打瞌睡了，叫陆春龄吹上一曲，我们好清醒清醒。'

在众怒之下，'拿个屋'才不敢置陆春龄于死地。

'拿个屋'走后，工友们围聚在受伤的陆春龄身边，有的端来清水为他清洗，有的给他涂红药水，有的给他送来工友们自带的小菜……陆春龄知道，工友们平时没有什么可吃的，现在，工友们把自己最好的饭菜留给他吃，他激动地淌下了热泪。"[1]

同时，他也暗暗下定决心，一辈子要为他们演奏。

1944年，陆春龄离开了江南造船厂。为了能离开，他还特意撒了个谎，"后来我写了一封日文信，说我要去学日文，他们就同意我辞职了，实际上我是骗他们，我没去读日文，只是不想做了。"这样算来，他在江南造船厂只待了短短的400来天，但也就在这些与工友们同吃同住的日子里，既感受到了工人阶级团结的力量，体味到了人间温暖，也明白了毛泽东在延安文艺座谈会上的讲话中所提到的一个道理：我们文艺工作者一定要把立足点移过来，为千千万万劳动人民服务。

他是在上海四马路杏花楼前地摊上，发现这本1943年在延安出版的《在延安文艺座谈会上的讲话》的。

"我心头一亮，冒险买下了这本当时的'禁书'。我反复阅读理解：'我们文艺工作者一定要把立足点移过来，为千千万万劳动人民服务。'我自然想到，我手中的笛不只是用来为自己解闷发泄的，而必须要吹给劳动大众听，要鼓舞他们的斗志。"

"德育至上"，是陆春龄对每个年轻人的寄语。〔王千马摄〕

① 关于陆春龄的从艺经历，除了来源于笔者对陆老的采访之外，还参考了由王晓君所著的《魔笛天籁驻人心·陆春龄》〔上海锦绣文章出版社于2013年7月第1版〕一书，在此表示感谢。

他的笛子，不仅仅是自己的朋友，也是大众的笛子。它是为工人阶级服务，让受苦大众在困苦中，得到快乐的笛子。

不得不承认，江南造船厂的经历，使得陆春龄从"小我"的"个人"，开始有意识地融入了"大我"的"人民"当中。这让他找到了人生的重要依靠，也为他的笛子，找到了最合适的听众。日后，他给自己这段经历一个很好的定位，"江南造船厂，是我革命的起步，也是我为大众服务的启蒙。它使我懂得了一个道理：我们的文艺，应该面对广大的受苦大众，因为文艺本来就是属于人民的。"

与此同时，江南造船厂也在自己的厂史上，给他留下了很宝贵的一笔。他们说："作为著名的笛子演奏家，曾在江南造船厂劳作，不论是什么年代，不论是时间长短，他总是江南造船厂的光荣。他为我们江南造船厂留下了光辉的一页。"

但这些都是后话。其时的陆春龄，依旧得为自己和一家人的肚皮而操心。

尤其是父亲陆金生也因为出租车行业不景气而失业在家，陆家的主要劳动力竟然都没有了"劳动"的权力。

尽管抗战胜利在即，但陆家还是困顿无比。

甚至有点走投无路的感觉。

"赤佬，侬有大照会伐？"

想必，在陆春龄的耳海里，应该不时地回荡这样一句问话。

在旧时上海的街头，经常活跃着一批这样靠出卖脚力为其他人提供出行方便的劳动人民。他们或拉着黄包车，或踩着脚踏三轮车。

前者因为老舍的书写，被称作了"骆驼祥子"。他们是人力车中最常见的群体。相对前者来说，后者出现得要晚，到日本占领上海之后，才真正多起来。

一方面，因为日本人垄断了汽油的配给，致使大量汽车不能行驶；另一方面，大量难民的流入，为糊口计，不得不以车夫为业。

也不是谁都能干这种苦力活的。想要成为人力车夫，得熟悉马路，这样才能在上海各条街上满街飞；还得有强壮的身体。这本来就是靠身体吃饭的行业，没身体，就没有本钱。最重要的，必须要持有牌照，并向市政当局缴纳捐税。"人力车的牌照，由英法租界及华界分头发放，可在租界跑的称为'大照会'，只能在华界跑的称为'小照会'……'大照会'自然可进华界营业，'小照会'却进不得租界，只好在华界拉客。"①

离开江南造船厂之后，在无路可走的情况下，陆春龄不得不从一车行租来一辆三轮车，加入了人力车夫之中。

父亲陆金生为了减轻儿子的负担，选择和儿子共用一辆三轮车，轮班上街。冬天迎着寒风，夏天顶着烈日，丝毫不敢有喘息的时间。但是父亲自从被巨浪打入黄浦江之后，身体也是每况愈下。为此，两人常常为踏三轮车吵架。原因无它，父亲怕儿子营养不良，踏坏了身体，所以有意拖长踏三轮车的时间，晚些回家，再把车交给儿子。而儿子则又担忧父亲上了年纪，又得过一场大病，也怕他劳累过度，拖垮了身体，故常常嫌他踏的时间长——尽管父子俩常常为此吵架，但让人感受到的是，无言的父子情深。

对这段当人力车夫的经历，陆春龄至今很是感慨，"你过白渡桥怎么过啊，要请小工来推，还要给他钱，要两个人来做，像我人瘦一个人骑不动。"

如果只是这种纯体力活，还不算什么。让陆春龄恼火的是，辛苦的同时，他还常常受到同行的排挤。尽管同是天涯沦落人，但同行是冤家。有些个别蛮横的车夫，甚至还经常向陆春龄敲竹杠，要"孝顺钱"。

更可恶的是，矮的去了，长的又来了。

"一次，陆春龄拉着一个搂着烟花舞女的美国水兵，急切地向黄浦

---

① 邢建榕，《老上海的人力车与人力车夫》，《城市导报》2013 年 7 月。

江边赶去。美国佬不停地催促陆春龄快些，速度稍稍慢点，对方就破口大骂。好在是一口洋话，陆春龄也不去理会。到了江边，传来阵阵疯狂的乐声，原来停泊在黄浦江码头的美国军舰上，正在进行着'派对'。他们有的把手伸进嘴里，吹出尖厉刺耳的口哨声；有的手举酒瓶，醉醺醺地'叽呱呱啦'地唱着什么；有的还拉着舞女，毫无顾忌地搂抱狂吻。此时此景，陆春龄心里很不是滋味，他静静地想：日本鬼子投降了，可受苦的人照样在'青天白日'旗下受气挨饿。过去，自己挨过东洋人的皮鞭，而今，又要受美国佬的窝囊气……在自己祖国的土地上，外国人寻欢作乐，中国人还要受他们的鸟气，为什么穷人总是那么的苦？就在他想不通之时，他会拿起笛子，面对黄浦江狠狠地吹上几曲，以泄不解之恨。"①

1959 年的《解放日报》上，也提到了陆春龄在新中国成立前的遭遇："一九四五年深秋，黄浦江头。疯狂的爵士乐声在碇泊满了美国军舰的码头上空喧嚷。马路这一边，在昏黄的路灯下，停着一辆破旧的三轮车。一个衣衫褴褛、形容枯槁的三轮车工人悲愤地望着前面那两个醉醺醺的美国烂水手，摇摇晃晃地穿过马路。这两个美国鬼子没给车钱就走了。夜深了，这辆三轮车停在僻静的马路边上，等候附近舞场里出来的最后一批乘客。这个'三轮车夫'陆春龄空着肚子，从车垫下摸出一支青的笛来，呜呜咽咽地吹开了。笛声，凄凉悲伤。"

屋漏偏逢连阴雨。陆家父子靠着一辆三轮车，勉力支撑着家里的生活，但在一天晚上，陆春龄做完生意之后，把三轮车拖到院子里歇着，结果第二天天还未亮，陆春龄就发现它不翼而飞，最后怎么找也没找回来。租车的车行老板对此毫不同情，只抱定了一个"赔"字，而且要赔新的。陆家只好自认倒霉，拼凑了所有的家当，加上东借西要，勉强凑足了钱，买了辆新车，赔付

———————————
　　①　关于陆春龄的从艺经历，除了来源于笔者对陆老的采访之外，还参考了由王晓君所著的《魔笛天籁驻人心·陆春龄》(上海锦绣文章出版社于 2013 年 7 月第 1 版)一书，在此表示感谢。

了事。但是,为了继续谋生,陆金生还是准备了厚礼,托人向老板再租一辆三轮车。毫无意外,他们租到的,依旧是一辆破车。

好在这样的时间并不长。一年后,上海祥生出租汽车公司的老板周祥生因为抗日有功,"而且把自己很多汽车给了抗日政府,"他儿子周惠定日后回忆说,"所以,我父亲优先买得一批吉普车60辆〔有的吉普车,简直一点也没有坏〕。父亲就打算重砌炉灶,开了'祥生交通公司',电话号码用'60000'。听父亲讲,以前开'祥生汽车公司'电话40000号;现在'祥生交通公司60000'的规模,比40000要大一半。所以叫'交通'公司,其目的不单是出租汽车,还要办公交车〔他办了从陕西南路到龙华、漕河泾到七宝镇的公交车〕。"[①]得益于此,陆春龄和父亲又重新回到这家公司,在他未来岳父张唐牲的指导下,很快开上了从淮海中路至漕河泾七宝这一路段的百人大巴。

1947年,已是"大龄青年"的陆春龄终于结婚了。对象是18岁的张佩英。

他们的婚礼不要说豪华,连像样都算不上。因为此前刚赔了一辆三轮车,陆家的经济元气还没恢复过来,等陆春龄结婚时,家里除了床和一些破竹椅之外,别无他物。不过,家里三两米,家外却有一堆穷朋友。就像江南造船厂的工友互相照顾一样,陆春龄的朋友也向他伸出了援手。他们借给他梳妆台和四方桌,甚至还借给他一套礼服西装。借期为一个星期。与此同时,他们还组织了一帮丝竹队伍,将一对笙、一对笛、一对二胡,以及琵琶、三弦拼成对,再加上敲铃和敲板、箫和秦琴,前后共12人,一起将新娘从泰兴路接回南昌路。在迎亲的过程中,他们演奏着《行街》,浩浩荡荡,声势很大,让整个婚礼虽然寒碜但不失热闹。十天之后,他按时还了这些东西,家里又空荡荡的,恢复到原先的模样。但是他那位自此一辈子都陪在他身边的爱人却毫不为意,笑着对他说:"你啊,什么都是空的。算了,只要你人好,我们有两只手,靠勤劳吃饭没有错。"

---

① 周惠定口述、邢建榕整理,《口述历史:我的父亲周祥生与祥生出租汽车公司》。

幸运的是，没多久，他们真的靠两只手就可以吃上饭了。

1949年5月27日，在隆隆的炮声当中，上海解放。

正在开着大巴公交的陆春龄，不仅目睹威武雄壮的解放军进了城，而且看到他们为民抢修那些被炮火所毁的民房。让他感叹的是，这些官兵和以往不一样，"进城露宿马路，时刻准备，睡在枪上，也不拿群众一针一线。"

他打心底佩服这支人民的军队，更从他们身上看到，时代终于变了。矮的去了，长的也去了。人民终于要翻身当主人了。他的笛子也更有用武之地了。

于是，在全城人民迎接解放军的队伍中，有陆春龄的身影。他倚靠在汽车头上，不停地吹起《解放区的天是明朗的天》《东方红》等欢快的乐曲……

在新政权的建设中，也有陆春龄出的一分力。他很快就加入上海工会，此后就经常到一些工厂企业单位中去，或帮助他们成立工会，或参加他们的演出，或辅导他们的文艺工作队，如没有乐队，他便蹲点，帮他们成立业余民族乐队。他就曾辅导过浦东上海颐中烟草公司的笛鼓队。哪怕路途遥远，交通不便，他也照去不误。

1950年冬，经工会介绍，陆春龄也正式成了革命队伍中的一员，被分配到华东空军后勤部卫生处开大卡车，主要任务是运送病人至邯郸路江湾五角场的卫生所。因为工作认真负责，后来又被领导安排开大型救护车。白天，他用心输送病人，晚上，又在解放军队伍中吹笛、教笛，做战士们的贴心朋友。

刚刚看到胜利的曙光，陆金生却因患小肠疝气病，没来得及救治而病逝。在去世前，他微微睁开双眼，无力地对陆春龄说："你要照顾家，照顾好奶奶。共产党是好人，跟着他走，有饭吃。"尽管有些不舍，但他最起码是安心的。

陆春龄也牢牢记着父亲的临终嘱托，开始挑起了家里的重担。

与此同时，一心一意地跟着共产党走。

这不仅让他在三十之后，终于立了起来，而且成了新时代舞台上深受人民欢迎的一颗星。更重要的是,他由此摆脱了旧社会给他带来的一切烦恼,获得了精神上的真正快乐。此后的人生,即使再年长,也是"春天"般的"年龄"。

多年后,陆春龄还问自己的老阿奶,我的这根竹管筒现在如何?

当年,在他投师学笛时,老阿奶曾表示过反对:"侬这个小囡,介勿懂事体,饭也吃不饱了,吹啥个笛子。长大了能靠这根竹管筒吃饭吗? 真是没出息。"

问这句话,显然是对老阿奶的一次迟到的"反击"。老阿奶的回话不多,但也很懂形势明事理,"毛主席共产党来了,笛子也坐飞机了。"

1952年冬,他和凌律、许光毅等三人,一起为访华的苏联客人演奏中国民乐。

1954年底,他又参加了由郑振铎、周而复带领的中国文化代表团,第一次出国,前往印度和缅甸,向两国人民带去了友谊,展示了中国的文化。

这一次,笛子跟着他漂洋过海。自此就开启了它的"全球之旅"。

回国后,他又赶到了中南海怀仁堂,和其他同行一起向党和人民作汇报演出。他记得这是在1955年的初春,北京还在严冬之中,但怀仁堂已是张灯结彩、披红戴绿。他心情异常的激动。要是在旧社会,像他这样一个生活在最底层的艺人,怎么可能踏进中南海、踏进怀仁堂。这次,他作为人民的艺术家,被邀请到这里为党和国家领导人演奏。只是,他不太清楚有哪些领导人会出席,但也不敢乱打听。不管如何,他都会以最精彩的节目,最饱满的热情,向党和领导汇报。

等到紫色的帷幕慢慢被拉开,陆春龄站在麦克风前,正准备将竹笛凑到嘴边时,眼光扫到了一个熟悉的身影,正是伟大的领袖毛主席。周总理也来了,坐在毛主席的身边。这让他一下子兴奋起来,无法保持平静,连手也开始发抖。此刻,台下的毛主席、周总理仿佛看出他此时的心事,正非常慈祥地望着他,并用柔和、亲切的目光鼓励着他,似乎在说:"陆春龄啊,你不要紧张,好好吹你的笛子,我们正等着你的笛音呢!"陆春龄调整了一下情绪,很快将心思收回到自己的演奏上来,向两位领导人吹起了自己刚改编好的,也是最拿手的《鹧鸪飞》①。一曲终了,台下爆发出雷鸣般的掌声。再看台下,两位领导人也和全场观众一起,都很热烈的鼓着掌。这让他备感幸福。

自此,陆春龄又前前后后为毛主席演奏了六次。"毛主席一共接见了我8次,我为他演奏了6次。曲目包括《鹧鸪飞》《中花六板》《欢乐歌》等,"到今天,他依旧为此深感荣幸,"记得有一次,我在为毛主席演出的二十几个节目中,要参与十几个节目,有伴奏,也有独奏。会后,毛主席和我握了三次手,亲切地问我'你是什么地方人',我说是上海来的,毛主席又说,'上海人啊,好好为社会主义革命,为社会主义建设服务,吹得好,谢谢! 谢谢!'"也就是在那次合影中,毛主席让陆春龄站在他的左边,一个很醒目的位置。日后,这张大合影连同放大的合影局部,都挂在陆春龄在上海寓所客厅墙上的正中央。

此外,这面墙上还挂着,习仲勋与其亲切握手的照片。

以及,为英国女王伊丽莎白二世演出的照片。

1955年夏,陆春龄又马不停碲地随中国文化代表团访问了印度尼西亚。

也就在雅加达的独立广场,他参加了公演。"根据同团团员周而复在《东南亚散记》中的记录:'晚上8点开演,下午3点钟就开始有人在广场等候了。快到6点的时候,整个广场被五六万人站满了。许多人租来了板凳来看,一张可以站4个人的板凳的租金从20盾逐渐涨到100盾的高价。'

陆春龄在那场表演中,有令他难以忘怀,却也引以为傲的回忆。

---

① 《鹧鸪飞》是陆春龄最爱吹的曲子之一。原为湖南民间乐曲,后经陆春龄、赵松庭分别改编后成笛子经典。陆版《鹧鸪飞》是我国第一张笛子曲金唱片。陆春龄说,"鹧鸪是一种鸟,这种鸟很漂亮,但是飞不高。'行不得也哥哥',唐代诗人李白、郑谷,宋代诗人辛弃疾等都写过关于鹧鸪的诗篇。现在我反其道而行之,要让它飞。通过音乐曲调来描绘鹧鸪飞翔的形象:忽高忽低、忽远忽近、忽隐忽现,起伏有致,翱翔天空。"

受毛主席接见，并站在他身边，成了陆春龄永远忘不了的记忆。〔王千马 摄〕

'在印尼独立广场吹到一半，砰砰开枪了！我想，发生了什么事？那时我们过去印尼的中国文化代表团有整百人，有保卫的，有舞台监督。我想舞台监督没有叫我下去，我就一路吹下去。你想想，10万人，有的在屋顶上，树上，铁丝网外挤满了人，铁丝网内要买票的观众也挤满了。大家都挤疯了！所以警察要鸣枪维持秩序。我听到枪声，脑子一下子分散了。分散了要重新静下来不容易，但是作为一名艺术家，要全身心贯彻，完成使命。结果，我笛子一吹，吹呀吹呀，民众静下来了，静啊……静啊……隔天，报纸都表扬我，说枪声不能维持秩序，笛子却征服了10万观众！'"①

1956年，陆春龄随徐平羽为团长的中国艺术团，出访保加利亚、罗马尼

① 周雁冰，《91岁笛魔 弄笛84载》，《新加坡联合早报》2012年3月24日。

亚、苏联、西德、东德、瑞士、奥地利等国，"我们一百多人的中国艺术团乘中苏友好列车，前往莫斯科。那时正碰上大热天，上面告知，在火车上要过九天九夜。当时每个车厢是上下铺，两排共8人，最后全团有一个车厢多出了一位男同志，要挤在女同志的车厢内。男同志都很保守，谁都不肯去，有人提议'抓阄'，有人反对，说是办法太古老，团长徐平羽也不同意这样做。最后支部决定，还是委屈我，让我挤在女同胞的车厢内。于是，徐平羽郑重其事地对我宣布，并反复关照，此决定要不折不扣地执行。我那时倒也爽快，说：'一切行动听指挥，我坚决服从命令。'可是男女同一车厢，短途还行，可是这一待就是9天。夏天，本来大家衣服穿得就少，加上天气闷热，同住一室，男女授受不亲。在女同胞车厢内，我一切行动，只能受女同胞的安排。首先，我被安排在下铺，这样'赶来赶去'方便。其次，女同胞与我约法三章，不准乱说乱动。大热天的，男女挤在一个车厢内，确实有诸多不便，女同胞擦汗擦身，换衣服，我马上就被赶出车厢。女同胞要窃窃私语，谈些家常话什么的，我也要被赶出车厢。到了晚上更糟糕，我不能像隔壁4个男同胞一样，随心所欲，打着赤臂，穿着短裤睡觉，我只能长衣长裤，衣冠楚楚，一本正经地睡在下铺，而且，还得随时等待女同胞的差遣，所以神经一直绷得紧紧的。有时，我不在车厢内，女同胞会找我，问'陆大师到哪里去了？'这时，待在车厢外的我，也会自觉地回答：'我是在外面。'由于我的普通话不标准，常被她们误认为'我死在外面'，引得她们哈哈大笑。因此，我还得了个'我死在外面'的绰号。大家一路上有说有笑，相互关心，也减少了火车上的寂寞。尽管我在女同胞车厢，是有些尴尬，但是我也得到了女同胞的关心。她们平时爱吃零食、水果，我总是能摊派到一份，而我的换洗衣服，也是由她们承包，帮忙清洗的。"

这次出访，是陆春龄所有出访中最艰苦的一次，但也是最难忘的一次。这段经历也无疑折射出当时人的修养和素质，从中也可以看出，当时青年男女思想的纯洁和可爱。

尽管在"文革"中，陆春龄一夜之间竟成了封资修的吹鼓手，成了"反革命分子"的"宠儿",成了"笛霸反革命",让他流失了多年宝贵的时光。不过,到1981年,他又开始频繁地出现在世界的各个地方。这一年年底,他应邀参加香港宏光国乐团主办的"陆春龄笛子独奏专场音乐会",和"陆春龄、汤良兴笛子、琵琶专场音乐会"。12月24日,他还在香港大会堂高座演奏厅举行"笛子艺术讲座"。

1986年10月15日,英国女王伊丽莎白二世访问中国,"是来中国三个地方,上海、西安、北京。在上海时,她到湖心亭里听了石文磊的评弹,再由江泽民同志带着来听我吹笛子。当时我被安排在一间茶室等候,屋子很考究,有不少红木家具。演出前,我把笛子放在一个架子上,一根一根介绍给女王。当我介绍到英国笛子时,女王眼睛一亮。"

陆春龄用英国民间笛子,为女王演奏了苏格兰民歌《乡村花园》,同时还演奏了《喜报》,女王深为赞赏,向陆春龄三次握手致谢。

掐指算来,陆春龄从艺历九十余年,出访国家或地区有70多次,为各国领导人或元首演出也次数不少。这是非常光辉的履历,也是很多人几辈子都难以企及的人生高度。

这并没有改变陆春龄的本色。他从来不会忘记自己是谁。

来自哪里。

总有人夸奖,"您是中国笛子艺术的泰斗,"或者,笛王。

他也总是摆手说,"不敢,不敢。"

因为在他看来,"凡是一旦称王了就到了无上的地步,也就很难再有长进。"

又说:"若要给我冠一个名称,我喜欢人民这两个字,是一个人民的艺术家吧。"

2017年3月份,他在寓所给笔者题词时,署名为"九七笛翁"。

和"我死在外面"一样,这又是一个很亲切、很随和的称号。让人觉得,这样的陆春龄既是大师，也是我们中普通的一员，一点架子也没有。

陆春龄却不同意，"我是有架子的。第一个是笛子架子，放各种民间乐器的架子。架子摆得好，就能让人舒服，也就可以更好地为人民服务；第二个是中国人的架子。在国外时，有人把我当成是日本人。这就不行。我必须要让他们知道，我是中国人。所以我要好好地摆中国人的架子，而且要摆得大，摆得对，摆得好，摆得准。但是，文艺工作者的臭架子，就坚决不能摆。不能老觉得自己很牛，高高在上。"

所以，在自己的艺术生涯当中，陆春龄也总是不停地走进人民当中，"我最喜欢下矿演出。山东莱芜铁矿、江苏沛县大屯煤矿等，我都下去过。矿工在停工的时候满头大汗、满脸乌黑，听我的演奏，他们很感动。因为也没有什么别的，就给我矿里的一块铁或一块石作为报答，这是我受到过的最高荣誉。"①

除此之外，他还努力地为中国民乐培养"后来人"——俞逊发、孔庆宝、林文增、周林生、陆如安等一大批笛子演奏家，都是他的弟子。

直到 2017 年，哪怕已接近百岁，他还是"童心未泯"，想上舞台，上讲坛，哪怕到小区、街心演出、上课，也是好的。

他曾因自己不太会唱，拒绝过何双呆、沈笑亭亲自送给他的好机会，但现在的他，"只吹不唱我心不爽""吹吹唱唱都是中国梦"。

今天的陆春龄，时刻关注中国的命运，以及发展，知道中国国家领导人习近平自中共十八大以来，提出了重要指导思想和重要执政理念——中国梦，也听闻李克强在读书、做事、文化的熏陶当中，悟出了这样一个道理，就是"行大道、民为本、利天下"——这对从苦水中泡大的他来说，简直就是说到了心里，非常提气，也超级解渴。

他还就此特意编出了一出上海说唱《中国梦》。

这部作品有点长，他唱了改、改了唱，经过两年时间最终定稿，中心大意

---

① 张卓，《陆春龄：我就是一介吹笛人》，《中国文化报》2015 年 5 月。

是，中国梦、中国梦，归根到底是人民梦。科学梦、文化梦、创新梦、发展梦、强军梦、民族梦……中国人民的梦，就是要国家繁荣强盛起来的梦。

在这位"九七笛翁"的心里，他也有自己的中国梦，那就是将民族音乐踏踏实实做好。用音乐去为人民服务。

生命不息，笛声不止。

何占豪

1933 年出生在浙江诸暨的一个农民家庭，会唱绍剧的父亲不希望儿子将来像自己一样过着穷困潦倒的生活，12 岁时，母亲用借来的钱把他送到杭州念初中，希望他将来成为一个有文化的人。没想到酷爱戏曲的何占豪最后还是学上了越剧。

为了在艺术上更有所作为，何占豪考上了上海音乐学院，并且创作了中国第一部小提琴协奏曲《梁祝》。有人说这首作品不仅是何占豪本人音乐生涯的最高峰，也是中国传统音乐和西方音乐完美结合的典范。

也正因为《梁祝》的出名，让他既得其益，也颇为遗憾。事实上，在留校任教期间，何占豪不仅培养了很多人才，还在"民族音乐现代化"上做出了重要贡献，并创作了一批叫好的作品。但无一例外，都被《梁祝》的光芒所掩盖。

乃至有人误认为，这几十年中，他鲜有作品问世。

时代精神之十一·自省
何占豪:"梁祝"不是某个人的,它属于大家

何占豪,音乐家,作曲家。

在各种搜索上,他的名字常和陈钢相联系。

而他和陈钢的名字,又常和小提琴协奏曲《梁山伯与祝英台》联系在一起。

这部旋律优美、如泣如诉,曾被无数音乐家演奏,也打动过无数人的作品,曾在世纪之交时被评为全世界人民最欢迎的十部交响乐之一。和它并排在一起的,是柴可夫斯基、贝多芬、莫扎特等人的作品。但这些作曲家都已去世多年。

有人常常好奇,能写出这样作品的何占豪,当年应该是怎样的一位大师。

何占豪却说,你们都想错了,那时的自己,只是刚刚考入上海音乐学院进修的大学学生,不过是一个知识不全的,文化有限的一个小青年。

他能写出这样的作品,得益于自己在中国民族音乐上的一些根底,但更重要的是,有孟波、刘品这样的恩师,同时还有陈钢、丁芷诺、俞丽拿这些同

学的帮助。

"这是一部集体创作的结晶，"直到今天，何占豪还对社会给予自己的诸多荣誉，感觉受之有愧，"从广义上讲，'梁祝'作者是广大的劳动人民。"

他们才是"梁祝"的真正英雄。

写作"梁祝"，源于广大劳动人民的"刺激"。

作为成长在红旗下的青年学生，他和丁芷诺、俞丽拿等人，都有着一颗火热的"文艺为工农兵服务"的心。然而，等着他们站到广大人民群众当中，在脖子上架起小提琴，拉起各种外国名曲时，他们满以为群众会接受这种艺术享受，却发现这些人选择了离开。

是这些人没有音乐天分吗？ 显然不是。

不然，沪剧、越剧也不会在社会上这么流行。

那么，是自己拉得不好吗？ 想想也不是。

讨论来讨论去，最后大家才得出一个结论，是因为自己不接地气。

要想真正让这些群众接受小提琴这种外来的先进形式，就必须要让它民族化，也就是要有民族的内容，以及民族的语言。不过，要想小提琴民族化，首先得有一批作品。

提出这一民族化观点的，正是当时何占豪所在管弦系的党支部书记刘品。尽管是位转业军人，但是他在音乐上很专业，也很有素养。

于是，管弦系很快成立了"小提琴民族化实验小组"。何占豪任组长。他和其他同学一起，在管弦系开展一个群众的创作运动。

大家热情高涨。没多久，就创作改编了一批具有民族特色的弦乐作品。其中两首引起了人们的关注，一首是由丁芷诺编曲由何占豪担任独奏的小提琴曲《二泉映月》，另一首就是何占豪根据农民朋友喜欢的越剧所写的弦乐四重奏《梁山伯与祝英台》，它也就是后来小提琴协奏曲《梁山伯与祝英台》的源头。

前者习惯称为小梁祝，后者则为大梁祝。

不过，从小梁祝到大梁祝，还需要一个契机——1958 年，为了迎接"大跃进"所带来的高涨的革命形势，以及向即将到来的 10 周年国庆献礼，学院党委遵照上级指示向全校师生提出了"解放思想，大胆创作，以优异的成绩向国庆 10 周年献礼"的口号。实验小组也不能无动于衷。他们积极报送了《女民兵》《大炼钢铁》这一类很革命化的题材。与此同时，何占豪提议，能不能将梁祝这个题材继续搞下去。大家对此争论不一，觉得在这种火热的社会形势面前，"梁祝"显得有些跑题。

最后，还是由时任上海音乐学院党委书记孟波来定夺。

让人意外的是，他选择了"梁祝"。在这个题材旁，用笔打了个勾。

直到今天，何占豪都认为孟波是非常伟大的，"一勾，支持了我们的事业。如果按照现在的说法，刘品是'梁祝'的总策划，而孟波则决策人。"

日后，孟波又派刘品赶到温州，亲口告诉正在当地劳动的何占豪，决定由何占豪和丁芷诺一起写一个曲子，就是他们报上来的"梁祝"。

可是，何占豪却不敢接下这个任务。

"我是搞演奏的，不是学作曲的，这么重要的任务，我怕能力不够。"

为此，刘品找何占豪秉烛夜谈。刘品说，"你以为贝多芬、莫扎特他们大音乐家，他们的旋律都是从妈妈那里带来的吗？不是的。他们都是从民间积累的，向民间音乐学习来的。"

意思其实很浅显，却让"顽固"了很长时间的何占豪茅塞顿开。

"天哪，这些大音乐家他们都是从民间来的。不是谁一开始就成为大师的。"

接下来，刘品继续做何占豪的思想工作，告诉他，你满肚子的民间音乐，为什么不好好想想，将它们都化成小提琴曲子呢？

前前后后，刘品讲了很多。但可惜的是，白天一直在劳动的何占豪，在老师的声音中，居然睡过去了。

第二天醒来，他就发现刘品已经走了，肯定是回上海向孟波汇报工作去了。

一转头,他又看到旁边的台子上,搁着一个盘子,里面有一盘橘子,橘子下面一张条子,上面写着,何占豪同学,我们一定要为小提琴民族化贡献我们自己的力量。要像党教导的一样,打破迷信、解放思想。

这让何占豪非常感动。"我想我是学校倒数第几名的普通学生,从中央到基层各级领导都很费心,我作为一个学生,不能辜负领导的期望。也就是从这一盘橘子,这一张条子起,以前都是'要我写',从这时候起,'我要写',我要对得起我们的领导。"

从此后,何占豪就一心扑在"梁祝"的改编工作上。日思夜想,走路也想,吃饭也想。"我承认后来我为此很努力地写作。但同时我讲得也很坦荡,让我写作这个题材,并不是我是一个多么伟大的作曲家,而是一个学生,上面要我干。"

这一逼,成就了"梁祝",也成就了他。

包括,接下来的陈钢。

一开始,何占豪并不认识陈钢。

他比何占豪稍小两岁,1935 年生于上海。不过,他却是何占豪的"师兄"——1955 年,他便考入了上海音乐学院,师从丁善德和苏联音乐专家阿尔扎马诺夫学习作曲与理论。而丁善德,正是丁芷诺的父亲,其时担任上海音乐学院的副院长。

也正是丁芷诺的推荐,实验小组才找到了陈钢。

之所以要找陈钢,就因为在将小梁祝改编成大梁祝时,何占豪遇到了麻烦——这种麻烦是他早就已经预想到的,曾为此差点不干的——那就是实验小组搞小乐队,写一般的小型乐队,是没有问题的,像小提琴,何占豪和丁芷诺都懂,但是大型乐队,他们却有些力不从心,比如缺配器的知识,大的乐队、铜管、木管乐器的组织技巧也都没有,所以,必须要有作曲系的老师或者是同学来合作指导。

事实上，这个主意还是来源于刘品。"他让我们科学分析，什么事情我们能够干，什么事情我们不能干，要有冲天的干劲和科学分析相结合正如《人民日报》指出的，既要有充分的干劲，也要有科学分析的头脑。"

所以，何占豪便想要和陈钢合作。

他的内心还有一个"小九九"，要知道丁善德是音乐学院的权威，找他的学生合作，说不准也能得到他的指导。自己不就等于跨系到他那里上课了吗？

为了得到陈钢的帮助，他亲自找到了陈钢。"我当时不认识陈钢，只知道他戴了一个眼镜，也是一个小年轻。我有些贸然去问他，你叫陈钢啊，我说我是何占豪，还自我介绍。"接下来，他说出自己找陈钢的缘由，并将他们要搞小提琴民族化的前前后后都给陈钢讲了，然后急切地等待着对方的回应，但让人沮丧的是，"他不同意。他当时的理由是，他明年要毕业了，要写毕业作品，我当然没有办法了。"

多年之后，陈钢才将自己当时拒绝的原因"揭密"给了何占豪，那并不是因为没时间，而是当时他并不太看得起何占豪那帮"业余作曲"。

更重要的是，陈钢对民族化这一概念有所误解。"他以为民族化都是排挤外面，要彻头彻尾成为民族的东西。"但何占豪很清楚，"我们没有这个意思，我们的民族化是觉得外来的形式要有民族的内容，他不了解这些东西，他就拒绝了。"

没办法，领导只好让何占豪和丁芷诺先行合作，自力更生。

有些无奈，但也不是毫无成果。从 1958 年 11 月接到任务，到 1959 年 2 月，他们完成了一些基础性的乐曲构思，像"三载同窗""草桥结拜""楼台会"，也完成了全曲最重要的爱情主题。

接下来，就是配器阶段的工作。问题于是又回来了。要想解决它，还得找人合作。到底是另找人，还是怎么办？

刘品这时就建议，还是找陈钢，但不是找他本人，而是找他的老师，也就是丁芷诺的父亲——丁善德。让丁善德给他打招呼，只要他愿意合作，这个也可以算是他的毕业作品。

这招果然有效。陈钢真的来了。

他也是自己的老师让他来的。

何占豪对此的印象是，"我不能说被迫，至少是命令来的。"

来了后，他就问何占豪，主题有了吗？何占豪就说有了，于是就拉给他听。尽管也当面提了一些意见，何占豪还是很感激他的加入，觉得实验小组的第一首大型乐曲有希望了。

这时候丁芷诺很谦虚，就说陈钢来了，她可以退出了。

"虽然他也是学生，但毕竟是丁院长的高徒。日后，他在乐曲的整个结构上，提出了很多宝贵意见，给了我很多启发。"

两人合作的基本流程，何占豪先写旋律，然后拿给陈钢看，他觉得可以了，就配伴奏。如果觉得哪个地方缺点什么，何占豪再当场补充。之后两人再一起到老师那里，请老师指导。就这样一段一段来。整个完成之后，由陈钢再写成乐队。

老师中就有著名音乐家赵志华。他是何占豪的小提琴老师，对何占豪搞"梁祝"大力支持，允许何占豪在其他功课上可以慢慢完成，只要何占豪能把自己要写的东西写出来。写出来交给他，他第一个给何占豪上课。

"我们第一次到丁善德老师那里上作曲课的时候，他问我们给它取什么名字，我们就说没想好。为什么没想好，因为外国所有的曲子都是 F 大调、G 大调协奏曲，前面再加作曲者的名字，柴可夫斯基协奏曲、肖邦协奏曲啥的。那我们就不好办了，给它取越剧协奏曲吧，不太好听。

他们又问，你们到底是写的什么？我们说写的是梁山伯与祝英台。

他们就一拳定音，那就叫《梁山伯与祝英台》，外国有罗密欧与朱丽叶，中国为什么没有梁山伯与祝英台？"

同样，也得益于这些老师的建议，大梁祝才有了"化蝶"这一段。

说起来也挺好笑，一开始，何占豪将梁山伯"写死"，到祝英台哭灵投坟之后，大梁祝就戛然而止的。但是，在听到他们的试奏后，孟波就很奇怪地问，化蝶呢？何占豪说，我们新中国青年不相信迷信的。人死了不会化蝴蝶的，所以我们不写。

"你看看我们当时的想法多幼稚，弄得老师们都有些哭笑不得。所以说我们是伟大的作曲家，那是瞎扯。"

孟波也很无语地说，你们不能这样认识吧。又说，在我们国家，传统的创作方法都是现实主义和浪漫主义相结合的创作方法。化蝶不是迷信，是浪漫主义，象征人民对美好的向往，它和迷信是有原则的区别的。

根据领导的指示，何占豪和陈钢再接再厉，为"梁祝"加上现实主义与浪漫主义相结合的、最美的"化蝶"。但问题是，此前的创作，又一次掏空了他们积攒的素材，哪还能《化蝶》？多亏他突然想起，五六年前，在杭州时曾看过苏州昆剧团《梁祝》的演出，当时《化蝶》的那段笛子独奏给他非常深刻的印象！后来他跑遍了全上海，终于在一家书店找到了相关的材料，所以最后的《化蝶》是他根据这段昆曲，又加上著名琴师贺仁忠老师编曲的越剧《白蛇传》中的《断桥》部分，再加上哭腔完成的。

"所以说，如果没有老师指导，就没有'梁祝'，"何占豪很肯定，"没有化蝶，'梁祝'在今天就不会成为经典。"

除此外，何占豪还记得，当时为了民族化，在给"梁祝"配器时，陈钢和他打算加上琵琶，丁善德知道后便反问，你们加琵琶干什么？何占豪理直气壮地说，是为了民族化啊。谁都知道，琵琶是民族乐器。丁善德就说，你们这样弄，那么你们创作的协奏曲，是不是将来只能由中国人拉，外国人不能拉的？

按照故事，最后还有马文才来迎亲的情节。陈钢和他又打算加上唢呐。老师又反对了，告诉他们，不是什么都可以乱加的，创作是要有规律的。

正是在这些老师的支持，以及自身的努力之下，《梁祝》在忙碌数月之后,终于胜利在望——1959年的5月,是"上海市音乐舞蹈展演月",这首曲子要在上海兰心大戏院登台首演。

每个人都等着这一时刻的到来。但要命的是,陈钢却在4月份将总谱给弄丢了。

这让人就有点火烧眉毛了,怎么办,只好赶时间重新编配。

为了加快进度,已退出去的丁芷诺又过来帮忙了。

在大梁祝中,"三载同窗"那一段小快板基本上就是她配器的。

"你看,丁芷诺参加了第一阶段的创意和共同构思,又参加了第二阶段的配器,做了很多工作,实际上完全应该可以把名字列到作者里面的。但当时署名及其排位都由领导决定,就写了'何占豪、陈钢'。丁芷诺是上海音乐学院的教授,她一直甘当无名英雄。我曾经提议补上她的名字,但她谢绝了,怕被人误解。但在我心目中,她是当时年轻人'见困难就上、见荣誉就让'的一个典型。"

不知道这些经过的人,或许会以为"梁祝"就是何占豪和陈钢两人天才的创造。

何占豪自己很清楚,并一直提醒自己,自己在当时只是个知识不全面的小青年,没有这些老师和无名英雄,也很难成就自己。所以千万不要自吹自擂。

在纪念"梁祝"诞生50周年的时候,何占豪给他人写过这样一段话,而且请他们一个字都不要改,中心思想是,小提琴协奏曲《梁山伯与祝英台》,是中国音乐界、戏曲界,几代人的劳动成果,是集体智慧的结晶,任何过分渲染个人的作用,不但要受到前辈们无声的指责,也会给后辈带来笑柄。

"什么叫前辈无声的指责,就是他们在坟墓里都要骂你。"

曹燕珍

中国著名民歌演唱家,国家一级演员。

生于上海,毕业于上海音乐学院声乐系,先后工作于广州军区空政文工团和上海民族乐团,曾主演过歌剧、曲艺,之后一直担任独唱。

自荣获"百花奖"的电影《乡情》主题歌《盼哥》作为她的成名曲飞进千家万户,她气质典雅的艺术形象,江南茉莉花般的清丽歌风,便长久地赢得了人们的喜爱。成就斐然。

国内外各大著名唱片公司大量录制她的独唱专辑唱片多达30余集,500多首歌。十多次在全国荣获金奖、一等奖,如中国唱片界最高荣誉"金唱片"大奖、全国广播新歌演唱一等奖、"中国十大最受欢迎歌手"大奖、全国戏歌大赛连续三届金奖等。她在上海、广州等地,日本、新加坡等国数次率先成功举行民歌独唱会。曾担任第六届全国运动会主题歌《白云黄河》的演唱,为诸多国家领导人演出,与世界各国著名艺术家同台献艺。

国内外媒体称誉她为"民歌圣手""茉莉花皇后""中国的娇燕"。

时代精神之十二 · 励志

曹燕珍：一个"拇指姑娘"的歌坛之路

曹燕珍刚出生时的样子，让父母很是担忧。

因为她只有 3 斤 4 两，绝对的"拇指姑娘"，放在暖箱里，连奶都不会喝。

早已做过母亲的她，知道自己当时的体重，意味着什么。这样的孩子先天不足，很难养活，需要父母为之花上更多心血。这也让她十分感谢父母，在 20 世纪 50 年代并不太宽裕的条件下，度过道道难关，极其不易地将她养大。至今五脏六腑健健康康的她，难以言表对父母的感激之情。

不过，生存长大已不容易，若要从一个拇指姑娘，成长为一个有理想、有追求的新时代有用之才，更需要她自己后天的加倍努力。这行进道路上的困难，没有别人可以替她扛，父母也不成，但，父母对她的几条做人要求她永远记得，一生受用：

第一就是你一定要争气，不能丢我们烈士后代的脸——从父母的嘴中她得知，自己的爷爷是第二次国内革命战争时期的中共地下党员，曾于湖北阳新大王镇开钱庄作掩护，进行地下工作，不幸被叛徒出卖惨遭杀害。大伯和二伯都是红军，一个排长，一个战士，都在江西作战中牺牲了。父亲则在敌人的追杀下冒死逃生幸存下来，并参加革命，与母亲一起在1940年到了上海，并在新上海的建设中屡立新功。①

第二，身体是革命的本钱。因为一出生就体质弱，所以一定要学会保养身体，没有这个本钱你什么事都难干好。

第三就是做人要脚稳、手稳、口稳，这样才能到处好安家（脚稳：路要走正不能歪。手稳：不能心贪伸手乱拿。口稳：记人恩情，人前人后不搬是非）。

一路走来的纪念，让柜子变得沉甸甸的。〔王千马　摄〕

也正因此，从小学起，父母就严抓她功课，要求门门优秀，让她买菜做饭拖地板整房间，家里来客要她懂规矩懂礼数……尽管她是父母的命根子，但他们却从不娇宠这"心肝宝贝"，只希望她从小懂得勤奋，以后成为有知识有

①　新中国成立后，曹燕珍的父亲协助政府抓回了108个逃窜敌人（包括出卖她爷爷的叛徒）立了功，1956年作为上海市烈军属代表，进京参加全国烈军属残废军人复员军人社会主义建设积极分子大会，受到毛主席等党和国家领导人的接见。湖北阳新"湘鄂赣革命烈士陵园"里，她的爷爷、大伯二伯的英魂和湘鄂赣烈士们一起在那里永远安息，激励后人。

出息的人。

只是，她从没想到自己会"出息"在音乐的路上。

这得感谢她的上海祥德路小学班主任王桂珍老师，二年级的一天，王老师带她到了自己家里，第一次让她触摸并学弹了脚踏风琴，第一次教她开口唱歌《美丽的哈瓦那》，也第一次发现了她的音乐天分……

"文革"开始后，能跳会唱的她成了小学红小兵宣传小分队队员。到了中学，她又成了上海新虹中学红卫兵宣传小分队队员，不断地有机会在上海各个区县演出，唱毛主席语录歌，样板戏《白毛女》的"北风吹"，以及毛主席诗词歌曲，如《卜算子·咏梅》，还跳忠字舞、语录舞，并在《红灯记》里出演李铁梅，成了小分队的主要骨干。

1970 年底的隆冬季节，小分队老师帮助她抓住几个部队文工团到上海特招文艺兵的机会去应考，第一个是南京空政文工团，结果对方觉得她个子小，身高只有 1.58 米，没法演样板戏中的女主角，最终没要她。这让她非常伤心，痛哭了一场。

老师知道她渴望参军，便不断鼓励她不要灰心不要放弃，要鼓起勇气再去应考。在老师的陪伴下，她又振作起精神，考了第二个的东海舰队文工团和第三个的广州空政文工团。因为担心再被淘汰，她悄悄在棉鞋里垫上棉花让自己"长高点"，这招还真"蒙"过了考官的眼睛。结果她唱《红灯记》中的选段，唱毛主席诗词《北国风光》，发挥得很好，竟然两个文工团全都要她，还都到家里来做工作"抢"她，父母心里自然是希望女儿靠近身边，但他们忍住了内心情感，最终放手让女儿自己来选择未来之路。

从没出过家门出过上海的曹燕珍十分向往在万里蓝天翱翔的空军，于是，1971 年 1 月 12 日，满怀喜悦的她南下到了广州，在黄花岗动物园旁的空军大院内一座英式圆顶大白楼里，穿上了梦想的绿军装，正式开启了自己的艺术生涯。

部队文工团的军事化生活从每天早晨 6 点吹响的军号开始：起床、整理内务（被子叠成笔挺的豆腐方块）、打扫卫生、跑步、队列训练。7 点早餐，

7点半后是综合艺术基础业务训练：压腿踢腿、下腰、平转、平底鞋走圆场、芭蕾鞋立脚尖、练台词练绕口令、练小品练表演、练歌唱发声、乐队各种乐器又吹又拉又弹……11点半午餐，12点午休，下午1点半后，要么排练节目、要么政治学习……晚上6点半后，或自由活动，或看电影，或开班务会，或加班排练……

最苦的是练芭蕾，小弹腿、冲天炮、倒踢紫金冠……"脚尖练得又出脓又出血，痛的直钻心。"先天身体弱的曹燕珍多次在大强度训练面前昏倒在地，但被战友扶起来后，她总觉得别的战友能咬牙的我也能，因而从不请假不退缩，缓过劲来再继续练。很快，领导和战友们觉得这个小曹还真有股烈士后代的劲儿。

尽管如此，曹燕珍和战友们都一直想不通：别的军区战士文工团都是按专业练，唱归唱，跳归跳，演戏归演戏，为什么我们杂七杂八都要练？可领导总是一句话：我们这个文工团就是要"一专多能"，为部队服务！没办法，想不通归想不通，军人服从命令听指挥是第一的，只有执行。

数年后，大家才逐渐感受到一专多能的受益太大了。

同时，她也知道自己在体质身高上的先天欠缺，要想做成事情，必须靠后天的学习来弥补。

团里的同志们都知道小曹爱学习，只要有时间就爱拿着书看，以致团领导当时还号召大家向小曹学习爱学习。

团领导还考虑让她试试《红灯记》中李铁梅的B角，准备给她压担子。

就在这时，忽然有人冒出非议：这小孩挺会装的……

单纯的她一下子懵了：从学校参军，一直认为部队是革命大熔炉，很正气，怎么也会这么冤枉人的？"我觉得很受不了，想不通！"班长和老同志找她谈心开导她，逐渐让她明白了：部队不是真空，也是社会的一部分，只要是有人的地方，就一定会有不同的声音，做得对就不要管那么多，自己是怎么样的就是怎么样的，时间可以说明一切的。

问题又来了。等到《红灯记》B组进入排练了，饰演B角李铁梅的她按照剧情要给出门的"爹"李玉和挂上围脖,可怎么费劲踮起脚尖,她也够不着高高大大的"爹"脖子,围巾落在了地上,导演和战友们"哄"的一下都笑开了,再也演不下去……

于是,曹燕珍被安排去了道具组,同时让她在《红灯记》中演一个坐在舞台角落里静静卖烟的女孩,某种意义上说就是充当了一个"背景",最小的龙套。

好在命运对她并非都是无情。道具组组长是一位大她几岁的老同志,属于非常爱学习、文化修养好的那种。在后台管道具时,他看曹燕珍爱学习也虚心,除了教她怎么做芭蕾鞋等各种道具,完成好团里各项所需的舞台工作外,还耐心教会了她什么是诗词,诗词的词牌与韵辙,诗词怎么写等,还教她如何看报纸的重点文章……"我很感谢这位老同志,他让我获得了许多一生受用的知识。"

在道具组的日子维持了大半年,她又被下放到空司大院电话连当守机员了,不过,这也是文工团对所有入伍一段时间团员的另一项考核,一方面让每个文艺兵都能下部队锻炼体验生活半年,另一方面也是籍此机会筛出不适合继续留在文工团的人员。下放半年后,大部分是会调回文工团的,如果没能被调回来,那就意味着你就留在连队改行了。

也就在电话连当守机员的日子里,她遇到了中国政治史上的一件大事,那就是"9·11"事件。她明显感觉到当时的气氛是多么紧张,接电话时绝不允许接错。

同时,空司大院里戒备森严,连队晚上都要轮流站岗放哨。到了冬天,广州虽然不会是冰天雪地,但是那种南方湿冷是往骨子里钻的。到半夜,肚子饿了,那时候伙食不可能像现在这么丰富,而且连队里面不像文工团,文工团伙食还会好一些。所以有时候站岗久了会很饿。有一次她和战友半夜站岗又冷又饿,就跑到炊事班厨房,舀了一点酱油菜油,呼呼啦啦拌了碗白米饭吃下去垫饥,哇! 当时的那个感受,这绝对是天底下最香最好吃的饭了!

"这段日子对我锻炼很大，除了每天训练背大量电话号码、话务用语、保密条例，还时不时突然紧急集合，突然拉练，突然话务考核，记得第一次经历半夜紧急集合，警哨一响，大家跳起来迅速钻出蚊帐，我紧张得手脚直哆嗦，黑暗中两条腿蹬进一条裤腿，怎么也穿不上，好不容易把被子扎成行军背包勉强跟上队伍，没跑几步就散掉了……军人这样怎么行？我和几个新兵一起被连长指导员狠狠地训了一通。这之后没过多久又遇到紧急集合，我们几个再没有发生乱套和跟不上队伍的了，也养成了'召之即来、来之能战'的作风习惯，而且更深刻理解了'服从命令听指挥'这个军人天职的内涵。"

半年后，文工团领导得到了连长指导员对曹燕珍很好的评价，调她回了文工团，"我的文艺生涯再次继续了。"

可是，在舞台上，小个子的她与大家"不搭调"的状况还是显现，在合唱或是群舞的队列中，她总比别人矮一头。看在她嗓音好，业务学习出色，她不断被安排演些能胜任的角色，比如：杂技魔术的助手，山东吕剧《半篮花生》中的小姑娘小华，小歌剧《永不融化的雪花》中的年轻失明患者等。

她本以为自己就这样工作下去，没想到，1974 年冬天，领导给她一个任务，让她去河南学习曲艺和豫剧。

她是一个上海姑娘，却要去学习河南的地方戏曲？

军人服从命令第一，曹燕珍表示一定好好学习完成好任务，没怎么多想，就一个人出发了。

多年后，一个曾在文工团蹲过点的机关干部告诉曹燕珍，为什么会派她这上海兵去河南学习，这才知道当时就是因为她个子小派不了太多用场，领导正考虑准备淘汰她，只是其中一位领导说了话才有了改变，那位领导边摸着胡子边用一口河南话说：我看小曹这妞儿可聪明，可灵，部队北方兵多，干脆给她个机会试试，就派她去河南学习曲艺和豫剧吧，学回来下部队演出，到那时再看看她咋样吧。

这个真相无疑让她大感意外，但也已成一段有趣的插曲，"以后想起来，这两个月对我来说，反而成了我在艺术学习上的一个转折点。"

就这样，曹燕珍一个人北上，住进了河南省曲艺团，谒拜中原大名鼎鼎的"河南坠子王"赵铮（原中央音乐学院赵枫院长的妹妹，她大学时半路出家研究创作表演的坠子艺术蜚声中原），以及全国著名的豫剧表演艺术家常香玉为师，学习曲艺和戏曲。

虽然是一个上海姑娘，一句河南话不会说，也不懂得什么叫民歌，什么叫民族艺术，什么叫表演，但好学要强的曹燕珍马上全心投入其中，每天在坠胡老师的陪练下刻苦学打坠子板，天寒地冻手打出了血打出了脓，贴上胶布忍痛继续打，学河南话，不怕别人笑话不像，继续说不停地说，连曲艺团门口卖凉皮的大娘也忍不住了："你这闺女啊，天天爱来这吃凉皮，跟俺说河南话，学的可像，都听不出你是上海人啦，我看你啊，干脆就住到俺家算啦，又吃凉皮又学话，那不更像啦？"

赵铮和常香玉老师也打心眼儿喜爱这个刻苦认真的小解放军，纷纷让她到自己家里一字一句教她学唱腔，学段子，教她如何在舞台上用表演"网"住观众，告诉她什么是民族艺术的精华与瑰宝……有时赵铮老师病了躺在床上，也会硬撑起身子教她，还要求其他的学员们向这个小解放军学习。曹燕珍感动极了。

既是对她们为人的尊敬，也是佩服她们精彩无比的舞台艺术表演，她和两位老师越走越近，甚至，还和赵铮老师成了结下了深厚感情的忘年交。

两个月后，她回到文工团，汇报演出河南坠子《十个鸡子》《街头哨兵》，以及豫剧《朝阳沟》选段和《拷红》等。所有的人都没当回事，他们大概也觉得一个上海姑娘，才两个月的时间，能学成什么样。没想到她一唱《十个鸡子》，十分钟的时间内，又演老爷爷，又要演战士，又要演怎么把捡到的鸡蛋物归原主……结果，一口道地的河南话和唱腔，有声有色的表演，一下子就震惊了全场。

从此以后，曹燕珍被刮目相看，成了独当一面的台柱子。广州军区所辖的广东广西湖南三省陆海空部队,至今仍有不少当年的官兵对她演出的河南坠子《十个鸡子》印象深刻,说一直记得文工团有个曹燕珍。

不过,在演出《十个鸡子》时,她也出过大洋相。因为每年都得下部队演出,而且一演就是很多年,唱得太多了,"演到后来那些词儿就已经有点不由自主,好像不经脑子就能从嘴里滚出来。所以有时上台,我就不一定先默词。"她也没有意识到一个危险正在逼近。那就是淹死的多是会水的人。

"有一次在湖南衡阳演出,台下观众都是全军城防会议的领导干部,当《十个鸡子》唱到一半的时候,其中一句唱词是:'小战士捡的这十个鸡蛋,可不是老汉俺家鸡生的。'边唱还要边表演老汉驼背弯腰下蹲的形体,不知怎的,我忽然顺口唱出'……这十个鸡蛋,可不是俺老汉我……'差点唱成'我生的',意识到要闹笑话,一下子我卡住了,脑子顿时一片空白,全部唱词不翼而飞,一旁伴奏的乐队马上用坠胡来回拉旋律,为我争取时间遮掩,还用口型试着为我提词,可无论如何我都完全蒙了,呆在舞台上不知所措,最要命的是,台下一点噪动都没有,一片寂静地看着我等着我,几分钟过去了,只见一位首长从台下端起一杯茶,笑着走上台递给我'小同志,先喝口水,别着急',我是又感动又羞愧,恨不得马上钻到地洞里。一个字也蹦不进脑子里了,无奈,团长只得命令把大幕拉上。"

"躲在大幕后,我腿脚发抖,浑身冷汗不断,团长说你镇静镇静,让大家帮你赶紧把词想起来吧。我说我已经不敢上台去了,不敢唱了。这时候台下响起了一阵一阵的鼓掌声,团长说,不行,你必须得出去,不能辜负台下观众。好不容易,我终于想起了唱词,团长一把拉开了大幕,不管三七二十一就把我推上了台,我硬着头皮站在台上演了下去,是怎么唱完演完的我都不知道了。没想到台下又是热烈的掌声,要我返场,非得再来不可。我紧张地求团长别打开大幕,我出去谢个幕就行了好吗?团长说不行,你一定要上,不能辜负观众的欢迎,把你备份的《街头哨兵》给我演了,又一把推我上去了。"

从此,再熟悉的东西曹燕珍也不敢不默词,不敢不认真对待。也打那次以后，"我很怯台，每一次上台之前我都不知道今天会发生什么，心里紧张冒冷汗，腿发抖，整整有一年半到两年左右的时间才慢慢克服了。以后也想了一些其他的办法来防止自己发生这样的失误。所以我觉得这个成长很有意思。"

这样一来，曹燕珍在演唱上，也就更进一步了。

"文革"结束以后，文工团先是排演了大型歌剧《江姐》，曹燕珍在剧中饰演孙明霞，不到出场的时候就在幕后伴唱，一百多场演下来，曹燕珍和战友们几乎能把整部歌剧背下来了，好听至极的旋律和唱段，每一次都像第一次那样激动人心，都让所有人荡气回肠，百听不厌，百演不倦，江姐的革命意志和精神深入人心的同时，也让她感受到了震撼人心的艺术至高境界，心里暗暗开始找寻"打动人心"的艺术表现能力。

接着，文工团又排了个舞蹈《鱼水情》，曹燕珍在伴唱中担任主题歌领唱。每次演出，她和伴唱的战友都在台下的乐池里。团里的同志们惊讶地发现，几乎每次小曹领唱开口："朝霞一出遍地金，染红群山万丛林……"观众们就会站起来伸出头往乐池里看，是谁唱的？这么好听啊！后来，好些个战友跑到领导面前说：曹燕珍完全可以担任独唱啊！

团里有个一直独唱的老演员，领导担心这位老演员会不会有想法和抵触情绪，结果没想到，她自己也主动跑到领导那里请愿，让小曹锻炼独唱吧！

"我非常非常地感动！是战友们的满腔热诚把我推上了独唱的道路，打开了一扇新的艺术之门。"

1977年全军会演，她用一首独唱，为文工团拿下了大奖。记得当时拍合影照时是在人民大会堂，出席的领导人有华国锋等。

今天再回过头来看这样一段经历，曹燕珍觉得自己能从一个"拇指姑娘"，最终变成了一个角儿，都是众人捧柴的结果。

当然，也得承认的是，这位外表柔弱的上海姑娘，其实外柔内刚，有着不屈的意志，坚决的执行能力，以及旺盛的学习欲望。这些因素的综合，将其先天不足所带来的不利条件，最终通过努力消除，转化成了动力。

人生的舞台，从来都对每个人敞开。你可以弱，但不能懦弱。

一旦赢得了舞台，也一定会有更大的舞台，在等着你。

很快，团里的词曲作家就开始为曹燕珍度身定制创作新歌。

比如说，《我的心伴随你守卫祖国》。

1979 年的一天，曹燕珍正在广东省电台录唱这首歌时，休息室忽然来了个人，说是刚才听到了你的演唱，问了电台的人这是谁？他们告诉我是广空文工团的曹燕珍，就来找你了。

一聊之后才知道，他是中国唱片公司广州分公司的负责人之一。

"他说'文革'过去了，我们要恢复灌唱片，想邀请你来录音出唱片专辑，好吗？"曹燕珍一开始并不清楚灌唱片是什么意思，以为他是开玩笑，也就没有往心里去，就回去了。

半年之后，他却一本正经地来找文工团领导了，很认真地邀请曹燕珍灌一张个人的唱片专辑。"我一下子蒙了，因为当时不要说我了——我只是一个才 20 多岁的年轻人，就是全国那些很有名很有名的老艺术家，很多很多人都从来没有灌过唱片。我就觉得自己像做梦，灌唱片？我能行吗？"

对方却不放弃，一个劲地邀请她灌上一张。

怀着激动也有忐忑不安地心情，她灌了自己这辈子的第一张唱片《九连环》（江南民歌专辑），后来由香港文志唱片公司出版发行。

这也让曹燕珍成了"文革"后中国唱片业恢复灌唱片时最早灌唱片的一人，"准确地说，是最早灌唱片者之一吧。"

唱片公司还给了 300 元稿费，这让她又有点蒙了，"从来没收到这么多钱啊，这是第一次，该怎么处理才好？"她想到了为她伴奏的乐队战友们，"因为那时候录音条件跟现在大不一样，没有多轨道的，需要你一气呵成。在录音中，任何人出任何一点声音，哪怕一个椅子稍动一下，或者伴奏乐手弹错了一个音，我就得和乐队一起从头再录一遍。所以录音累得不得了，一遍又一遍的来。总之，如果没有乐队的全心配合，那我是无法录好的。"于是，她把稿费平分给乐队的每一位，以此感谢大家！大家也高兴极了。

1980 年，《北京晚报》就用"明亮清新的声音"对曹燕珍演唱的《我的心伴随你守卫祖国》给予了赞扬。

接着，一首《望海》又让曹燕珍第一次作为军人演唱者，出现在了广州首次举行的"羊城乐坛十大新秀"奖公开评选中，来自广东上海天津陕西新疆等地的选票飞向广州的报社和主办方，曹燕珍脱颖而出，成为了十大新秀获奖者之一，这也是广空文工团的演艺军人第一次在社会上获奖。之后，更多的人知道她、关注她了。

有一天，因为生病，曹燕珍住进了医院。"结果有一个人提着水果来看我，我不知道他是谁，后来才知道他就是那部家喻户晓的电影《红日》主题歌——《谁不说俺家乡好》的三位作曲家之一杨庶正（另两位是上海的吕其明和肖衍）。"

她不明白他为什么会来看自己。"他说珠江电影制片厂最近在拍《乡情》这部电影，想请你来唱主题歌和插曲。"这更让她诧异了，怎么会找她唱呢？"他说他和夫人在电视上看到'羊城乐坛十大新秀'的演出，看到了我。当时他就和夫人说，就让这个曹燕珍来唱这部电影的歌吧。"

他先是找到团里，团里说曹燕珍住院了，他就找到这边来了。

这让曹燕珍又感动又高兴，也很是担心，自己没有为影视唱过歌，心里没有底气，怕唱不好影响电影让杨老师失望。杨庶正老师鼓励她：没关系，大家会配合你的，你要相信自己一定能唱好。

在录音现场，指挥家是当时很有名的赖广益老师，"他说你不要怕，我给你点人参含着，对嗓子有好处，会产生津液，让嗓子舒服，你就完全放松吧，我会跟着你唱的感情走。"

终于录完了主题歌《盼哥》，曹燕珍还没松口气，赖指挥和全体乐队就鼓起了掌，"我很不好意思，也不知道我到底录得怎么样。"

1981 年，电影《乡情》向全国播放，获得了文化部 1981 年优秀影片奖，接着又获得了第五届电影"百花奖"最佳故事片奖,这也是珠江电影制片厂的第一部获奖片(珠影人戏称为"翻身片"),《盼哥》这首主题歌也随着电影飞进了千家万户,曹燕珍的名字也在歌坛声誉鹊起。"以至于到我 83 年转业回到上海,到哪里办事都会被认出来而大开绿灯,那个时候我才知道原来电影有这么大的传播力。"

这也让 20 世纪 70 年代初到 80 年代,成了曹燕珍艺术成长的黄金岁月,她不仅为自己打开了更为广阔的世界,也让她在重回上海之后,在中国的民歌舞台上,真正有了自己的声音。

回到上海,是因为转业。

因为在当时,中国人民解放军已开始百万大裁军,曹燕珍所在的广州军区空政文工团也解散了。尽管已是正营职军官,曹燕珍在 1983 年生完儿子后,1984 年也回到了自己生于斯而梦于斯的黄浦江畔。

没想到,一回来就遇上了一件让她又喜又忧的棘手事:三家艺术院团同时争"抢"因唱百花奖电影《乡情》主题歌《盼哥》而声名在外的羊城歌坛新秀,这让曹燕珍激动的同时不知如何才好?举棋不定之下,她只好抛手中的硬币来定夺了。最终,她选择了顺从天意!当民乐名家、时任上海民族乐团的何彬团长开心地迎接她走进上海民族乐团时,彼此都乐了!从此,这个硬币的"决定"一路伴她走到了今天。

也是这一年,一直梦想能考上海音乐学院的曹燕珍,终于盼来了上海音乐学院"文革"后的首次成人招考,这来之不易的机会让她无比珍惜,立马全心投入了政治、语文、历史、地理、乐理、视唱练耳、主课(声乐)七门功课的紧张复习。全国统考!皇天不负苦心人,在几千人角逐 20 多个名额(声乐系仅 6 个)的激烈竞争中,曹燕珍脱颖而出,如愿以偿考入了上海音乐学院声乐系。

她所师从的,正是中国民族声乐界的泰斗、著名教育家,曾被邓颖超赞誉为"声乐民族化的好园丁"的王品素教授。尽管在舞台已有了这么多的实践，但也正是从这时，她才开始全面规范的科班训练学习。

"在我的艺术生涯中，我总是遇到好老师、好领导、好伯乐，我真的太幸运了。"曹燕珍说，"我永远崇敬我的王老师，她一直跟我说不要受任何风潮的影响，一定要坚持走自己认准的民族声乐道路，一个人如果不把一件事坚持到底的话，什么事情都做不好。"

对这位在舞台已经小有名气的学生，王品素同样要求严格，不放松对她的每个训练。

同时，她也赞赏这位学生以往的演出和学习经历，认为她学习民族戏曲，像河南坠子和豫剧歌剧啥的，都是很多学生没有的经历，这是十分宝贵有意义的积累，那可是中国人自己的东西，里面有太多的讲究了，因为"土"东西的特性是别的东西代替不了的，越是民族的就越是世界的。

不过呢，王品素严格训练这位学生学习西洋的发声方法，美声的发声方法，并不是为了崇洋媚外，而是因为，"借鉴学习西洋美声的科学发声方法，是可以帮助你更有能力更丰富地表达歌曲，把你的歌喉最大能量地发挥出漂亮音色和声音力量，也能在今后更好地唱中国歌。"

更让曹燕珍敬佩的是，虽然是著名教授，王品素却没有自恃学院派而清高、故步自封。那个时代，邓丽君的歌声流入内地没多久，被当成了不登大雅之堂的低俗的靡靡之音，也被音乐学院这样的音乐殿堂排斥和禁入。曹燕珍很喜欢邓丽君，暗自学唱，却很长时间都不敢告诉王品素。有一次上课，她小心地试探王品素的看法，大感意外的是，她不但不排斥，反而说：我也觉得邓丽君很好，她的气声唱法很能自然贴切地表达感情，吐字那么清晰，像说话一样的歌唱，其实，最好的歌唱就是要让人听得懂，打动人心才是最好的艺术表达！

不仅如此，曹燕珍还发现，王品素虚怀若谷，完全没有文人相轻那般的门户之见，去忌讳自己学生去上或者旁听别的老师的课，或者心存芥蒂不愉快。相反，她甚至认为你就应该多学，如果别的老师有好的，你就应该多学多吸取。

　　正是这种开放、包容的心态，让曹燕珍在感受王老师人格魅力和科学训练的同时，在演唱艺术上获益匪浅，日益长进。即使在 20 世纪八九十年代初民歌最低潮时，她仍一次又一次的收获奖项和荣誉，还拥有了无数粉丝，足迹遍及世界各国。

　　1985 年，正在上海音乐学院声乐系学习的曹燕珍，意外被近 80 高龄的黎锦光先生邀约到他天平路的家中，原来，这位 20 世纪三四十年代最著名的流行乐坛音乐代表人物之一，精心斟选了当年金嗓子周璇及其他著名歌星的经典曲目，想趁他健在，录制一张跨越半个世纪的《夜上海》专集唱片，除了《夜上海》《永远的微笑》《玫瑰，玫瑰我爱你》《可爱的早晨》等名曲外，他自己所作的部分著名曲目也在内，《五月的风》《香格里拉》《爱神的箭》《哪个不多情》《钟山春》……为此，他早就悄悄地在物色灌录这张唱片的理想人选。曹燕珍不知道，黎老和另一位词作家已多次在不同场合听过她的演唱了，最终选定了她，感觉无论外形、声音以及江南气质都最吻合，因为黎老想达到的唯一要求是"真正保持原年代风格的现代录制唱片"，要求演唱者"既要有周璇的歌声风貌，又要与她有所区别"。

　　唱片的录音棚在上海唱片公司内（就是如今徐家汇公园里的"小红楼"，三十年代著名的百代唱片公司原址），部分曲目的歌词因当时情况需要，由词作家作了整理修改。"文革"后刚刚返回上海唱片公司重任音乐顾问和编辑的黎老，完全忘记了年龄，就像当年一字一句严格指点周璇歌唱一样，全程坐镇，倾心指点曹燕珍录好每一首歌，录音中有的歌很顺利一遍就过，有的歌多次反复才对味道，有的歌曹燕珍感情投入唱出了泪，黎老亲自端水送上称赞她……

　　这张封面名为《夜上海》的曹燕珍独唱专集木纹唱片很快由上海唱片公司出版发行了，黎老高兴的又邀曹燕珍到他家喝茶聊歌聊当年，当曹燕珍告诉黎老,70年代末,曾有香港的电影导演看她演出后,想要她在一部电影中扮演周璇,但部队领导明确批示"军人不得涉外!"给回绝了……黎老笑着说,人生无常,人生亦有情,那边去了这边来,我不是也找你来了么? 这张唱片你唱出了周璇那个年代的风格特点,但没有生硬模仿,保持了你的纯净音色和生动乐感,很自然,这就好,有的歌我不是也被打动了吗? 哈哈哈……

1993年,86岁的黎老去世。他的经典之作《夜来香》《采槟榔》《香格里拉》《五月的风》《王昭君》《拷红》《疯狂世界》《星心相印》等流传至今。也许,这张1985年录制出版的《夜上海》曹燕珍独唱专辑木纹唱片,是他亲自编录三四十年代曲集的最后一张唱片了,"这让我非常怀念他,非常珍惜黎老在'小红楼'百代唱片公司原址亲自把关的这张唱片,珍惜这段录音的特别经历。"

也正是在这一年,曹燕珍还随上海艺术团在希腊巡演,并载誉而归。

"我转业回上海时,正是全国民歌的低潮期,外来的邓丽君等港台音乐,还有迪斯科,对民歌的冲击很大。"所以,回国后的曹燕珍就想,自己还能不能为民歌事业做点事情,能不能率先举行民歌独唱音乐会?

事实上,推动中国民族音乐的发展,也是一位奶奶的期盼。

1986年11月,曹燕珍和才旦卓玛、何继光等8个师兄师姐跟随着王品素教授进京,在中南海为30多位中央领导同志进行了演出,并受到时任中央政治局委员、书记处书记习仲勋的接见。接着,又走进了中南海邓颖超奶奶的家。

一开始,她还有些纳闷,为什么会到邓奶奶家做客?"后来我们才知道,王品素老师的入党介绍人就是邓颖超,而老师从来不提起,从不以此来炫耀。"

到了中南海邓奶奶家之后,曹燕珍才知道邓奶奶也是河南人,是开封的,"王品素教授当着邓奶奶面指着我说:让她给您汇报唱个《拷红》吧,这个上海姑娘学了一口河南话,学了坠子,还跟常香玉学了《朝阳沟》《拷红》,

您听听她学的咋样？邓奶奶特别高兴，我也特别兴奋，面对着邓奶奶唱完了《拷红》后，她连声说，你这个上海姑娘唱的像，唱的好哇……我真是激动得不得了，开心极了。"

更让曹燕珍激动的是邓奶奶对老师和他们说，你们一定要坚持走民族化的道路，一定要把民族音乐发扬光大！

"我们每个人都记住了邓奶奶的话。"

在各位老师的支持下，1987年的五四青年节，由上海民族乐团、上海音乐学院、上海音乐家协会、上海青年联合会联合主办，曹燕珍先是于上海音乐厅举行了"曹燕珍民歌独唱音乐会"。

开始时曹燕珍心里没有底，不知道会有多少观众来，结果一上台，发现居然满座了。市里的书记、市长等领导，还有周小燕、王品素等老师都出席了。他们坐在台下，和观众们一起都热情地支持着她。著名音乐大家贺绿汀、丁善德、周小燕等特别为她题词鼓劲"越有民族特点的音乐 越为人民所欢迎""发扬民族传统 歌唱人民心声""愿你为振兴民族声乐艺术做出贡献"，给了曹燕珍强大的精神力量，媒体也给这率先举办的民歌独唱会一片赞扬。

之后，又在广州唱片公司、上海文化艺术报和江苏音乐杂志社的支持之下，曹燕珍杀到了自己的第二故乡——广州，举行民歌独唱音乐会。

当时的广州是港台音乐的重灾区，也是民歌最低潮的地方。此前，梅艳芳刚在黄花岗剧院举行完演唱会，所以，很多人都替曹燕珍担心，去那里开民歌独唱演唱会，不是有点自踩地雷的感觉吗？但意想不到的是，"上座比梅艳芳当时还要好。"《羊城晚报》头版大标题："曹燕珍征服了羊城观众"，各大媒体也大篇报道"广州吹进了一股新风"，《南方周末》大标题更称她是"民歌园里的护花神"。

这也让曹燕珍感受到：低潮只是暂时的，中国民歌的生命力是强盛的，需要更多的仁人志士一起努力，人们随着时间推移，一定会认识和感受到民族音乐的强大魅力的。

同样是在 1987 年,曹燕珍还随上海民族乐团赴新加坡演出,并演唱了东北民歌《看龙灯》和《茉莉花》,大受欢迎,台下的乐评家、诗人、作家和观众们一起热烈鼓掌,其中,一位当地著名的音乐人在媒体上高度评价上海民族乐团的同时,对曹燕珍的舞台演唱也表达了十分赞赏。后来才得知,正是赞赏曹燕珍演唱的这位著名音乐人,默默促成了新加坡国家剧场对她的力邀。

　　1991 年 1 月,曹燕珍在新加坡维多利亚音乐厅举行了中国民歌独唱会。这拉开了中新文化艺术交流的序幕的同时,也让曹燕珍成为新加坡建国以来邀请的第一位来新开独唱会的中国歌唱家。

　　她那在维多利亚音乐厅荡漾的歌声也没让国家剧场和这位著名音乐人失望,演出轰动了星岛,主流媒体报刊杂志不断以"醉人的风采""当之无愧的民歌圣手""声乐文化新阶段"之类的大标题盛赞。时任上海市副市长的刘振元以及中国著名剧作家、诗人乔羽先生分别以"民族之声 友谊桥梁"和"中华神韵"题词给予热烈祝贺。

　　新加坡各界也趁热打铁纷纷邀约她举行民歌讲座,新声诗社邀定她下一年来新举行《中华古典诗词独唱会》,华乐团则邀约她在其后来新举行《中国歌剧精粹独唱音乐会》,新加坡的唱片公司也力邀曹燕珍来新灌制中国民歌独唱专辑唱片……

　　从那时到今天,新加坡、中国内地和香港的各大唱片公司录制出版了她的独唱专辑唱片、音带多达 30 多集〔套〕,500 多首歌,并在电影《乡情》中的一曲《盼哥》传播之后,为 100 多部影视配唱了主题歌和插曲。

　　荣誉也纷至沓来,获得了:"中国十大最受欢迎歌手"大奖,全国广播新

都说著作等身,曹燕珍应是唱片磁带专辑等身了。〔王千马 摄〕

歌演唱一等奖，"海峡之声"作品演唱一等奖，第十四届"上海之春"优秀演唱奖，连续三届全国戏歌大赛金奖，中国唱片界最高荣誉"金唱片"大奖等十多项大奖。

在新加坡媒体和国内媒体观众的称誉中，在南方颇具影响的曹燕珍，被人们称作了"北彭南曹"。

这些唱片中，让曹燕珍最感欣慰的专集，就是自己"用歌声来记述上海地方志"的《明月升上海》了。

那是她在 20 世纪 90 年代初就想尝试创意关于上海的专集。

"1993 年，我虽然被评为国家一级演员，但也 38 岁了，从艺 22 年的岁月这么快就被日历翻过了？心里的时间节奏一下子紧了起来，因为我心底藏了一个很久的愿望，那就是：必须赶在我歌喉和外形都对得起观众、经得起录像和灌唱片的时候，尝试创意一把上海特色的声乐作品，一定要新颖独特、经得住时间检验，拿得出手才算实现。"

尽管走南闯北走世界，但她心里很清楚地知道自己对上海的感情，"从出生在外滩黄浦江畔的老太平弄起，我这个 3 斤 4 两'拇指姑娘'的生活与成长就和这座城市紧扣在一起了。从上海祥德路小学、上海新虹中学到上海音乐学院，我从这里走上歌唱道路实现了儿时梦想，又在广空文工团从艺十三年后转业到了上海民族乐团，回到了上海的家。这里的一切浸泡着我，弄堂游戏市井生活、上海方言吴侬软语、田野小调城市味道、摩登时尚小资情调、海派智慧大气魅力……走遍了全中国和世界许多国家，始终最爱的还是上海，我的情感拴在了这里。"

只是，没有创意经历和经验的她，一张白纸不知道从何下手去画，"谁也不知道我内心的翻腾与紧迫。"

好在她在演唱的同时，还有一个爱好——旅游。在旅游的过程中，她发现历史太重要了。一个地方没有历史的积淀，也就没有了很多的意义。她

也常常被祖国山河和世界各国的自然美景迷住,更多的是被人文景观历史故事所吸引,

"郑绪岚的一首《太阳岛上》,就把太阳岛给唱红了。"她就想,自己也许没那么大的能耐,但是不是可以另辟蹊径,用有限的能力为上海做出个特别的作品呢?

她的心被千丝万缕的思索缠住……

1995年的一天,一个念头忽然闯进了她的脑海:"旅游,是活的'百科全书',可以用我歌声做'导游',来记述上海地方志啊!"

"我兴奋不已,却又害怕这个创意被人盗用,多年都未曾向外透露具体……"

为了完成这一创意,她一次次反复不断地向历史学家请教求证,艰难地在上海浩瀚的史料中择选已被历史定义的、不受发展时空制约的、最具代表性的地方特色和景点:上海历史掌故、发源地、名胜古刹、名人故居、民俗文化、本地音乐、特色美食、名街名店、每个月的节庆、现代成就……她要让艺术作品最浓缩地展示"地方志",然后录音录像,一步步做成 CD、VCD、DVD片子出版,经受社会与时间的检验,"在人们注意力最佳的 45 分钟一节课时间里,带领中外宾朋乘着我歌声的翅膀'游'上海,迅速了解上海的历史纵横和经典概貌,欢迎更多人来上海,爱上海!"

接下来,曹燕珍邀请了多位著名词曲作家,分别为不同特色景点创作风格迥异的十多首词曲作品,突出上海大都市具有五方杂处、中西璧合的海派特征,以她好友陈小奇(中国著名词曲作家、广东省作协副主席,代表作《涛声依旧》等)创作的主题歌词《明月升上海》命名这张专集。1996 年,这个"中国第一部导游式主题声乐专集"《明月升上海》音带与 CD,终于由上海声像出版社首次出版发行了。①

----

① 《明月升上海》CD、VCD、DVD 的曲目是:1. 上海本是好地方;2. 外滩寻梦;3. 豫园之旅;4. 人民广场;5. 龙华寺·玉佛寺;6. 市郊三吟(青浦 松江 嘉定);7. 南京路;8. 中山故居;9. 东方明珠;10. 明月升上海(上海之恋)

这一音带和 CD 立刻在当时的上海旅游节和各外事交流活动中受到了欢迎，获得了各方领导、艺术界同仁和各类媒介好评与支持，这让曹燕珍获得了极大的信心基础。

紧接着她马不停蹄筹备将 CD 拍摄成 MTV，事无巨细的繁杂与奔波，使她常常废寝忘食地劳累工作。三年后的 1999 年，面对资金筹措的困难和年龄增大的压力，已经 44 岁的曹燕珍在同仁们的支持下，只能抓紧用最节约的方式拍摄完成了 12 首曲目，演出服也全由她自己设计，请人缝制，后期的 MTV 制作、画面歌词、景点简介及文字一律做成中英文对照（这在当时是很少有的）。

拍摄的 12 首 MTV 曲目中，有沪语的《上海本是好地方》，现代流行唱腔的《豫园之旅》，深情大气的《上海之恋》……其中的《外滩寻梦》这首歌，由著名导演王国平拍成了三分钟的微故事片，浓缩了上海历史沧桑，片中的男主人公，就是现今在电视剧《人民的名义》中，饰演侯亮平局长走红一时的陆毅，当年他就在《外滩寻梦》中扮演曹燕珍的"旧上海恋人"。那时他还是上海戏剧学院的学生，初出茅庐。

尽管为了拍摄好每一首歌，曹燕珍常常夜不能寐，但她发现，除了自己对上海的熟悉，自己多年的成长经历也帮助了她。那些年在广州空政文工团，被派往河南学坠子、豫剧，接触部队里五湖四海的士兵，都让它在无意当中，为她做下了宝贵的铺垫。"我自己从来没搞过创作，一开始也不知道，但部队里老同志教会了我写诗词，又练过芭蕾，演过歌剧……最后，这些杂七杂八的东西全部都发挥到自己想要做的这件事情上来了。"

那些让你死不了的，一定会让你更强大。同样，那些让你历经磨难，以为没有什么意义的事情，也会在日后反哺自己。所有的苦，都不会白吃。

让曹燕珍记忆犹新的，是自己为所有曲目设计的服装，"我在尝试设计服饰之初就已有清晰定位：丝绸源起江南，上海是中国著名的纺织'棉神'黄道婆故里，亦是旗袍的发源地，一定要以棉和丝做成的各式旗袍为主，兼具其他！"

一首首曲目的服装在她的手里很快顺利定音,但,主题歌《明月升上海》的服装却让她犯了难。

"怎样才能配上这首激动人心的主题歌？怎样的服饰才能传神隐喻上海代表性标志?"

头疼的她又奔进图书馆查资料,走访服装研究所,逛街找灵感,一次次失眠⋯⋯灵感在积累和发现中终于来临,有了! 独一无二的设计:白玉兰黑丝绒长尾旗袍礼服!

"我非常开心,因为这个设计满足了我心中的全部表达:

一是白玉兰衣领:上海的市花标志;二是黑色丝绒旗袍:高贵典雅,不仅可以象形白玉兰盛开时枝干摇曳的风姿,更可以隐喻上海是座闻名于世的'不夜城';三是长尾礼服是西方的上流时尚,而旗袍是发源于上海流行于中国和世界的时尚,追求革新中西璧合原本就是这座摩登大都市的海派特质;四是'白玉兰黑丝绒长尾旗袍礼服'的大气美丽,可以更深情的衬托主题歌意境——'月光下看着你的容颜,看不够你的风华绝代''月光下走进你的岁月,带着我的期待我的爱',更契合呼应主题歌荡气回肠的激情'你是一种美丽的相思伴我千百载,牵着你的手,牵着你的爱,你是一首永远的新歌,我的大上海!'"①

2000 年,12 首曲目精简成 10 首的上海风情 MTV《明月升上海》专集 VCD 版,由上海唱片公司出版发行(当时 DVD 还没普及)。片子一出,当年就售出了三万多张,并在上海 APEC 会议期间,被市政府选为向各国政要播放的内容之一,旅游委、外事办、统战部、侨联、寺院、航空公司、企事业单位等,将此作为上海特色的作品在中外文化交流中发挥着良好的作用,各大报

---

① 主题歌《明月升上海》〔作词:陈小奇、作曲:施凌儿〕歌词如下:
海上升明月　明月升上海　月光下看着你的容颜　看不尽你的风华绝代
海上升明月　明月升上海　月光下听着你的声音　听不够你的青春情怀
牵着你的手　牵着你的梦　你是一种美丽的相思伴我千百载
牵着你的手　牵着你的笑　你是一首永远的新歌我的大上海
海上升明月　明月升上海　月光下走进你的岁月　带着我的期待我的爱
《明月升上海》专集于 2010 年世博会再版时,更名为《上海本是好地方》,同名主题歌也更名为《上海之恋》。

纸杂志以及中央电视台、上海电视台、电台等多次滚动播放、宣传，其中《上海本是好地方》还被多所学校和群众文化艺术馆排成节目演出以及成为教老外学唱的上海特色歌，上海知青代表队也唱着这首歌参加了全国知青大会的盛大活动，还被市教委选入了上海市的中学音乐课教材中。

完成了自己很久以来的心愿，接下来，她一方面着手重新创意实现"用歌声来记述上海地方志"的舞台版，邀请了歌舞戏剧界的专家、导演和高手共议方案，试写脚本，希望将这专集移植打造成舞台上的长演节目，"让中外宾朋来到上海，能看到一个常演的特色节目，就像日本宝冢歌剧团那样的水准。"另一方面，又推出了另一张专辑《曹燕珍：茉莉花》。

这张 2002 年由上海音像公司发行的专辑，是曹燕珍和另一音乐人花了两年时间收集的全国各地的《茉莉花》，意在集欣赏、收藏、教育为一体，让更多的人知道祖国各地南北风格迥异的《茉莉花》，展现《茉莉花》在历史变迁中形成的民歌风格和魅力。得益于自己多方求索而具有可塑性、反差大的嗓音，她完美地展现了"江苏茉莉花""东北茉莉花""河南茉莉花""青海茉莉花""无伴奏茉莉花""器乐茉莉花"……

她也因此被国内外歌迷亲切地称之为水晶歌喉"茉莉花皇后"。

在《新民晚报》上，就报道过曹燕珍收集《茉莉花》的故事，它被中央电视台音乐频道的外采记者发现，所以，他们也将她请到了一档节目的录制现场，和周彦宏、郭颂、李丹阳等人一起聊聊，这首流行于全国各地有着诸多版本的《茉莉花》。

面对主持人董卿的好奇，她坦诚说，自己因为是生在上海长在上海，从小就对街头叫卖的栀子花、茉莉花很有感情。那时候，茉莉花，三分钱买一朵。

更重要的是，大家喜欢茉莉花，对茉莉花有感情，不仅仅是因为大家都在唱它，"你看它在为大家默默地喷吐芬芳，送上一缕淡淡清香的同时，它从来不张扬的。所以我觉得它是谦逊而不谦卑，自信而不自负，热情而不骄狂，豁达而不张扬。是我应该追求的一种品格。"

某种意义上,她就是这样的一朵"茉莉花"。

"明月"后相当长一段时间内,曹燕珍像是失踪了。

见不到她的身影,也看不到她的信息。

就连她心心相念的要将《明月升上海》再次"变形"为上海第一部直面海内外旅游市场的舞台民歌秀,也没有了音信。

原来,正当她想再接再厉时,她先生患了绝症,她一下子蒙了。

这要是放在当下拼死拼活都要维持曝光率的娱乐圈,其实也很好解决,那就是蒙归蒙,事情还是得照常做。不然哪里有人气,哪里有"流量",哪里有身价?

曹燕珍却选择了急流勇退。

"因为我们俩感情很好,我本身也是一个重感情的人。"

早在20世纪70年代,她和丈夫就相识相恋,两人第一次相遇谈论的就是书,对人生也有着相同的价值观。三十多年来,"他俩在生活、经济和事业上,一直感情笃深,无话不谈,彼此恩爱。在曹燕珍忙于事业在外演出频繁的时候,在机关工作的丈夫和岳母一起,处处做她的后盾,支持着她,付出了许多代价。"①

曹燕珍也承认,在自己的思想当中,其实一直是一个鱼与熊掌都想要的人,"但这是不可能的,这很难平衡。如果真的不能平衡,让我选择的话,我还是会选择情感。因为我觉得其他的东西都可以失去,但情感如果失去的话,一个人的生命就被掏空了,是一个空壳子,不是有血有肉,而是行尸走肉。"

曾经,她也和朱逢博老师一起聊过与以上相关的话题。她问她,到现在为止,你觉得你最大的人生体会是什么?最遗憾的是什么?

---

① 詹皓,《曹燕珍隐退十年 为世博再现"茉莉花香"》,《新闻晚报》2010年7月24日。

这位在流行乐坛享有盛名，与李谷一有"北李南朱"之誉的音乐大家，真情流露地说到，到了我这把年纪，现在倒回去想的话，以前就知道到处演出，外面怎么样，我自己的名声又怎么样。为此整天的忙，可是我忽略了我的骨肉，没有尽最大能力去爱护他，去培育他。她又告诉她，现在我一想到其他名利的东西都是会流逝的，骨肉却永远是你的骨肉，是离不开的。如果缺失了骨肉的情感，那这个遗憾是永远也追不回来的。

"她这个话让我当时内心触动蛮大的，觉得她为什么会有这样的感触？"不过，曹燕珍却理解和记住了她的话，也许是自己到了一定的年龄，也许是自己的孩子在长大。"人是不可能永远辉煌的，总归有慢慢淡下来的时候。尽管我在事业上也取得了一些成绩，这也算不得什么，它只不过证明你做过了努力，不会被浪费掉。我现在只希望自己的情感要永远和爱人，和孩子，陪伴在一起。"

好在老天终究不会亏待这样多情的"儿女"。2010 年，上海唱片公司将《明月升上海》重新打造，封面更名为《上海本是好地方》，以 DVD 版再次发行，并向世博会献礼！〔更名是因发现人们很容易将古诗名句"海上生明月"与此混淆错记，而《上海本是好地方》这首歌也早被选入上海市中学音乐课教材了）同名主题歌"明月升上海"也更名为《上海之恋》。

尽管如此，今天的曹燕珍，依旧低调内敛，把自己当成一个一无所知的人，然后不断地追求她所想要获知的。如果不是特别注意，你根本都不会想象，这位已经花甲之年的"茉莉花皇后"，还是打出 86 杆的高尔夫高手，已经多次拿过净杆冠军和最远最近奖了。

事实上，早在 1991 年，她就邂逅了高尔夫。那是在新加坡，她第一次摸杆。直到 2005 年春，她才开始拿出学习歌唱表演的干劲，开始练习打高尔夫，只要有空，就会去练习场，每次不练 8 到 10 盒球不罢休，或者到处下18 洞球场打，"就像吃了绿色鸦片一样。"这让她在这项运动中的提升很快，也悟出了很多道理。

曹燕珍常有这样的感受，你越想打好球，脑子想法太多，身体就越不自然,动作越不流畅,劲儿使得很大,球却飞不出去飞不好,而有时不经意的身体放松时,球却飞得很远、很准、很漂亮——这和唱歌、做人做事的道理是多么相通啊。

她的人生,越发地平平淡淡。

也越发地有幸福感。

马晓晖

中国当今最优秀的民族器乐〔胡琴〕演奏家之一,上海民族乐团首席。

毕业于上海音乐学院,师从王乙教授。

曾获 1993 年第 15 届上海之春音乐节新作品演奏奖;1993 年首届上海十佳优秀青年表演艺术家提名奖;1995 年及 1999 年宝钢杯高雅艺术优秀表演奖;1998 年赢得英国剑桥国际传记中心〔1BC〕"1998/1999 年度国际杰出女性"、"千年国际杰出女性"提名、20 世纪杰出人物及终生成就奖。

1999 年 1 月被加载"世界名人荣誉厅"〔英国剑桥国际传记中心〕,并获得美国传记研究院"终生成就奖""国际使者奖"以及千禧年杰出女性荣誉称号。

2012 年获颁《旭茉 JESSICA》成功女性大奖,2012 年上海市统一战线先进个人,2012 年上海市三八红旗手。

另外,她还担任多个机构的"大使",以及特聘专家或顾问。

所有的一切,都源于她手中的那把二胡,以及她为二胡艺术在世界上的普及,所作出的贡献。自 2003 年来她首次发起《二胡与世界握手与对话》全球性巡演(其中包括:采风,与大师对话及大师班讲座等),遍及了欧、美、亚、非等几十个国家和地区,十余年来在全球举办了千余场的个人独奏音乐会及讲学,深受海外观众的热情欢迎与喜爱。

其人生道路上还有重要的一笔,那就是在获"奥斯卡原创音乐奖"的电影《卧虎藏龙》中与著名大提琴家马友友一起担任大提琴与二胡激情音乐对话。

时代精神之十三·多元

马晓晖：二胡的两根弦，是天地，是你我，是东方和西方

孩提时的马晓晖，就是一个美人胚子。

她挤在父母的中间，穿着漂亮的连衣裙。一头齐耳短发，清爽而又俏皮地伏在额头上。脸蛋带有点婴儿肥，镶嵌着一双透着机灵劲的眼睛……

这是父亲马荣斌珍藏了多年的老照片。每次看这张照片，总让人想起20世纪八九十年代的宣传画上，那些生长在红旗下，正载歌载舞的孩子。

马晓晖的确从小很有一些文艺上的气质。不过，这多少得益于家庭的熏陶。尽管父母都是唐山铁道学院（原唐山交大）理工科教授，但他们非常喜爱音乐与艺术。母亲能歌善舞，父亲更是对乐器情有独钟。每逢周末或节假日，家里便充满了艺术与音乐的氛围。在她的印象中，"自己很小的时候，家里就有三件乐器，小提琴、手风琴和二胡。爸爸还是蛮多才多艺的，他会手风琴，也会小提琴，而且还是合唱指挥。家里也常常出现这样的画面，妈妈跳蒙古舞蹈时，爸爸在一旁拉手风琴。一会儿，爸爸拉起小提琴，妈妈又在一旁开始唱歌。"今天想起来，这个画面很温馨，也在不经意间，就将音

乐植入了她的心。

等到她自己想要在音乐上真正有所选择时，她先是认定了小提琴。

"那时我6岁不到一点点，就因为觉得小提琴很美。"

在外人看来，这才是非常正常也很合理的选择。

毕竟，美丽的姑娘配美丽的小提琴，美丽的小提琴也才能配美丽的姑娘。

没多久，马晓晖却主动放弃了，因为她发现，小提琴架在肩上，歪着脖子拉琴实在让人不舒服。转过头，她想重新选择手风琴，因为她觉得手风琴有魔术般的效果，但是一旦将它放在自己的腿上，对还是孩子的她，又实在太重了。

"我好不容易等父母上班的时候，就将它抬起来，好重啊，小腰就弯了。"

结果玩了两三个星期，她还是驾驭不了，"然后我就无奈地、很不屑地看着旁边那个，对我来讲是丑丑的、很简单的、不起眼的二胡，就把它拿起来玩了。对我来说，选择二胡是不得已的，无奈的选择。"

父母对她的这种表现，显然也有一些失望。

正如她对二胡的初始态度，二胡尽管深受人民欢迎，但在相当长时间内，它的社会地位并不高。有句话说的是，"讨饭二胡叫花笛。"

和笛子一样，它构架简单，只有一个小小的共鸣筒、两根弦，外加一张弓，方便易学，比较容易入门，所以成了很多人谋生的道具。但是，也很难拉奏出美妙的音色。

漂亮的姑娘学啥不好，偏偏学什么二胡？

在父亲马荣斌的回忆里，却是另外一种印象，那是在他因公外出的时候，女儿晓晖很想摸碰家中的几件乐器。"小提琴她夹不住，手风琴太重，她背不起来，最后只好把二胡拿起来玩了，还模仿大人的动作，不断地拉着。当我出差回家，见此情景，很受感动。于是她对我讲，想学二胡。我当即认真地说：'好啊，爸爸来教你。'就这样，晓晖与二胡开始了不解之缘，并且进步很快。"

谁也不曾想，当年的漂亮姑娘会选择与二胡为伴，并将二胡拉出了世界。
〔王千马　摄〕

不管怎样的说法，马晓晖的命运从此和二胡紧紧地连在一起。

尤其是她在那部《百花争艳》的电影里，看到闵惠芬老师穿着连衣裙拉《赛马》和《江河水》，觉得好帅好酷，原来二胡也可以这么美。于是，她更坚定了想要当一名二胡演奏家的决心，而且还是要做一流的。

谁也没想到，多年后，她真的实现了自己的愿望。

但她心里清楚，这一路走下来的艰辛。

马晓晖第一次登台表演，就遇到了难堪。

那时候她还小，登台时，父亲还帮忙拉着手，提着个小凳子。然后，再蹬着小凳子坐在靠椅上，并用小凳子来搁二胡。结果不小心，就摔在了台上。

"那时候是校庆，也好像是一个过年的时节，摔了后，我哇哇大哭地下来了。"

马晓晖记得略有偏差，那既不是校庆，也不是过年的时节。

根据马荣斌的说法，是唐山铁道学院从唐山迁到四川峨眉山，并更名为西南交通大学之后，在室外电影院举办了一场大型文艺演出。

"当时的团委书记孙继龙正式邀请晓晖届时上台表演，并从校文艺工作室借了一把较好的二胡，还请电影院办公室的朱光宗老师（曾是中央文工团二胡独奏演员）收晓晖为徒。"

谁也没想到，马晓晖把事情给意外搞砸了。

马荣斌看了后，自然很心疼，就问女儿，你还上去吗，要不然就算了，以后还有机会。接着，他也没怎么管她。十分钟之后，马晓晖擦干眼泪，"爸爸，我要再上去演奏一次。"

于是，"我爸爸还是拿着同样的小板凳，拉着我的左手，我则拿着我的二胡，又上到舞台去了。"这次，她坐得特别的稳当，演奏得也特别的好，自拉自唱了"北风吹""我爱北京天安门"等曲子，"当然获得了现场叔叔阿姨和同学们的满堂喝彩。现在想想，我第一次登台就遇到了挫折，但我还是能从摔倒的地方爬起来了，说明我和舞台也是有缘的。"

问题是，有了这些老师还不够，"因为他们都是专业半专业的状态。"要想取得更大的进步，她需要有更专业的指导，可是求师无门。最后，她妈妈就另辟蹊径，就盯上了当时的一些"热门电影"，像《闪闪的红星》，从它们的演职员表，为她找"线索"，看看是哪个乐团演奏的电影音乐，指挥又是谁。然后，再领着她坐火车从四川北上天津、北京，一坐便是40多个小时，但也不是没有效果，她也因此得到了塘沽文工团的王利、中央音乐学院的安如砺这些老师的指导与帮助。

12岁的时候，她报考了中央音乐学院附中，但落选了。

"当时，我闯过了很多关，到最后，就剩三个人，两个女孩，一个男孩，"那段经历有点苦涩，但今天想想，还是蛮有趣的，"当时大家给我们两个女孩子各取了一个外号，一个叫白牡丹，一个叫黑牡丹。黑牡丹长得很像是印度人，很俏丽，也是大大的眼睛，所以管她叫黑牡丹。我因为比较白，所以叫白牡丹。大家都觉得我们都很棒,但是最后两个人都落选了,那个男孩却考上了。"

落选后,父母就安慰她说,反正你从6岁就以二胡为伴,是不是可以缓一缓,再为自己的未来想一想?其实,她的功课也很好。父母也希望她继承父母的行业,走考大学、考研究生这条路线,反正也不一定非要考音乐学院。

于是,父母便给她一个月时间,安静下来好好思考。

"平时练习二胡时,虽然比较乖,但也是需要督促的,孩子嘛,玩性都比较大。好在我还有两个妹妹,和奶奶,只要我一停下来,她们就嚷,姐姐不拉了。"但是真的等到父母不让拉了,她就觉得自己连两个星期都难熬,坐不住,"好像少掉了什么,失魂落魄的。"

后来,在一个晚上将近12点的时候,她又找到自己刚刚备完课的父母,很斩钉截铁地告诉他们,我想好了。他们说,想好什么了?她就说,我决定再考一次。他们还是有点不相信,不是给你一个月的时间考虑,怎么两个星期就决定了,你确认吗?

"我说,我确认,我觉得不甘心,还想再试一次上海音乐学院。"

父母看着她有些无语,两人对视了一下,然后好,好吧,我们支持你。

就这样,他们又找了当时在四川音乐学院任教的舒昭老师。

"他是非常棒的二胡教授。在我考中央音乐学院附中的时候曾跟我父母说过这样的话,这个孩子是非常不错的,是搞音乐的这块料,但是需要一个专业的引领和正规的训练,就会从量变到质变。所以当我做了这个决定以后,父母就带着我,大概每个月要从峨眉坐四个小时的火车,去一次成都,找舒昭老师求学。"

不出所料,半年以后,马晓晖的二胡水平真的得到了突飞猛进的进步。

恰好在这个时候,何占豪带着上海音乐学院的招生团队来了。

"何老师不显老,当年是啥样子,现在还是老样子,"马晓晖记得那时的何占豪,并没有多大年纪,但成名已久,创作的小提琴协奏曲《梁山伯与祝英台》家喻户晓。"当时他是上海音乐学院附中的校领导,带队来成都是为了招两名琵琶考生,结果在一千多人中,看上了我。"

事实上,这属于一次破格录取。因为她在试唱练耳时,理论部分乐理没及格。但何占豪却慧眼识人,觉得她有一项不及格,是因为她年纪小,没有听过练过钢琴,没有乐理的细听训练,对什么大和弦、减七和弦,什么纯五度这些都不是很懂,但这并不是太致命的地方,后期可以弥补,关键的是,这个孩子有音准概念,有节奏感与乐感,非常有潜力。

为了能录取她,何占豪还和丁善德、贺绿汀等人做了沟通。不过,为了保险起见,大家达成一致意见,可以接受她,但得试读一年。

现在想想,当时的学校在招人时,制度是灵活的,老师也是为人才考虑的,不像现在什么事情都靠一考定终生,结果误了不少好苗子。

虽然录取历经周折,但进入附中还是给了她一个惊喜,那就是要她作为民乐系新生唯一代表,参加新生音乐会。当时正在北京开会的马荣斌,急匆匆赶到成都火车站,把女儿送上了硬座车厢,并交给列车员。临行前,父母又对她讲,我们不是音乐世家,你能考入上音,这是你的缘分,要珍惜。学生的主要任务是学习、学习、再学习。你开始独立生活了,要戒骄戒躁,要尊敬老师,团结同学,女孩子可以活泼,但不能轻浮,矜持而不古板,热情而不轻狂,对人对事要有涵养与教养,也要成为班级里的好榜样……

然后,一位 13 岁的女孩子,就这样一个人义无反顾地踏上了征途。

马晓晖记得很清楚,自己在路上一共摇晃了 52 个小时,才从峨眉经成都再到上海。何占豪又亲自到火车站来接她。一下火车站,"我真的是傻掉了,我一句话都没有说,看着这个高楼大厦的国际化大都市,比我想象当中的还要……哇,无法用语言来讲。"

一路上,何占豪都在向她介绍经过的一些地点,这是万人体育馆,这是上海音乐厅,这是艺术剧场,等等,还说以后要在这里演奏,她默默地听着,无语而点头,"他字字句句都刻在我的心里。"

让她很感激的是,当时教授她的老师,正是著名的二胡教育家、演奏家王乙教授。因为王乙是江苏人,给她上课,全是苏州话。所以她来上海后,先听懂的不是上海话，而是苏州话。日后，她把苏州评弹《庵堂认母》改编成二胡作品，也是跟恩师王乙有关系，让她对评弹有情结。说起来，他还是二胡演奏家闵惠芬老师的老师，"所以闵老师既是我的老师辈，又是我的大师姐。"

还有一个好处，那就是附中的教学是不分班也不分系的。

和她同班的同学，都非常优秀，都说这班是精英班，年龄跨度也比较大！有钢琴、小提琴、打击乐、琵琶、二胡、古筝等专业。她则是班长。同班同学有：参与筹建中国爱乐乐团并出任艺术总监的，像余隆；还有像曾赢取卡尔·弗莱什国际小提琴大赛金奖的薛伟，以及著名钢琴家、指挥家——父亲是著名长笛演奏家李国良，母亲就是著名小提琴家俞丽拿——李坚……他们都在一起学习，互相取长补短。直到上大学之后，她才有了系别的概念。

那段日子，也是她相对"风光"的几年。一方面，因为学习特别认真，"一年以后我的试唱练耳是我们班的第一名，"另一方面，"因为我在附中的时候，比较多才多艺，经常会表演一些节目，而且还是附中广播电台的播音员。"

但这一切在读上海音乐学院之后，有了让人难以捉摸的变化。

1983年，她以专业第一名的成绩升入上海音乐学院的本科，被如愿地分在了民乐系。

这又是一个全新的起点。她期待着自己能学有所成。

和附中一样，她依旧是学校里的播音员，也经常在电视台和学校里举行的晚会中做主持，是学校里的风云人物，被誉为"冷美人"，但是她却发现，自己常会遇到这样的问话。

"他们往往会问，晓晖，你是哪个系的，我就说我是民乐的。他们的神情一下子就黯淡下来。有时他们还会继续问，你学什么专业呢？我就说我二胡演奏专业。天啦，他们的眼神就是满满的失望与怜悯。"

马晓晖很容易就猜测到这些人的心理，"他们本以为我不是声乐系的，就是拉大提琴，或者弹钢琴的，结果我不仅是民乐系的，而且还不是弹古筝或者琵琶的那种。他们会觉得，这个漂亮姑娘，会被二胡毁掉，没什么前途。"

这种猜测或质疑，让马晓晖很伤自尊，又一次感受到了社会上对二胡的歧视，"我觉得这种刺激在上大学一年级的时候特别多。"

这种让人比较不安的状况，一直延续到了她大学毕业考入上海民族乐团。

一开始，她的角色不仅仅是乐团的二胡演奏员，还是乐团的主持人。

"在乐团的前几年，乐团的大大小小的普及演出都是我来主持的，有时候一天甚至主持五场，发着高烧39度都要上场。"

在很多人眼中，她就是因为形象不错，普通话好，招来做主持人的。这种误解让她很难受，自己拿的工资都和大家一样，做的工作是一些人的好几倍，就这样还招来了一些不满，觉得自己很爱出风头。其实她更希望自己能在二胡专业上多下功夫且学有所成。

"我觉得自己还是比较大气、温暖，而且也是蛮包容、宽容的。但别人一误解我，我眼泪马上就'唰唰'的下来了。"

这种日子，让她更为感激前辈们为二胡所做出的一切。这些前辈，包括恩师王乙、大师姐闵惠芬、王国潼等，再往前就是刘天华和华彦钧等。

华彦钧也就是瞎子阿炳，用一首《二泉映月》，让二胡在民间得以广泛的流传，而刘天华则以《良宵》《空山鸟语》《月夜》等10首经典二胡作品，不仅让二胡拥有了文人气节和情怀，也将它带入了高等学府，有了自己的地位。

日后，她努力地提高自己在二胡上的技艺，并成为音乐上的"吉普赛女郎"与"丝路公主"，到处巡演，用二胡跟世界对话——既跟其他国家或民族的音乐对话，也跟不同的艺术形式对话——也是为了证明二胡的魅力，为二胡鸣不平。

这种对话，源于一次意外的机遇和缘分。

1996 年秋季，也是马晓晖在上海民族乐团工作的第九个年头。

一位德国钢琴家在听了她演奏的一首《河南小曲》之后，深深被吸引，对中国二胡产生了浓厚的兴趣与艺术冲动。

于是，他就请她去德国与他进行二胡和钢琴之间的对话。

尽管在这十年之中，她有过困惑，有过误解，有过委屈，有过艰辛……但是她也觉得自己收获很多。作为民族乐团的乐队队员、独奏演员、二胡声部首席、乐团首席、主持人等，一路的经历让她懂得了团队意识与角色感，也积累了丰富的舞台经验。主持人的这个角色也更全面地丰富了她的民乐知识，同时也增添了一份亲切与从容！

"我需要告诉观众什么叫高胡，什么叫琵琶、古筝，它们的历史是什么，另外，还涉及中西方乐器的对比，"所以，回过头来看，她就觉得，"生命当中很多磨难、困苦和瓶颈，都是对我们生命的祝福。有时我觉得苦难都是对人生的一种恩典，只要我们有一种永不言弃的精神。"

同样，正是基于自己对各种乐器的理解，也让她对"对话"有一定的心理底气。

当然，能获得这样的机会，也得益于她的"伯乐"——何占豪先生。是何占豪让她成为了上海音乐学院附中的学生，更重要的是，在她考上海民族乐团时，正是何占豪对"民族音乐现代化"深有感悟之际，在他看来，越是民族的，越是世界的，但前提是，将民族的东西提高到世界先进水平，这样才能为世界所接纳。这对马晓晖也是一种巨大的启发。日后，她拉着他的《莫愁女幻想曲》《别亦难》《乱世情侣》《龙华塔》等，赴香港演出，也自此为东南亚所识，并获得高度好评。

这一次的对话，让马晓晖再一次得到"认可"。

为了不辜负对方的盛情，马晓晖足足花了 9 天时间，请作曲家一起帮忙配器，夜以继日地完成了两首作品，并进行了录音和录像。一首是《听松》，为阿炳先生的另一首名作，还有一首则是新疆风格的《葡萄熟了》。

之后，这位德国钢琴家就把这些录音和录像拿到了汉诺威，给当地主流的音乐人、文化人分享，看看这种形式如何，结果大家都觉得非常震撼。

于是，他又请马晓晖去汉诺威演出。

"第一次演出的地点大家都想象不到，是一个 Tea house，叫卡那比（音）的音乐沙龙。里面可以容纳 50 个左右 VIP 的人群。演奏时间是两个小时。我边演奏，边用英文讲解。演奏完之后，我坐进观众席，和大家一起喝着红酒共进晚餐。想想，这个场景已经过去了 20 年了，但是对我的艺术生命影响深远。所以，我现在对沙龙与雅集，有情结，情有独钟，可能跟这次活动也有关系。这是我欧洲世界之旅的第一个重要舞台！之后我又参加了很多有名的艺术节与重大巡回演出，跟很多著名的乐团、音乐家合作，这应该算是一个很重要的起点吧。"

《卧虎藏龙》的海报醒目地张贴在马晓晖工作室。它既是对马晓晖的赞许，也是对中国传统器乐的世界认可。〔王千马 摄〕

接下来，她便顺理成章地签约了德国南部最有名的经纪公司，他们原来从未签约过任何一个亚洲人，这一签约就是 12 年，直至她的项目经纪人不幸过世。"我是第一位亚洲人,而且这个经纪公司是以西洋乐器为主,没有民族乐器的,都是钢琴啊,小提琴等等。"

这也让马晓晖在很长时间内,面对德国乃至整个欧洲的主流社会进行演出。有时候在教堂,有时候在音乐厅,有时候是艺术节,有时候是古典建筑的沙龙。总之,各种各样的表演形式。

后来,她又和日本东京的著名经纪公司签约,也是 12 年的合约,直至日本大地震。

"这既是我艺术人生的一个转折点,也是建立我对二胡自信,对中国艺术家的自信,更是树立在世界乐坛上的民族自信心的关键转折点。"

不过,也正如中国人自己对二胡都存在着偏见和误解,那么,在走向世界,与世界对话的过程中,马晓晖也难免会遇到一些"忧伤"。

那是在美国白宫的华盛顿故居。

马晓晖作为亚洲音乐家的唯一代表,应主办方邀请,参加白宫每年一度的"华盛顿故居"音乐会。观众都是美国政要界与精英主流群体,观众席约 600 人,全场座无虚席!

"我心里想,我已经在路上、走世界巡回演出十余年了,几百场的讲座与演出,不少人通过我认识了二胡,爱上了中国文化。虽然我尽全力弘扬,也得到了各方的鼓励,也算尽了一些绵薄之力,所以我想当然以为观众里一定有人认识二胡这件乐器!"于是,她自信而幽默地举起自己手中的二胡,问底下的观众们,"你们认识我手中的二胡吗?"

没有一个人回答。

马晓晖深受打击。她没想到自己会遇到这样的一个局面。

演出却不能不往下进行。冷场了一小会之后,她还是稳定了情绪,干脆介绍起自己手中的这把乐器,"它叫二胡,有的人叫它只有两根弦的中国的小提琴。"因为现场只给了她 5 分钟的时间,接下来,她决定用作品说话,于是和一位爵士演奏家一起演奏了一首爵士作品《智慧的女人》。"一结束,掌声便哗地响起来了。"

接下来,他们居然高呼返场,这是这类活动少见的场面,主办方也非常意外与措手不及,向马晓晖点头示意可以继续演奏。"我马上再来一首《空山鸟语》,刘天华先生用二胡描写鸟鸣的心声,让他们觉得震撼。再呼返场,我又来了一首《赛马》,然后再呼返场,我又来了一首奥地利的作品《爱的悲哀》,一首中国乐曲《鸟语花香》,我大概连续返场了五首。"

这让台下的安检以及保卫们紧张异常。因为这种返场打破了惯例,让他们担心会不会对现场的安排与安全造成影响。

"到最后我又说,你们认识二胡了吗?认识了!你们喜欢二胡吗?所有的人全体起立!热情地高呼!都成了二胡的粉丝,也成了我的粉丝。"

还有一次,到墨西哥演出。

"虽然墨西哥当地有办事迟到的习惯,但是国际化的音乐家都是非常准时的,"但让马晓晖意外的是,"我提前到了半个小时,与我一起演出的钢琴家却迟迟不露面。"

后来,他们在走廊上遇见了,互相一聊,才对上了号。

"原来他就是给我弹伴奏的钢琴家,而我就是那位来自中国的演奏一个很奇怪乐器的音乐家。他说,哎哟,我还以为一个人在隔壁练声呢。"

这时她才恍然大悟,其实他早就到了,只不过将正在练习二胡的她,误认为是一个人在唱歌,所以没有将"这个人"往她身上想。

如果说这还算是一个美丽的错误,那么,同样是在墨西哥的一次演出,却把马晓晖弄得有些没脾气。"那是参加当地的艺术节,该排练了,但和我合作的那位,又迟到了。"这位合作者,是在墨西哥发展的俄罗斯大提琴家。显然,他对自己的搭档充满着不屑,不仅迟到,而且还很傲气,就连排练用的乐谱,他也没带。

幸好,马晓晖手里还有一份备份,优雅坚定地对他说,"这是我给你留的备份乐谱。"

他依旧只是"噢"了一声。

"我想我怎么办，"马晓晖尽快地想着对策，"我说这样吧，我们先从你熟悉的作品开始吧，演奏一首巴赫的《天空》和《二部创意曲》，先了解磨合一下，再决定接下来的排练曲目顺序好吗？"

这个方法果然不错。"两首曲子一演完，再演二胡的传统曲子《良宵》，就彻底地把他给征服了。接下来，他就特别的乖。不但是乖与配合，整个排练与演出都很认真。"

甚至，他成了马晓晖在墨西哥城的文化使者，又是请她去录音棚，又是让她到电台，"介绍二胡和人生。"

这种事例有些举不胜举，充满着各种曲折，但不管如何，她都努力地用二胡改变了世界对自身的看法，让二胡与世界的对话变得更顺畅，更多姿多彩。

这里除了她的努力之外，有时她也想，其实这也跟二胡自身的特点有关——尽管在今天，它被视为中国的传统器乐，但它事实上是在盛唐时，通过丝绸之路传到中国〔中原地区及南方〕，并在中国被发扬光大的。之所以如此，是因为它的制作，发声，以及表达的细腻，和中国人的人文哲学及智慧，是非常的接近，和相像。

"它是一个非常聪明的乐器，真的，它拉什么像什么。我给你拉一段中东的旋律，你一定会觉得我把你带到土耳其；我再拉一段埃及的，你又会觉得自己到了埃及。换一段蒙古的，呵，这不是到了蒙古大草原吗。等会儿我再拉一段新疆的，你或许会疑问，它不应该是新疆乐器吗？好吧，我再给你拉一段河南小曲，你又觉得它土得掉渣。换一段《江南春色》，恩，你一定会看到眼前一片杨柳垂条……我不是说二胡无所不能，但是它是一个有角色感的，有多元文化基因的乐器。"

这样的乐器，应该在这个具有多元价值观的世界，如鱼得水。

"我之所以能让二胡与世界握手，就是因为二胡可以平等地和钢琴对话，和交响乐对话，和大提琴对话，可以和竖琴对话，可以和打击乐对话，可以和爵士对话，可以和弗拉门戈对话，"今天的马晓晖很自信，"我会让二胡一直对话下去。"

如果说，刚接触二胡时，她是有些无可奈何，还觉得它有点丑，但是，和二胡亲密接触多年之后，她不仅不觉得它丑了，甚至觉得二胡在自己的生命当中太重要了。

在马晓晖看来，二胡别看只有两根弦，但它特别像人生，有语气感。

"它的两根弦代表的是什么呢？我觉得代表着天和地，代表着东方和西方，代表我们的逻辑和感性，今天也可以代表你和我。我觉得我在这两根弦的二胡身上学习和揣摩到很多我们中国文化的大智慧，以及简约、低调里面那内在的张力。"

所以，今天的马晓晖，很骄傲地拿着二胡，在这个世界上穿行。

"当下我们都面临着民族复兴的大好机遇，中国人和中国文化都在努力地走出去。我们也需要用自己的一个独特性的语言，大家都认知的智慧方式，来传递我们中国的人文精神。"

二胡未必是唯一的选择，但它一定是选择中的必备。

对二胡来说，今天的它还有另外一个巨大的优势，那就是"一带一路"。

"一带一路"是合作，是融合，而这恰恰是二胡艺术形成的重要原因。

重走"一带一路"，是找回二胡的昨天。

更是"回家"。

第四部分

全球视野下的上海文艺

盛峻峰从老家宁波逃难到上海的第二年，《鲁迅全集》在国内首次出版。

它共有20卷，定价20元，预订是8元。虽然便宜了一大截，但在1938年前后，一个普通职工一个月的工资才两三元，这依旧是一笔不小的数目。而且，这部全集不全是鲁迅原创的作品，后十卷都是翻译作品。

出版之时，鲁迅已经因病离世两年左右。从早年参加光复会，到后来参加五四运动、北伐、左联——这位盛峻峰的宁绍老乡，不仅在人生的每个阶段都寻找到了中国社会最尖锐的政治力量，还用自己孤独却又锋利的文字，提出了现代中国人的生存、温饱和发展问题——特别是中国人如何真正争得"人"的地位〔《坟·灯下漫笔》〕，如何不让"中国人"从"世界人"中被挤出的问题〔《热风·随感录三十六》〕……让他在广大要求进步的青年人和知识分子中颇有声誉，也让与他相关的每段文字，都值得追读。

为了买下这部《鲁迅全集》，当时还只是个十四五岁少年的盛峻峰，省吃俭用，将父亲给的零花钱攒下来。一入手，便如饥似渴地阅读起来。看完后，他还借给同学看。日后，成为他夫人的小师妹盛天民也曾向他借过。

就在这苦苦研读中，盛峻峰发现，鲁迅无论涉及哪一个领域，都有非常明确的指导思想，就是要改变中国社会的现状、改变中国人的命运，这让他深受触动。在他眼里，鲁迅站得高看得远，无疑是20世纪中国最伟大的文化巨人。

不过，影响他最深的，却是《鲁迅全集》那后十卷内容。

· 从"峻峰",变成了一个比草还要小的"草的婴儿"

很多时候,我们把鲁迅当成文学家、思想家,却很少意识到,他还是个翻译家。

在他翻译的作品中,有日本作家武者小路实笃著戏曲《一个青年的梦》、厨川白村著论文《苦闷的象征》,但更多的是苏俄文学著作和批评,如阿尔志跋绥夫《工人绥惠略夫》、果戈理《死魂灵》、高尔基《俄罗斯的童话》、契诃夫《坏孩子和别的奇闻》、法捷耶夫《毁灭》,以及卢那卡尔斯基《文艺与批评》……

毫无疑问,1918年俄国十月革命爆发后产生的巨大的冲击波和马克思主义的广泛传播冲击着20世纪二三十年代的中国文坛,也深刻地影响了鲁迅。在《祝中俄文字之交》中,他曾谈到,"十五年前,被西欧的所谓文明国人看做半开化的俄国,那文学,在世界文坛上,是胜利的;十五年以来,被帝国主义者看作恶魔的苏联,那文学,在世界文坛上,是胜利。"因此,在20世纪初的世界不断高涨的国际无产阶级文学运动引发了声势浩大的国际左翼文学思潮的同时,他也积极地充当了苏俄与中国之间的文学桥梁。

即使在身体不好、时间又紧张的情况下,鲁迅还是翻译了不少俄罗斯、日本及东欧一些弱小国家民族的作品,并促成了左联的成立。

这个全名为中国左翼作家联盟的组织,是在1930年3月2日于上海成立的。鲁迅和沈端先、冯乃超等人一起被选为"左联"的执行委员。也正是在"左联"这杆大旗下,左翼文学成了海派文学最为重要的一块内容。

某种意义上,这也改变了世人对海派文学的粗浅印象,以为海派文学就是一个与左翼文学、革命文学相对立的文学流派,是低俗的,甚至是反动的,与左翼文学革命文学水火不相容。"其实海派作家的作品同样具有革命倾向,我们很容易发现海派文学的革命性进步性。"①。事实上,就连当时以刘呐鸥、施蛰

---

① 王丽君,《走向革命——三十年代海派文学的政治叙事》,《赤峰学院学报(汉文哲学社会科学版)》2011年第8期。

存、穆时英为代表的新感觉派，很多人在初期创作和文学活动走的都是左翼路线，像施蛰存在 1926 年追求革命，参加共青团组织，创办《现代》之前的几个刊物都有革命进步色彩，穆时英受高尔基作品影响，1928 年与刘呐鸥创办《无轨列车》，有宣传赤化嫌疑，1928 年年底被国民党查封。

盛峻峰或许并不清楚苏俄文学与左翼文学之间的关联，但是他从鲁迅的这些翻译作品中却看到了，这些地方的人民也饱受压迫与灾难，和中国人民的处境如此相似，先生翻译这些作品，可以借他山之石，以鼓起中国民众反帝反封建的勇气，并扩大知识分子的眼界，提高创作水平，借此来达到提高整体国民素质的目的。

与此同时，他还从中感受到，"苏联充满光明和希望"，于是产生了强烈的愿望："要学好俄文，把这些翻译过来，传播出去，让中国老百姓少一些苦难。"

学习俄语并不是一件容易的事情。"盛峻峰偶然间在报纸上看到一条俄语学习班的小广告，喜出望外地找过去，迎接他的是一名俄国家庭妇女，盛峻峰决定跟随她学习。每小时一块钱的学费在当时非常高昂，然而这位老师对于教授语言却并不在行，除了一本《俄文津梁》的教科书，盛峻峰没有其他任何教材，他把教科书背得滚瓜烂熟，又去买了本日俄词典做辅助，但很多问题依然难以解决，直到 1939 年他遇到姜椿芳。

姜椿芳比盛峻峰年长 11 岁，曾经在塔斯社担任翻译，他精通俄语，听说盛峻峰在学习俄语，特意通过一名地下党员约见了他，两人相谈甚欢，还约定每两三周见面解答疑问。得到良师辅导，盛峻峰更加努力。那几年，他没出去看过一次电影，利用所有的闲暇时间学习语言，俄语水平突飞猛进。"[①]

学以致用。没多久，他就等到了一个机会。

那是在 1941 年 6 月 22 日，希特勒开始带兵入侵苏联。姜椿芳与塔斯社上海分社商量创办中文的《时代周刊》，通过登载苏联的新闻报道来传达"二战"的真实情况，帮助国人来了解反法西斯战争的新形势。当时上海懂俄语的人不

---

① 此语来自《三联生活周刊》在 2015 年所载《草婴：为翻译事业的一生》的专题报道。作者为付晓英。此文有部分内容参考这一专题报道。另外，文中所提到的塔斯社为苏联国家通讯社，国际性通讯社之一。总社设在莫斯科。

多，姜椿芳于是邀请盛峻峰加入进来，参加翻译有关苏德战争的通讯、特稿等内容。8 月 22 日，杂志创刊。由于杂志刊登的都是进步文章，编译者被要求使用笔名，盛峻峰想到的，正是"草婴"。

日后，盛峻峰还专门解释说自己是受到了白居易诗句"野火烧不尽，春风吹又生"的影响。"草虽然很渺小，但从性格个性来说很坚强，火烧也不怕，风吹也不怕。婴就是小孩，比草还要小的草的婴儿，草的婴儿实际上是一种活法，首先感觉到我自己是很普通很平凡的人，但是我自己本身从个性上来说还是比较坚强的，能够经受得起各种风浪。我觉得我应该有这样的精神，尽管我是一个很普通很渺小的人物，但我的性格很坚强，不会在任何压力底下屈服，因此我就用'草婴'这两个字作为笔名。"

于是，从 18 岁起，"草婴"便代替"盛峻峰"出现于报章之上，而他对苏联文学翻译的漫漫征程也由此开启。他的第一篇译作是普拉多诺夫的短篇小说《老人》，讲的是与法西斯抗争的故事。日后，他为之译稿的还有《时代日报》。也因此机缘，草婴对整个反法西斯战争都一清二楚，有朋友开玩笑说他是"二战老兵"。

1945 年，他进入时代出版社，一直到 1951 年，他都在这里担任编译工作。随着 1950 年 2 月，中国和苏联签订《友好同盟互助条约》，两个社会主义的大国成了最亲密的伙伴，他更是以极大的热情投入到苏俄文学在中国的翻译和传播当中。

1955 年，草婴翻译了苏联女作家尼古拉耶娃的小说《拖拉机站站长和总农艺师》。先是在当时发行量达到 300 万册的《中国青年》杂志上连续两期转载，接着又印单行本，第 1 版就发行了 124 万册，打破了翻译小说印数的纪录。

1956 年，他又翻译了肖洛霍夫在《真理报》上刊登的小说《一个人的遭遇》——正是通过这篇译作，中国人民进一步了解了肖洛霍夫，知道这位在 20 岁就写出了史诗小说《静静的顿河》的农民儿子，确实是一个非常伟大的人道主义的爱国作家。

让草婴有些意想不到的是，中苏的友好关系没有继续保持下去，却因为各种原因而破裂,苏俄文学不仅被封杀,草婴被着力推荐的肖洛霍夫更是在"文革"中被定性为"苏联修正主义文艺鼻祖",至于《静静的顿河》《一个人的遭遇》,也都成了"修正主义的大毒草",草婴也因此受到牵连遭到迫害,并成为"文革"最早遭批斗的对象之一。

在这十年当中,他吃够了苦头,在被监管劳教中,差点死了两回。一次是在割稻子中,由于劳动强度大,造成了上面吐血下面便血,5天5夜滴水不进,在切除了四分之三个胃后,才算保住了性命;一次是在一个建筑工地搬运水泥,当年已52岁,体重不到100斤的草婴,却要扛比自己体重还要重的水泥包。结果,在等待卸货的过程中,被一辆卡车上的水泥包压在身上,导致了他在木板上一动不动躺了半年,才能慢慢下来走路……

草婴并未因此埋怨过自己的翻译工作,相反,这样的遭遇却让他深刻反思,为什么会发生"文革"这样的悲剧?怎样才能避免悲剧重演……

为此,刚刚度过"文革"厄运的他将自己的目光投向了苏联一位伟大的人物列夫·托尔斯泰,在他看来,"托尔斯泰是伟大的人道主义者,他的一生就体现了人道主义精神,他的作品用感人至深的艺术手法培养人的博爱精神,反对形形色色的邪恶势力和思想。"所以,他决定翻译他的全部小说,通过托尔斯泰,来呼吁人性的回归,唤起人们的人道主义情怀。

谁也没想到,为这一决定,他竟无怨无悔地花费了20余年的光阴,直到2004年7月,《托尔斯泰小说全集》才在上海文艺出版社出版。

但它也就此成了他一生最满意的作品。

· 发扬民族文化……其根本则在书法……

就在草婴准备投入到那浩荡的工作当中之时,三十岁出头的周志高也在筹划着一项让自己骄傲了半辈子的"壮举"——复兴书法艺术。

他出生在书画家、文学家、"扬州八怪"的代表人物郑板桥的故乡——扬州兴化。虽然家境贫寒,但兴化的山山水水和浓郁的文化气息却滋养了他的身体和心灵。这让他从小就在心灵里种下了学艺报国的根。

他的父亲一直在农村种地，虽然没什么文化，但对于子女的培养却是不遗余力的，宁肯节衣缩食也要供孩子们读书。他也不负父望，上学后成绩一直非常优异。

那个时候，学校里写作业一般都要求用毛笔。水笔也就是钢笔还是后来的事情。周志高回忆："农村的孩子没什么钱，在那种涂上白漆的木板上画好黑色方格，然后用几分钱一块的'金不换'来研墨写字，第二天作业发下来后再用抹布沾上水擦掉，可以重复使用。"也许是无心插柳柳成荫，在这种日复一日的练习中，周志高爱上了书法艺术。

1961年，周志高一举考上了上海出版学校美术专科班。在这里，他既要学中国画、西画，也学书法、篆刻。

"这个学校最大的优势是把上海书画界最优秀的老师请来给我们讲课，包括复旦大学、上海画院等著名学府的艺术家。

当时学校的校长是上海新闻出版局的局长，山东的南下老干部，非常有眼光，遍请沪上著名学者教授来讲课，让我们受益匪浅，眼界一下子就打开了。古文老师请的是复旦大学中文系主任章教授；教授西方美术的老师是颜文梁，他是比刘海粟还早去法国留学的老先生，小个子，当时已经八十几岁了，我们才十五六岁；篆刻请的是西泠印社的副社长方去疾；书法是我的启蒙老师——胡问遂先生，他是沈尹默安排过来的。"

沈尹默，著名的学者、诗人、书法家、教育家。民国初年，书坛就有"南沈北于（于右任）"之称。与陈独秀、李大钊、鲁迅、胡适等同办《新青年》，为新文化运动的得力战士。曾任北京大学校长。抗战胜利后即辞职，卜居上海，以鬻字为生，自甘清贫。陈毅元帅进城后第一位拜访的民主人士，是第一届上海市人民政府委员，是周恩来总理任命的中央文史馆副馆长，历届上海市人委委员，全国人大代表和政协委员。

也正是他通过陈毅元帅报告毛泽东主席批准成立了上海第一、中国第二个书法组织——上海书法篆刻研究会，并就任会长。

"沈先生在上海青年宫连续举办大型书法学习班。年轻的周志高被吸引到那里，成了一个书法迷。可巧周志高的书法启蒙老师胡问遂先生是沈尹默会长的学生。胡老师看到周志高勤奋好学，已成为学校中佼佼者，很有培养前途，就亲自把周志高推荐给沈尹默。沈尹默发现周志高书法不同一般，就欣然接收这位小徒弟。这样周志高就有机会经常去沈老家登门求教。每一次沈老都耐心地给他批讲，使周志高的书法作品不断突破并日趋成熟。"①

在求学沈尹默的同时，周志高也韩信点兵多多益善，向更多的老师，如白蕉、马公愚等海上书坛名家，一一上门拜访求教。这也让他在工作后，进了专业单位，原来叫朵云轩，后来叫上海书画出版社，有了自己用武之地。到1965年，他的书法作品已作为青年代表书法家之一被上海市书法篆刻研究会选送日本展出。他还在上海《解放日报》上题写刊头或重要文章的标题。这样周志高在书法界渐渐出类拔萃了。

尽管晚生草婴二十余年，但周志高依旧没逃过那席卷一切的"文革"——在"砸烂一切旧思想、旧文化、旧风俗、旧习惯""理发馆、裁缝铺、照相馆、旧书摊……统统都不例外"的"最后通牒"，也是"向旧世界宣战"下，书法自然而然进了被砸烂的行列。一堆堆珍贵文物及书画，被毁于一旦：

学者梁漱溟家被抄光烧光；中央文史馆副馆长、84岁的杭州名学者马一浮的家被搜罗一空。抄家者席卷而去之前，他恳求道："留下一方砚台给我写写字，好不好？"谁知老人得到的却是一记耳光；当时在上海居住的画家林风眠家被抄家、画被焚烧，又在风声鹤唳中自己将留存的作品浸入浴缸、倒进马桶、沉入粪池……

当然，沈尹默也好不到哪里去，此时已八十四的他，担心"反动书画"累及家人，老泪纵横地将毕生积累的自己的作品，以及明、清大书法家的真迹一一撕成碎片，在洗脚盆里泡成纸浆，再捏成纸团，放进菜篮，让儿子在夜深人静时逃出家门，倒进苏州河。

---

① 谢景田，《筚路蓝缕 其绩弥盛——记中国当代书法复兴奠基人之一周志高》，《当代人才》2009年第1期。

这段时期，没有人敢说自己还热爱书法，还练书法，但大家都忙着写着大字报，来批判别人，这样一来，倒将书法给练出来了。

好在周志高出身好，原来是团委书记，又是党的培养对象，所以他没怎么被打倒，先是参加运动，到后一阶段，"抓革命、促生产"，就去搞业务了，做出版小组的副组长，相当于出版社的副总编。正好利用这个机会，他想重新恢复一下书法在年轻人心目中的地位。比如说，请一些年轻人，用书法的方式来表现当时正在宣传的《雷锋日记》《王杰日记》《金训华日记》《欧阳海之歌》。当然，还包括用新魏体来书写《毛主席语录》……因为写的都是革命内容，所以也就没有人计较用什么书法了。

到了1972年，中日邦交恢复，要进行书法交流，加上年底，上海《文汇报》发了一篇《学一点书法》①的文章——周志高的心中更是点燃起了复兴书法的圣火。得益于上海有沈尹默等老书家培植的一支队伍，青年书法骨干，"我在上海从1972年开始发动成立了上海市工农兵书法作者通讯员队伍。韩天衡、周慧珺、张森等人都在基层，以这个名义吸收年轻人，以工农兵为主。但老专家'平反'一个我就吸收一个。王个簃老专家我请他到朵云轩，现场为工农兵书法作者、通讯员作业务辅导报告。"②

这样，从最初的几十个人，发展到粉碎"四人帮"后的150多人，大家在一起学习、研讨。他们也成了上海书协恢复后最早的第一批会员。

不过，这些成绩带来的安慰，在与日本朋友的交流中，很快就被摧毁。

"书法确实是在中国诞生的。我们很尊重中国，"但日本朋友话锋一转，很直白地表示，"现在中国的经济落后，书法不行了，要学习书法，要攻读书法博士还是到日本去吧！那里有很多书法学校、团体。每个团体几乎都有杂志，还有各类书法活动。"

---

① 1972年，我国著名的教育家、古典文学家、语言学家、书法家，复旦大学首批博士生导师之一郭绍虞在《文汇报》发表文章《学一点书法》。庄久达在《我与"书刻会"》一文中对此曾有过相关描述，"大家十分惊奇，在一片革命大批判声浪中，怎么会发表这样一篇文章？打听下来才知道，原来是毛主席在接见田中角荣时，谈起书法，说了一句'要学一点书法'。张春桥立即紧跟，授意郭老写文章，同时下令要画院书法组把全市的书法工作抓起来。"

② 此语来自周志高在上海市书协主席一任上，与媒体记者黄俊俭的访谈。访谈发表在2014年7月9日《书法导报》第19版。此文有部分内容参考这一访谈。

直到今天，周志高对此还难以释怀，"日本人看不起我们。那时候，我多次接待日本书法家，他们那种傲慢的态度，对中国书法，前面赞扬，后面看不起，"周志高坦言，"我心里有说不出的味道。我想，书法是中国人的民族优秀传统，现在我们国家经济不行，将来总归经济要上去的，文化艺术也会跟着上去的，所以要为民族争光、争气。"

尤其是在1974年，梁披云在香港创办了《书谱》杂志。第二年，《书谱》杂志传到上海，这更加刺激了周志高。"大家讲香港这个地方，原来比上海还落后，人家有一个《书谱》杂志出来，我们这么大的一个国家怎么没有呢？上海怎么没有呢？这口气我们要争。"总之，他不愿意相信，"堂堂的中国，难道称为国粹的书法在我们这一代就不能复兴吗？"

没等"文革"结束，他就向上海市有关方面打报告，要求创办《书法》杂志。最后批下来同意创办。同时，他还写信请郭沫若先生给杂志题名。没想到郭老抱病在一周内就给杂志社寄来两幅题签。草创时期更需要懂书法的编辑，他费尽"九牛二虎"之力，先后向上级奔走二十多次，感动领导，将已归队的中学教师重新调出支援到杂志社。

这样，1976年上半年出小样，后改进，1977年试刊号正式问世出版。杂志"古今并重、图文并重、普及与提高并重"传承和弘扬书法艺术。

《书法》杂志创刊印数从五万册起步，因为供不应求。很多读者纷纷来电话求购，每期递增五万册。国务院副总理陈慕华写信来要征订《书法》杂志。当时的国家出版总署最高领导王匡先生给周志高等人写信称赞：你们填补了出版战线的空白，是一件大好事。1979年《书法》转成定期双月刊，销量一下猛增到近四十万册。

据上海邮电部门反映：当时上海进入台湾发行的只有《书法》杂志和《中医》杂志。其实《书法》杂志在海外近三十个国家和地区，最多时每期曾发行三千余册。

更重要的是，周志高并不是为了杂志而办杂志，而是利用杂志这个平台，尽可能地弘扬书法艺术，让书法回归民众。

1979年,该杂志举办了全国首届群众书法大赛。当时,中国书协还没有成立。那么,谁作为权威来评比呢?他当时动了一个脑筋,叫东、西、南、北。什么是东西南北?东是上海,西是西安,北是北京,南是广州,四个城市的群众书法团体的负责人邀请作评委,加上一个《书法》杂志,五家单位组成。最后,评出100件,一等奖10个、二等奖20个、三等奖30个、优秀奖40个。其中,最突出的是来自上海南汇的清朝末年秀才百岁老人苏局仙,他临写的《兰亭序》获得一等奖。

最后,这获奖的百幅优秀作品除杂志介绍外,还专集汇编出版宣传,其原作也先后借到福州、北京、西安等地巡回展览,大造舆论。

接下来,《书法》杂志还先后倡导或参与主办了1980年的全国第一届书法篆刻展览、1981年的全国首届书学研讨会、1983年的全国首届篆刻征稿评比、1987年的全国中青年"书苑撷英"大赛。在全国刮起了一股"书法旋风"。

周志高曾将以上四个活动,以及《书法》杂志称为"5个第一",并认为这"5个第一"是中国书协成立必要的舆论准备,是成立初期的重要成果,是当代书法事业恢复、发展、繁荣的基础。是当代书法史不可缺少的一个组成部分。

尽管在这期间,由于"极左"影响的遗留,曾有人借口印制质量不高而迫使其停刊,但周志高依旧据理力争,甚至以党籍作保证办好这个杂志。

这让人不禁想起晋代战乱之时,王导仓皇过江也不忘把钟繇的《宣示表》缝在衣带之中,誓言"帖在人在,帖亡人亡"……书法对于中国人真可谓宛如性命,生死相随。它与中国人的关系可用8个字来形容:言志明心,血肉深情。

先哲许思园曾说:"书法为最普遍最实用之艺术,中国人审美修养,实基于此,因而陶冶成世界上最能鉴赏形式美之民族。中国之篆隶行草山水花鸟画幅,玉器与园庭布置,皆无上美妙。发扬民族文化,必经恢复此艺术境界始,而其根本则在书法。"

某种意义上,这也是周志高之所以复兴书法艺术的内在原因。尽管和草婴相差二十余载,但他们各自付出的所有努力,都是为国寻找救亡之路,为民寻找启蒙之道,背后所想达到的都是超越阶级和民族的真善美。

只不过,一个向外问道,一个向内求索。

最终,殊途同归。

· 用诗,用画,用酒,用活泼,用反抗,用充满人性的新鲜的美学,来迎接这个思想解放的时代

无疑,七八十年代,是上海乃至中国文化最为耀眼的一段时间。

它不仅属于草婴、周志高,而且还属于诗歌、绘画、朗诵……

以及思想、学术。

在很多人眼里,20 世纪 80 年代是值得一再复述的启蒙岁月。

著名文人张立宪甚至在 2008 年出版了一本《闪开,让我歌唱八十年代》。

这大抵是因为压抑与空虚越持久,积蓄也越丰厚,越容易造成一个社会性思潮的出现。"1977 年,已经下发的当年工农兵招生推荐的文件被高教部门收回,同年 10 月全国高考恢复,这预示着文化与学术重新获得体制尊重的标志性事件,最终拉开了后来被称为'八十年代'的序幕。"[1]

1978 年冬,复旦大学历史系率先建立了由蔡尚思教授牵头的中国思想文化史研究室,成员是当时人称的"四大金刚":朱维铮、姜义华、汤纲、李华兴。该研究室成立不久,就与中国社会科学院近代史研究所中国思想文化研究室以及联合国教科文组织《人类科学文化史》中国编委会酝酿举行有关中国文化的讨论会——这是新中国成立后三十多年来我国文化学术界人士的首次聚会,拉开了中国文化研究的序幕。

某种意义上,20 世纪 80 年代席卷全国的文化热,正是自上海兴起,并在上海诸位同仁的推动,持续升温。

1986 年元月初,首届国际中国文化学术研讨会在西郊龙柏饭店举行。"这是建国以来规模最大的一次文化史国际学术研讨会,出席会议的有来自全国和世界三大洲六个国家的七十多位专家学者。如北京的丁守和、汤一介、李学勤、

---

① 雪堂,《八十年代:值得一再复述的启蒙岁月》,《晶报》2011 年 9 月 18 日。

李泽厚、金冲及、胡绳武、谢辰生、李侃、龚书铎、孙长江、金观涛、包遵信，天津的来新夏、刘泽华，湖北的萧萐父、冯天瑜，上海的王元化、谭其骧、蔡尚思、顾廷龙、胡道静、罗竹风、吴泽、陈旭麓、马承源、唐振常，尤其是国外的学者，如日本的大庭修，苏联的齐赫文斯基，美国的杜维明、魏斐德、成中英，联邦德国的庞伟，加拿大的秦家懿……当时的上海可谓中外学者云集，精英荟萃。至今许多人对此记忆犹新。"[1]

被称为"儒学文化守望者"的庞朴，便是这次会议的策划者，和组织者之一。时年58岁的他，为了推动中国文化研究，多次来沪。在他看来，中国文化的人文主义精神，给我们国家增添了光辉，也设置了障碍；它向世界传播了智慧之光，也造成了中外沟通的种种隔膜；它是一笔巨大的精神财富，也是一个不小的文化包袱。

如果说，面对新时代的来临，庞朴还老夫聊发少年狂，更多的年轻人，在目睹了文化大革命中阶级性对人性的消解之后，用诗，用画，用酒，用活泼，用反抗，用充满人性的新鲜的美学，来迎接这个思想解放的时代。

这里有上海美术专科学校（现上海大学美术学院）三大才子夏葆元、魏景山和陈逸飞，以及再小一些的陈丹青、林旭东、韩辛……他们无疑都是"文革"后起来的一代，都有一种革命的现实主义和浪漫主义。大多聚集在1965年成立的新中国第一个以油画、雕塑为主体的专业创作和研究机构——上海油画雕塑创作室，野心勃勃地想创造大事业。

陈丹青就记得，自己每次从乡下一回上海，就跑到陈逸飞所在的"油雕室"。

"回想起来很有意思，那时没电话，都是骑自行车找来找去，不在家，就等着，聚一堆人臭聊，互相传看最近的画。我现在还怀念那种生活，太单纯了，没有诱惑，没人知道画能卖钱。我们最最兴奋的就是技巧。"

这也为上海油画雕塑创作室留下了诸多经典作品，其中，有陈逸飞和魏景山在1977年为中国人民革命军事博物馆解放战争馆绘制的一幅描绘解放军占领总统府的油画《蒋家王朝的覆灭》——它没有采取"文革"美术的惯用模式，即

① 施宣圆，《庞朴：八十年代"文化热"的倡导者》，《文汇报》2015年2月16日。

刻意塑造英雄人物的俊杰、伟岸，以突出的舞台效果来抹杀历史的真实感，而是回到当年的战斗现场，用高视平线的视野来塑造画面，还原了一些普通战士。这一视线的位移，一改过去的仰看方式，将英雄拉回了人间。同时，陈逸飞和魏景山引实物写生的手法入画，也将"文革"美术的"红光亮"模式给彻底打破，从而开启了"文革"美术之后求真求实的先河。

20 世纪 80 年代之后，这些人又大多选择赴美深造。

其中，韩辛是在 1980 年跟随他的美国前妻去了美国，并于 1981 年转入美国加州大学艺术院，之后拿到加州大学艺术硕士学位，且在美国艺术界站稳了脚跟；魏景山于 1984 年赴美研习创作，1988 年获肯萨斯及纽约市立大学美术硕士。

至于陈逸飞，家境不好，外语也不行，但也想着去纽约，因为美国的纽约就像中国的上海。为此，他选择了"曲线救国"，先坐硬座从上海到北京，然后去香港。通过在香港的酒店里给人家画肖像，挣了些钱，于 1980 年 9 月到美国。

尽管还得靠给杂志画插图和到博物馆修补名画赚钱，生活过得无比艰难，"陈逸飞终于获得了任由其自由翱翔的双翼，长期被压抑的对美的追求和表达的欲望，刹那间得到前所未有的释放，他可以尽情地表达过去无法也不敢表达的对美的梦想。但是，此行并未阻隔他与上海这片文化热土的血脉联结。恰恰相反，当他踏上异国他乡的土地，他是在为海派油画的发展去拓展新的空间。"[1]

日后，便有了这样一段广为人知的故事：1985 年，美国著名企业家哈默博士访华，有着犹太民族背景的哈默将油画《家乡的回忆——双桥》送给了邓小平。邓小平非常高兴。哈默说，"这幅画是我收藏的，画家是你们中国的陈逸飞。"

这幅画不但成就了逸飞，也成就了周庄，让周庄成为闻名世界的旅游胜地。

· 让每个在困顿的日子里的人，还记得诗，和远方

此时的赵丽宏，则选择用诗歌和散文来表达自己。

1983 年，他 31 岁，加入中国作家协会，并大量发表作品。

---

① 龚云表、陈逸鸣，《陈逸飞的海派渊源》，《新民晚报》2015 年 4 月 11 日。

在百花文艺出版社于1984年12月出版的《诗魂》中,赵丽宏记载了一位中国少年与三角街心花园一座铜像的"初恋"——少年很奇怪,为什么一个鬈头发的外国人会站在这里,母亲则告诉他,等你长大了,等你读了他的诗,你就会认识他的。果真,他不久就认识了他,而且还想谢谢他,谢谢他的那些美丽而又真诚的诗,它们不仅使他认识他,尊敬他,而且使他深深地爱上了他,使他经常悄悄地来到他的身边。

他喜欢他的"卡斯达里的泉水",也从一位老者那里领悟到了,卡斯达里的泉水不在书本里,而在生活里。假如你热爱生活,假如你真有一颗诗人的心,将来,它也许会涌到你心里的。和他一样,老者也是他的粉丝。

这位鬈头发的外国人,就是普希金。

而那位少年,就是赵丽宏。

尽管出生在上海北京东路的一条普通的弄堂里,但父亲读过几年私塾,粗通文墨,母亲是一位医生,所以赵丽宏打小就能够进行独立阅读,小学时阅读了大量的经典著作,并能够背诵大量的中国古代诗歌。除了普希金之外,泰戈尔的《飞鸟集》也在中学时期成为他最喜欢的作品之一。

"文革"期间,他回到故乡崇明岛插队。那里没有书,也很孤独。但他却在书写中,找到了内心的充实,也帮他走出了那些黑暗的日子。

日后,写出《繁花》的上海作家金宇澄曾这样评价他,"我们同岁,但在成长阶段的经历完全不同。插队落户,他回到故乡崇明岛,一个人在茅草屋的油灯下写作。我去了东北,一个农场就有几百个知青。我们可以抱团取暖,而他就是一个人。"

诗歌让他在孤独中还能飞翔,也让他写出了在80年代初化为了广为传诵的诗篇《友谊》《火光》《憧憬》《沉默》《单叶草的抒情》《江芦的咏叹》……

1982年,四川文艺出版社出版了他的第一部诗集,也是第一部作品集《珊瑚》。1984年,他又出版了自己的第一部散文集《生命草》。

对于诗歌,他曾经写道:"诗歌之于我,恰如那盏在黑暗中燃烧着的小油灯,伴我度过长夜,为我驱散孤独……和诗歌结缘,是我的幸运……感谢诗歌,使我常怀着青春的梦想，哪怕霜染鬓发，依然心存少年情怀。"

进入 20 世纪 90 年代之后，赵丽宏依旧保持着旺盛的创作节奏。

不仅计有十余篇作品收入中国大陆各地、中国香港以及新加坡的语文教材，是除鲁迅之外作品收入教材最多的当代作家，而且还多次获奖，像散文《日晷之影》获首届冰心散文奖，组诗《中国，我可爱的母亲》获中宣部"五个一工程"奖。2013 年，他又在塞尔维亚第 44 届斯梅德雷沃国际诗歌节上，获颁塞尔维亚金钥匙国际诗歌奖。

在他出版于 2010 年的《记忆与遐想》中，他自比"礁石"，尽管岁月和命运如曲折湍急的流水，蜿蜒于原野山林，喧哗，奔流，定无轨迹，但他"任激流冲击，浪花飞溅，却始终保持着自己的安静与沉着"。

朗诵家陆澄曾多次朗诵过赵丽宏的诗篇，就在赵丽宏诗集《谁能留住时光》首发式上，他朗诵了《致李白》《你看见我的心了么——读〈泰戈尔诗选〉遐想》。

"泰戈尔在问我，他在问/用他那苍老而又年轻的声音/——你看见我的心了么/我看见了，你的心是飞鸟/尽情地用翅膀描绘天空/哪里有爱鸟的人群和树林/这飞鸟就会停在哪里歌唱/然后又自由自在继续飞行……"

美丽的诗行，加上陆澄深情朗诵，那种有爱的感觉，弥漫在每个人的心田。

某种意义上，生于 1952 年的赵丽宏，和生于 1949 年的北岛，可以算是同一代人，也可以看成是继艾青、臧克家这老一代诗人之后的"第二代人"。但是，相比北岛在《宣告》里的决绝，"在没有英雄的年代里，我只想做一个人。"以及在《回答》中的怀疑和挑战，"我不相信天是蓝的，我不相信雷的回声，我不相信梦是假的，我不相信死无报应。"赵丽宏的诗歌显得温和，一如他的散文，情感真挚，语言优美，充满想象和诗情画意。

如果解读他诗歌的主要内容，你就会发现，在他所写就的那些诗行中，有作者人生的屐痕，生命的印记。它是作者在文学之路上探索前行的足音；也是他所生活的时代在心灵中激发出的真实回声。他把语言变成音乐，用独特的旋律和感受，真诚地倾吐一颗敏感的心对大自然和生命的爱——这便是诗。

在早期鸳鸯蝴蝶派的游戏、消遣，以及以鲁迅为代表的社会现实主义文学的批判、战斗之外，海派文学又因此多了些许温度。

它也让每个在困顿的日子里的人，还记得诗，和远方。

· 既要对普通听众情感关怀，也需要对大众精神美育

陆澄很喜欢让这些温度，从自己的嘴里，散发出来。

和赵丽宏一样，他从小爱好诗歌，爱好文学，自己也写诗。在接触电视、电台工作以前，他曾做过知青，后来在学校中文系教过语言、写作等课程。

不过，他也不是一开始就搞起朗诵，"我小时其实不善动口，很怕跟陌生人说话，"陆澄说，"我从小喜欢动手的事，比如乒乓、乐器、画画、篆刻等等。我的老师也一心想把我培养成画家。没想到现在变成一个专门跟陌生人打交道的'话'家。"

爱上朗诵，也是跟赵丽宏一样，多少也跟家庭有关系。因为从小就看书，经常会拿篇东西读一读，练一练，似有意又无意地，觉得自己这个声音还不错，慢慢地也就自视珍贵了。此外，他的表姐夫胡庆汉是上海译制片厂导演，受此影响，自然而然对朗诵有了感情。

后来，去往安徽阜阳当了知青，那时农村家家户户都有有线广播，陆澄住的六七平方破陋不堪的小茅舍也不例外。村里还给知青"特供"一份《安徽日报》。尽管那"话匣子"时响时不响，报纸有一搭没一搭，加上一本《新华字典》，便成了陆澄练习普通话、自学播音和朗诵的三件宝贝，听广播、练诵读也就成了他工余的必修课和重要的自娱活动。

这些经历也彻底地改变了陆澄的人生，让他吃上了"开口饭"。

1974年，他读上了安师大阜阳分校（现为阜阳师范学院），毕业后相继在阜阳师院、合肥教育学院任教。也正是自1985年调往合肥，他开始"触电"，业余时间为安徽电台、电视台录制文学作品和电视专题片解说。1987年，全国广播电台初创综艺节目，他便应邀入职安徽电台文艺部做采编播一体化的节目主持人，先后参与创办和主持《文艺你我他》《文学剪影》《戏曲大观园》等栏目，数年

间斩获多项省级以上大奖。

　　这样他在合肥一待就是 8 年，直到上海成立东方广播电台。

　　和上海这座城市的文化一样，上海广播电视系统也一直在改革，从来未停步。"可能在有的时候，觉得困难的时候，步子迈得小一点，顺利的时候，步子迈得大一些。即碰到困难时走小步不停步，顺利时候就甩开膀子大步前进。"①

　　1978 年上海电视台第一次、全国第一家，播出了广告片。不久又播了全国第一家外商的广告片，接着电台也第一家播出了广告。一石激起千层浪，全国都开始仿效。到 1992 年，"为适应国家开发开放浦东的战略需要，上海市广播电视局决定引进竞争机制，在浦东建立具有独立法人资格的广播电台和电视台。同年8 月 15 日，国家广播电影电视部同意将原上海电视台 20 频道迁往浦东建立新台，呼号为'上海东方电视台'，并指示该台建台后'要立足浦东，面向长江三角洲，突出改革开放和对外宣传'……1993 年 1 月 18 日晚上 7 点，一台名为《风从东方来》的特别节目在 20 频道播出，宣告了上海东方电视台的正式诞生。"②

　　与此同时，从上海广播电台派生出了上海东方广播电台。因为电台在筹备上要比电视台相对轻松，所以东方广播电台开播略早，在 1992 年的 10 月 28 日，正式播音。

　　这也意味着，在很长一段时间，上海既拥有《解放日报》和《文汇报》这两张都进中南海的党报的同时，也一度拥有上广和东广、上视和东视这两家广播电台和两家电视台。它们在促进同城竞争方面，无疑做出了有意义的积极尝试。

　　陆澄一开始是受东广的邀请，但上广因为改革，亟需采编播合一型主持人，最后"截和"，将他纳入了旗下。

　　他进入了上广的文艺部综艺科，这是一个相对强势的部门，因为在当时，综艺节目已经变得很是兴隆，一个小小的综艺科，竟然有十几个人，能主持节目的就有六七个。招他进来，也是为了跟东广竞争，要打翻身仗。

　　他记得自己是在 1992 年年底进上广的，马上元旦了，接着又是鸡年的春节，

---

　　①　王声聘，《既是喉舌，又是非常有发展前途的第三产业——访上海市广播电视局局长龚学平》，《视听界》1992 年第 5 期。

　　②　此语来自微信号"东广新闻台"在 2016 年 1 月 18 日所载文章，《23 年前，风从东方来》。

"领导让我参加了上海电台开创性的春节三天大联播、大直播的策划和主持。"陆澄在这次大型广播特别节目中以出色的节目创意和主持闪亮登场,一炮打响。

之后便逢到年度节目改版。在对上广和东广进行了一段时间的对比之后,他发现了两者之间的差异,上广最强势的一个频率,到晚上 11 点半就结束了,相反,东广一直是通宵达旦,它在成立之初就推出了一档午夜谈话类节目《相伴到黎明》,到现在还有。此外,还有张培主持的《半个月亮》,以及王伟主持的《夜莺热线》……它们将入夜后的时间,填得严严实实。

"我当时就觉得任何资源,闲置都是浪费。在夜里那么长的一段时间,让它放空实在可惜。从理论上、逻辑上来说,我觉得肯定有节目可开发。"

经过思考,陆澄认为,在深更半夜这个时候适合做两类节目,一类是情感交流类的节目,一类是性科学节目。当时后者已经有了,他在安徽就听到了,不过考虑到直播有风险,所以是录播节目。那么,他所能做的,就剩下情感交流类的节目,但纯谈话类的节目,他也不想做,局总编室也发出声音,可以开热线接电话但不希望再新办热线谈话节目。

其实,陆澄也向来不喜欢简单步人后尘,"我是搞文学的,觉得应当追求一些大众审美的情调和格调。"当时热线点播火爆异常,但这时段点什么好呢? 点歌有些老套,点戏未免太闹,点相声笑话又太轻飘。自然就想到了文学,想到了诗歌。节目是从 11 点半到次日凌晨 1 点,正好从"昨天"跨越到"今天",或者说是从"今天"进入"明天",很有哲理和诗意。于是,1993 年 7 月 26 日上海广播电台 990 直播点诗朗诵节目《午夜星河》应运而生。

他从没想到这档节目会在上海乃至中国的广播史上留下一笔,但在 1993 年开播一个星期之后,几乎同一天,"上海发行量最大的两大报纸,一个是《新民晚报》,还有就是《每周广播电视报》,都对此刊载了报道,其中,《新民晚报》的标题是,《上海电台 990 深夜点诗节目热线爆满》。"

不得不说,这档节目给了很多爱好诗歌、爱好朗诵,或者寻找心灵寄托的人,有了一块灵魂的芳草地。他们打来电话,通过点诗、评诗,或者在电话中来一段朗诵,来表达自己的思念、怀旧,或者祝福、追忆等感情。

在镜头前聊起《午夜星河》的三次开播三次停播，陆澄有些唏嘘。

诗歌界和理论界对此一致好评。有专家就认为，如果说对普通听众的情感关怀，是节目的一大特色，那么，对大众的精神美育，就是节目的一大功能了。

陆澄讲述了这样一个故事。有一位老太太，和先生都是从事文化艺术工作。不过，先生早在1989年就去世了，去世时才60多岁。老太太曾一度痛不欲生。谁劝也没用。带她出去旅游，她又觉得物是人非，难以释怀，人瘦得不得了。然而，就在《午夜星河》开播不久，老太太听到了，"她先后写来了四封信，每封信里都附一篇自己写的诗文。在第一封信中附了一首诗，叫《客旅悲歌》，是一次游三峡的情感记录：虽然学生朋友陪她游览三峡，但它难以排遣悲苦，就以诗寄怀。"陆澄在广播里给她回了一封信，同时为她朗诵了一首悼亡诗。从此老人从那种悲伤的情感当中慢慢解脱出来，当节目中先后播出了四篇诗文后，老人久郁于心的悲情释然了，心境开朗起来。打这之后老人视《午夜星河》如生命，对节目呵护备至，她的家人和朋友也都成了节目的忠实听众。

在"星河"的柔波里，这样的情怀故事源源不断，绵绵悠长，成为一代听众的温馨记忆。不过，关注世俗的情感之外，《午夜星河》还关注社会大主题，追求大家之气,发出黄钟大吕之声,发出时代强音。

在每个重大节日、重要纪念日,《午夜星河》都制作相应的诗歌专题节目,以诗传情,抒发人民群众心中的崇高、昂扬之情。

如在金秋十月国庆纪念日,做了"祖国万岁"专题;"七一"党的生日,做了"走进火红的七月"专题;香港回归之际,做了"香港你好"专题;周恩来总理百年诞辰,做了"敬爱的周总理,人民想念你"专题;中秋佳节,做了"海外游子中秋越洋点诗"及"月是故乡明"专题;在"五一"国际劳动节,面对下岗工人,做了"兄弟,今夜我来看你"专题;还有反映抗洪救灾的"永恒的长城"专题等等,整个节目的脉搏与时代和社会生活同起同伏,让人领略了诗歌的号角作用。①

这也让《午夜星河》在全国各地广受关注。"从央广到省一级的,市一级的电台,都纷纷仿效,有的专程上门采访取经。"

谁也没想到,就是这样一档具有文化水准的节目,在开播两年之后,陆澄正准备节目开播两周年听众见面会时,却面临着这样一个命运:

被"改版"!

· 处在这一转型时期,文化有待新辟重铸

90 年代以后的上海,似乎不属于诗歌,不属于文学。

它属于高楼,属于汽车,属于贸易,属于金融,属于浦东大开发。

在上海本土知名作家陈丹燕的眼里,到了 90 年代,"上海在 1946 年时的记忆②随着全世界工业化的完成再次苏醒,它拼命想赶上四十年代那些曾经是它

---

① 路岐,《诗,乘着电波在星空中翱翔——上海人民广播电台"午夜星河"点诗节目纪实》,个人博客。

② 所谓 1946 年记忆,实为上海在 1946 年的第一次总体规划,它是在吴国桢刚刚就任上海市长时启动的。此前,日军战败,太平洋战争结束,上海自 1843 年之后,第一次整体掌握在中国政府手中。这也是上海第一次将收回的英法租界和华界放在一起,作为一个统一的大城市来设计规划,它被称作"大上海都市计划"。在其总论中,要将这座由航海贸易而成长壮大的中国都市规划成东亚的世界航运和金融中心,这是它的地位。在城市面貌上,借鉴纽约的环城绿带和伦敦的卫星城镇结构,使整个城市各个阶层的居民"各自安居乐业"。陈丹燕认为,这个总论既能接受阶层与贫富带来的差异,也不放弃谋求和平共处的城市理想,并为此做出人口、住房、交通、生活以及娱乐的各种规划。即使隔了七十年的沧桑巨变,今天看来,这个理想仍是上海规划中最重要的关怀。

梦想的城市,它本来就粗鲁而强悍的物质追求由于再次苏醒而更加急切,它生怕落下了。它一路朝着世界大都市的目标飞奔,摩天楼高了还要更高,商业中心大了还要更大,中心城区那些老公寓和老洋房的价钱超过圣彼得堡,还要超过巴黎和纽约,更要逼平伦敦。"

它还要忙着做很多事情,比如举行第九次亚太经合组织会议〔这是中国到2001年为止举行的规模最大、规格最高的多边外交活动〕;又比如举办世界博览会……

相反的是,"上海经济正在高速发展,但文化事业却陷于危机之中。"在来自台湾的一篇1995年的学术专文中,作者——"台湾政治大学"国际关系研究中心副研究员宋国诚——直言不讳地说到,海派文化正处在一种衰落期,因为上海目前正处于转型时期,即由非商品经济社会走向商品经济社会,由集权社会走向分权社会。"处在这一转型时期,文化有待新辟重铸。"当然,他也承认,"实际上,在一定时期,文化处于危险状态也是正常的,这是文化转型伴随社会转型所产生的一种磨难。"

在他看来,除了城市个性文化的丧失、文化原创力的缺乏、消费文化时期的提早到来、文化消费结构的不合理,海派文化的衰落还表现在文化资助的薄弱与无序。

一方面,因为上海全部财政收入大部分要上缴中央,地方仅留成,其中又要将留成的大部分拨给工业,所以在文化上的支出无比薄弱。好在80年代末期以来,上海向中央实行了财政承包,使政府有能力增加对文化行政经费的拨款和文化固定资产的投资,但增加的幅度比较有限;与此同时,来自民间的资助也很少,"上海艺术表演之所以在海内外享有一定声誉,与上海设有芭蕾学校、戏曲学校、音乐学校密切相关。当代许多知名艺术家均出自这三所学校。然而,几年来,这三所知名学校几乎没有获得企业的文化资助。"

和上海在城市发展的欣欣向荣上不一致的是,"20世纪80年代后期,上海文人的心态迅速向亭子间的小人物复归。"由于上海的商业发达,尤其是不断冒出的"大款""大腕"……无疑会对市民阶级构成了巨大的经济压迫,身处其间,上海文人感受尤深，"他们感到失去的不仅是传统的经济地位和职业光环，就连几十年刻苦所得的知识学问是否再有价值也成了问题。"于是逃避思想，嘲笑崇高，自我放逐的做法便流行起来。

"文学将死"，也成为赵丽宏在这些年内听到的最多的一句预言。

此时的赵丽宏已是《上海文学》杂志社社长——这是一本创刊已逾一个甲子的老牌杂志，其前身为巴金在 1953 年创办的《文艺月报》。1959 年 10 月至 1963 年 12 月为《上海文学》。1964 年 1 月至 1966 年 5 月，与《收获》杂志合并，刊名为《收获》。在"文革"期间停刊。直到 1977 年 10 月复刊，改刊名为《上海文艺》。

1979 年恢复使用《上海文学》刊名至今。

在很多人看来，由巴金创刊的这本《上海文学》以精粹的中短篇小说、贴近现实生活和文学现状的话题探讨，以及敏锐求实的文学批评作为杂志的主打内容和风格特色，代表了中国文学的发展潮流，被誉为"海派文学的主办基地"。创立于 20 世纪 80 年代的"上海文学"奖，也在文学界和读者心目中颇有影响。

"和所有纯文学杂志一样，《上海文学》也经历了由盛转衰的变化。上世纪 80 年代，其发行量曾高达 40、50 万册，但 2003 年时却跌至 4 000 册左右。"①

这怎能不叫人唏嘘不已。

陆澄也一样。

· 这么大一个城市，总需要点文学和诗歌的存在吧

"被改版"只是一个好听的说法。

领导说，你还是把见面会改成告别会吧。

陆澄明白，在广告额和收听〔视〕率为王的年代，你的节目做得再好，但带不来效益，还是被人当成是"小众节目"，是要为其他节目让路，或者直接消亡的。

---

① 徐颖，《〈上海文学〉60 周年 赵丽宏：最穷时门槛也从未降低》，《新闻晨报》2013 年 12 月 21 日。

他对此感到胸闷：一方面，"这么大一个城市，总需要点文学和诗歌的存在吧。"

另一方面，自己是个大老爷们，既然做不成见面会那就不做，要改成告别会来赚听众的眼泪，他不愿意。

不过，告别这个"程序"还是需要有。他在最后一档《午夜星河》的节目里，始终用《何日君再来》衬底，还借用了一封来信，表露了节目要停播的事实。

这封信是一位女士写来的，要给自己的先生在结婚纪念日点播一首诗歌，他就在电波里告诉她，这封信收到了，在这里提前给他们祝福，因为到那天，这个节目有可能不在了。最后他以徐志摩的《再别康桥》收尾。

考虑到听众的心理承受能力，他还建议领导，对外不要说节目停播，就说是节目休整。这样让听众多少还有一些期望，不会有太大的心理落差。

这依旧还是引起了很大的波动，"后来我听说有很多观众跑广电局等领导部门要求《午夜星河》'复出'。"

最终，到1997年夏天，《午夜星河》"修整"两年之后还是恢复了。

谁也没想到，陆澄居然凭着这档刚刚恢复元气的节目，在这一年获得了自己人生的第一支"金话筒"①。"这有些意外，因为有一档节目在参选时不合条件被撤了下来，一位领导推荐了《午夜星河》来替补参赛。"结果"一不小心"拿了个"金话筒"银奖。

到了1999年，第四届"金话筒"评选——此时的"金话筒"金银奖合并，统称"金话筒"，共10个名额，另设10个"金话筒"提名奖，但他依旧在这样残酷竞争中，和中央人民广播电台的晓澄、中国国际广播电台的国清、北京人民广播电台的苏京平等一起拿到了广播金奖。那届上海的另一位"金话筒"是东方广播电台的晓林。电视空缺。

这次参赛他并不占用台里的名额，因为他早已是中国广播电视节目主持人研究会学术委员了，可以直接申报。而荣任学术委员的原因是，他于1995年出

---

① 金话筒奖是广播电视节目主持人的最高荣誉，由中国广播电视协会主办，于1993年设立，2006年升级为国家级奖项。奖项设立播音作品10件（广播5件，电视5件），主持作品10件（广播5件，电视5件），广播播音员主持人10名，电视播音员主持人10名。

版了国内主持人的第一本专业学术著作《节目主持人艺术》。但这一切并不能给《午夜星河》带来好运。

尽管在这期间，他还为广播台创过收，"有家房地产开发公司的老板，曾当过老师，有文化情结，一直想回报这个社会，所以就主动要在我的节目中投广告。"但到了2003年，它再一次停播了。

想不到第二年命运又一次开了个玩笑。这一年，全国广播文艺"十佳栏目"评选。尽管节目在商业上不受待见，但《午夜星河》在内容上还是有新意，有特色，有竞争力，在全国还是有影响力，甚至还进入了一些广播学院的教材，所以它还是被台里选送了。

"我当时有些啼笑皆非，本来都已停播了，却又让我去参选。不过，我也想验证一下，这档节目到底行不行。所以不惜花费精力投入繁复的参赛准备工作。"

不出所料，《午夜星河》真的就成了"十佳栏目"。

陆澄应邀在中国广播电视节目主持人研究会主办的"金话筒论坛"和"全国名栏目名主持论坛"上作专题讲座，和全国广播界的同仁分享了自己从业多年的经历和见解。在第五、六届全国金话筒评选中，他又被中国广播电视节目主持人研究会聘为评委。

不久领导找他谈话，和他沟通，说是要恢复《午夜星河》栏目。

"当然前提是我同意，想听听我的意见，征求我的意见。当时我提了三个'不'。"

这三个"不"，苛求收听率不做，不按规律来不做，还有就是，要他创收不做。领导全然接受。于是，《午夜星河》又一次起死回生。这一结果让领导有些意外，并为陆澄如此顾全大局而感动。

他不想把自己说得很高尚，只是觉得，在他的面前，总有那些拂之不去的深情期盼的眼神。他不想让他们失望。而且，他也相信现实再惨淡，诗意会永存。

这就像真理，或许在一段时间内遭人误解，被金钱和权力所打败。

但依旧有无数人热爱，并前仆后继去追求。

· 在解决了自身的物质发展之后，上海也急迫地意识到精神文明建设之于自己的重要性

今天的赵丽宏，也在困境中坚守着文学的尊严。

"这三十多年来，世事沧桑巨变，中国人的精神面貌和生活状态也发生了很大变化。"赵丽宏说，"曾有人很夸张地预言'文学将死亡'，我对文学的前景，却始终没有太悲观。我认为，只要文字还在，只要人性还在，只要人类对真善美的追求还在，只要人类对理想和幸福的憧憬还在，那么，文学就不会失去她的魅力和价值。"

作为《上海文学》的社长，他曾在接受记者采访时表示，"不管外界是冷是热，我们都坚持自己的品格。即使最穷的时候，杂志的门槛也从来没有降低过。比如有企业家想发报告文学，但给钱再多，我们也不发。或有企业赞助，但我们不会按照他们的要求去宣传。"

让他觉得欣慰的是，尽管世事变迁，但他此道不孤，依旧还有那么些人，还在为书写上海这座城市的本土文化笔耕不辍。

前有沈从文、张爱玲，后有王安忆、金宇澄。

另一个幸运在于，正如周志高当年的见解，经济上去，文化艺术也会跟着上去。

对于一座城市而言，文化可以提升内在的素养，可以加强民族自信，更重要的是，促进居民对这座城市的自我认同。不得不说，这座城市在解决了自身的物质发展之后，也急迫地意识到精神文明建设之于自己的重要性。

从21世纪第10个年头开始，上海有关方面便拨款给《收获》和《上海文学》提高稿费，"这对全国的文学刊物都是一个很大触动。稿费问题是个普遍性问题，人人都有所认识，但没有人去尝试解决，这时，上海率先提高稿费，起到了引领作用，这就是我认为的上海气质。"

无疑，它既在原创和人才培养上加大扶持力度，也表明了这个城市对文化

的态度。最终促进人们创造出与这个城市相称的文学作品。

同样,在书法艺术上,上海也在努力践行陈云先生所提出的"学书法要从娃娃抓起"。周志高曾自觉组织《书法》杂志的有关人员亲临陈云同志的故乡上海市青浦区练塘镇去调查研究,又于2004年春天,和时任中国书法家协会副主席的刘炳森先生,中国人民大学徐悲鸿艺术学院徐庆平院长、郑晓华常务副院长商定先招收全国优秀中青年书法家100名成人书法硕士研究生。刘炳森先生个人慷慨出资一百万元人民币作为教育奖励资金。

"第一次组织授课,10天的时间内,我从头到尾和学员同吃、同住、同学习,给他们指导,每天到夜里一两点钟,喉咙也哑了,人也瘦了。"

但让周志高很欣慰的是,"学员也很有收获。"

2006年8月,学生毕业的时候,在中国美术馆举行了师生书法联合展,楼上楼下四个展厅,琳琅满目,成果斐然,又出版了精美的作品集。这是中国第一次大学师生高品位、高规格的展出。得到书法界内外的一致好评。

2010年后,周志高从北京回到了上海,同年9月,担任上海市书协主席。次年,他便策划了"十届国展",广西与上海两家共同主办。其后,他又策划了上海首届书法艺术节。在17个区县中,有12个区县参加了这次艺术节。

让他觉得很自豪的是,在这次艺术节中,邀请到了联合国秘书长潘基文为首的联合国官员20多人,加上中国外交部原部长杨洁篪为首的20多个官员。他们提供了50多幅作品,"起了一个书法和平外交的作用。"

另外,还举办了一个学术研讨会,题目是《当代书法创作暨中国书法如何走向世界》。这无疑又是一项创举,"按照中国书协副主席学术委会员主任陈振濂的话讲,全国的理论研讨会、学术交流会已经九次了。中国书法如何走向世界作为专题研究的,这是第一次。"

不得不说,在对自身有了足够的底气之后,中国的民族艺术、传统文化,也开始向世界进发。它和草婴先生的"拿来主义",同样重要,不仅推动了中国与世界的双向交流,进而在全球视野里,促进了中国对文化秩序的重新构建。

这在中国加入WTO之后,变得尤为重要。因为全球化不仅意味着全球的经济合作与竞争,也意味着全球的文化合作与竞争。尤其是在当下全球由传统工业文明进入知识经济时代之后,这种文化竞合对上海乃至对中国的意义都不言而喻。

为了有效并有力地参与到这种文化竞合,2001年,上海的文化广播影视事业继1992年的"东广旋风"之后,又一次开启了现代化改革。

今日 SMG RADIO 的演播大厅。〔王千马　摄〕

4月19日,根据政企分开和管办分离的体制改革要求,上海市文化广播影视管理局下属的大部分事业单位,包括广播电台、电视台、影视制作机构等合并组建上海文化广播影视集团(俗称"大文广")。

同年8月,上海文化广播影视集团将旗下上海电视台、上海东方电视台、上海有线电视台、上海人民广播电台、上海东方广播电台等单位合并组建上海文广新闻传媒集团,英文名 Shanghai Media Group,简称 SMG(俗称"小文广")。

2003年10月23日,前身为1998年10月1日上星的上海卫视〔全称为上海电视台卫星频道,英文缩写为 SBN〕的东方卫视开播。

2009年,随着制播分离改革的推进,上海文广新闻传媒集团更名为上海广播电视台,并出资成立台属、台控、台管的集团公司——上海东方传媒集团有限公司。

2013年退休的陆澄亲身经历了这些改革,他看着上海文化广播影视事业在分分合合之中,经历了阵痛,也迎来了辉煌。不过,让他有些心疼的是,这几轮的改革,也让《午夜星河》在第三次开播之后,慢慢地淡出了身影,"算是完成了自己的历史使命。"但陆澄如今已不觉遗憾,因为在广播之后,他又找到了属于自己的舞台。

今天的上海,显然不只是热衷炒股、炒房,也不再是退回到亭子间的鸡毛蒜皮和广场舞,它有着宏大的野心和志向,同样也有着对心灵的不懈追求。

我们会看到,在思南公馆,或者在中福会马兰花剧场,都有人不定期地在此举办朗读的沙龙。他们在这里,用朗读向经典致敬。

比如说,在著名剧作家、散文家、国际文学活动家杜宣100周年诞辰时,焦晃、娄际成、曹雷、刘安谷、孙渝烽、狄菲菲等朗诵艺术家,于上海戏剧家协会主办的"杜宣作品朗读会"上,或坐在藤椅上或坐在书桌前,就着温暖的台灯,或直接站在舞台的中央,满怀深情地朗读了杜宣不同时期创作的诗歌、散文片段。

普通的作者也有被朗读的机会。像"红色诗人"桂兴华为新书发布举行个人诗歌朗诵会,还有上海文化发展基金会主办的力推10位青年编剧新作的"新剧本朗读会"。

上海图书馆也成了草根人士与朗读亲密接触的好地方。

2003年11月,该馆向社会招收朗诵班学员,经筛选,组成了近60人的上图业余朗诵艺术团。"十年来,上图举办了几十场朗诵会,其中包括与上海市作家协会合办的'海上心声'朗诵会,每年春夏秋冬各举办一场,诵读作协新创作的诗歌、散文,多年来已形成特色品牌。上海市作家协会副主席赵丽宏说,在上图无拘无束地放吟诗歌,是诗歌之幸,是诗人之幸。2010年起,上图有朗诵团还与外省市的图书馆联动,将朗诵艺术带到了无锡、张家港、江阴、喀什、九江等地。"①

---

① 胡凌虹,《诵读:用美丽"人声"雕刻城市灵魂》,《上海采风》2014第7期。

长期以来,陆澄就是这些活动的主要策划者或参与者。他在一篇文章里提到,过去形容图书馆都是鸦雀无声的,只听到沙沙的翻书声,现在不然,现在已经变成琅琅读书声了。

这是一种很让人欣喜的变化,"它说明阅读在这个城市是有根基的,"我们需要在这个时代重新发现阅读的乐趣,并通过朗读对文学的演绎、推广、传播,"让文学与普通民众紧密沟通。这样的文学才会有真正的生命力、影响力。"

陆澄将自己的心思全部投入到了这种全民朗诵之中。

2012年,他在天平社区文化活动中心小剧场,策划组织了一场"倾听文学——草婴翻译作品专场诵读会"。

在这场诵读会上,主持人蔡金萍朗读《安娜·卡列妮娜》,它是草婴最为人熟知的译作。主持人艺峰朗读《卢塞恩·聂赫留朵夫公爵的日记》选段,陈燕华朗读《复活》中的著名片段"玛丝洛娃的身世",一次次将观众带入跌宕起伏的小说情绪中。

而他则朗读了肖洛霍夫中篇小说《一个人的遭遇》片段。

正是因为翻译肖洛霍夫的小说,草婴一度遭受迫害,两次面临生死危难。但他无怨无悔,为了在他看来神圣的翻译工作,宁可长期处于无工资、无工作、无职称的"三无"状态。也就在这种状态中,他二十年如一日中,完成了列夫·托尔斯泰十二卷的翻译计划——包括列夫·托尔斯泰著名的三部长篇小说,即《战争与和平》(四卷)、《安娜·卡列尼娜》(二卷)、《复活》;四卷中短篇小说,按写作年代排列,分别为《一个地主的早晨》《哥萨克》《克鲁采奏鸣曲》《哈吉·穆拉特》,以及托尔斯泰的自传体小说《童年·少年·青年》。它们被译成中文约四百万字——除此外,他还和同行一起倡议,希望翻译界牢固树立诚信、敬业、奉献的精神,恪守译德,提高翻译质量,要努力增强职业使命感及道德责任感,反对不顾质量、追逐名利的错误态度及形形色色的抄袭、剽窃、侵权等违法行为。

这场朗读无疑是一群人向一个人的致敬。

也是这座宏伟的城市向一个比草还小的"草的婴儿"的致敬。

尽管受到了多年不公正的待遇，但草婴还是得到了补偿。

2014年12月，他又获得了第六届上海文学艺术奖终身成就奖。

2015年10月24日，在病床上躺了很久的草婴逝世。这在文化界和翻译界都引起了不小的震动，就连温家宝都写了亲笔慰问信，表达了对草婴沉痛的哀悼。

次年1月6日，由中华文化促进会、凤凰卫视联合主办的"2015中华文化人物"颁授典礼于西安揭晓。在为物理学家李政道、喜剧表演艺术家陈佩斯、故宫博物院院长单霁翔、音乐家费明仪、画家尼玛泽仁、木作艺术家田家青、京剧艺术家王佩瑜、学者文怀沙、文化活动家颜安、台北故宫博物院前院长周功鑫颁授"2015中华文化人物"之外，典礼还追忆了在2015年去世的一些文化名人，如评书表演艺术家袁阔成、摄影家吕厚民、导演艺术家谢铁骊、表演艺术家朱琳、教育家王广亚。

另两位则是哲学家庞朴，以及翻译家草婴。

这不得不让人感叹，多年后，这位"草的婴儿"，终于又长成了——

文化上的"峻峰"。

草 婴

宁波镇海人,托尔斯泰在中国的代言人。

他的名字,跟列夫·托尔斯泰有着很大的关联。托尔斯泰在中国有多少的粉丝,他就应该受多大的赞誉。

出生在 1923 年,青少年便撞上了风雨如晦的岁月。对国家和民族命运的担忧,将他推向了苏联文学,以此来为祖国寻找光明之路。

他是我国第一位翻译肖洛霍夫作品的翻译家,还曾翻译过莱蒙托夫、卡塔耶夫、尼古拉耶娃等人的作品,在中国读者中产生极大的社会反响。

"文革"之后,他又以一人之力完成了《托尔斯泰小说全集》的翻译工作,其中包括多数人曾看过的《战争与和平》《安娜·卡列尼娜》《复活》。

这一壮举在全世界都是独一无二的。

尽管这些成就并没有为他赢得更多的名声,甚至在各种政治运动中,横生劫波,但在其于 2015 年去世时,其夫人便收到了来自国家总理温家宝的亲笔慰问信。

这是来自一位读者的真心赞誉,不用解释,已然说明了一切。

时代精神之十四 · 良知

草婴夫人：他从峻峰，到草婴，再又回到了峻峰

盛天民是在同学口中第一次知道盛峻峰的。

那时，她正在松江中学念初三，而草婴恰好也从上海雷士德工学院附中转学到了这所中学，读高三，"当时我班级同学姐姐和草婴同班，"这样一来二去，她知道了高三有这么一个口才好、能力强、水平高的男同学。

通过仔细留意，她发现这个男同学的确为人沉稳大方，是个进步青年，平时骑一辆三枪牌自行车，前车兜里总放着不少书籍，有的是同学向他借的，有的是同学还给他的。在这些书中，有鲁迅的作品，有苏联作家的作品，也有不少进步杂志——像《萍踪寄语》《苏联见闻录》，以及《鲁迅全集》。

1938 年，《鲁迅全集》首次出版，他省下零花钱订购了一套。

进一步了解之后，她还发现这位年轻人出身于宁波骆驼桥盛家，家境相对较好，祖父是中医，父亲盛济舲早年留学日本，因患肺结核不得不中断学业而回国，并在上海同济医学院学习西医，后来回宁波任铁路医院院长。可以说，他们是医生世家。

他的姑妈有的留学美国，有的留学法国，大姑父是赵志游，也留法，回来

后曾于 1931 年担任杭州市长，也是中国第一个会开飞机的人。

另外，他家还参加过第一届万国博览会①。

不过，他并没有想过要子承父业，而是想要做个科学家，像父亲和姑姑们那样出国留学，然后回来建设自己的国家。

这倒是跟父亲的影响有关。当年，在日本留学时，父亲就发现，日本这么小的一个国家都能如此强大，为什么中国这样大的国家，怎么就振兴不起来？

只是，这样的理想很快就被抗战爆发所打破。尽管日本在侵占京、沪、杭之后，企图直下徐州、武汉，以军事和政治两手迫蒋求和，所以对浙东一隅无力鲸吞，盛峻峰的老家宁波乃暂得偏安，但遭受频繁空袭，创巨痛深。

"1937 年 9 月，敌机肆虐宁波，栎社机场及江北岸火车站被炸。以后不断来袭，目标以灵桥为主，也滥炸湖西等居民区。据有关部门人员回忆，宁波沦陷之前，敌机空袭累计达二千余次，先后投弹五千多枚，大多数用于轰炸灵桥，妄想炸毁这座交通枢纽。那时敌机的性能、装备与投弹技术都较落后，虽常以奉化江为航线由南向北或与桥面平行俯冲投弹，炸弹却多落江中或附近商业区，灵桥不过略受小伤，始终屹立于奉化江上。另有一次空袭鄞县中心医院，炸毁后院病房，正在卧床就医的伤兵数十人惨被炸死。"②

这也迫使盛峻峰在 14 岁时，就和家人一起逃亡上海。老家的花园洋房后来驻扎了日本的部队，直到抗战胜利。

不过，这也给了 6 年后，盛天民认识盛峻峰的机会。

---

① 1915 年首届巴拿马太平洋万国博览会简称"巴拿马万国博览会"，也叫"1915 年巴拿马—太平洋国际博览会"〔The 1915 Panama Pacific International Exposition〕。当时主要是为了庆祝巴拿马运河被开凿通航而举办的一次盛大的庆典活动。会址设在美国旧金山市，博览会从 1915 年 2 月 20 日开展，到 12 月 4 日闭幕，展期长达九个半月，总参观人数超过 18,000,000 人，开创了世界历史上博览会历时最长、参加人数最多的先河。其时中国由民国大总统袁世凯拍板，第一次以政府名义参加该次博览会。190 万人次在耗资 9 万元的中国陈列馆里参观了 4000 多件中国货。最后，杭州张小泉剪刀、贵州茅台酒和宁波盛滋记酱油获得金奖——其中，宁波盛滋记便是草婴的祖业，除了酱油之外，草婴家还做腐乳、黄酒、醋什么的，新中国成立后"公私合营"，到 20 世纪 60 年代厂子还在。

② 王兴藻、吴伟农、应瞻光来稿综合，范学文整理，《抗日战争时期宁波纪事》，鄞州史志网"党史编研"2010 年 1 月 22 日。

草婴和夫人的照片，一直悬挂在书房中。共同的信仰和追求，让他们走在了一起，且一直没有分开。〔王千马 摄〕

尽管比盛峻峰小个四岁左右，此时的盛天民却已是学校里的中共地下党员了。因为经常在一起看进步书籍，并交流对时局的看法，共同的理想使两个人的心越走越近，"作为当时的进步青年、爱国青年，尽管只做了一年的同学，我们还是走在一起了。"

这里还有一个插曲，那就是盛天民的母亲一开始并不希望他们在一起，她怕盛峻峰的进步在那个时代容易带来危险，进而让自己的女儿受影响，但她却没有想到，自己的这个女儿入党比盛峻峰还要早。

在两个人的坚持下，母亲终于答应了他们的婚事，但是希望他们的婚礼按照西方习俗来办。于是，1947年，当时八仙桥的青年会，在牧师的见证下，这对有情人终成眷属，并留下了一张极其珍贵的照片。

照片中，盛天民年轻美丽，一旁的盛峻峰英俊潇洒，稳重大方。

而他们的感情，也一如这照片，在时间的流逝中泛黄。

却从不褪色。

"我这一生走来，最甜蜜的，是翻译托尔斯泰作品的时候，但最感激的，是你。"

多年后，当盛天民回忆起丈夫跟自己说过的这些话，依旧抑制不住百感交集。

嫁给盛峻峰，就意味着要选择牺牲。尽管家境相对较好，"他是那种牌不会打,麻将也不会搓,烟也不抽,酒也不喝的人,生活特别简单。"跟随他,不会有太多的享受。事实上,盛峻峰也从来没把自己当成什么人物,就像他在日后提及自己的笔名"草婴"时所说,"草——是最普通的植物,遍地皆是,我想自己就是这么一个普普通通的子民。"

盛天民所能得到的,也就是这种普普通通的草民生活。

更重要的是,就像鲁迅先生要弃医从文一样,这个在日后考上了南通农学院,怀有"用农业科学知识拯救贫穷的中国广大农民"这一远大理想的年轻人,也选择了一条无比艰辛,且不能为自己带来什么利益的道路——翻译工作。

草婴说,他这一生只做了一份自己喜欢的工作。

某种意义上,如果没有妻子的理解和支持,他很难将这条路坚持下来。

盛天民对此却不后悔,"我们结婚之前,和之后都不考虑经济方面的问题,只考虑志同道合,共同信仰和感情。"而且,她还认为,草婴做这项工作,是有价值的,同样利国利民,"他愿意干什么,我都会站在他身后。"

这一切,也跟鲁迅先生有关。鲁迅先生不仅是个文学家,而且还是个翻译家。《鲁迅全集》的后十卷,就是翻译作品。草婴曾坦言:他走上文学翻译的道路,最早是受了鲁迅的影响。因为鲁迅站得高、看得远。鲁迅要以自己的作品去改变中国社会的现状,改变中国人的命运,他是中国 20 世纪最伟大的文化巨人。

同样,因为鲁迅,他对苏俄文学更是产生了兴趣。如果我们细心的话就会发现,《鲁迅全集》后十卷的翻译作品中,很多都是苏俄文学。

这让草婴读到后,既对俄国十月革命后社会主义苏联发生的一系列事情感到新鲜,很想去了解世界上第一个社会主义国家苏联究竟怎么回事情,也对俄罗斯富有民主主义思想的文学产生了特别的爱好,更对俄国人民争取解放和爱国与抗敌的行为充满着敬仰——联系到日本人对自己祖国的侵略,草婴觉得,他山之石可以攻玉,自己也可以像先生这样,多翻译一些这样的好作品,鼓起中国民众反帝反封建的勇气。

从此，草婴便如小草一般，顽强地扎根在了苏俄文学这块芳草地上，学生时期便在上海参加了"拉丁化新文字研究会"。

当然，他也需要感谢另外一个翻译"领路人"，也是他"这辈子永远感激的良师益友"——姜椿芳。姜椿芳是中共党员，新中国著名的翻译家、编辑出版家、社会活动家。当时上海懂俄文的人不多，所以他很受姜椿芳的赏识。姜椿芳不但热情辅导草婴学习俄语，还鼓励18岁的草婴为在上海出版的《时代周刊》《苏联文艺》翻译稿件。

《时代周刊》是苏联塔斯社上海分社于希特勒入侵苏联之后，于1941年8月20日，在上海创办的一本汉语杂志。姜椿芳便是它的实际负责人。

"姜椿芳精通俄文，是位优秀的翻译大师。他通过新文字研究会知道中学生草婴在努力学习俄文，便主动帮助他解决一些学习上的困难。"在《时代周刊》创刊后，"他就要草婴为《时代周刊》翻译一些新闻报道。草婴抱着试试看的心理答应下来。他的初译得到了姜椿芳的指点。草婴先是利用课余时间，后来就全身心地投入了翻译工作。1942年该社又创办《苏联文艺》杂志，草婴便开始为该杂志翻译苏联文学作品。1945年5月草婴正式到塔斯社上海分社上班，从此开始了他终生不悔的翻译生涯。"①

也正是在为《时代周刊》工作期间，"草婴"这一笔名正式取代盛峻峰，成为盛峻峰在今后更为人所知的名号。

在自认普普通通的同时，"草婴"的含义里，还包含着一种坚强，正如白居易的诗句"野火烧不尽，春风吹又生"，它火烧也不怕，风吹也不怕。

某种意义上，盛峻峰选择了"草婴"，其实也是选择了一种活法，和自我认同。

他的人生经历，也印证了什么叫名副其实。

① 高莽，《翻译家草婴其人》，《收获》"人生采访"专栏2002年第6期。此文有部分内容参考《翻译家草婴其人》。

草婴文学翻译的处女作，是普拉多诺夫的短篇小说《老人》，讲的是与法西斯抗争的故事。它在《苏联文艺》杂志第二期上发表。

接着，他又翻译发表了肖洛霍夫的小说《学会仇恨》。第二年夏天，草婴高中毕业，考取南通农学院。因患肺结核，他不久即中止学业养病。1945年5月，草婴被聘为《时代周刊》编辑，从此开始了职业翻译生涯。

因此机缘，草婴对整个反法西斯战争都一清二楚，有朋友开玩笑说他是"二战老兵"。

此后几年，他翻译了大量的介绍苏联国家制度、公民权利、家庭婚姻、男女平等、劳动竞赛、儿童教育等方面的文稿。这其中便有他在1948年开始翻译的巴甫连科的长篇小说《幸福》，它反映了苏联人民经过第二次世界大战后重建家园的热情和信心。这是草婴翻译的第一部长篇小说。通过这一锤炼，草婴的翻译理念、翻译能力都得到了很大的提高。

到了新中国成立之后的20世纪50年代，上海成立华东作家协会，会长是巴金，草婴既是该协会最早的八位专业会员之一，也和罗稷南、傅雷、满涛、梦海一起成为专职翻译。

这听上去很风光，其实他们几人不占国家编制，没有行政级别，没有工资，仅靠翻译稿费维生，归根结底，就是"三无"翻译家。

然而，草婴并不计较这些，有翻译可做，便是天大的满足。

伴随着中国和苏联在1950年2月签订《友好同盟互助条约》，这也让两个社会主义的大国成了最亲密的伙伴，他更是以极大的热情投入到苏俄文学在中国的翻译和传播当中，不少反映苏联经济建设，如长篇小说《顿巴斯》、短篇小说《胜利》，都被草婴不停地推荐给国内读者。

"在上个世纪七八十年代，我们有个全民偶像，雷锋。"盛天民说，"但在雷锋之前，其实我们还有一个全民偶像，那就是娜斯嘉。"

这个全民偶像其实是"虚拟偶像"，来自苏联女作家尼古拉耶娃的长篇小说《拖拉机站站长和总农艺师》。她是里面的女主人公。

1954年冬天的一个晚上，草婴读完了发表在苏联《旗帜》杂志上的这部小说,心情却激荡起来。用他后来的话说:"我的心怎么也平静不下来。我的眼前老是浮动着一个鲜明可爱的形象,那就是总农艺师娜斯嘉·柯夫莎娃。"

这个娜斯嘉其实是刚出校门的"黄毛丫头",在毕业之后被分配到一个偏僻落后的拖拉机站当总农艺师,一到任,就发现诸多问题,遂依靠职工群众力图改变积重难返的浑浑噩噩、不思进取的现状,终于使这个拖拉机站一跃成为先进。

在小说中,为了尽快改变落后面貌,提高生产效率,增加农民收成,娜斯嘉敢想敢说,批评落后,催生先进,表现得那样风风火火,一往无前。一旦发现敷衍塞责、消极怠工,她绝不苟且,哪怕被暂时落后的人们视作另类。

感动之下,草婴抓紧翻译。译文完稿于 1955 年春,寄往北京的《译文》月刊。

很快,当年《译文》8 月号上,推出了草婴译稿的第一部分。

嗣后的 9 月号连续登载,至 10 月号续完。

这无疑是一部书名堪称枯燥、内容也无甚悬念的小说。但是在如火如荼进行社会主义建设,想彻底改变一穷二白局面的当时,娜斯嘉所具有的坚持真理、坚持原则、处处为群众切身利益着想的精神,认真踏实、完全忘我的工作作风,无疑振奋人心,"事实上,翌年召开的中共'八大',将在社会主义改造基本完成的背景下,首次明确今后国内的主要矛盾是先进的社会制度同落后的社会生产力之间的矛盾。为了迎接新形势下集中力量发展社会生产力,以使落后的农业国转变成为先进的工业国的新任务,必须开足马力,改变各类因循守旧的人和事。适逢其时,草婴的译作应运而生,怎么不受欢迎呢?"①

甚至,这部小说还引发了大家对"娜斯嘉式生活"亦即"娜斯嘉式的斗争"的大讨论——也就是一些严重缺乏政治经验,甚至连社会生活经验也很

---

① 司徒伟智,《王蒙成名作折射"娜斯嘉情结"》,东方网 2010 年 3 月 17 日。

不足的青年知识分子,凭着初生牛犊不怕虎的胆量和气魄,不惜以卵击石,也要和落后势力斗争到底的做法。

"1955年11月22日,青年团中央宣传部发出《关于推荐苏联中篇小说〈拖拉机站站长和总农艺师〉的通知》,要求全国范围内'向高中以上学生和具有相当水平的机关青年干部、青年职工推荐这部小说'。通知指出:'宣传的重点,是阐述书中主角娜斯嘉为新生事物开辟道路勇敢斗争的原则精神,及其为人民服务、全心全意地和劳动人民结合的高贵品质。'据悉,这个通知的来由,是时任团中央第一书记胡耀邦读了《拖拉机站站长和总农艺师》,认为这篇小说'关心人民疾苦,反对官僚主义',号召全国青年团员向女主角娜斯嘉学习(见潘真《文化人生》一书)。发行数以百万计的《中国青年》杂志于1955年12月1日出版的第23期,在刊登这个通知同时,又转载了草婴翻译的《拖拉机站站长和总农艺师》的前半部分,并于该杂志同年第24期续完。同时,中国青年出版社也在同年12月为草婴翻译的《拖拉机站站长和总农艺师》出版了单行本。

一纸通知走向全国,各方青年闻风而动。一时间,《拖拉机站站长和总农艺师》成为热门书,简直洛阳纸贵。娜斯嘉成为广大青年人的偶像。在组织生活中,在团课上,在平日思想交流时,年轻人争说娜斯嘉式生活,以学习、具备像娜斯嘉式的斗争精神为荣。

甚至已经越出了青年的界限,社会各界都加入进来,《拖拉机站站长和总农艺师》成为公共思想养料。曾读到广东惠阳县惠城区政协文史委员会于1993年编定的《惠城文史资料》第九辑,有吴定贤一篇《深受群众欢迎的文学讲座和故事会》,就专门讲到20世纪50年代在市县镇各级图书馆举办文学讲座和故事会,通过介绍宣传优秀读物向广大读者群众进行教育,其中苏联小说就是《拖拉机站站长和总农艺师》与《卓娅和舒拉的故事》。"

不得不说,在各种合力的推动下,这部小说竟然在20世纪50年代的中国不胫而走、红遍南北,卖出了几百万册。

它甚至和其他苏联作品一起,帮助催生了一个创作流派,即"干预生活文学"。王蒙之所以创作《组织部新来的青年人》，便受此刺激，他在自传中曾回忆当初酝酿创作时的想法，"五五年或者五六年，团中央发出号召，要全国青年与团员学习苏联女作家尼古拉耶娃的中篇小说《拖拉机站站长和总农艺师》，此书描写一个刚刚走向生活的女农业技术人员娜斯嘉……对于我，一个 21 岁的团干部，一个初出茅庐的青年作者来说，当然颇有魅力。"在《组织部新来的青年人》中，主人公林震的誓言即："按娜斯嘉的方式生活！"①

某种意义上，尽管这部作品不如草婴同期翻译的肖洛霍夫，以及日后的列夫·托尔斯泰，但是因它以及主人公娜斯嘉在当代中国文学史上有独特作用，依旧可视为草婴艺术生涯中值得关注的亮点。

香港学者章海陵在《亚洲周刊》曾发表《翻译家草婴与中国改革渊源》一文，便论证王蒙代表作《组织部新来的青年人》及"干预生活"流派作品和草婴译作的渊源关系，甚至提出"今天，改革文学在中国已成为奔腾大河，草婴当年挑选俄文原作的敏感及灵动的译笔，是否就是河源冰川的第一滴水珠呢？"

除了《拖拉机站站长和总农艺师》，草婴在整个 20 世纪 50 年代，还将自己的视线投向了肖洛霍夫——这位曾以《静静的顿河》获取诺贝尔文学奖的苏联作家，在 1956 年创作发表了连载短篇小说《一个人的遭遇》（又译《人的命运》），于这一年的最后一天开始在苏联党报《真理报》上连载。

它讲述了战争给个人生活带来的悲剧故事——在卫国战争期间，"不是阵亡就是叛徒"，许多幸存的苏联官兵归来后都承受过巨大苦难——那年除夕，莫斯科广播这篇小说时万人空巷，许多苏联人站着听，在寒风中流下眼泪。

这部小说的发表，被看成是苏联五十年代中后期解冻文学的信号，从

① 司徒伟智，《王蒙成名作折射"娜斯嘉情结"》，东方网 2010 年 3 月 17 日。

此，苏联大面积出现反思社会黑暗、反对官僚主义的作品。1959年，肖洛霍夫又出版了反映农业集体化运动的长篇小说《被开垦的处女地》第二部。

喜欢上肖洛霍夫，是因为草婴发现，在俄罗斯文学中，人道主义思想一直占据首要地位，而肖洛霍夫则是所有苏联作家中，继承19世纪俄国现实主义文学传统很出色的一个，他的作品"用高超的艺术手法揭示了人性的坚强和美丽，宣扬了人道主义精神"，而这很对草婴的脾胃。

不管是鲁迅先生在文章中努力为中国人真正争得"人"的地位，还是斯大林逝世之后，整个苏联文艺界对个人迷信的揭发，都让草婴意识到，人与人之间需要爱，而不是恨。作为文艺作品，"首先要关心人，关心人们的苦难，培养人对人的爱，也就是人道主义精神。"

在《真理报》上读到《一个人的遭遇》后，草婴为作品所弘扬的人道主义思想感动不已。他决定以最快速度翻译《一个人的遭遇》。在《一个人的遭遇》于苏联出版四个月之后，它的中文版便发表在《译文》杂志上。这样的速度在当时的翻译界十分罕见。

整个50年代，草婴的翻译重点都在肖洛霍夫身上。他先是着力翻译《被开垦的处女地》第二部，译文由《世界文学》杂志载出。该作后来出单行本时改名《新垦地》。1959年，他翻译的肖洛霍夫的短篇小说集《顿河故事》由上海文艺出版社出版。

这里还有个插曲是，《被开垦的处女地》是在草婴手上完成改名的。他将已经在中国流传了几十年的原名改掉，不仅改变已习惯了的语法，而且在汉文词组上也做了突破，看得出草婴的"胆大心细"——"新垦地"从理解的意义上来讲，比"处女地"更为汉化——从这里也可以看出，草婴在翻译上有着属于自己的艺术原则和追求。

谁也没想到的是，随着中国"反右"斗争开始，《一个人的遭遇》成了"毒草"，而《一个人的遭遇》更是给草婴带来了更大的灾难。

"文革"中的草婴，就是被踩在脚底的那根草。

由于中苏关系突变，肖洛霍夫被人污蔑为"苏修文艺鼻祖"，《静静的顿河》《一个人的遭遇》都成了"修正主义的大毒草"，草婴自然而然便成了"肖洛霍夫在中国的'吹鼓手'和代理人。"所以，成了"文革"中最早被批斗的对象。

盛天民便记得，这段时期，草婴被批斗，挨打，被遣送到五七干校劳动，她自己也成了南京的铁路工人，大女儿到江西农村插队，儿子到农场，只留了小女儿在上海。"一家人分住在五个地方。"

在精神被摧残的同时，草婴在肉体上也两次面临着死亡。

一次是在1969年，他被派到农村割水稻，由于自幼就身体不佳，曾在学生时代因患肺结核而辍学养病，所以，在农田超负荷劳动，加上营养不良之后，引起大出血。上面吐血下面便血，5天5夜滴水不进。幸亏抢救还算及时，在切除了四分之三个胃后，他才算保住了性命，并奇迹般地康复了。

一次是在1975年，他已从五七干校回到上海，在单位接受批判和劳动。有一天，他在建筑工地搬运水泥包，体重只有100斤左右的他，却要扛上一百多斤的东西，这对他无疑是一个巨大的考验。结果到中途，被一个水泥包压倒在地，他只听见自己身上发出"咯噔"一声，就倒在地上昏迷过去。

后来医生检查，第十二节胸椎压缩性骨折一厘米多。不好用绷带，也没有药。加之他当时的身份，是牛鬼蛇神，没有资格住院，只求自然愈合。医生警告他：只能躺在木板上，一动不动，让胸椎自己恢复，如不听忠告，轻则下肢瘫痪，重则生命难保。半年时间里，草婴只能保持一个姿势，仰天躺在木板上，吃喝拉撒都在上面。

幸运的是，他的妻子依旧守在他的身边，不离不弃，照顾他、体贴他、安慰他，让他感受到了黑暗中的那丝不灭的温暖。"他就那样躺了一年，稍微动一动都痛得钻心，但他挺过来了，"盛天民说，"他碰到事情很冷静，会用自己的头脑分析，不趋炎附势。还有就是他耐力非常之好。我们家里的人都很尊敬他、支持他。"

终于，他又像草那样活了过来。

即使是这样，草婴也没在各种运动中"迷失"自己。

早在 1955 年"反胡风集团"时，《人民日报》发表了几篇胡风的材料，其中有一封俄文翻译家满涛写给胡风的信。满涛因此成为批斗对象，但草婴认为"满涛是老实人，爱好做学问，书生气比较厉害，不可能是反革命分子"。因此，上海有关报刊要草婴写文章揭发批判满涛，他一字未动。1957 年"反右"时，草婴又被要求写文章批判傅雷，他也拒绝了，因为"傅雷不是一个对国家没有好处的人，绝不是我们的敌人"。

他说，我的胸椎骨断了，脊梁骨没有断。

所谓的脊梁骨，指的是人活在世上总要挺直脊梁，不能见到权贵，受到压迫，就弯腰曲背，遇到大风就随风摇摆。它和"心""脑""眼""胆"一起构成了草婴对良知的整体印象——"心"是指良心，做人做事都要凭良心，要是没有良心，什么卑鄙无耻的事都可以做；"脑"是指头脑，不论什么事、什么问题，都要用自己的头脑思考、分析、判断，也就是遇事都要独立思考，不能人云亦云；"眼"是指经常要用自己的眼睛去观察社会，观察人民的生活，要随时分清是非，尤其是大是大非；"胆"则是指勇气，人如果没有胆量，往往什么话也不敢说，什么事也不敢做。

就在养伤期间，他也反复思考，为什么有人要抓住肖洛霍夫做文章？

后来，他渐渐懂得，那是因为肖洛霍夫擅于用高超的艺术手法塑造人物，通过人们的悲欢离合，揭示人性的坚强和美丽，来宣扬人道主义，这同有些人宣扬斗争哲学，鼓吹阶级斗争背道而驰。但不管怎样，他都会坚持自己翻译的原则，"我对自己所做的事情、所走过的道路，都是无怨无悔的。"

同时，也正是这样的经历，让草婴更感受到了人道主义在中国的珍贵，也越发地感受到中国越是批判"肖洛霍夫"，越是需要"肖洛霍夫"。

在《我与俄罗斯文学》中，草婴曾表达过自己对"文革"的思考：

"我越来越清楚,在历史上少数人统治多数人,少数人以自己的意志决定多数人的命运,这是人类苦难的根源,也是人类无数次浩劫的原因。要结束这样的悲剧,首先必须培养人与人之间的美好感情,建立人与人之间的平等关系,宣扬人与人之间的美好感情,建立人与人之间的平等关系,宣扬人与人之间的爱,也就是人道主义精神。"

这也是草婴在 55 岁之时,将自己的视线"钉"在了列夫·托尔斯泰之身的很大原因,"巴金先生讲过,托尔斯泰是 19 世纪文学的高峰,代表 19 世纪的良心。"

在草婴的心目中,列夫·托尔斯泰是俄罗斯文学的巨人,用一生的作品向人宣示博爱、自由和人道主义精神。"在阅读和翻译文艺作品中,我认识到托尔斯泰是伟大的人道主义者,他的一生就体现了人道主义精神,他的作品用感人至深的艺术手法培养人的博爱精神,反对形形色色的邪恶势力和思想。"

他还说,"因为从他们的作品中所反映出来的人道主义思想、人性的光辉是最强烈的。我感受到中国经历了两千多年的封建专制统治,特别需要培养和唤醒人性的光辉。"

他之所以在 20 世纪 50 年代倾力翻译肖洛霍夫的作品,也正因为肖洛霍夫是继承托氏精神及技艺最成功的一位。

从此后,草婴几十年如一日,做了托尔斯泰最坚定的追随者。

知名出版人,文学翻译家曹元勇曾任职上海文艺出版社,当年正是草婴翻译的《托尔斯泰小说全集》的主要编辑。

"草婴先生的家在岳阳路的一个小弄堂里,只有使用权。2003 年,我为出版他翻译的《托尔斯泰小说全集》第一次登门拜访,之后便成了那里的常客。"在一篇文章中,曹元勇谈及了他对草婴的印象,"作为一代大翻译家,草婴先生在现实生活中给人的印象是一个瘦小、文雅、和蔼的文人,讲起话来条理清晰,但却不紧不慢。如果走在大街上的人群里,他一定普通得如同随处可见的草一样。

可就是这位像草一样普通的文弱知识分子,却在年过半百、历经坎坷后,花了二十年心血,以一个人的努力,把托尔斯泰的全部小说从俄语直接翻译成了汉语,为汉语读者建造了一座通向文豪托尔斯泰的壮丽虹桥。

草婴先生的这一壮举不仅在新中国成立以来的文学翻译史上塑造了一座高峰,而且直到今天在全世界也是独一无二、难以超越的,因为他是仅有的一位把托尔斯泰的全部小说从俄语翻译为另一种语言的翻译家。"

这部《托尔斯泰小说全集》共12册,400万字,计为四卷《战争与和平》、两卷《安娜·卡列尼娜》,以及《复活》——它们是托尔斯泰最为著名的三部长篇小说,另有四卷中短篇小说,按写作年代排列,分别为《一个地主的早晨》《哥萨克》《克鲁采奏鸣曲》《哈吉·穆拉特》,以及托尔斯泰的自传体小说《童年·少年·青年》——它们从1977年就开始着手,到1998年才全部完成。

草婴的书柜,摆在最上面的,正是他翻译的《战争与和平》以及《安娜·卡列尼娜》。〔王千马 摄〕

尽管在草婴之前,也有人开始翻译介绍托尔斯泰的作品,但一直都是一个人翻译一两本,有些还不是直接从俄语原文翻译的,风格上既不能统一,内容上也不能保证贴近原文。比如说,《安娜·卡列尼娜》有周扬、谢素台的译本;《复活》有汝龙、力冈的译本;《战争与和平》有郭沫若、高植的译本——但草婴却为国人系统翻译并推介了列夫·托尔斯泰。这无疑是一份"独一无二"的创举。

为此,1977年,当有关方面邀请他出任上海译文出版社的总编辑一职时,他力辞了。因为他怕担任这个工作之后,就没有更多的精力来从事翻译工作了。他说,"一个人的一生其实并不很长,所谓人生苦短,讲的就是这个意思。能集中你所有精力,在你的一生中做好一件有意义的工作,那就算不错了。"

同时,他还谢绝了一些游历性的国际会议和热闹活动的邀请。甚至,一个女儿的不幸病逝也没有让他离开书桌,因为他觉得:"失去女儿是很大的损失,假如我因为悲痛而停止工作,又是一种损失,是双倍的损失。因此,我不能停下手中的笔。"

"他很讲究效率,工作时间总是独自在房间里翻译或创作,谁也不能进屋打扰他。"到今天,盛天民还记得草婴的工作状态,"每个房间都有钟表,他按钟点生活、工作、锻炼身体,很有规律。别人进不去,到了点他自然会出来。"

为了做好自己的翻译工作,在这些时间内,草婴通常要看十来遍原著,有时更多,吃透后再开始翻译。他认为只有这样,才会对原著尽可能的熟悉,才会让原著中的一个一个人物在脑海里活灵活现,才能保证译文尽可能与原著接近,甚至尽善尽美。在他看来,好的翻译应该是让异国读者读译文的感受与本国读者读原文的感受相当。尽管周扬翻译过《安娜·卡列尼娜》,但它是从英译本转译的。对周扬等人的翻译,他也没有时间去做一下对照。他觉得读通吃透原著,才是自己最基本也是最需要的首要工作。

此外,他觉得要翻译好作品,还需要将作品中的人物关系理清,还得把他们各自的性格、特征,诸如习惯等搞明白。

"《战争与和平》中有 559 个人物,草婴做过 559 张小卡片,将每个人的姓名、身份、性格特点写在上面,直到真正进入小说中的世界,才开始动笔。此外,托翁辽阔的历史画卷,迫使他广泛涉猎俄国的哲学、宗教、政治、经济、军事、风俗以及俄国人的日常生活习惯。这 4 卷作品他整整译了 6 年。

今天,559 张卡片和 4 本已经翻烂了的原著寂寂地躺在他的书橱里。

〔华东师范大学教授、上海翻译家协会副会长〕徐振亚在《复活》的几种汉语译本中最推崇草婴的译本。他说，草婴吃透了原著，用词准确、传神，也更简练。

在翻译《安娜·卡列尼娜》时，安娜的命运常常使他深陷其中。学生章海陵记得，有天上门拜访，发现老师有些异样。他起身告辞，草婴一再挽留。过了一会儿，草婴动容地说：'安娜死了……我刚才在翻译安娜之死，心里难过。'"①

对草婴来说，做好翻译，在与原著心灵相通之后，还需要仔细核对译文，并摆脱原作，单纯从译文角度来审阅译稿。为此，他常请一些朋友帮忙朗读，以改正拗口之处——著名演员孙道临就给他帮过这样的忙，为他朗读过肖洛霍夫《一个人的遭遇》译稿，草婴据此作音韵上的调整。最后，把稿子交给出版社编辑，负责的编辑能提出宝贵的意见。然后他再根据编辑的意见认真考虑，作必要的修改。

这也是草婴为什么坚持要将《被开垦的处女地》改译成《新垦地》的一个重要原因，乍一看，译界的很多人觉得不习惯，但仔细一推敲，发现这才是真正的汉语，而原来的却是外国语。

曹元勇第一次读到草婴翻译的《安娜·卡列尼娜》时也叹为观止。"我上高中的时候读过半本其他译者的《安娜·卡列尼娜》，当时没怎么看懂，读研期间又看草婴的译本，感觉完全进入了小说中描述的世界，没有任何障碍，他的语言非常朴素，没有故弄玄虚的华丽辞藻。草婴先生不是没有能力让语言典雅高贵，他的译本《当代英雄》就充满了诗意典雅的语言，他只是忠实于原著的风格，将托尔斯泰朴素的现实主义描写准确地传达出来。"

他还记得，"2003 年底至 2004 年三四月份《托尔斯泰小说全集》排好版后，草婴先生坚持要亲自看校样，把编辑过程中疏忽的差错用非常工整的字体一一改正。而且他一般会坚持自己的翻译语感。我曾经问他是否可以把《伊凡·伊利奇的死》改成《伊凡·伊利奇之死》，草婴先生就没有同意。"

---

① 李宗陶，《草婴的胜利》，《南方人物周刊》2010 年 5 月。本文有部分内容参考《草婴的胜利》。

这不禁让人感叹，一位真正的翻译家，为了出色地完成自己的天职，需要付出多大的努力呀！但这种努力也不是没有回报，它也让草婴翻译的列夫·托尔斯泰成了中国读者最为接受，也最认可的版本。某种意义上，很多人知道托尔斯泰，能读到《战争与和平》《安娜·卡列尼娜》《复活》，是受草婴之惠。

让人有些忧伤的是，草婴却未因此得到更多。

在相当长时间内，草婴都戏谑自己为"三无"人员。

那种无编制、无职称，而且没有工资，生活主要就靠稿费的状况，其实是草婴的生活常态。

"新中国成立前收入还可以，后来不高。新中国成立后他们这些搞翻译的等于开始自谋生路。"在盛天民的印象中，"50年代后加入协会，也不拿工资。好在有印数稿费，每次加印有稿酬可拿。'反右'时姚文元说要取消，后来就没了。'文革'以后千字50元。"

一开始，这50块钱还能当钱用，谁知道，这个标准定了之后，几十年就没有怎么变化过，一直在50到80元之间徘徊，而且也不管书出版后印多印少。

盛天民记得，草婴用3年时间翻译的《安娜·卡列尼娜》，1982年在上海译文出版社先行出版时，尽管印了好几百万册，但草婴当年拿到的稿费，只有2000元，只够小女儿盛姗姗用来买一张飞往美国的机票。

多年后，身为政协委员的草婴曾经写过提案，呼吁提高翻译家待遇。他建议出版社，对翻译家实行版税制。但当时没有一家出版社愿意接受，都是一次性把低廉的稿酬付清。

有时想想，如果不是草婴志向在翻译，就凭翻译所得，早就吓跑了一批想要从事这方面工作的年轻人。即使有心，也会投身商务翻译，谁会像草婴那样去翻译文学作品？

好在出版《托尔斯泰小说全集》时，上海文艺出版社却一改行业内的普遍做法。曹元勇在与草婴洽谈出版事务时，主动提出支付版税。"我们当时付给草婴先生的版税是 10％，算是比较高的，很多原创作家也未必能达到这个标准，但草婴先生花了 20 年时间翻译托尔斯泰的作品，付出的心血绝对不低于原创作家。原创作家在叙述一个细节的时候，如果没有现实资料的支撑，可以绕过去或者凭想象构思，但翻译家不了解某个细节，就需要查阅无数资料，他要尊重原著，不可能绕过去。"

这不仅是对草婴多年来的心血的尊重，更是对知识产权的尊重。

让人心生不平的还有，社会对翻译工作还存在着认识上的误区，觉得翻译工作，只不过将一种语言变成另一种语言而已。这也导致草婴在辞去上海译文出版社总编辑一职之后，也一并失去了很多唾手可得的待遇——生了病，只能到街道小医院诊治。即使有有关领导关照，医院也还是一拖再拖。

"最后，时任上海市委书记芮杏文'怒责下属'，草婴才有了医疗待遇。也难怪，有关部门领导不会换算'大翻译家'相当于'行政几级'。"[①]

即使如此，草婴也不会因此去走一些旁门左道，不会因为钱和待遇，而做太多的计较。他甚至担心，当下的年轻人追求个人利益比较厉害。

甚至，他还和同行一起倡议，希望翻译界牢固树立诚信、敬业、奉献的精神，恪守译德，提高翻译质量，要努力增强职业使命感及道德责任感，反对不顾质量、追逐名利的错误态度及形形色色的抄袭、剽窃、侵权等违法行为。

不过，草婴在失去某些东西的同时，也有所得。

1985 年和 1987 年，草婴应邀访问苏联，并在莫斯科国际翻译会议上荣获"高尔基文学奖"。这也让草婴成为中国首位高尔基文学奖获得者。

颁奖辞中有这样一句话："〔草婴〕这两个汉字表现出难以估计的艰苦劳动、文化上的天赋以及对俄罗斯心灵的深刻理解。"

---

① 李宗陶，《草婴的胜利》，《南方人物周刊》2010 年 5 月。本文有部分内容参考《草婴的胜利》。

从 1990 年 8 月到 1995 年 1 月，《安娜·卡列尼娜》加印了 14 次，总印数为 77.5 万册——这只是上海一家出版社的数据；

1997 年，草婴荣获中国作家协会"鲁迅文学翻译奖彩虹奖"。

1999 年，草婴获俄中友协颁发的"友谊奖章"和奖状。

2002 年，被中国译协授予"资深翻译家"荣誉称号。

2006 年 5 月，草婴荣获俄罗斯"马克西姆·高尔基奖章"，并被俄罗斯作家协会吸收为名誉会员。2010 年获中国翻译协会"翻译文化终身成就奖"。

上海最终也对草婴的成就给予了极大的认可。2011 年，他获上海文艺家终身成就奖，2014 年又获上海文学艺术奖终身成就奖。

让草婴及盛天民觉得更开心的是，在他们的影响下，自己的小女儿盛姗姗十分珍惜父亲的辛劳，在事业上奋力拼搏，在绘画艺术上取得了很大的成就，在国内外频频获奖。在谈起自己的成长道路时，激动地说："我的父母是我人生的引路人。"

只是，在获得上海文学艺术奖终身成就奖之时，九十多岁的草婴早已躺在医院病床上多年了。年轻时就体弱多病，到了壮年时期，又赶上了史无前例的"文革"，让身体再次受到摧残，能活到现在已经让人喜出望外了，即使是在病床之上，他也有惊无险地度过了三次病危，也许，过人的意志力，大概是他唯一的长寿秘诀。

现在，老天却不允许了。

2015 年 10 月 24 日晚，草婴去世。

盛天民没想到，第二天中午，她收到了一位国家领导人的亲笔慰问信。

抬头写：盛天民先生。接着便是：惊悉草婴先生逝世，深感悲痛。谨表示沉痛哀悼。先生于 2004 年致信给我，承赠《托尔斯泰小说全集》，让我深为感谢，我即函复，由衷说道"您的鸿篇译著饱含了您的心血，表现出您对翻

斯人已逝,但在盛天民心里,草婴从来就不曾离开过。〔王千马 摄〕

译事业的执着追求,也反映了您对读者的热爱。"草婴先生是我国卓越的文学家、翻译家,他的成就、品格和精神值得我们纪念、学习、传承。他的为人和作品将永远留在人间。

最后,署名:温家宝。写信时间,正是草婴去世当晚。

草婴的堂侄方之冈曾向媒体讲述了这封信背后的故事,他说这封信是温总理在看到网络媒体报道后,主动写的。"25 日上午,他的办公室先传真到北京的中国翻译家协会,翻译家协会在中午 12 点用短信发到家属的手机上的。信函原件将通过中国翻译家协会寄到上海市文联,再转交给家属。"

盛天民想起与草婴在当年一起搞翻译的,后来有许多都到北京去当官了,后来碰到草婴他们还会讲,"还是你好,有这么多作品留下来。"

这才是真正的永恒的"峻峰"。

秦　畅

秦畅,不姓秦,也不是陕西人,倒是山西人。

就学于浙江传媒学院,毕业后进入上海人民广播电台,主持交通节目。2000 年,成为上广知名栏目《市民与社会》的主持人。

作为中国首批新闻名专栏(1999 年),《市民与社会》既成就了秦畅,也在她兢兢业业付出的十多年中,再次跃升。2005 年,它成为上海首批优秀媒体品牌,并在长三角广播市场始终保持着良好的收听率和广泛的影响力。而秦畅本人,也因此先后获得全国第八届长江韬奋奖(长江奖)、全国播音主持金话筒奖、上海十大杰出青年等荣誉。

同时,秦畅也成为一个家喻户晓的名字。

有人说她,有着对新闻价值的准确把握。从新闻话题的策划、谈话角度的甄选,到直播讨论的驾驭、精彩对话的评点、画龙点睛的总结……她都能很好地驾驭,而这背后,则是不断学习,广开言路,广交朋友,以及力求完美。

她喜欢广播事业。更喜欢在广播中,把住这个城市的脉搏。

时代精神之十五·公共

秦畅：去掉《市民与社会》的"与"，
就是"市民社会"

第一次到上海时，秦畅被吓了一跳。

那完全不是自己在影视和文学作品里看到的上海，上海原来是这样破败。

当时的她，正在浙江传媒学院读书。从她老家山西到杭州，需要从太原坐火车到上海，再从上海转车到杭州。有时是在上海西站转火车，有时则去市中心恒丰路的长途汽车站转长途汽车。"20 世纪 90 年代初的上海，正处于整个历史发展的谷底，由于多年的计划经济，造成了上海在经济发展上欠缺活力，要到 1992 年，才有浦东的开放开发。"所以当时的她，就非常奇怪，为什么上海的公交车都这么破，总有一边走一边会散架的感觉。而走到的地方，很多都是危房简房，"这时你会疑惑，上海怎么会是这样。"

不过，大二那年的国庆节，她又一次来到上海，因为听说这里的外滩有灯会。"这又让我惊诧了，灯会中的上海，竟然这么繁华，我从来没有在一个时间段内，看到过这么多人。它所呈现的景象，跟我生长的太原，以及学习的杭州是完全不一样的。"所以,上海自此就给她打了无数个问号,这到底是什么样的一个城市。

那个时候的她,并没有想到来上海工作,也没想到自己会在日后成为上海的一分子。但是,上海却以一种决绝的改变,将她硬生生地给拉了过来。

也就是从 1992 年之后,上海迎来了浦东大开发,与此同时,文化事业也开始有了自身的突破,而最先变化的,正是秦畅将来所要从事的广电系统。

这一年的 8 月 15 日,国家广播电影电视部同意将原上海电视台 20 频道迁往浦东建立新台,呼号为"上海东方电视台"。次年 1 月 18 日晚上 7 点,一台名为《风从东方来》的特别节目在 20 频道播出,宣告了上海东方电视台的正式诞生。

电台同样有所变化,这一年的 10 月 28 日,从上海人民广播电台派生出的上海东方广播电台,也正式播音。自此,它便在全国广播系统掀起了一股"东方旋风"。

"这是一种从来没有听过的广播模式,"秦畅记得自己当时听到之后有些新奇和兴奋,"以前我们的广播都是高高在上的,相当于红头文件,你在这里就只有听的份。另外,非常僵化、非常死板、非常规矩,很传统。像我实习过的地方,稿子都是写好了三审,到了播音员这儿你一个字不能改,连'的、得、地'你都不能念错了。上海却很早就有电台在搞谈话体播报了,东广更是又向前推进了一步。而且,它还是全天候直播。听众可以打进热线电话来参与,哪怕在深夜,也可以跟主持人聊天。"

这些热线电话中,有投诉自己家门口有一堆垃圾,不知道归属哪个环卫所,一直没有人来处理;有投诉哪里的路灯坏了;有投诉我这儿的公交车长时间脱班不来⋯⋯林林总总,不一而足。除了接受投诉之外,主持人还会和你"相伴到黎明",6 个小时在电波里陪你聊天、给你放音乐、抚慰心灵,"各种情感沟通节目、法律咨询节目、消费热线节目,包括当时的热点话题节目,全部都在东广。"

某种意义上，这完全改变了广播以往的我播你听，更像是今天互联网时代所倡导的用户生产内容，也就是所有的听众都变成了节目构成的一部分。

秦畅在日后主持的《市民与社会》也是这一模式，"在做节目的过程中，是要随时准备接听市民打来的电话的。这也意味着，主持人、嘉宾，再加上听众的声音，共同构成了这档节目，它的内容是由这三部分人构成的。"

这种模式不仅开启了一个大的广播局面，吸引了全国各地的同行都赶来上海学习，甚至改变了一个城市的生活和消费方式。有些人为了收听并参与上海电台的节目，在1992年就开始跑到电信部门去排队，也要着手装家庭电话。要知道，电话在上海大部分家庭中开始普及，还要等到1994年或者1995年的。

"谁也想象不到一档节目能带来这么大的变革，"让秦畅觉得骄傲的是，"上海人民乐于在公共场合表达自己意愿、表达自己观点，其实都是从那个时候开始培养的。"

更幸运的是，这股东广旋风吹向全国的时候，正逢秦畅从传媒学院毕业。

如果说以前没想过到上海工作，但从这股旋风中，她切实感受到广播的魅力，并意识到，在全国广电中当时引领潮流和能够打破旧有格局的地方就在上海——而打破旧有格局，也意味着年轻人就有更多的参与实践、且在实践中挑战权威的机会。

"可以说，我们这一代人赶上了一个特别好的时候。"

所以，在上海改革的召领下，她心甘情愿地北上了。

秦畅一开始做的，是交通广播。

"我刚来的时候，正好遇上了上海改革开放之后最大的问题凸显出来。"

毋庸置疑，那就是交通。由于改革开放，人流、物流，所有的市场化的要素全部都聚集在路上，这就导致了上海变得无比拥堵。

更要命的是，那时候的上海为交通提供的基础设施特别差。公交车的形象没什么太大改观，一平方米的地方依旧能挤上 11 个人，地铁线也就那么可怜的一两条，直到 2010 年前后，才有了彻底的大翻身。

上海人民广播电台交通台便应运而生，所以，它也是中国大陆第一家以交通信息为主导的广播媒体。于 1991 年 9 月 30 日开播。

"我们很多学生都准备着去播非常重要的新闻，一看交通台老做一些非常简单的交通信息的播报，都有些不乐意。但是，正好交通台要大发展，所有的新人都要往交通台倾斜，所以我也就在交通台做了三年节目。"

失之东隅，收之桑榆。也正因为交通台大发展，她一进来，便要独当一面——领导居然给她这样初出茅庐的新人一个任务，一个人独立策划制作一档两个小时的节目。"这要是换在今天，新人进来只能打杂，能在节目中每天露个 5 分钟就不错了。"

在这样的"无条件"的信任中，她发挥自己在学校里偏新闻播音的特长，策划了一档"对话交通人"的节目，也就是跟各种各样的交通行业的人来讨论问题。也正是在这档节目中，有与各区分管交通的区长对话，也有交警形象大讨论……尽管对访谈节目根本没有经验，但在大量的练手过程中，她让人发现了自己的谈话能力。

1996 年，上海人民广播电台从北京东路外滩迁至虹桥广播大厦，同时 990 节目大改版——作为上海人民广播电台的旗舰频率，中波 990 在广大听众心目中占有举足轻重的地位——为了集中力量做强做大，全台所有频道的优秀节目都汇聚到了 990。"因为体育和法律节目需要人，加上此时国家已提出依法治国，法律节目的地位也变得很重要。"所以，秦畅"鸟枪换炮"，从一个小频道到了大频道，又做了三年的法律节目。

在这三年内，她要不断地和公安、检察、法院、律师等法律专业人士对话、讨论，"我觉得老天给了六年的时间来锤炼我，让我自然而然变成了一个谈话类节目的主持人。"

于是，2000 年 1 月 1 日，随着左安龙加盟电视台，转战"第一财经"，她接下了《市民与社会》的主持工作——这无疑又是很大的"进步"。作为 990 新闻广播的王牌栏目，《市民与社会》于 1992 年 10 月 26 日开播，它既是一档新闻类直播谈话节目，也是上海广播史上第一个有听众参与的广播新闻谈话类直播节目。

　　它和东广模式一起，让主持人中心制在电〔视〕台开始确立，之后央视的改版，"它们做《东方时空》《焦点访谈》，其实都是同一时期变化的一个产物。"

　　作为一名广播战线上的老兵，左安龙曾在 1985 年获得第二届全国广播"十佳主持人"称号。1995 年因主持华东省市长热线广播谈话节目，获得上海和全国新闻一等奖，并荣获全国第二届"金话筒"金奖及"全国百优新闻工作者"。他作为《市民与社会》主持人最辉煌的时刻，是在 1998 年，美国时任总统克林顿到访上海，参与《市民与社会》的谈话节目，回答市民提问。

　　1999 年，《市民与社会》获得中国新闻名专栏奖。

　　这无疑是对秦畅的信任，也对她提出了更高的要求。

　　"由于我没有任何的框架，不像我的前任，非常资深、非常有经验、专业性非常强，而我只是一个学播音专业出身的人，对这座城市其实也不怎么了解。"

　　秦畅现在回想起来，觉得这个节目对自己最大的好处就是，让她的开放度变得足够高，"由于没有框架的限制，反而让我歪打误撞，在节目中呈现出来的东西更开放、更多元、更包容。恰恰跟这个城市发展的脉络相契合了。"

　　此时的上海，开始了新一轮的突飞猛进。

　　自从浦东大开发之后，上海就致力于实现其所制定的发展战略：迈向 21 世纪的上海。为此，它还提出了"三二一"的产业结构调整战略〔即"优先发展第三产业、积极调整第二产业、稳定提高第一产业"〕，和"一龙头、三中心"的城市功能定位。

"一龙头"是指上海要成为长江三角洲和长江流域的龙头,"三中心"就是要把上海建成国际经济、贸易和金融中心。航运中心当时还没提出来,那得等到朱镕基成为新一任国务院总理之后,上海去申报上海城市总体规划时加上去的。

买房、买车、买股票,开始成为这个城市最时髦的话题。

与之相对应的是,上海的广播事业又开始了新一轮的发展。"那是因为人们的生活水平提高了之后,对信息的需求、对文化产品的需求,其实是一个爆发式的增长。"上海人民广播电台在 1999 年 1 月起实行节目全新改版,由原办 10 套广播节目改为精办新闻、经济、交通、文艺、音乐、浦江之声(对台湾广播)6 套节目,节目总数约 100 个,周平均日播出 87.5 小时。同时,上海的电视台也一下子开出了十几个频道,报纸也是,晨报和晚报市场有好几份报,就连午报也出来了,大家开始细分市场。

"这对广播来说,既是压力增大的一段时间,也面临着更大的机遇。"

秦畅便记得,2002 年,时任上海市副市长的蒋以任,在她主持的《市民与社会》中宣布中国第一个"家庭轿车"品牌"赛欧"下线,"蒋以任副市长在节目里通过赛欧下线来阐释上海工业结构的转型! 当时他问我,可否想到过赛欧下线对广播意味着什么? 我还真答不出来! 他说广播要重振辉煌了。"秦畅就问,这又因为什么,"他说据我观察,美国在建成了高速公路网和轿车进入家庭之后,最火的媒体就是你们广播。"

蒋市长所言不虚。随着轿车进入家庭,以及自 2002 年之后,中国开始启动大规模的基础建设投资,包括上海的中环、外环、交环、省际的公路,全国的高速公路网,都全面铺开,广播在八九十年代的新鲜感过后,又成了用户的新宠。

毕竟,开车时人们最方便接受的媒体或信息工具,就是广播。

"这就意味着,广播要想发展,就看你能不能创设出适合在车上听的节目。不然,人家可以听 CD,听音乐,干嘛一定要听你广播呢?"

2005 年之后,上海电台又在发展的过程中,进行了洗牌。这次改革的重点,就是频道的专业化,通过频道的专业化来固定自己的受众。"我们今天看到的频道格局,大概就是 2005 年、2006 年确定的,像 990 就是专攻新闻,新闻报道、新闻深度、新闻专题,像东广新闻台就是轮播新闻,滚轴一样,不断地给你刷新信息。有的频道就专注交通,专门给路上的出行人服务,有的频道就是戏曲;有的频道就是流行音乐,而流行音乐又分得很细,有给 15 到 25 岁人听的,有给 25 岁到 40 岁人听的,还有古典音乐频道……"

某种意义上,这样的电台已经不叫"广"播了,而是"窄"播。它主要针对特定的人群,做垂直播音。

这不仅是上海电台所特有的现象,其实,其他省份也在加快改革之中,甚至,它让上海电台在引领风骚多年之后,竟然开始落伍于一些省份。

秦畅便发现,浙江、江苏、广东、北京的广播,那个真叫做得好。

"尤其是北京交通台,就是在 2005 年的时候,人均利润远远超过了所有的媒体,是全国人均利润率最高的媒介。"

为什么这样?因为优质的节目内容可以吸引优秀企业品牌支持!

"相比上海,北京交通更加拥堵,人们在路上的时间越来越长,大家不仅需要路况信息,还需要新闻资讯、生活服务、娱乐休闲等各种类型的广播节目,更可贵的是,每个人都可以直接参与!广播真的进入一个快速发展期!"

此外,浙江、江苏、广东的电台变得发达,也跟当地的竞争充分有关。它们不仅有省台,而且还有市台,虽然有层级上的区分,但在内容质量上,大家都寸土不让,互相对标。相反的是,上海电台尽管不少,但都是"上海"广播。

好在广播对于上海来说,不可或缺。

"美国尼尔森公司把上海叫做广播城市,也就是这个城市的人群是有听广播习惯的,尤其是上海人,他们生活节奏快,希望同时能做很多事情,所以对陪伴型的需求就比较大。"在多年的上海生活之后,秦畅对这座城市已经由以前的不怎么了解,变得比上海人还要上海人了,"他们喜欢起床之后,一边刷牙洗脸,或者一边吃早饭,就能够有信息进入到耳朵里边来。这也是我们早新闻的收听率一直很高的原因。即使开车走在路上,他们也希望能听点东西,能将这两天的国家大事、上海大事给了解了。"

为什么上海人会有这样的习惯,那是因为上海的市民文化就决定了他们的自主意识很强。"不像有些地方的市民,无所谓,国家规定什么就规定好了,地方上有什么大事,那都是领导的事情,跟他没关系。但上海人不仅想知道这些规定和大事,而且时刻都想参与其中。说到底,这不仅跟这个城市受众普遍文化程度较高有关,而且跟上海自古便是一个商业城市有关。因为人们想要降低交易成本,要公平买卖,就必须要知道规则,尊重规则,并了解它是怎么制订的,而且还参与它的制定过程。"

尤其是进入新世纪之后,随着人们开始广泛地拥有属于自己的房子、车子,市民社会在上海真正形成。这个城市的每个人都开始有发言的欲望。他们不惮于向身边的人,以及这个城市的精英,或者领导者,说出自己的看法,表明自己的态度。

这种众说纷纭也让人意识到,这个世界没有一个事情非黑即白,站在不同的视角、站在不同的利益诉求点上,我们就会看到同样一件事情,其实是不一样的。

某种意义上,这种多元化的表达空间,给了《市民与社会》这样的节目在上海这个城市落地生根、并做出全国性影响的一块必不可少的土壤。

将《市民与社会》中的"与"去掉,就是上海的"市民社会"。

将"与"加上,则是搭建市民和社会之间的沟通桥梁。

"我把它总结为一个公众意见的论坛。"

此前,在改革开放之初,这个城市有大量问题需要管理跟上,所以一开始的《市民与社会》是大量请官员来跟市民对话,"当时市公安局的一位领导来,市民就打来电话,说你们哪个派出所去的民警对我态度怎么怎么了。"

秦畅印象很深的是，《市民与社会》在 2000 年后机制化地推出了"市长热线"专栏，"当时上海市长是徐匡迪先生，他认为市领导与市民对话应该成为一种工作机制。2004 年，上海在全国率先出台《上海市政府政府信息公开条例》。以往，政府说干什么就干什么，把红头文件藏在抽屉里，不告诉你。但是 2004 年之后，法律保证'公开为原则，不公开为例外'。任何立法、规划、政策制定都要有公众来参与！比如我们节目曾经参与讨论的国家大策'个税起征点'，全民参与下，起征点从 3 000 元调整到了 3 500 元。"

不过，随着市民社会逐渐形成，一些问题不一定都要通过政府来解决，而是通过社会自组织和市民合力来解决。

"我承认我做这档节目又赶上了好时候，倒不是汽车发展的好时期，而是赶上了喷薄欲出的市民表达意见的好时期，而那个时期还没有广泛地使用互联网，所以，它也让我这档节目成了一个很好的平台，让大家有机会对公众决策表达自己的观点和意见。"

加上此前形成的官民对话的桥梁，所以秦畅就能请到权威的管理者、权威的公共政策的研究者，还能请到新闻事件的当事人来跟听众就某个事件来进行对话。

有这么一次讨论：一个政策引发了芦潮港地区的离婚潮。这个公共政策出发点很好，一个家庭分得一套房，这让人开始盘算，如果夫妻离婚，就能分到两套房。果然，假离婚成了获利手段。

当这个政策刚出台时，《市民与社会》就请各界人士一起来讨论。现实发生的离婚潮与市民对政策的分析完全吻合。这次讨论引起相关部门重视，也让政策被收回。这个政策本来是为了增加当地动拆迁居民福利，却没想到衍生出一个公共伦理的问题。

此后，《市民与社会》主持、参与了大大小小的讨论，比如说还在上海要不要举办世博会之时，就有市民提出要垃圾分类。

这让秦畅感到很欣慰，因为这个城市的每个人都把这个城市当成是自己的城市，我要来为它发言，"这种发言在今天的互联网时代已经很司空见惯,但你再想想,这可是在十几年前大家就有这样的意识,说明这个城市的文明程度,和市民的素质。同时,它也让我这个节目跟这个城市的市民文化,和城市发展,是紧密相连的。"

复旦大学新闻学院硕士研究生、《每周广播电视》副主编陈自立曾撰文《试析上海广播名栏目〈市民与社会〉成功之道》时便发现,节目邀请的嘉宾肯定是权威的,但话题肯定是重民生的。市民关心什么?市民心里在想些什么?他们最愿意听到哪方面的内容?这些问题始终是话题选择的依据与核心。

其次,观点表达更多元。在这样一个结构转换、机制转轨、利益调整和观念转变的转型期,媒体要是还想像过去那样仅仅告诉受众一个结论,显然是不行了。

所以,节目经常会遴选一个没有结论的话题,给听众提供一个表达观点平台,要相信真理会越辩越明,同时也要将普遍的社会规则、基本的行为规范和共同的价值观贯穿在节目中间,以坚持正确的舆论导向。

另外,节目还不偏不倚求客观、人文关怀显境界……

这样的《市民与社会》,不管电台如何发展,渠道如何变化,它都会是深入人心的好节目。所以,在2005年获得首批上海市媒体优秀品牌称号,2007年又获得中国新闻一等奖。而秦畅本人,也因在《市民与社会》上的深耕细作,先后获得全国第八届长江韬奋奖(长江奖)、全国播音主持金话筒奖、上海十大杰出青年等荣誉。

也正是在主持《市民与社会》的十七年时间内,她还发现了这样一个有趣的变化。

一开始,领导到《市民与社会》做嘉宾参加节目时,市民们都是仰望着的,"领导,您百忙之中能抽空来《市民与社会》,来听我们老百姓的心声,我太感谢您了,"后来,仰视变成一种平等的交流,热情的建言,理性的监督。

"2004 年,分管交通的副市长到节目做直播,一个市民希望上海建 BRT。我当时根本不知道 BRT 是什么,就有点慌了,怕这个领导万一也不知道什么是 BRT,那这对话怎么往下进行? 如果领导问听众 BRT 是什么,是不是会显得领导没有能力?"

不过,今天再回头看的话,秦畅觉得,领导不一定非得都比我们市民知道的多,而这也恰恰凸显了上海市民的丰富性。

"当我还在紧张、纠结的时候,对话已经开始。副市长说,BRT 这个项目我们去考察过。听着对话我才明白,BRT 是大容量公交集运系统,简而言之,就是超大公交车。"

不过,这个听众又是怎么了解相关信息的呢? 原来,他在欧洲工作过一段时间,从而了解了 BRT 的好处。

接下来,副市长介绍了相关情况:"BRT 上海考察过,但它最重要的问题就是对车站的要求很高,因为是大容量,车站要同时能上下很多人。目前市中心城区拥挤的道路上,还找不到特别合适的 BRT 停靠的线路,该怎么解决这个问题还没想通。郊区倒合适建,可郊区的人流量又没那么大,建了又怕浪费,所以现在还是以建地铁为主。"

2010 年之后,BRT 又一次被上海拿出来讨论,并建成了从奉贤南桥到浦东东方体育中心的第一条线路!

"举这个例子,我想说的是,市民与市长为城市发展平等交流,积极对话。我把我的观点和建议自信地提出来! 市长也不会认为市民不了解具体情况、都是一己之见,而是仔细认真地阐述政府是如何思考和作为的,让人民群众检验政府的工作。对话结束,市长发出邀请,当市民们有任何建议意见,都请直言不讳地表达!"

在《市民与社会》"市长热线"专栏中,市民除了建言献策之外,监督的声音也越来越多。"不仅平视,还要监督,比如我想知道某一笔公共财政资金是怎么用的、会不会乱用;为什么垃圾分类的目标没有兑现? 政府承担养老责任的具体计划完成如何等等。"

党的"十七大报告"提出要保障市民群众的参与权、表达权、知情权、监督权，无疑让市民社会变得更为成熟，也在推动中国社会不断进步。

这让秦畅也有些觉得荣幸。这个平台不仅成就了自己，更重要的是，她得以和这个平台一起成长，共同见证了中国的变化。

尽管如今的广播事业在第二次浪潮之后，又有了退潮的迹象——新媒体以及智能工具的兴起，让很多年轻人的兴趣从电台、电视转移到移动终端，"这次新媒体转型的时候，上海又变成了全国的领头，就是因为我们很早地意识到了必须向互联网转型，所以上海广播开发了自己的 APP'阿基米德'，传统广播开始思考如何移动客户端继续能有自己的声音。"

更重要的是，比起其他的直播电台，像《市民与社会》这样节目的存在，还是保证了传统广播具有持续不断的原创输出的能力，以及内容的可信度和权威性。

这种渠道和内容优势的兼顾，也一定会为传统广播持续锁定用户。

今天的秦畅，对广播事业依旧没有审美疲劳。如果有机会，她希望更多人能听到她在《市民与社会》里经常说的那些话：大家还有不同的观点？还有不同的视角？刚才说的这些大家难道真的都同意？你有什么不同意见？

这才是真正的上海做派。

图书在版编目(CIP)数据

海派再起：一个名流社区的文化自信 / 王千马著.
—上海：文汇出版社，2017.11
ISBN 978 - 7 - 5496 - 2382 - 2

Ⅰ.①海… Ⅱ.①王… Ⅲ.①散文集－中国－当代
Ⅳ.①I267

中国版本图书馆 CIP 数据核字（2017）第 268513 号

海派再起

——一个名流社区的文化自信

著　　者 / 王千马

责任编辑 / 熊　勇
封面装帧 / 张　晋

出版发行 / 文汇出版社
　　　　　上海市威海路 755 号
　　　　　（邮政编码 200041）
经　　销 / 全国新华书店
排　　版 / 南京展望文化发展有限公司
印刷装订 / 上海新文印刷厂
版　　次 / 2017 年 11 月第 1 版
印　　次 / 2017 年 11 月第 1 次印刷
开　　本 / 720×1000　1/16
字　　数 / 340 千
印　　张 / 24.25

ISBN 978 - 7 - 5496 - 2382 - 2
定　　价 / 45.00 元